무역실무

TRADE PRACTICE

김기선 저

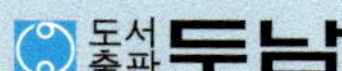
도서출판 두남

머리말 Preface

한 시대의 과업을 다하면 다음 세대를 위해 물러나야 한다라는 선순환의 세대교체 논리는 과연 학문에도 적용 가능한 것인가라는 질문을 던져 본다.

우리나라와 같은 열악한 자원환경 하에서 나라경제를 발전시키고 국민의 의식주를 책임지는 데에 지대한 공헌을 해온 무역이라는 활동은 필요에 의한 선택이었다기보다는 무한경쟁 시대에서의 생존과 성장을 위한 유일한 방편이었다. 이제 무역의 이 같은 역할은 비단 과거 성장시대의 견인차 역할을 넘어 미래 우리 경제의 핵심영역임은 그 누구에게도 의심의 여지가 없다.

이에 발맞추어 지난 1960년대 말 정부로부터 학문으로서 공식인가를 받고 출범한 무역학은 각 대학 경상계열의 주축 학문영역으로 자리매김하였고 그 간 50여년 동안 이 사회에 수많은 무역인재를 배출하였다. 무역은 우리나라 경제의 버팀목이자 미래 선진경제로의 도약의 디딤돌이다. 이 같은 차원에서 현재 대학에 유행처럼 몰아닥치고 있는 학문의 융복합화 과정에서도 무역학은 올바로 된 자신의 역할기능을 성공적으로 수행할 필요가 있을 것이다.

이 책은 무역의 핵심분야인 무역실무 전반을 다루고 있다. 무역이 시작하는 무역계약으로부터 무역이 이행되는 해상운송, 해상보험, 그리고 대금의 결제와 수출입 절차의 총체적 흐름에 이르기까지 무역실무의 이해에 필요한 모든 내용을 수록하고자 하였다. 전 세계를 누비고 다니는 무역인들에게도, 그리고 상아탑에서 공부에 매진하고 있는 학생들에게도 무역의 근간인 무역실무 영역의 중요성은 이를 실제로 겪어보지 않고서는 이해하기 어렵다는 점에서 모쪼록 이 책이 전문 무역인에게는 무역실무의 지침서로서, 그리고 학생들에게는 무역실무의 입문서로서 도움이 되기를 바란다.

이 책이 출간되기까지에는 많은 분들의 격려와 도움이 있었다. 우선 이 책의 출간을 흔쾌히 허락하신 도서출판 두남의 전두표 사장님과 이 책의 저술에 따뜻한 격려를 아끼지 않으신 이승구 상무님께 진심으로 감사의 말씀을 드린다.

2024년 2월

저 자

차 례　C·o·n·t·e·n·t·s

Chapter 3 무역 계약 일반

Chapter 4 무역거래조건

Chapter 5 국제운송

Chapter 6 해상보험

Chapter 7 무역대금결제

Chapter 8 수출절차와 수입절차

Chapter 01

해외 시장진출의 제 방법

기업은 기업목표 중의 하나인 성장목적을 달성하기 위해서는 해외시장으로 진출할 필요가 있다. 이미 국내시장은 해외시장의 일부분에 불과하므로 우리나라와 같이 국내시장이 협소한 경우 해외로의 진출은 더더욱 그 중요성이 크다.

기업이 성장목표를 달성하고 이익을 증대시키기 위해 해외로 진출하기로 결정한 경우 활용할 수 있는 해외시장 진출의 전략적 대안에는 여러 가지가 있다. 이들 전략적 대안 중 가장 기본적이고 대표적인 것은 수출이지만 특정 기업이 해외시장에서 성장을 계속하고 경쟁에서 살아남기 위해서는 이들 수출방식 이외의 다양한 전략적 대안에 대해 일단 우선적으로 올바로 인식하고 평가할 수 있어야 한다.

이하에서는 국제적인 시장기회를 활용하기 위한 기업의 해외시장진출방식에는 무엇이 있는지, 그리고 이들을 어떻게 평가하고 선정해야 하는지를 하나씩 살펴보기로 한다.

표 1-1 해외시장 진출의 제 방법

1. 수출
   ① 간접수출(indirect export) ② 직접수출(direct export)
2. 계약형태의 진출방식
   ① 라이센싱(licensing) ② 프랜차이징(franchising)
   ③ 계약생산(contract manufacturing) ④ 관리계약(management contract)
   ⑤ 플랜트 수출(plant export)
3. 해외직접투자
   ① 단독투자(wholly-owned investment ② 합작투자(joint venture)

제1절 수출

기업이 해외시장에 진출하기 위해 활용할 수 있는 여러 전략적 대안 중에서 가장 기본적인 전략은 국내에서 생산된 제품을 해외에 판매하는 수출방식이다.

수출이 해외시장 진출의 기본 전략으로 활용되고 있는 이유는 수출방식이 해외시장 진출의 경험이 없는 기업에게도 상대적으로 적은 자원의 투입으로 판매이익을 높일 수 있다는 것과 이질적인 해외시장 환경으로 인한 위험이 적다는 것, 그리고 해외시장 진출의 경험을 축적시킬 수 있다는 교두보적 역할을 하기 때문이다.

기업이 수출활동을 전개하게 되는 동기에는 여러 가지가 있을 수 있다.

첫째, 과잉생산품을 처분하거나 유휴생산시설을 활용하기 위함이다.

둘째, 규모의 경제를 달성한 기업일 경우 대량생산을 통해 효율적인 생산활동을 전개하기 위해 적극적으로 해외시장으로 진출한다. 특히 고정투자의 비중이 높은 산업에서는 간접비의 흡수를 통한 원가절감의 효과도 기대할 수 있어 수출을 추진하는 경우가 많다.

셋째, 국내시장에 판매하는 것 보다는 수출을 통해서 더 많은 이익을 올릴 수 있다든지, 또는 경쟁조건 등의 측면에서 해외시장이 보다 더 유리한 경우, 이러한 특수한 시장기회를 활용하기 위해 수출하는 경우도 있다.

넷째, 특정한 해외시장에서 자사제품에 대한 시장잠재력을 시험하기 위한 수단으로써 수출이 활용된다. 즉 자사제품의 해외시장에서의 성공 여부에 대한 탐사적 성격으로 일단 수출을 행한 뒤 해외시장에 대한 경험이 축적되면 해외직접투자와 같이 보다 적극적인 방법으로 기업 경영활동의 폭을 확장시킬 수 있다.

한편 기업이 어떠한 동기로 수출을 하던 간에 수출의 형태는 크게 간접수출 방법과 직접수출 방법으로 구분할 수 있다.

1. 간접수출

간접수출이란 수출과 직접 관련되는 주요 기능을 제조업체 스스로 수행하지 않고 수출대행업자, 수출조합, 국내 주재의 외국인 바이어 등을 통해 해외시장에 제품을 수출하는 소극적 방법이다. 이러한 간접적 경로를 택하면 수출활동을 직접 수행하는데 소요되는 인적·물적 자원의 투입 없이도 수출판매이익을 향유할 수 있게 된다. 그러나 간접수출은 수출 활동을 직접 통제할 수 없기 때문에 창의적이고 능동적인 수출 활동을 전개하기가 어렵다는 단점이 있다. 나아가 간접수출은 엄밀한 의미로 국내 판매와 크게 다를 바가 없다.

기업의 입장에서 본 간접수출의 장·단점을 좀 더 구체적으로 살펴보면 다음과 같다.

1) 간접수출의 장점

① 수출업무에 대한 전문성을 갖추고 있고, 경험이 풍부한 수출업체를 활용하기 때문에 안전성이 있다.

② 수출중개상은 제조업체로부터 제품을 구입할 때 소유권을 이전받아 자체의 계정으로 수출하기 때문에 수출 클레임이 발생하면 수출중개상이 위험을 부담한다.

③ 규모가 작고 수출에 대한 전문지식이나 경험이 부족한 기업은 전문적인 무역회사를 통해 거래하므로 신속한 시장 정보를 입수할 수 있고 시장별 수요에 맞는 상품의 수출이 가능해질 수 있다.

④ 큰 규모의 수출부, 해외지사 등을 운영하지 않아도 되므로 제조업체는 수출 활동을 직접 수행하는데 소요되는 인적·물적 자원을 절약할 수 있다.

2) 간접수출의 단점

① 수출이 간접경로를 거치므로 일단 제조업체가 수출업체에게 제품을 판매한 후에는 그 제품이 해외에서 어떤 조건으로 누구에게, 어떠한 경로로 유통되는지 그 제품의 해외 마케팅에 대한 통제권을 상실할 수 있어 해외시장 기반을 구축하기 어렵다.

② 수출업체와 제조업체간에 이해가 상충될 때 제조업체는 가격, 수요 등에 대한 해외시장 정보에 어둡기 때문에 수출업체가 이를 악용할 우려가 있다.

③ 수출업체가 제품수출에 따르는 사전·사후서비스(pre and after service)를 철저히 제공하지 않음으로써 그로 인한 제품 또는 제조업체의 이미지가 해외고객으로부터 손상될 가능성이 있다.

④ 간접수출은 기업체의 해외요원 개발 및 자질향상에 큰 관심을 갖지 않기 때문에 차후 기업체가 국제영업활동을 확대하려고 할 때 문제점이 발생하게 된다.

2. 직접수출

직접수출은 해외시장조사, 해외고객접촉, 수출가격책정, 유통경로의 선정, 수출관계서류작성 등의 직무를 타인에게 의뢰하지 않고 스스로 직접 수행하는 수출방식이다.

직접수출을 하게 되면 제조업체내에서 수출을 전담하는 인원이나 부서가 필요하게 되어 자연히 수출활동과 관련된 비용 및 자금부담도 늘어나게 된다. 그러나 수출 활동을 직접 담당함으로써 간접수출의 단점을 극복할 수 있으며 간접수출보다 수출 매출액이 늘어날 가능성이 크다.

1) 직접수출의 장점

① 제조업체는 충분한 해외시장정보를 비교적 정확하고 쉽게 얻을 수 있다. 즉 제조업체는 해외 마케팅 기능을 직접 수행할 수 있으므로 해외시장 정보의 획득을 통해 제품 계획이나 판매 계획을 적절히 활용할 수 있다.

② 제품 판매와 관련된 사전·사후 서비스를 비교적 효율적으로 제공할 수 있어 신용도를 유지하고 이미지를 제고시킬 수 있다.

③ 제조업체 스스로 수출 및 국제 마케팅의 전문성을 기를 수 있다.

④ 간접수출의 경우에 국내 수출업체 또는 대행업자 등에게 지불하던 비용을 절약할 수 있다.

2) 직접수출의 단점

① 처음 직접수출을 할 경우에는 해외시장진출 경험과 전문성이 부족하여 수출 거래에 실패할 가능성이 높다.

② 수출 거래에 따른 손실과 클레임 때문에 위험부담이 늘어날 수 있다.

③ 수출 초기에는 수출 매출액보다 수출 비용이 상대적으로 빨리 증가하여 기업 손실이 발생할 수 있다.

이상에서 본 바와 같이 특정 기업의 입장에서 어떠한 수출 방법을 택할 것인가 하는 문제는 수출과 관련된 제반 기업의 대내외 요인을 종합적으로 고려하여 결정하는 것이 중요하다. 물론 경우에 따라 기업은 개별 시장국에 따라서 간접수출 전략과 직접수출 전략을 동시에 활용할 수도 있다. 예를 들어 대규모의 시장국에 대해서는 직접수출 전략을 활용하고 소규모의 시장국이나 처음 진출하는 시장국에 대해서는 간접수출 전략을 활용할 수 있다.

제2절 계약형태의 진출 전략

계약형태의 진출 방식은 본질적으로 기술이나 노하우의 판매를 주요 대상으로 하고 있으므로 일반 상품의 매매인 수출 방식과는 근본적으로 다른 특징을 가지고 있다.

일반적으로 기술이라 함은 과업수행, 용역제공 혹은 제품생산을 가능하게 하는 지식이나 정보[1]를 의미하며 개발된 과학적 발견 등을 상업화할 수 있는 기술혁신의 차원을 말한다.

대부분의 선진국 다국적기업들이 국제기업 활동에서 주요한 전략적 도구로써 활용하고 있는 기술상의 독점적 우위는 주로 공업소유권, 상표, 물질특허, 저작권 등의 지적소유권과 컴퓨터 소프트웨어 공정기술 등과 같은 기술적 노하우, 경영관리, 마케팅을 포함한 경영적 노하우 등을 지칭한다.

이와 같은 기술을 보유한 기업은 자신의 기술을 외국시장에도 활용함으로써 보유기술로부터의 수익을 극대화하려는 의도를 갖게 되며, 이러한 시도는 아래와 같은 여러 형태의 진출 전략으로 구체화 된다.

1. 라이센싱(licensing)

라이센싱이란 특정 기업(licensor)이 보유하고 있는 특허권, 제품이나 공정에 대한 노하우, 상표권, 브랜드네임, 저작권 등을 외국에 있는 기업(licensee)에게 특정 지역 내에서 일정한 조건하에 활용할 수 있도록 허가하고 로열티(loyalty) 또는 기타 형태로 그 대가를 지급받기로 약정하는 계약을 의미한다.

기업은 해외 라이센싱을 통하여 특정 제품에 대해 이미 보유하고 있는 지적소유권, 경영·기술 노하우를 외국기업으로 하여금 활용하도록 하여 제품을 생산·판매하게 함으로써 별도의 투자 없이도 제품판매이익 또는 생산이익의 일정비율을 로열티로 받아 이익을 향유할 수 있다. 뿐만 아니라 라이센싱의 계약조항에 의해 해외의 라이센시가 필요로 하는 원료, 중간재, 부분품, 기계, 장비 등을 수출할 수 있는 권리를 추가로 확보할 수 있다.

---

1) G. R .Hall and R. E. Johnson, *Transfers of United States Aerospace Technology to Japan*, The RAND Corporation, 1970, p.306.

1) 라이센싱의 동기

일반적인 라이센싱의 동기를 살펴보면 다음과 같다.

① 특정 시장국에서의 판매량이 적어 해외직접투자를 통한 현지생산 및 판매방법이 아직 이르다고 판단될 경우, 나아가 현지생산 방법을 택할 때 생산시설 확보에 많은 시간이 걸려 그 기간 중에 보유한 기술이 낙후될 우려가 있을 경우 라이센싱은 빠른 시일 내에 비교적 적은 비용으로 수익 기회를 확보할 수 있다.

② 기업자원의 효율적인 배분을 위해 선택적으로 라이센싱 방법을 택한다. 다시 말해 모든 시장국에 생산시설을 보유하는 것이 어려운 기업체는 대규모 시장국에 대해서는 해외직접투자 전략을 택하고 소규모 시장국에 대하여는 라이센싱 전략을 택할 수 있다.

③ 관세의 인상, 쿼터의 적용 등과 같은 수입 장벽으로 더 이상의 수출이 어려울 때 이의 우회 수단으로 활용될 수 있다.

④ 라이센싱은 해외직접투자에 비해 몰수(confiscation)·수용(expropriation)·국유화(nationalization)와 같은 상대국의 정치적 리스크의 피해 가능성이 적다. 최악의 경우 라이센싱 기업이 잃는 것은 라이센싱의 대가인 로열티에 불과하기 때문이다.

⑤ 라이센싱은 구체적인 국제경영 전략을 결정하기에 앞서 특정 시장국의 시장잠재력을 테스트하는 방법으로 활용할 수 있다. 시장잠재성이 크다고 입증되면 라이센서는 라이센싱 계약이 끝남과 동시에 해외직접투자를 통한 현지생산과 판매활동을 전개할 수 있다.

⑥ 라이센서는 해외의 라이센시가 현지에서의 제품생산 과정에서 봉착한 문제점을 해결하기 위해 개발한 관련 기술도 흡수할 수 있다.

⑦ 해외시장국 기업에게 라이센싱을 해줌으로써 현지국에서 라이센서의 산업소유권을 효과적으로 보호할 수 있다. 이는 라이센시가 자신의 이익을 위해서라도 라이센서의 생산소유권을 적극 보호하려고 하기 때문이다.

2) 라이센싱의 문제점

일반적인 라이센싱의 문제점을 살펴보면 다음과 같다.

① 해외 시장국 기업에게 현지에서의 생산 및 마케팅 활동을 대신 수행하도록 하기 때문에 매우 제한적인 해외시장진출 전략이라고 할 수 있다.

② 라이센시가 제품의 현지생산, 마케팅활동을 부실하게 수행하거나 품질관리를 제대로 하지 못하면 라이센서의 기업평판 및 제품이미지가 손상될 우려가 있다. 특히

라이센서의 상표가 부착되어 있는 경우에는 이미지 손상의 위험이 더욱 크다.

③ 많은 경우 라이센싱 계약은 라이센시에게 계약기간 동안 특정 기술을 상품화한 제품에 대해 독점판매권(exclusive selling right)을 부여하기 때문에 이 기간 중에 라이센서는 다른 대안적인 진출 방식으로 그 지역에 진출할 수 없다.

④ 라이센싱을 통하여 라이센서의 기술을 습득한 라이센시는 관련기술의 개발과 축적된 경험 등을 바탕으로 라이센서의 유력한 경쟁자로 등장할 수 있다. 즉 라이센싱 기간 동안 라이센시는 자신의 마케팅활동 결과로 고정고객을 이미 확보해 놓을 수 있으며 이를 통해 라이센서의 기술을 완전히 습득·흡수하여 이를 더욱 개량함으로써 라이센서의 경쟁적 지위를 위협할 수 있다.

3) 라이센싱의 활용가능성

라이센싱은 일반적으로 투자 대상국의 시장규모가 작거나 또는 해외직접투자를 할 수 있는 여력이 부족한 소규모 기업의 경우에 유용하게 활용할 수 있는 해외시장진출 방법이다. 경우에 따라 국가마다 다르긴 하지만 해외직접투자 형태의 자본 유입은 상당히 제한적이지만 기술 도입에 관해서는 제한의 정도가 약한 경우, 나아가 해외직접투자가 불가능하거나 또는 가능하다 하더라도 정치적 위험이 상당히 큰 국가의 경우 라이센싱을 통한 해외시장진출 방법은 상당히 그 유용성이 클 것이다.

2. 프랜차이징(franchising)

프랜차이징은 광의의 라이센싱의 한 형태로서 특정 기업(franchisor)이 갖고 있는 저명한 상표나 상호의 사용권을 타 기업(franchisee)에게 부여하는 동시에 원료, 부분품, 서비스, 관리시스템 등 최종제품의 중요한 구성요소를 일괄 공급함으로써 양 당사자가 모두 직접·간접으로 경영에 참가하는 해외시장진출 방법이다.

이에 따라 마치 프랜차이저와 프랜차이지는 수직적으로 결합된 하나의 기업과 거의 같다고 볼 수 있다. 즉 양 당사자는 서로 의존하는 관계에 있고 이들 모두 궁극적으로 소비자에게 도달하는 상품의 일부분을 생산하기 때문이다.

프랜차이징과 라이센싱의 주요한 차이점은 라이센싱은 주로 기술과 관련된 노하우를 그 계약의 대상으로 삼는 반면에 프랜차이징은 상표, 점포 내 진열방식, 원료, 대고객 서비스 등과 같은 마케팅 관련 노하우까지 계약의 대상으로 한다는 데 있다.

프랜차이징은 기업의 제품이 완제품 형태로는 해외 시장국에 수출되기 어렵지만 생산공정 내지 관리시스템이 쉽게 상대방에게 이전될 수 있는 경우에 활용 가능성이 높기 때문에 제품이나 생산공정, 관리시스템의 표준화가 프랜차이징의 절대적 조건이 된다. 왜냐하면 해외 시장국별로 전통과 문화가 다르므로 표준화된 제품보다는 그 해외 시장국 실정에 맞는 변화·조정된 상품이 소비자에게 더 호소력이 강하기 때문이다. 반면 제품을 지나치게 변화·조정시키게 되면 프랜차이저는 자신의 상품 특성을 잃어버리게 되어 결국은 딜레마에 빠질 수도 있다는 단점이 있을 수 있다. 그러나 프랜차이징은 장차 합작투자 내지 단독투자를 하기 위한 과도기적 진출방식으로 활용될 수 있다.

3. 경영계약(management contract)

어느 나라의 기업이든 그 나라에서는 처음으로 새로운 업종에 진출하게 되면 그 분야에 경험이 있는 전문경영인이 필요할 수 있다. 이러한 경우 외국의 기업들은 경영계약을 통해 그 국가로 진출할 수 있다.

경영계약이란 위와 같은 경우 계약을 통해 현지국 기업의 경영을 도와주거나 이를 대신 관리해줄 권한을 부여받고, 이러한 경영서비스를 제공하는 것에 대해 일정한 대가(fee)를 수취하는 계약형태이다.

경영계약의 활용가능성은 대체로 다음과 같다.

첫째, 현지국 정부가 외국인 투자기업을 강제수용(expropriation)한 후 현지인 경영자의 교육을 의뢰할 경우 기업은 강제수용의 보상에 추가하여 현지국 정부와의 경영계약을 통해 자신의 기업 자산을 활용할 수 있다.

둘째, 경영계약을 체결함으로써 현지 기업의 신규투자 산업에 필요한 기계, 설비, 원자재 등을 판매할 수 있다.

셋째, 현지국 정부가 외국인의 투자지분율을 제한하는 경우 소유권만으로는 합작투자를 통한 경영통제권을 확보하기 어려울 때 경영계약을 체결함으로써 그 합작기업체의 경영통제권을 장악할 수 있다.

넷째, 투자수익율이 너무 낮거나 자본지출이 큰 경우 해외직접투자를 할 때 발생할 수 있는 자본 손실의 리스크를 피하면서 해외시장에 진출할 수 있는 대안적 수단으로 활용할 수 있다.

4. 계약생산(contract manufacturing)

계약생산이란 진출대상국에 있는 기존의 제조업체로 하여금 일정한 계약조건에 따라 제품을 대신 생산하도록 하고 생산된 제품을 그 나라 또는 다른 나라에 판매하는 방식을 의미한다.

계약생산 방법은 비록 진출 대상국 기업에 의해 제품이 생산되도록 하지만 생산된 제품을 현지시장에서 직접 마케팅활동을 할 수 있으므로 해외 생산에 필요한 시설의 투자 없이도 해외직접투자에 따른 이점을 누릴 수 있는 방법이라 할 수 있다.

우리나라에서 OEM(original equipment manufacturer : 주문자 상표 부착방식) 수출이라고 통칭되는 수출방식은 계약생산의 한 형태라고 할 수 있다. OEM 수출이란 제조업자인 수출업자가 수입업자가 요구하는 품질의 제품을 생산하여 수입업자의 상표로 수출하고, 수입업자는 자신의 마케팅 채널을 이용하여 그 제품을 현지에서 판매하는 방식이다. OEM 수입업자는 일반적으로 전 세계적인 마케팅 채널과 인지도가 높은 상표를 보유한 국제기업이며, OEM 수출업자는 그러한 국제기업의 마케팅 능력이나 상표 충성도에 의존할 수밖에 없는 생산업자가 된다. OEM 수출업자는 수입업자가 요구하는 수준의 품질로 제품을 생산할 수 있는 능력을 갖춘 기업들이어야 한다. 따라서 OEM 등과 같은 계약생산 방법은 만족할 만한 품질수준으로 제품을 생산할 수 있는 제조업자를 대상으로 하여야 하며, OEM 수입업자는 자사의 경쟁적 우위의 형태로 생산보다는 마케팅 능력과 충성도 및 인지도가 높은 상표를 보유하고 있어야 한다.

한편 이와 유사하게 ODM(original development manufacturing ; original design manufacturing : 주문자개발생산·주문자설계생산) 수출이 있는데, 이는 제품개발력과 생산 기술을 갖춘 제조업자가 제품의 연구개발, 설계, 디자인까지 담당하여 제품을 생산하여 주문자인 외국의 수입업자에게 수출하는 방식을 말한다. ODM 방식의 수출업자(제조업자)는 수입업자(주문자)의 제품수준에 맞추어 자신의 기술력을 바탕으로 제품을 개발하고 수출할 수 있어 OEM 방식의 수출에 비해 높은 부가가치를 창출할 수 있다.

5. 플랜트 수출(plant export)

기업은 외국의 고객으로부터 발주를 받은 공장이나 시설물에 대한 설계 및 건설을 하고, 이의 시범적 운영이 성공적으로 끝난 단계에서 외국의 발주자에게 직접 운영권을 인계해 주는 플랜트 수출(plant export) 또는 턴키 계약(turn-key contract)으로 해외시장에 진출할 수 있다.

일반적으로 플랜트라 함은 여러 기계류가 유기적으로 결합되어 하나의 기능을 발휘하는 설비 장치를 의미한다. 이러한 플랜트 수출의 경우에는 각종 설비의 건설과 운영에 필요한 노하우, 기술조사, 사업의 타당성 조사, 제품설계, 공장설계와 건설, 생산개시와 시스템의 운영 등에 관한 기술과 장비, 기계 및 기능인력 등이 패키지(package)

형태로 결합되어 수출된다.

현지국 정부가 외국인의 투자를 규제하는 정도가 심한 경우에는 기업은 대규모의 자본 투자가 필요한 해외직접투자보다는 턴키계약을 체결함으로써 해외로 진출하는 것이 유리하다. 또한 플랜트 수출은 대체부품, 수선·유지에 쓰이는 소모품 등에 대해서도 장래의 시장성을 유지할 수 있다.

우리나라의 경우 1970년대 이후 대형 종합건설업체를 중심으로 활발히 추진되고 있는 이 플랜트 수출은 상품수출과 함께 중추적인 국제경영 전략으로 활용되고 있다.

플랜트 수출은 쌍방간에 복잡한 협상과정을 거치게 되며, 막대한 비용과 시간이 소요되고 법적 절차도 복잡하다. 따라 이 계약시에는 시설 및 공장의 명세, 계약 당사자의 의무와 책임, 불가항력 조항, 그리고 분쟁해결 방법 등을 상세히 규정하여야 하며 현지국의 정치적 불안정성을 포함한 정치적 리스크에 대해서도 보다 세심하게 주의를 기울일 필요가 있다.

제 3 절 해외직접투자

1. 해외직접투자의 개념

해외직접투자(foreign direct investment)는 투자하는 기업이 외국의 투자대상 기업에 대한 경영참여 내지 경영 지배를 목적으로 기업 자체의 무형의 경영자원인 기술특허, 상표권, 경영관리 노하우, 마케팅 노하우 등과 유형의 경영자원인 자본, 경영자 등을 결합하여 해외로 이전시키는 해외시장진출 전략이다.

위의 개념에 따른 해외직접투자는 다음과 같은 특징을 가진다.[2)]

첫째, 해외직접투자는 단순히 이자나 배당소득만을 목적으로 하는 해외간접투자와는 달리 해외사업에 대하여 직접적으로 영향력을 행사하여 경영 지배를 하는 것을 목적으로 한다.

둘째, 해외직접투자는 그 형태면에서 단순한 화폐형태의 자본이동뿐만 아니라 경영관리 지식과 경험, 특허, 마케팅 노하우, 기술적 지식, 원료구입 자금조달 등 시장에 있어서의 정보수집, 연구개발 등 유형·무형의 경영자원을 패키지 형태로 이전시킨다는

2) 조동성,「국제경영학」, 경문사, 1983, pp.226~227.

점에서 수출이나 라이센싱과 구별된다.

셋째, 해외직접투자는 한 국가의 기업이 국내지향형 내지 해외지향형에서 현지지향 및 세계지향적 기업으로 발돋움하기 위한 필수조건이 된다. 따라서 해외직접투자는 다국적기업의 발생과 성장을 위한 기반이 된다.

2. 해외직접투자의 동기

기업이 전략적으로 해외직접투자를 추구하는 경우 다음과 같은 동기에 의하는 것이 보통이다.

첫째, 시장의 추구를 위한 경우이다. 기업은 기존의 시장을 유지하는 가운데 해외에 진출하여 해외에서 생산을 하여 그 현지국 시장의 수요를 충족시키고, 나아가서는 새로운 해외시장을 개척하여 시장을 확보하기 위하여 해외직접투자를 하게 된다.

둘째, 해외자원의 추구를 위해 직접투자를 하는 경우이다. 원자재를 많이 활용하는 기업체들은 생산요소가격이 상대적으로 저렴한 국가에 해외직접투자하여 원자재를 확보하여 자기 기업체가 사용하거나 혹은 타기업체에게 판매하기 위해 해외직접투자를 하게 된다.

셋째, 생산의 효율성을 지향하기 위해 해외직접투자를 하게 된다. 생산성에 비하여 생산요소(자본, 노동 등)의 가격이 상대적으로 저렴한 경우, 예를 들어 노동집약적인 산업에서 이러한 동기로 투자가 이루어진다.

넷째, 기술·경영상의 노하우의 습득을 위해 해외직접투자를 하는 경우이다. 기업은 고도의 첨단기술이나 선진 경영기법을 습득하기 용이한 지역으로 진출한다. 우리나라의 삼성반도체, LG전자 등이 관련 최첨단 기술을 습득하기 위해 미국의 실리콘 벨리에 현지법인을 설립하였던 것도 바로 이러한 동기에 의한 것이다.

다섯째, 수용·몰수·국유화 등과 같은 정치적 리스크가 적은 국가, 또는 현지국 정부의 정책이 기업에 대해 간섭이 적은 그러한 국가에 해외직접투자를 하게 된다.

여섯째, 기업은 자신의 과점적 시장경쟁 구조하에서 어느 한 선도기업이 해외직접투자를 하게 되면 방어적인 전략으로 해외직접투자를 하는 경우가 있다.

일곱째, 금융·광고·법률·회계 등의 서비스 산업분야에서 볼 수 있는 현상으로 고객의 해외 기업활동에 필요한 서비스를 제공하기 위해 고객을 따라서 해외직접투자를 하는 경우이다.

이 외에도 여러 동기들이 있을 수 있으나 무엇보다도 중요한 것은 이들 동기들은 상호 배타적이라기보다는 보완적인 성격을 가진다는 것이다. 다시 말해 어느 한 가지 이유만으로 해외직접투자가 이루어진다기 보다는 여러 동기들이 결합되어 행해진다는 것이다.

3. 해외직접투자의 활용가능성과 문제점

해외직접투자는 신보호무역주의가 팽배해 있는 오늘날 수출에 많은 어려움을 겪는 기업들이 국제시장진출에 활용할 수 있는 가장 적극적인 전략적 대안의 하나로 평가될 수 있다.

한편 해외직접투자는 다른 해외진출방법에 비해 많은 자본과 인력이 투입되어야 하므로 그만큼 기업의 위험부담도 크다. 특히 정치적으로 불안정한 국가에 직접투자한 경우 수용·몰수·국유화 등과 같은 정치적 리스크에 노출될 가능성이 크다.

해외직접투자를 통한 기업의 국제경영 활동은 본질적으로 자국과는 다른 해외의 현지국에서 이루어지기 때문에 현지국의 언어와 관습의 차이, 국가정책의 변동 등에 따른 기업경영의 어려움이 뒤따를 수 있으며 이에 따라 기업의 경영관리도 복잡해질 수 있다.

그러나 해외직접투자는 해외시장으로의 개입정도가 가장 높은 방법으로서 다음과 같은 활용가능성을 갖는다.

① 해외직접투자는 기업의 총체적 경영자원을 투자대상국에 패키지 형태로 이전시키므로 기업이 보유하고 있는 독점적 경쟁우위를 합리적으로 활용할 수 있는 기회를 부여해 줄 수 있다. 즉 운송비의 절감, 현지의 저렴한 노동력, 원료조달 등을 통해 경제성을 확보할 수 있으며 규모의 경제(economy of scale)의 이점을 향유할 수 있게 된다.

② 수출 또는 여타의 계약에 의한 해외진출방식에 비해 통제의 강·약을 조정함으로써 보다 높은 경영성과를 올릴 수 있다.

③ 관세 및 비관세장벽을 구축한 나라 또는 특정제품에 대해 수입제한조치를 취하는 국가에 대해 현지생산/현지판매할 수 있는 활로를 개척할 수 있다.

④ EU 또는 USMCA[3] 등과 같은 경제블록 내에 해외직접투자를 함으로써 지역경제통합이 주는 제약조건을 극복할 수 있다.

⑤ 성장산업에 속한 제품을 생산하는 제조 기업의 경우 기술정보의 획득이 기업의 성패를 좌우하기 때문에 첨단기술 보유국에 직접투자함으로써 첨단기술 및 지식을 획득할 기회를 가질 수 있다.

---

3) 미국, 캐나다, 멕시코 간 자유무역협정(FTA)으로 전신은 NAFTA이다.

제 4 절 국제합작투자(international joint venture)

1. 합작투자의 개념

기업이 해외직접투자를 통해 현지기업의 경영에 참여할 때 그 기업의 지분을 100% 소유하면 단독투자, 100% 미만을 소유하면 합작투자가 된다.

국제합작투자라 함은 2인 혹은 그 이상의 국적을 달리하는 당사자가 공동으로 기업을 운영하기 위해 자본은 물론 기술, 경영, 마케팅, 인력 및 자금조달, 원료, 부품 및 기계설비 공급원의 확보 등 여러 면에서 능력을 결합하여 상호간에 협력하는 것을 의미한다.

이러한 합작투자를 통하여 기업은 해외직접투자에 따른 위험을 해외 합작선과 분담할 수 있을 뿐만 아니라 합작선의 강점을 최대한 활용함으로써 자신의 부족한 점을 보완할 수 있다.

2. 국제합작투자의 동기

합작투자의 본질적 특징은 분담에 있다. 합작투자는 자본, 자산 등의 기업자원을 공유할 뿐만 아니라 수익 또는 손실의 위험도 합작기업 간에 분담한다. 합작투자가 세계적으로 증가하는 이유는 대체로 아래와 같다.

첫째, 민족주의의 성향이 강하여 현지국이 법적 또는 행정적 제도로 특정산업에 대해 외국인의 단독투자를 전면 금지한다든지, 또는 외국인 투자를 합작형태로만 허용할 때 그 나라 현지기업과 협력관계를 유지할 수밖에 없다.

둘째, 투자 기업체는 이익증대, 세제 혹은 외환관리상의 특혜, 그리고 위험의 분산 등 경영상의 혜택을 최대화하기 위하여 자발적으로 합작투자를 하고 있다.

셋째, 현지기업은 외국자본과의 협력관계를 모색함으로써 자신과 자신의 산업발전을 도모하기 위해 합작투자 한다.

넷째, 투자기업은 단독투자에 비해 상대적으로 적은 자본과 경영자원으로 대규모 사업에도 참여할 수 있다.

다섯째, 투자기업이 합작을 할 경우 합작기업은 현지기업으로 인식되므로 각종 금융·세제상의 혜택을 받을 수 있고 정치적 리스크도 줄일 수 있다.

3. 소유권 전략 결정기준

어떤 특정의 투자기업이 비록 해외투자기업체 자본주식을 100% 소유하고 있다고 할지라도 실제로 완전통제를 할 수 없는 경우가 있다. 그 이유는 현지국 정부가 외국인 현지 자회사의 운영에 대해 직접적인 권력을 행사하여 가격통제, 노사관계에 대한 영향력 행사, 자회사의 배당이익에 대한 통제 등의 방법으로 외국인 현지 자회사의 운영에 직·간접으로 영향을 주기 때문이다.

반면 주식지분의 49% 이하를 소유한다고 해서 반드시 해외투자기업체를 효과적으로 통제할 수 없는 것은 아니다. 주식지분이 49% 이하인 경우에도 해외자회사와 경영계약, 라이센싱계약, 기술제공계약 등을 체결하여 경영통제권을 효과적으로 확보할 수 있는 경우가 많기 때문이다. 결국 단순히 경영통제권을 완전히 장악하기 위하여 해외투자기업체의 소유지분을 무작정 높일 필요는 없다.

그러나 합작기업체의 경영통제권의 정도는 합작선간의 기술, 자금 및 인력 조달능력, 원료, 부품, 설비 등의 공급원 및 제품판매시장에 대한 지배능력에도 영향을 받게 되지만 소유권의 비율에 따라서도 영향을 받게 되므로 경영통제권의 필요성에 따라 적절한 소유권 비율을 확보할 필요가 있다.

일반적으로 소유권 비율의 결정을 위해서는 아래와 같은 기준을 고려하여야 한다.

1) 제품과 기술의 특성

제품의 기술적 복잡성(technical complexity)이 높을수록 완전 소유 혹은 다수 통제권을 장악하는 방법을 택하는 것이 일반적이다. 이는 제품 자체 또는 생산공정에 대한 기밀의 해외유출을 회피하기 위한 목적과 기술적 우위를 계속 유지함으로써 강력한 협상력을 발휘하여 통제권을 장악한다는 목적을 달성하기 위함이다. 반대로 제품과 그 생산기술이 단순하거나 이미 널리 알려진 경우 낮은 소유지분을 감수해야 하는 경우가 많을 것이다.

2) 현지국의 투자환경

투자환경이 안정되어 있는 국가의 경우에는 단독투자를 하여 완전소유 및 통제하는 전략을 택하고 저개발 단계에 있으면서 투자환경이 불안정한 국가에 대해서는 리스크를 낮추기 위해 투자지분을 줄이는 것이 바람직하다. 현지국이 민족주의적 경향이 강한 개발도상국인 경우에도 구태여 다수소유권을 고집할 필요는 없을 것이다.

3) 기업자원의 보유정도

대규모 다국적기업일수록 가급적 단독투자 형태를 취하거나 다수소유권을 택하는 경향이 많고, 규모가 작거나 기업자원이 취약한 다국적기업일수록 합작시 그 소유지분을 높이기 어려울 것이다.

4) 현지국 합작선의 역할

현지국 파트너가 보유하고 있는 경영상의 노하우, 정부와의 밀접한 관계 등은 투자기업의 합작비율에 영향을 주게 된다.

4. 국제합작투자의 활용 가능성과 문제점

합작투자전략은 여러 가지 사항을 충분히 고려하여 탄력적으로 전략을 수립할 필요가 있다. 합작투자시에는 합작투자의 대상이 되는 지역과 국가, 구하고자 하는 합작파트너의 성격, 현지자금조달의 가능성, 현지경영인 및 대상기업의 요구조건 등을 명확히 파악하여야 한다. 또한 투자기업은 소유권의 정도에 있어서도 탄력적으로 대응할 수 있어야 하며 경영계약이나 라이센싱 등과 같은 기술협정도 선택적으로 함께 활용하여야 한다.

합작선과 위험을 분담할 수 있다는 장점은 한편으로는 이익도 나누어 가진다는 것을 의미하므로, 이에 따라 상호간에 이해관계가 대립되어 많은 비용을 발생시키면서 합작이 실패할 가능성도 내포하고 있다. 그러나 성공적인 합작투자는 투자기업체로 하여금 원자재, 노동력, 마케팅 채널, 원만한 정부관계 등을 십분 활용하여 소위 시너지 효과(synergy effect)를 누릴 수 있게 한다. 즉 합작투자의 파트너들이 결합하여 투입한 자원의 가치보다 더 큰 가치를 회수할 수 있다는 것이다.

아무리 규모가 큰 세계적인 기업이라고 하더라도 그 기업의 기술과 자원능력에는 한계가 있으므로 지금과 같은 세계적인 경쟁의 시대에 자력으로만 경쟁우위를 확보하는 데는 큰 어려움이 있다. 그 결과 최근 많은 기업들은 기술교류 및 공동연구 기능의 결합 등 다양한 파트너십 관계를 형성해 가고 있는 추세에 있다.

이와 같은 소위 범세계적 전략적 제휴(global strategic partnership)는 전통적인 국제합작투자와는 다른 점이 많다. 합작투자는 특정국이나 특정지역의 시장만을 겨냥하여 이루어지는 경우가 많으나 범세계적 전략적 제휴는 세계시장 전체를 대상으로 경쟁력 우위를 강화하기 위한 것이다. 또한 합작투자는 합작선과의 항구적인 협력을 전제로 하여 형성된다는 경직성이 있는 반면 전략적 제휴는 기업이 각각 독립성을 유지하면서 연구개발, 생산, 마케팅, 자금조달 등의 기업능력을 결합하는 유연한 협력관계라고 할 수 있다.

범세계적 전략적 제휴는 뚜렷한 경쟁우위가 있는 기업들 간의 강점의 결합을 통한 수평적 협력관계라는 점에서 기업 특유의 경쟁적 우위가 없는 기업이라면 이의 활용이 어려울 수 있으나 우리나라 기업들도 이와 같은 유형의 전략적 대안을 주시할 필요가 있을 것이다.

Chapter 02

무역의 형태별 구분

제1절 무역의 의의

1. 무역의 개념

일반적으로 무역이라 함은 동일한 국내에서 거래가 이루어지는 단순한 상거래 행위인 국내거래(domestic transaction)와는 달리 국경을 달리하는 국가간의 국제상거래(international transaction)를 말한다. 따라서 무역은 국제무역(international trade), 세계무역(world trade), 외국무역 또는 대외무역(foreign trade), 해외무역(overseas trade)이라고 표현되기도 한다.

무역거래의 대상이 되는 물품은 넓은 의미에서 보면 일반적인 상품 외에도 용역, 자본거래 등을 모두 포함하는 개념으로써, 정보통신망을 이용한 각종 소프트웨어와 같은 '전자적 형태의 무체물' 역시 무역거래의 대상이 된다.

우리나라 대외무역법 제2조에서는 "무역이라 함은 물품 등(물품과 대통령령이 정하는 용역 또는 전자적 형태의 무체물)의 수출·수입을 말한다"고 규정하고 있다.[1)]

---

1) 무역거래의 대상은 물품 이외에도 용역, 자본거래 및 정보통신망을 이용한 전자적 형태의 무체물을 포함한다. 대외무역법은 소프트웨어, 영화, 게임, 애니메이션, 만화 등 정보통신망을 이용한 영상물, 음향 음성물, 전자서적, 데이터베이스 등을 전자적 형태의 무체물로 규정한다.

2. 무역의 형태별 구분

1) 거래주체에 의한 구분

(1) 민간무역과 국영무역

민간무역(private trade)이란 무역거래의 주체가 민간기업인 경우로써 자본주의 시장경제 체제하에서는 민간무역이 무역 형태의 대종을 이룬다. 그러나 예전의 소련, 중국 등과 같은 사회주의 국가의 경우에는 국가가 무역의 주체가 되어 국가기관의 계획하에 무역거래가 이루어지는데, 이를 국영무역(state trade)이라 한다.

(2) 정부무역

자본주의 국가에 있어서도 경우에 따라 정부 기관이 무역거래의 주체가 되는 때가 있는데, 이 경우를 정부무역(government trade)이라 한다.

2) 규제정도에 따른 구분

(1) 자유무역

국가가 수출입 행위에 일체 간섭하지 않고 무역의 주체들이 상품, 용역, 자본 등의 거래에 있어 자유롭게 무역을 이행하는 것을 자유무역(free trade)이라 한다.

18세기 후반 유럽을 중심으로 중상주의가 대두되면서 자유무역의 사상이 전파되기 시작하였으며, 이후 아담스미스(A. Smith)와 리카르도(D. Ricardo) 등에 의해 자유무역의 원리가 정립되었다. 오늘날 세계무역기구(WTO)체제도 자유무역을 지향하고 있다.

(2) 보호무역

보호무역(protective trade)이란 국가가 외국의 경쟁으로부터 국내산업을 보호하고 당해 산업의 경쟁력을 강화하기 위해, 또는 자국의 국제수지를 개선하거나 재정수입을 확충하기 위해 관세 또는 비관세 장벽 등의 방법으로 무역에 직·간접적으로 간섭하는 무역제도이다. 오늘날 보호무역정책은 개발도상국에 있어 자국의 산업보호와 국제수지개선을 위해 실시되기도 하며, 선진국에서도 국제경쟁력 보호를 위해 국제경쟁력이 상대적으로 취약한 국내사양산업의 보호나 고용증대 등 국내 경제문제를 해결하기 위해 실시되기도 한다.

(3) 관리무역

외국과의 무역거래를 전면적으로 국가의 관리하에 두는 무역형태로 외환관리, 수입의 허가, 할당, 수출수량제한 또는 가격의 자율규제, 결제방법의 지정 또는 제한 등의 형태로 나타난다.[2)]

(4) 협정무역

국가간 무역을 증진시키거나 균형을 이루기 위해, 또는 통상관계를 재개하거나 존속시키기 위해 무역협정(trade agreement)을 체결하는 형태의 무역을 협정무역(trade by agreement)이라 한다.

3) 거래형태에 의한 구분

(1) 가공무역

외화 획득을 위해 수출할 것을 목적으로 원료의 전부 또는 일부를 수입하여 일정한 공정을 거쳐 경제적 가치를 부가시킨 후 수출하는 무역의 형태이다.

① 수탁가공무역

가공무역 중에서 가득액을 가득하기 위하여 대상 원자재의 전부 또는 일부를 거래상대방의 위탁에 의하여 외국에서 수입하여 이를 가공 후 위탁자 또는 그가 지정하는 자에게 수출하는 방식을 말한다. 수탁가공무역은 수입 원자재를 무환으로 조달하는가 또는 유환으로 수입하는가에 따라 무환수탁가공무역과 유환수탁가공무역으로 구분된다.

② 위탁가공무역

위탁가공무역이란 외국에서 가공할 원자재의 전부 또는 일부를 거래상대방에게 무환으로 수출하여 이를 가공케 하여 가공임을 지급하는 조건하에 무환으로 수입하는 무역을 말한다.

(2) 보세가공무역

보세가공무역(bonded process transaction)이란 정부가 지정한 특정 보세지역에 가공설비를 설치하여 외국에서 들여온 원자재를 가공하여 다시 이를 외국으로 수출하는 형태를 말한다.

원자재를 외국으로부터 조달할 때 위에 언급한 수탁가공무역에서와 같이 유환 또는 무환으로 할 수 있으나 수탁가공무역과 구별되는 것은 수입할 때 관세를 부과하지 않으며, 또 원자재를 수출하는 당사자와 완제품을 수입하는 당사자가 동일인이 아니라도

---

2) 박대위, 「무역실무」, 법문사, 1994, p.315.

된다는 점에 있다.

(3) 중개무역

중개무역(merchandising trade)이란 제3국의 상인이 수출국과 수입국 사이에 개입하여 자기의 위험과 비용으로 수출국 상인과는 구매계약을 체결하고, 또 수입국 상인과는 판매계약을 각각 체결하여 수출업자에게는 매수인의 입장에 서고, 수입업자에게는 매도인의 입장에 서서 계약화물을 직접 수출업자와 수입업자 사이에 이동시키고 대금결제를 받음으로써 매도가격과 매입가격의 차액을 수취하는 형태의 거래를 말한다.

(4) 중계무역

중계무역(intermediary trade)이란 제3국 상인이 실공급국으로부터 물품을 수입하여 수입된 물품에 하등의 경제적 가치를 부가하지 않고 실수요국으로 재수출함으로써 수입금액과 수출금액의 차이를 일종의 중계 수수료 형식으로 수취하는 무역 형태를 말한다.

중개무역은 수출국에서 수입국으로 물품이 직송되나 중계무역은 중계상인이 위치한 제3국을 경유한다. 중계무역은 해상운송이 편리한 항구를 통해서 이루어지는 것이 보통이며 물품이 단순히 중계무역항을 통과하기에 통과무역(transit trade)이라고도 한다.

(5) 수 · 위탁판매무역

수 · 위탁판매무역(consignment trade)이란 물품을 무환으로 수출 또는 수입하여 당해물품이 판매된 범위 안에서 대금을 결제하는 계약에 의한 수출입을 말한다. 이는 위탁판매 수출과 수탁판매 수입으로 분류된다.

① 위탁판매수출

위탁판매수출(export on consignment)이란 물품을 무환으로 수출하여 당해 물품이 판매된 범위 안에서 대금을 결제받는 계약에 의한 수출 방식을 말한다.

위탁자는 매매계약에 의하지 않고 자가생산한 물품을 외국의 수탁자에게 무환으로 수출하고 수탁자는 당해 상품을 판매한 후 그 판매대금에 대한 일정비율의 판매 수수료를 수취하고 나머지 대금을 위탁자에게 송금하는 판매방식이므로 궁극적인 물품의 소유권은 위탁자에게 있으며 판매하고 남은 물건은 위탁자에게 반송되어진다. 이 방식은 제품의 신시장 개척을 위해, 또는 시장성이 확실하지 않은 신규상품의 수출을 위해 활용된다.

② 수탁판매수입

수탁판매수입(import on consignment)이란 물품을 무환으로 수입하여 당해 물품이 판매된 범위 안에서 대금을 결제해주는 계약에 의한 수입을 뜻한다. 이는 위탁판매수출을 수탁자의 입장에서 보는 거래라 할 수 있다.

(6) 임대차 방식에 의한 무역

임대차 방식에 의한 무역이란 임대차 계약에 의해 물품을 수출입하여 임대료를 받거나 임차료를 지급한 후 임대차 기간이 만료되기 전 또는 만료된 후 당해 물품의 소유권을 임차인에게 이전하는 수출입 방식을 말한다.

이 방식은 주로 시설기재의 무역거래에 많이 활용되는데 상품을 생산함에 시설기재가 차지하는 비용이 클 경우 임시로 그러한 시설기재를 빌려서 사용하고 이에 대한 사용료만 지급하게 된다.

임대방식에 의한 수출은 시설기재의 제공에 따라 생산제품의 시장확보, 기술의 상호 협력, 원자재 조달의 용이성 등을 통해 경제협력 체제를 공고히 할 수 있는 이점이 있다.

임차방식에 의한 수입은 주로 자본 규모가 영세한 중소기업이나 외국과의 합작투자 업체가 활용하며, 시설기재의 수입에 따른 자금 부담을 경감시키고 시설기재의 가동을 위한 새로운 기술 등이 필요한 경우 임대인의 기술지도를 통해 별도의 기술료를 지급하지 않고서도 새로운 기술을 습득할 수 있다는 장점이 있다. 그러나 임대인이 자신의 시설기재를 제공하고 이를 통해 생산된 제품을 전량 수입하기 때문에 가격은 언제나 임차인에게 불리하게 결정될 때가 많으며, 또한 임대인이 제시하는 생산량 이상의 생산은 불가능할 때가 많으므로 대량생산이나 시황에 따른 탄력적인 계획생산이 어렵다는 단점이 있다.

(7) 연계무역

연계무역은 외화가 부족한 나라에서 국제수지의 악화를 방지하기 위해서 거래하는 두 나라 사이에 수출하는 금액만큼 수입하는 계약을 체결하여 실질적인 외화의 흐름이 없이 상품의 교역이 이루어지는 거래방식이다. 따라서 연계무역은 수출과 수입이 하나의 계약서로 작성되는 것이 원칙이며 별도의 계약서로 작성될 경우에는 상호 관련이 되어야 하며 대금결제가 상계되어야 한다.[3)]

연계무역은 수출·수입이 연계된 무역거래로서 크게 물물교환, 구상무역, 대응구매

---

3) 대외무역관리규정 제3-2-9조.

의 형태에 의해 이루어진다.

구상무역(compensation trade)이란 수출입 대금을 그에 상응하는 수입 또는 수출로 상계하는 수출입을 말한다. 이 방식은 두 국가 간의 수출입의 균형을 유지하기 위해 많이 이용되는데 크게 무환구상무역과 유환구상무역으로 구분된다.

유환구상무역은 수출입 국가간의 수출입 대금결제시 선수출 또는 선수입에 상응하는 물품대금을 일단 외화로 수취 또는 지급하고 차후 후수입 또는 후수출에 따른 물품대금을 선수출 또는 선수입한 금액만큼의 외화로 지급 또는 수취하는 거래방식이다. 반면 무환구상무역은 수출입 대금을 외국환으로 결제하지 않고 그에 상응하는 만큼의 물품으로 직접 교환하는 물물교환(barter trade)을 의미한다.

대응구매(counter purchase)란 구 동구권 국가들이 서방측과의 동서무역에서 주로 활용했던 거래형태로 서방측의 당사자가 수출계약과 함께 일정한 기간 안에 동구권측 수입국의 상품을 구매하겠다는 또 다른 구매계약을 체결함으로써 두 개의 수출계약이 하나로 연계되는 무역형태이다.

(8) 각서무역

각서무역(memorandum trade)은 광의의 구상무역에 해당하는 거래형태로써 주로 국교가 없는 두 나라 사이에 서로 동액의 신용장을 개설하는 것을 전제로 거래 일방이 먼저 신용장을 개설하면 상대방이 동액만큼 일정 기간 후에 신용장을 개설하겠다는 보증서를 발행함으로써 내도된 신용장을 발효시키는 독특한 교역형태이다. 각서무역은 일본과 중국 간에 국교가 정상화되기 전에 주로 활용되어졌다.

(9) 보세창고도거래

보세창고도거래(bonded warehouse transaction : BWT)란 수출업자가 자신의 위험과 비용으로 수입국에 자기의 지점 또는 대리점을 설치하고 수입국 정부로부터 허가받은 보세창고에 상품을 무상으로 반출하여 현지에서 판매하는 방식을 말한다.

보세창고도거래는 수입지에서 수입통관하지 않은 상태로 특정 보세구역내의 보세창고에 입고시키고 가장 좋은 고객을 골라 판매할 수 있다는 장점이 있으나 수입업자와 계약을 체결하지 않은 상태에서 일단 수입국의 보세창고로 수출하는 형식을 취하기 때문에 수입국내의 시황이 불리하게 전개된다든지 또는 유행에 민감한 상품의 경우에는 적기 판매를 하지 못하여 손실을 입을 수도 있다. 또한 보세창고 입고 후 매매계약이 체결되므로 수출 후의 대금결제가 그만큼 늦어진다는 단점도 있다.

4) 결제방식에 의한 구분

(1) 송금방식에 의한 수출입

송금방식에 의한 수출입이란 이하에서 설명할 취소불능 화환신용장 방식 또는 추심 결제 방식에 의한 수출입 이외의 방법으로써 다음의 세 가지 방식을 포함한다.[4)]

첫째, 수출하기 전에 미리 수출대금을 외화로 영수 또는 지급하는 단순 송금(simple remittance)방식

둘째, 물품의 인도 또는 인수와 동시에 또는 인도·인수 후 수출입 대금을 외화로 영수하거나 지급하는 방식으로 대금교환도 조건부 수출인 COD와 CAD[5)] 방식을 포함한다.

셋째, 언급된 첫 번째와 두 번째 방식의 혼합방식에 의한 수출입 방법

송금방식에 의한 수출입은 일반적으로 아래와 같은 거래에 주로 이용된다.

① 외국의 수입상에게 상품 견본을 유상으로 송부할 때

② 소량의 시험용품을 수출·수입할 때

③ 비계속적인 소액거래의 경우, 즉 커미션, 해상선임, 보험료 등과 같이 신용장 개설이 번거롭거나 필요 없을 때.

(2) 추심결제방식에 의한 수출입

추심(collection)이란 수출업자가 계약조건에 따라 수출을 이행한 후 상품을 대표하는 관계 선적서류와 함께 화환어음(documentary draft)을 발행하여 거래은행을 통해 수입업자로부터 대금을 결제받는 것을 의미한다.

수출업자는 계약상품을 선적한 후 화환어음을 발행하여 제반 선적서류와 함께 자신의 거래은행(추심의뢰은행 : remitting bank)에 제시하여 지급을 받으면 당해 추심의뢰 은행은 수입지의 은행(추심은행 : collecting bank)으로 수출업자의 환어음과 관계 선적서류를 송부하여 추심을 의뢰하게 된다. 수입지의 추심은행 역시 궁극적인 대금지급자

---

4) 대외무역관리규정 제3-2-1조 참조.

5) COD(cash on delivery)란 현물상환불을 의미하는 것으로써 이 방식은 수출업자의 물품이 수입업자에게 인도되면 이와 동시에 수입업자는 물품의 검사를 한 후 계약물품과 상환으로 현금결제해 주는 방법이다.
CAD(cash against documents)란 수출업자가 물품을 수출하고 선적을 증명할 수 있는 선하증권(bill of lading), 상업송장(commercial invoice), 보험서류(insurance document)등 필요 선적서류 일체를 수출지의 수입업자 대리점 또는 수입업자의 계정이 있는 환거래은행에 제시하여 그 서류들과 상환으로 대금결제를 받는 선적서류상환불방식을 말한다.

인 수입업자에게 이들 환어음과 선적서류를 인도하고 이와 상환으로 대금을 수취하여 송금하게 된다.

한편 이 추심결제방식은 수출업자가 발행하는 화환어음이 일람불 환어음(sight draft)인지 또는 기한부 환어음(usance draft)인지에 따라 다음과 같이 지급도 방식과 인수도 방식으로 대별된다.

① 지급도 방식(document against payment ; D/P)

수출업자가 발행하는 환어음이 일람불 환어음이면 이를 지급도 방식이라 하는데 수입업자는 은행으로부터 서류가 제시되면 그 서류와 상환으로 일람지급을 하여야 한다. 지급도의 경우는 서류상환불이기 때문에 수입업자가 상품의 대금을 은행에 지급하지 않으면 은행은 관계 선적서류를 인도해 주지 않는다.

② 인수도 방식(document against acceptance ; D/A)

수출업자가 발행하는 환어음이 기한부 환어음이면 이는 인수도 방식이 된다. 이 거래는 추심은행이 수입업자에게 환어음을 제시하여 수입업자가 어음상에 "Accepted"라는 표시와 함께 서명을 하는 인수요식행위를 받으면 추심은행은 관계 선적서류를 수입업자에게 인도하여 수입업자가 차후 수입상품을 매각한 후 정해진 기한 내에 은행에 대금을 갚는 일종의 외상거래이다.

추심결제 방식에 개입하는 은행들은 수출업자와 수입업자 사이의 대금결제 절차를 대행해 줄 뿐 대금지급을 보증해 주는 것은 아니다.

이 방식은 수출업자와 수입업자 간에 오랜 거래 관계가 있어 서로간의 신용을 확인할 수 있을 때, 또는 본·지사 간의 거래에 이용된다. 따라서 수입업자의 신용도가 낮거나 수입업자 소재국의 정치적 리스크가 클 때에는 이 방식이 선호되지 않는 것이 보통이다.

우리나라의 무역 거래는 신용장에 의한 거래가 대종을 이뤄 왔으나 그간 중남미 지역 등을 중심으로 인수도(D/A) 방식, 지급도(D/P) 방식과 같은 추심결제방식이 증가하면서 중추적 대금결제 방식의 하나로 자리매김하고 있다.

(3) 화환신용장에 의한 수출입

화환신용장(documentary letter of credit ; L/C)이란 국제무역거래에 있어 대금지급 및 상품입수의 원활을 도모하기 위해 수입업자의 거래은행(신용장개설은행 ; issuing bank, opening bank)이 수입업자(신용장개설의뢰인 ; applicant)의 지시와 요청으로 개설한 신용장의 조건과 내용에 일치하는 관계 선적서류 일체를 수출업자(수익자; beneficiary)가 신용장 개설은행 또는 당해 은행이 지정한 환거래취결은행에 제시하면 반드시 대금을 지급하겠다는 신용장개설은행의 약정증서를 말한다.

국제 거래에서 대두되는 다양한 위험 중에서 특히 그 중요성이 큰 것은 수출업자입장에서는 수입업자의 신용상태의 변화로 야기되는 대금회수불능의 위험(credit risk)일 것이며, 수입업자 입장에서는 수출업자의 계약위반에 의해 계약에서 원하는 상품을 입수할 수 없는 상품입수불능의 위험(mercantile risk)일 것이다.

신용장은 언어와 관습이 서로 다른 국가에 거주하고 있는 거래 상인간의 신용을 더욱 확고하게 하여 언급한 바와 같은 대금회수불능의 위험과 상품입수불능의 위험을 제거하는 과정 속에서 은행이라는 공공성을 띤 중간매체를 개입시켜 대금지급 및 상품입수의 원활화를 도모하는 주요한 대금결제 방식이다.[6]

신용장에 의한 수출업자와 수입업자의 효용을 간략히 살펴보면 다음과 같다.

① 수출업자에게 유용한 기능

ⓐ 수출업자는 신용장을 일단 입수하면 신용장 개설은행의 파산이나 불가항력의 위험을 제외하고는 수출의 이행 후 대금결제를 받을 수 있다는 확신을 가진다.

ⓑ 신용장에 의한 수출 대금은 선적이 끝나는 대로 회수될 수 있다. 환어음이 기한부라 할지라도 그 기간에 해당하는 이자와 은행 수수료만 공제받으면 대부분의 수출대금을 수출이행 즉시 지불받을 수 있다.

ⓒ 수출업자는 신용장을 담보로 금융을 받을 수 있으므로 이 대금으로 수출상품 또는 상품제조에 필요한 원료를 확보할 수 있다.

② 수입업자에게 유용한 기능

ⓐ 수입업자는 은행의 신용을 이용하여 자신의 신용을 강화할 수 있다.

ⓑ 수출업자는 수입업자가 요구한 신용장상의 조건대로 계약상품을 선적하지 않으면 수출대금을 받지 못하므로 수입업자는 상품이 계약조건대로 입수될 수 있음을 확신할 수 있다.

ⓒ 신용장에는 최종 선적기일과 유효기일이 명시되어 있으므로 언제까지 계약상품이 수입지에 도착하리라는 것을 예측할 수 있어 상품의 재판매 등을 위한 계획을 수립할 수 있다.

---

6) 좀 더 자세한 내용은 *infra*, 제5장 참조.

(4) 국제팩터링 방식에 의한 수출입

국제팩터링(international factoring)이란 대금의 결제를 팩터링이라는 방식을 이용하는 것으로써 무신용장 거래방식의 하나라 볼 수 있다.

팩터링이라 함은 기업의 외상매출채권을 거래의 대상으로 하여 팩터(factor)라고 하는 금융기관이 수출업자와 수입업자 사이에 개입하여 수출업자에게는 수출채권의 범위 내에서 전도금융을 제공하고 수입업자에게는 대금지급을 보증해줌으로써 수출대금의 회수를 확실하게 하는 동시에 자금 부담을 경감시켜주는 금융기법이라 할 수 있다.

국제팩터링 방식하에서는 수출업자는 수입업자에게 상품을 외상으로 수출한 후 그에 해당하는 금액만큼을 매출채권으로 발행하고 이 매출채권을 수출팩터의 역할을 하는 금융기관이 매입하여 수출업자에게 대금을 전도금융해주고 수입업자 소재국의 수입팩터에게 당해 매출채권을 매도함으로써 정해진 기일 내에 수입업자로부터 상환된 대금을 수입팩터가 송금해주면 수출팩터는 전도금융 받은 수출업자의 계정에서 당해 금액을 상계하는 방식을 취하게 된다.

국제팩터링 방식은 매매당사자간의 신용을 바탕으로 하여 외상으로 수출입하는 새로운 형태의 국제간 무역거래 방식으로써 특히 담보력이나 자금력이 부족한 중소기업들에 의해 그 활용도가 높아지고 있다.[7)]

국제팩터링방식의 장점은 무엇보다도 수출대금을 수출팩터가 보증해 줌으로써 수입업자의 신용상태 변화에 따른 대금회수불능의 위험을 제거한다는 데 있다. 다시 말해 수출업자와 수출팩터 간의 수출팩터링 거래약정을 통해 수출팩터는 수입팩터에게 수입업자의 신용조사를 의뢰하고 수입팩터는 이 의뢰에 따라 수입업자에 대한 신용평가 후 신용승인(credit approval)을 내리게 되는데, 이 수입팩터의 신용승인은 수입업자의 파산, 지급불능 등이 발생하여도 수입업자를 대신하여 수입대금을 지급하겠다는 보증의 효력을 갖는다. 물론 수입업자의 입장에서도 수입팩터가 설정한 자신의 신용승인 한도 내에서는 계속적인 신용구매가 가능하여 결제자금의 부담을 경감시킬 수 있다.

---

7) 박대위, 「전게서」, p.324.

제2절 무역관리제도

1. 무역관리의 기본 개념

대외무역에 관하여 모든 국가들은 그 방법이나 정도에 있어서 차이는 있겠지만 국가의 산업정책 또는 경제상황 등에 따라 정부 차원에서 무역거래를 관리하거나 통제하고 있다. 그 이유는 정부의 관리나 감독이 없이 문자 그대로 자유무역하에서 무역업자들의 자율에 무역을 방임한다면 무역 행위 등의 질서가 문란해 질 수 있으며, 그 결과 많은 문제점들이 발생할 위험이 있기 때문이다.

국제분업 원리에 의한 비교생산비설에 따르면 무역이 거래 쌍방간에 이익을 주는 한, 무역에 대하여 인위적으로 통제 내지 간섭하지 않고 당사자의 자유에 맡겨두는 것이 가장 이상적이다. 그러나 무역은 국민경제 전반에 주는 영향이 크기 때문에 정부에서는 여러 다양한 정책적 수단을 통해 대외무역에 대해 강제적인 무역관리를 하게 된다.

따라서 무역관리라 함은 무역에 관한 제 법규들에 따라 정부가 무역거래에 대한 무역주체들의 활동에 직·간접적으로 개입하여 이를 통제 또는 관리하는 것이라 정의할 수 있겠다.

우리나라 헌법에서도 그 제125조에 "국가는 대외무역을 육성하여 이를 규제·조정할 수 있다"라고 규정하여 정부의 무역관리에 대한 법적근거를 마련해 주고 있다. 이러한 무역관리는 무역거래에 대한 정부의 인허가, 면허, 승인, 행정지도 등의 형태로 나타난다.

2. 무역관리의 필요성과 목적

한 나라의 무역거래를 통제하거나 관리하는 목적을 좀 더 구체적으로 살펴보면 대체로 다음과 같다.

첫째, 수출입거래를 촉진하거나 적절히 조정하여 국제수지의 균형 및 개선을 도모하여 외화보유고를 적정하게 유지하기 위함이다.

둘째, 국내의 유치산업을 보호하고 성숙산업의 국제 경쟁력을 강화하기 위함이다.

셋째, 희소한 국내자원을 보존하고 전략물자 등을 적절히 강화하기 위함이다.

넷째, 국내의 물자수급의 원활화와 소비형태의 건전화를 꾀하여 국민경제를 발전시키고 국민의 생활수준을 향상시키기 위함이다.

다섯째, 수출의 진흥과 수입의 조정을 통해 환율의 안정과 재정수입의 확보를 꾀하기 위함이다.

여섯째, 국민의 보건위생, 공공의 안녕질서 및 공서양속의 보전을 기하기 위함이다.

일곱째, IMF, WTO 등과 같은 각종 국제기구에의 참여와 무역 자유화의 국제적 조류에 편승하기 위함이다.

끝으로, 대외무역을 진흥하고 공정한 거래질서를 확립하여 통상의 확대를 도모하기 위함이다.

3. 무역관리의 일반형태

무역관리의 형태는 국가에 따라 상이하지만 일반적으로 많은 국가들이 활용하는 무역관리의 수단은 아래와 같다.

1) 수량제한

수출 또는 수입물품의 수량을 제한하는 방법으로써 국가별 또는 품목별로 일정한 한도를 설정하고 그 한도 내에서만 수출 또는 수입을 허용하는 제도이다. 소위 쿼터(quater) 또는 할당제로 알려진 이 방법은 수출입을 통제하는 가장 효율적인 수단이 된다. 그러나 수량제한 방법은 자유무역주의의 기조를 크게 침해하는 강력한 보호무역수단으로 간주되어 기존의 GATT체제 이후 현재의 WTO체제에서도 이의 사용이 억제되고 있다. 그럼에도 불구하고 미국을 비롯한 많은 국가들은 이의 효과성 때문에 수량제한 방법을 빈번히 활용하고 있다.

2) 수입관세

수입관세라 함은 한 나라의 관세선(customs line)을 통과하여 물품이 그 국가의 관세영역내로 들어올 때 그 국가의 정부가 부과하는 조세를 말한다. 수입관세의 부과는 단순한 재정수입만을 위한 것은 아니며 수입물량의 조절 기능도 수행한다. 따라서 국가의 재정수입을 주목적으로 하여 관세를 부과할 때 이를 재정관세(revenue tariff)라 하고 자국의 국내유치산업을 보호·육성하거나 기존 산업을 유지할 목적으로 관세를 부과할 때에는 이를 보호관세(protective tariff)라 한다.

3) 수출입의 제한과 금지

대부분의 국가들은 자국 산업을 보호하거나 경제 사정에 따라 특정 물품 또는 특정 지역을 상대로 수출입을 금지하거나 제한할 수 있다. 예를 들어 우리나라의 권익을 부인하거나 또는 우리나라의 무역에 대하여 부당하거나 차별적인 제한을 하는 국가에 대해서는 그 국가와의 수출·수입을 제한 또는 금지시킬 수 있다. 또한 국민의 건강과 안전, 그리고 동·식물의 생명과 환경의 보호, 국내자원의 보호 등을 이유로 수출입을 제한하거나 금지시킬 수 있다.

4) 수출입의 승인 및 허가

우리나라에 있어서도 물품의 수출·수입을 업으로 하고자 하는 자는 대통령령이 정하는 바에 따라 산업통상자원부장관에게 등록을 하여야 한다. 따라서 무역업은 누구나 자유로이 영위할 수 있는 것이 아니고 일정한 자격을 갖춘 자만이 무역거래를 할 수 있다. 또한 무역업의 등록을 필한 무역업자라 하더라도 대통령령이 정하는 바에 의하여 당해 물품, 거래형태, 대금결제방법 등에 관해 산업통상자원부장관이나 그가 위탁한 기관의 장에게 수출입 승인을 얻어야 한다.

5) 수입담보금

수입담보금이란 수입업자가 수입신용장을 개설하고자 할 때 일정한 수입담보금을 미리 적립해야 하는 금액을 말하는데, 이는 수입업자에게 자금부담을 가중시키기 때문에 수입을 억제하는 효과가 있다.

6) 연계무역

물물교환, 구상무역, 대응구매 등과 같은 방법에 의해 물품의 수출입에 따른 외화의 흐름을 억제하고, 자국이 수출한 만큼 무역 상대국으로부터 수입함으로써 수출입의 균형을 이루기 위해 연계무역이 활용되기도 한다.

7) 수출자율규제 또는 시장질서유지협정

수출자율규제(voluntary export restraint : VER) 또는 시장질서유지협정(orderly marketing agreement : OMA)은 수입제한이라는 이름이 붙지 않았을 뿐 일부 상품만을 골라 교역 상대국으로부터의 수입을 규제함으로써 자국의 정책목표를 달성하려는 방법이다. 이들은 다분히 차별적이고 선별적인 소위 회색조치의 하나이기 때문에 국제무역 체제의 중대한 위협이 될 수 있다.

제3절 무역관련 법규에 의한 무역관리

1. 대외무역법에 의한 관리

1) 대외무역법제정의 목적

일반적으로 무역이라 함은 국경을 달리하는 국가간에 물품의 교역을 그 근본으로 하고 있는 거래활동이라 할 수 있다. 우리나라에서는 이러한 무역행위를 관리하기 위한 기본법으로 대외무역법을 두고 있다.

수출은 한 나라의 유효수요를 창출함과 아울러 고용이나 소득을 높이고 국민경제의 발전을 위해 필요한 외화의 획득을 가능케 하고 국내산업의 구조를 고도화하는 등 국가의 경제에 주는 효과가 크다.

수입 또한 국내에서 조달할 수 없는 자본재나 원재료를 외국으로부터 공급받음으로써 자본의 축적과 기술의 향상에 도움을 주고 장기적으로는 국내산업의 경쟁력을 강화시키는 등 그 파급효과가 크다.

이와 같은 수출과 수입이 국민경제에 미치는 중요성을 감안하여 수출과 수입을 중심으로 이에 대한 적절한 차원에서의 대외무역관리가 이루어질 필요가 있을 것이다.

대외무역법은 이러한 관점에서의 무역관리에 그 초점을 두고 있으며 대외무역법 제1조에서 규정하고 있듯이 궁극적으로 대외무역을 진흥하고 공정한 거래질서를 확립하여 국제수지의 균형과 통상의 확대를 도모함으로써 국민경제의 발전에 이바지함을 그 근본 목적으로 하고 있는 것이다.

2) 대외무역법의 특징

우리나라 대외무역법은 다음과 같은 특징을 갖고 있다.

첫째, 대외무역법은 우리나라의 대외무역에 관한 일반법이며 기준법이라 할 수 있다. 대외무역법은 우리나라에서 이루어지는 무역에 관한 모든 행위를 규율 내지 관리하는 일반법이며 기준법으로서 무역업 및 무역대리업의 등록, 수출·수입의 승인, 수출입공고, 수출대금의 회수와 수입대금의 지급, 사후관리, 제재 등을 규율하며, 수출입질서와 대외신용의 유지 및 향상 등을 위해 관련 규정을 폭 넓게 두어 이를 관리하고 있다.

둘째, 대외무역법은 자유롭고 공정한 무역거래를 지향하고 있다. 대외무역법 제3조는 "정부는 헌법에 의하여 체결·공포된 무역에 관한 조약과 일반적으로 승인된 국제법규가 정하는 바에 따라 자유롭고 공정한 무역을 조장함을 원칙으로 한다."고 규정함에 따라 불공정한 무역거래는 억제시킴과 아울러 자유무역기조에 역행하는 제한적 규정들은 극소화 하고 있다.

셋째, 대외무역법은 대외무역의 자유화를 원칙으로 한다. 대외무역법은 통상의 확대를 통한 국민경제의 발전을 도모하기 위해서 모든 품목의 수출과 수입은 자유롭게 이루어지도록 수출입을 관리하고 있다.

넷째, 대외무역법은 품목별로 수출입을 관리하고 있다. 따라서 각 품목마다 수출 또는 수입의 요령이 다르고, 당해 품목기준에 해당하지 않는 불표시품목 등에 대해서는 통합공고 등과 같은 별도의 방법으로 이들을 관리하고 있다.

다섯째, 대외무역법은 국제성을 인정하고 제한적 요소를 최소화함을 원칙으로 한다. 대외무역법은 국제상관습법이나 국제조약을 준수하고 국제법규나 국제협정에 무역에 관한 제한 규정이 있을 경우에는 최소한의 범위 내에서 운영되도록 한다.

여섯째, 대외무역법은 수출입 질서와 대외신용의 유지 및 향상을 중요시 한다. 따라서 수출입 질서의 유지를 위한 협약을 체결하고 불공정 수출입 행위를 금지하는 등 수출입 질서와 대외신용의 유지를 위해 적극적 역할을 수행한다.

일곱째, 대외무역법은 위임과 위탁의 방식에 의해 수출입 관리를 하고 있다. 대외무역법은 산업통상자원부장관을 무역관리에 관한 주무행정기관으로 규정하고 무역업의 등록, 수출입의 승인, 무역진흥을 위한 조치, 무역에 관한 특별조치, 수출입 질서유지를 위한 조정명령 등을 할 수 있도록 그 권한을 부여하고 있다. 산업통상자원부장관은 그 권한의 일부를 대통령령이 정하는 바에 따라 소속 기관의 장, 서울시장, 광역시장 또는 도지사에게 위임하거나, 관계 행정기관의 장, 세관장, 한국은행총재, 수출입은행장, 외국환은행장, 한국무역협회장 등에게 위탁할 수 있다.

끝으로, 대외무역법은 수출입거래 전반에 걸쳐 사후관리를 실시하고 있으며, 당해 법규내용을 위반하거나 불이행하였을 때에는 행정적 제재조치를 가할 수 있도록 하고 있다.

2. 관세법에 의한 관리

1) 관세법의 목적

관세는 국내산업의 보호와 자원의 배분, 재정수입의 확보, 소득의 재분배, 소비의 억

제, 교역조건의 개선 및 국제수지 개선 등의 기능을 가지므로 관세가 우리 경제전반에 미치는 영향은 지대하다 할 수 있다.

따라서 관세에 관한 정책은 국가의 경제정책 또는 무역정책에서 대단히 중요한 역할을 하고 있다. 이에 따라 관세법도 국가의 무역관련 정책수립에 있어 대단히 중요한 위치에 있음은 재론의 여지가 없다.

우리나라에서도 1967년에 관세법을 제정하고 수차례의 개정을 통해 국내기업의 수출경쟁력 강화를 위하여 수출물품에 대하여 수출통관절차를 대폭 완화하고, 수입의 경우에도 최소한의 통관절차를 부여함으로써 선진관세제도를 정착시켜가고 있다.

관세법은 제1조에서 규정하고 있듯이 "관세의 부과, 징수 및 수출입 물품의 통관을 적정하게 하여 국민경제의 발전에 기여하고 관세수입의 확보를 기함"에 그 궁극적 목적이 있다.

2) 관세법의 특징

우리나라의 관세법은 다음과 같은 특징을 갖는다.

첫째, 관세법은 관세의 부과·징수를 통해 국민경제의 발전과 관세수입의 확보를 그 근본 목적으로 하고 있다. 관세는 그 기능면에서 국가재정수입을 확보하고 국내 산업을 보호할 수 있기 때문에 궁극적으로 수입을 조정함으로써 국제수지를 개선시킬 수 있으며 국민경제의 발전을 도모할 수 있다.

둘째, 관세법은 수출입 물품의 통관을 관리하는 통관법적 성격을 갖는다. 무역업자들은 원칙적으로 관세법이 정하는 바에 따라 통관절차를 밟아야 하고 이 법규가 정하는 바에 따르지 않고서는 수출물품을 선적하거나 수입물품을 인수할 수 없다. 특히 수입의 경우에는 관세법에 의해 부과되는 관세를 납부하여야 수입면허를 취득할 수 있다.

셋째, 관세법은 관세징수와 수출입 물품의 통관을 적정하게 하기 위한 엄격한 처벌조항을 가지고 있어 형사법적인 성격을 가지고 있다. 따라서 관세법은 관세형법이라고 표현되기도 하며 그 내용면에 있어서도 벌칙과 조사 및 처분에 관한 방대한 조항을 두고 있다.

넷째, 관세법은 그 적용면에서 대외무역법을 보충해주는 역할을 한다. 관세법은 대외무역법에 의해 허용된 수출입 행위가 차후 이행되어지는 과정 속에 발생하는 통관 절차를 규율하기 때문에 무역거래의 이행을 완결시켜주는 법규로서의 기능을 담당한다.

3. 외국환거래법에 의한 관리

1) 외국환거래법의 목적

국제간에 이루어지는 모든 거래는 외국환에 의해 결제되는 것이 보통이다. 외국환은 국내의 내국환과는 달리 서로 다른 통화간의 교환이 전제가 되므로 환율의 등락에 따라 외국환의 수요와 공급에 영향을 받는다.

자유경제원칙에 따르면 외환시장에서의 외국환의 수요·공급 상황에 따라 환율이 결정되는 것이 바람직하고 이에 대해 어떠한 간섭도 배제되어야 하겠지만 실제 많은 국가들은 이를 시장기능에 맡기지 않고 정부가 직접 환율 변동에 개입한다든지 또는 여타의 통제나 간섭을 함으로써 외환시장에서의 수요와 공급을 결정한다.

이처럼 정부가 외국환에 대하여 대외균형을 가격기구 내지 시장기능에 일임하지 않고 직접 개입하여 통제하는 것을 외국환의 관리라 한다.

우리나라는 이러한 관점에서 외국환과 외국환거래 및 기타 대외거래를 합리적으로 조정 또는 관리함으로써 대외거래의 원활화를 기하고 국제수지의 균형과 통화가치의 안정을 도모하여 국민경제의 건전한 발전에 이바지함을 목적으로 하는 외국환거래법을 제정하여 운용하고 있다.

2) 외국환거래법의 특징

우리나라의 외국환거래법은 다음과 같은 특징을 갖는다.

첫째, 외국환거래법은 무역거래에 대하여 금지항목을 최소화하여 그 거래행위를 자유롭게 인정하되 필요하다고 판단되는 경우에만 예외적으로 금지하는 Negative System을 도입하고 있다.

둘째, 외국환거래법은 대외경제 여건과 환경의 변화에 신속하게 대처할 수 있도록 기획재정부장관이 그 권한의 일부를 대통령령이 정하는 바에 따라서 한국은행총재, 외국환은행의 장, 정부기관의 장, 기타 대통령령이 정하는 자에게 위임 또는 위탁할 수 있는 위임 입법체제를 가지고 있다.

셋째, 외국환거래법의 적용대상은 국제거래가 전제가 되기 때문에 국제적 성격을 가진다.

넷째, 외국환거래법은 대외무역법과의 관계에 있어 다 같이 수출입거래를 관리하므로 중복관계가 생길 수 있으므로, 대외무역법이 정하는 바에 의하여 인정된 물품의 수출·수입에 대해서는 외국환관리법상의 규제를 면제함으로써 대외무역법에 의해서만 관리를 받게 하고 있다. 또한 대외무역법에 따라 산업통상자원부장관이 대금결제 방법에 대하여 승인하고자 할 때에는 외국환거래법의 규정에 따라 기획재정부장관과 협의하도록 하고 있다.

다섯째, 외국환거래법은 국제수지에 중요한 영향을 미치지 않는다고 인정되는 소액의 대외거래에 대해서는 외국환거래법 상의 제한을 면제함으로써 대외거래의 자유화를 지향하고 있다.

4. 특별법에 의한 관리

우리나라의 대외무역관리는 전술한 대외무역법, 관세법 및 외국환거래법의 3대 기본법 이외에도 무역보험법, 중재법, 자유무역의 지정 및 운영 등에 관한 법률, 전자무역촉진에 관한 법률, 외국인투자촉진법, 농수산물수출진흥법, 군납추진에 관한 임시조치법에 관한 특별법, 산업디자인진흥법, 수출용원재료에 대한 관세 등 환급에 관한 특례법, 조세감면규제법, 불공정무역행위조사 및 산업피해구제에 관한 법률 등 특별법에 의해 관리되고 있다.

제 4 절 대외무역법에 의한 무역관리제도

1. 무역거래자의 관리

대외무역법에서는 "무역거래자라 함은 수출 또는 수입을 하는 자, 외국의 수입자 또는 수출자의 위임을 받은 자 및 수출·수입을 위임하는 자 등 물품 등의 수출·수입행위의 전부 또는 일부를 위임하거나 행하는 자를 말한다."고 규정하고 있다.[8)]

우리나라에서는 무역거래를 직접 수행하든 위임하든 상관없이 무역거래에 관계하는 모든 자들을 통틀어 무역거래자로 정의하지만, 이하에서는 현재는 사라진 용어를 제외하고 편의상 전통적인 분류방법에 따라 구분하여 보기로 한다.

1) 무역업자

무역업자란 영리를 목적으로 수출과 수입을 계속 반복적으로 행하는 자로서 우리나

8) 대외무역법 제2조의 3.

라는 2000년 1월 1일부터 무역업이 완전 자유화되어 누구나 사업자 등록증만 있으면 무역거래를 할 수 있다. 다만 산업통상자원부에서는 전산관리체제의 개발과 운영을 위하여 무역거래자 별로 무역업고유번호제를 운영하고 있다. 따라서 무역업을 영위하고자 하는 자는 한국무역협회에 무역업고유번호의 부여를 신청하여야 하는데 신청은 무역업고유번호부여 신청서를 작성하여 우편, 팩시밀리, 전자메일, 전자문서교환체제(EDI), 또는 직접방문 등의 방법으로 할 수 있으며, 한국무역협회장은 신청서를 접수하는 즉시 신청자에게 고유번호를 부여한다.

2) 무역대리업자

무역대리업자란 무역거래자 중에서 외국의 수입자 또는 수출자의 위임을 받아 국내에서 수출물품을 구매하거나, 수입물품을 수입함에 있어서 그 계약의 체결과 이에 부대되는 행위를 업으로 영위하는 자를 말한다. 무역대리업자는 크게 구매대리업자와 판매대리업자로 구분된다.

(1) 구매대리업자(buying agent)

외국의 수입업자를 대리하여 외국의 수입업자의 명의와 비용으로 국내에서 물품의 구매, 구매알선, 또는 이에 부대되는 구매계약을 체결한 후 국내에서 물품을 구매하는 외국기업의 국내 대리점이나 국내지사를 말한다. 구매대리업자의 법률적 지위는 외국수입업자의 국내 대리인이며, 외국의 수입업자로부터 위임을 받아 우리나라 수출업자와 물품구매계약을 체결하고 구매한 물품을 외국의 수입업자에게 선적하는 일을 수행한 뒤 이에 대한 대가로 수수료를 수취한다.

(2) 판매대리업자(selling agent)

외국의 수출업자를 대리하여 외국의 수출업자의 명의와 비용으로 국내 수입업자들에게 물품매도확약서(offer)를 발행하고 부수적으로 수입 업무를 대행해주는 무역대리업자를 말한다.[9] 소위 오퍼상으로 불리는 이들은 자신의 분야에 대한 전문지식과 정보를 갖고 있어 국내의 수입업자들이 필요로 하는 물품에 대해 가장 유리한 조건으로 수입할 수 있도록 거래선을 연결시켜주고 그 대가로 일정한 수수료를 수취한다. 판매대

---

9) 물품매도확약서는 무역대리업자가 매매 당사자에게 상품명세, 가격조건 등을 주요 내용으로 하는 매입 또는 매도의사를 문서로 발행한 물품공급에 관한 확약서를 말한다. 물품매도확약서는 통상 무역거래에서는 오퍼(offer)라고 부르기 때문에 이러한 무역대리업자들을 오퍼상이라 부른다. ; 구종순, 「무역실무」, 박영사, 2007. pp.14-15.

리업자는 단순히 물품매도확약서만을 발행하지 않고 수입거래에 따른 여러 부대업무도 처리해주므로 수입대행업자의 역할도 겸한다고 볼 수 있다.

3) 무역대행업자

무역대행업자란 대행위탁자와의 대행계약에 따라 일정한 수수료를 받고서 자신의 명의로 거래하는 무역업자를 말한다. 무역대행업자는 자기명의로 거래한다는 점에서 외국의 수출·수입업자의 명의로 대리업무를 수행하는 무역대리업자와는 구별된다. 무역대행업자는 대외 무역거래와 금융거래상 무역업자로서의 책임을 부담한다.

2. 수출입물품

대부분의 국가들은 정치적·경제적 목적에 따라 수출입 물품의 범위를 제한하고 있다. 우리나라의 경우 수출입 공고를 통해 수출입물품의 품목·수량·금액·대상지역 등을 관리하고 있다.

1) 수출입 물품의 제한

대외무역법 제3조에서는 물품 등의 수출입 및 이에 따른 대금의 영수 또는 지급은 원칙적으로 아무런 제한 없이 이루어져야 한다고 규정하고 있어 원칙적으로 물품의 수출입은 제한받지 않고 자유롭게 이행될 수 있지만, 예외적으로 헌법에 의하여 체결·공포된 조약과 일반적으로 승인된 국제법규에 의한 의무의 이행, 생물자원의 보호 등을 이유로 필요하다고 인정하는 경우에는 물품 등의 수출·수입을 제한하거나 금지할 수 있다.[10)]

이에 따라 다음의 물품을 수출입 승인물품으로서 수출·수입이 제한 또는 금지될 수 있으며 이를 수출하거나 수입하고자 할 경우에는 산업통상자원부장관의 승인을 얻어야 한다.

① 헌법에 따라 체결·공포된 조약과 일반적으로 승인된 국제법규상의 의무의 이행을 위하여 산업통상자원부장관이 지정·고시하는 물품 등

② 생물자원보호를 위하여 산업통상자원부장관이 지정·고시하는 물품 등

③ 교역상대국과의 경제협력증진을 위하여 산업통상자원부장관이 지정·고시하는 물품 등

10) 대외무역법 제11조.

④ 국방상 원활한 물자수급과 과학기술의 발전 및 그 밖의 통상·산업 정책상 필요한 사항으로서 대통령령으로 정하는 사항에 대해 산업통상자원부장관이 당해 품목을 관장하는 관계행정기관의 장과 협의를 거쳐 지정·고시하는 물품 등

2) 수출입지역의 관리

수출입은 원칙적으로 지역의 제한 없이 어느 국가와도 교역할 수 있다. 그러나 예외적으로 다음과 같은 경우에는 그 교역을 제한할 수 있다.[11]

① 우리나라 또는 교역상대국에 전쟁·사변 또는 천재지변이 있을 때
② 교역상대국이 조약과 일반적으로 승인된 국제법규에서 정한 우리나라의 권익을 부인할 때
③ 교역상대국이 우리나라의 무역에 대하여 부당하거나 차별적인 부담 또는 제한을 가할 때
④ 헌법에 따라 체결·공포된 무역에 관한 조약과 일반적으로 승인된 국제법규에서 정한 국제평화와 안전유지 등의 의무의 이행을 위하여 필요하다고 인정한 때, 그리고 국제평화와 안전유지를 위한 국제공조에 따른 교역 여건의 급변으로 교역 상대국과의 무역에 관한 중대한 차질이 생기거나 생길 우려가 있는 경우
⑤ 인간의 생명·건강 및 안전, 동물·식물의 생명 및 건강, 환경보존 또는 국내 자원보호를 위하여 필요한 때

3) 수출입공고

언급한 바처럼 산업통상자원부장관은 필요하다고 인정하는 경우에는 수출입승인대상물품 등의 품목별 수량·금액·규격 및 수출 또는 수입지역 등을 제한할 수 있다. 이를 위해 우리나라에서는 수출입의 제한·금지·승인·한정 및 그 절차 등을 정했을 경우 이를 공고하고 있다.

개별적인 수출 또는 수입물품에 대하여 수출·수입이 제한되는지의 여부와 이에 따른 추천 또는 확인사항 등을 산업통상자원부장관이 종합적으로 정리하여 공고하는 것을 수출입공고라 한다.

관세나 외환 등의 조작에 의한 수출·수입 규제가 간접규제방식이라 한다면 수출입공고는 수출·수입에 관한 직접규제방식의 하나라 할 수 있다. 따라서 수출입공고에는 수출제한품목 및 수입제한품목을 게기한다.[12] 수출입 공고상 수출제한품목과 수입제

---

11) 대외무역법 제5조.

한품목으로 게기되지 않은 품목은 원칙적으로 수출입자유화품목이다. 수출입제한품목을 수출입하려면 수출입공고상의 품목별 수출입 요령에 따라 수출입 승인을 받아야 한다.

수출제한품목의 수출요령, 수입제한품목의 수입요령 및 수출입절차 간소화를 위해 수출입 요령에서 정하고 있는 승인기관의 장은 산업통상자원부장관의 위탁에 따라 그 승인요령을 공고하여야 한다.

4) 수출입통합공고

우리나라의 경우 대외무역법 이외의 법령에 의하여 물품의 수출과 수입에 관한 요령을 정한 것이 있는 경우에는 산업통상자원부장관은 그 법령에 의해 물품의 수출 또는 수입요령을 공고하여야 하는데 이를 통합공고라 한다.[13)]

현재 약사법 등 52개 관련 법령 중 수출입과 관련된 부문이 통합·고시되고 있다.

한편 대외무역법에서는 수출의 지속적 증대와 무역의 균형화를 촉진하기 위해 필요한 경우 수출입공고의 규정을 적용하지 않고 별도의 공고를 적용할 수 있도록 하고 있는데 이를 수출입별도공고라 한다. 현재 수출입별도공고에서는 수출입절차 간소화를 위한 수출입 추천 등의 별도조치, 항공기 및 부분품의 수입, 산업피해조사품목의 수입, 통상정책상 필요한 물품의 수출입 등을 규정하고 있다.

5) 품목분류기준

우리나라의 경우 수출입공고 상의 수출입품목 분류는 1988년 1월 1일부터 HS 방식을 사용하고 있다. 우리나라가 사용해왔던 그간의 대표적인 수출입품목 분류기준을 살펴보면 다음과 같다.

(1) 표준국제무역분류(SITC)

표준국제무역분류(standard international trade classification ; SITC)방식은 1950년 유

12) 수출입 공고의 품목표시방법은 'Positive List System'과 'Negative List System'의 두 가지가 있다. 전자는 수출입 공고에 수출 또는 수입이 허용되는 품목만을 표시하고 여기에 표시되지 않은 품목은 원칙적으로 수출 또는 수입이 제한·금지된다. 후자의 경우에는 수출입공고에 수출 또는 수입의 제한품목만을 표시하고 여기에 표시되지 않은 나머지 품목은 수출 또는 수입이 허용된다. 우리나라는 1967년 GATT에 가입한 후 수출입공고 표시방법을 Positive List System에서 Negative List System으로 개편하였다.

13) 예를 들어 향정신성 의약품목은 보건복지부장관의 허가를 얻어야 하고, 총포·도검·화약류 중에서 군용에 쓰이는 물자는 국방부 장관의 허가를 받아 수출입하여야 한다.

엔경제사회이사회에서 선포된 분류기준으로써 1960년에 전면 개정되었다. SITC는 경제분석과 상품별 무역자료의 통계를 내는데 편리하도록 되어있으며 총 45,000여개의 품목을 구분하고 있다.

(2) 관세협력이사회 품목분류(CCCN)

관세협력이사회품목분류(customs cooperation council nomenclature ; CCCN)는 1955년 관세협력이사회에 의하여 제정되었는데 이는 종전에 BTN(Brussels tariff nomenclature)으로 명명되었던 것이 1977년 개명된 것이다. CCCN은 관세를 부과하기 위한 방법으로 '재료를 중심으로 한 분류', '제조과정을 중심으로 한 분류', '노동과정을 중심으로 한 분류', '용도를 중심으로 한 분류' 등을 종합적으로 고려하여 총 60,000여개의 상품을 분류하고 있다.

(3) 신국제통일상품분류(HS)

기존의 상품분류방식은 SITC와 CCCN으로 이원화 되어 있어 국가간 무역통계를 비교·산출하는데 따른 많은 어려움이 있었다. 또한 과학기술 발전에 따른 새로운 상품의 개발, 무역구조의 변화 등에 부응할 필요성이 제기되었다. 이러한 시대적인 요청에 부응하기 위해 관세협력이사회는 기존의 물품품목분류기준들을 하나로 통합한 신국제통일상품분류(harmonized commodity description and coding system ; HS)방식을 제정하였다.

HS는 여러 가지 기준을 통합하고 있지만 근본적으로는 CCCN 체계를 따르고 있으며 10단위까지 분류가 가능하여 거의 모든 상품을 분류할 수 있다. HS는 21개부(section)에 97개류(chapter), 1241호(heading)로 분류되어 있어 무역 통계의 수집 및 비교·분석과 국제간 자료 수집을 용이하게 한다. 우리나라는 1988년 1월 1일부터 HS를 사용하고 있다.

제5절 전자무역

1. 전자무역의 개념

컴퓨터의 보급이 확산되고 정보통신기술이 급속도로 발전함에 따라 무역거래에서도 새로운 변화가 일어나기 시작했다. 대표적으로 무역거래 서식 일부를 전자식 표준문서로 변환하여 이를 컴퓨터를 통해 주고받는 전자문서교환(electronic data interchange : EDI) 방식이 무역업무에 활용되기 시작하였다. 기존에 사람이 일일이 작성하고 처리했던 업무들이 컴퓨터를 통해 효율적으로 처리될 수 있게 된 것이다.

기존의 보편화 된 무역업무들, 예컨대 은행, 세관 등의 직접 방문, 그리고 우편, 팩스 등을 통한 업무처리 등은 EDI방식에 의한 무역자동화시스템에 의해 사무실에서 빠르고 간편하게 처리할 수 있게 되었다.

1990년대 후반 소위 정보통신혁명이라 불리는 인터넷의 등장은 무역거래에 새로운 평을 열게 되었는데 특히 상품이나 서비스의 국제간 거래가 인터넷 시스템에 의해 이루어지게 됨으로써 전통적인 무역거래가 인터넷을 사용하는 방법으로 대체되고 최근 개방형 네트워크인 웹을 통한 서비스가 가능해짐에 따라 상당 부분의 무역업무가 인터넷에 의해 처리되고 있다.

이와 같이 무역거래에서 인터넷을 포함한 정보통신기술을 활용하여 이루어지는 형태를 기존의 무역형태와 구분하여 전자무역(e-trade)이라고 한다. 즉 전자무역은 무역의 모든 과정 또는 일부를 인터넷, 전자문서교환 등 각종 정보통신기술을 이용하여 전자적으로 처리함으로써, 시간과 공간의 제약 없이 무역업무를 보다 편리하고 신속 정확하게, 그리고 경제적으로 수행하는 무역거래의 형태를 말한다.[14)]

2. 전자무역의 특징

전자무역이 지니고 있는 특징을 기존의 무역거래와 비교해 살펴보면 다음과 같다.

첫째, 전자무역은 전 세계시장을 대상으로 한다. 인터넷을 통해 최소의 비용으로 시간과 공간의 제약 없이 전 세계를 대상으로 광고활동을 할 수 있고 전 세계 어느 곳의 누구와도 무역거래를 할 수 있다.

둘째, 전자무역에서는 시장에 관한 모든 정보를 쉽게 얻을 수 있다. 기존의 무역거래

---

14) 박대위 · 구종순, 「무역개론」, 박영사, 2012, p.32 이하 적의 수정함.

에서는 거래선을 물색하는 데 많은 시간과 비용이 들었고 정보가 부족하여 무역중개업자를 이용하기도 하였다. 그러나 전자무역에서는 인터넷을 통해 특정 상품을 어느 나라의 어떤 기업이 공급하고 있는가를 쉽게 찾아볼 수 있게 된다. 또한 시장 정보를 실시간으로 얻을 수 있기 때문에 특정 상품을 필요로 하는 거래당사자들 간에 가장 합리적인 기준에 의해 거래가 이루어지게 된다.

셋째, 무역거래 비용이 절감된다. 전통적인 무역거래에서는 거래상대방의 신용정보를 취득하거나 거래를 성사하기 위해서는 상담을 하거나 서류를 주고받아야 하므로 비용과 시간이 많이 필요했다. 그러나 전자무역에서는 인터넷을 통해 정보와 서류를 주고받기 때문에 통신비용이 절감될 뿐만 아니라 전자적 결제시스템이 개발되어 안전하고 확실한 대금결제가 보장되고 있어 금융 수수료를 절감할 수 있다.

넷째, 전자무역을 하게 되면 원칙적으로 제품이나 서비스의 가격이 낮아진다. 전자무역은 인터넷을 통해 거래당사자간에 거래가 바로 성사되기 때문에 유통구조가 간단하여 유통비용이 하락한다. 또한 생산과정에 대한 정보가 공개됨에 따라 가격구조가 평준화되어 제품이나 서비스의 가격이 전반적으로 하락하게 된다.

끝으로, 중소기업들의 활동영역이 넓어질 수 있다. 인터넷을 이용해 일반 중소기업들도 네트워크를 구축하여 과거 대기업만이 독점했던 전 세계 대상의 광고나 시장개척 활동을 할 수 있다.

우리나라 대외무역법(제2조)에서도 무역의 전부 또는 일부가 컴퓨터 등 정보처리능력을 가진 장치와 정보통신망을 이용하여 이루어지는 거래를 모두 전자무역으로 정의하고 있다.

오늘날 무역업체들은 그동안 해외시장조사, 거래제의 및 알선, 계약 등 전통적으로 많은 시간과 비용이 소요되었던 무역과정을 인터넷이나 EDI를 이용하여 신속 정확하게 수행할 수 있게 되었다. 또한 수출입에 관련된 각종 상거래 서식이나 행정서식이 표준화되어 통관, 대금결제, 물류 등 주요 무역관련 시스템이 인터넷으로 연결되어 처리됨으로써 무역 부대비용을 절감할 수 있게 되었다.

3. 전자무역 관련법규 및 관련기관

1) 전자무역 관련법규

전자무역은 무역의 일부 또는 전부를 전자적 수단에 의해 수행되는 거래이기 때문에 기본적으로 대외무역법의 적용을 받는 것과 아울러 전자상거래의 한 분야이므로 다음과 같은 전자상거래와 관련된 법규의 적용을 받는다.

(1) 전자문서 및 전자거래기본법

전자거래기본법(법률 제5834호)은 전자상거래를 기존의 상거래와 마찬가지로 안전하게 거래할 수 있도록 규율하는 기본법이다. 이 법은 1999년 7월 1일부터 시행되고 있는데, 전자상거래에 대한 정부규제의 최소화, 민간주도에 의한 추진, 신뢰성의 확보 및 국제협력강화를 기본원칙으로 하고 있다. 이 법에서는 전자상거래에서 반드시 필요한 전자문서 및 전자서명에 대하여 그 법적 효력을 인정하고 있다.

따라서 문서가 단지 전자적 형태로 되어 있다는 이유만으로 문서로서의 효력이 부인되지 않는다. 공인인증기관에서 인증한 전자서명도 다른 법률에서 특별히 그 효력을 부인하는 경우를 제외하고는 기명날인이나 또는 서명과 동일한 효력을 갖게 되었다. 전자거래기본법은 2013년 현재의 전자문서 및 전자거래기본법으로 개정되었다.

(2) 전자서명법

전자서명법(법률 제5792호)은 전자서명에 대한 법적 효력을 부여한 법으로서 1999년 7월 1일부터 시행되고 있다. 그 핵심 내용으로는 전자서명인증 키(key)에 합치하는 전자서명생성 키로 생성한 전자서명은 법령에서 인정하는 서명 또는 기명날인으로 간주된다. 이에 따라 전자서명도 일반서류상의 서명과 마찬가지로 해당 전자문서 명의자의 서명 또는 기명날인으로 간주되며 해당 전자문서는 전자서명 후에는 그 내용의 변경 불가능성이 추정된다.

(3) UNCITRAL 전자상거래모델법

UNCITRAL(United Nations Commission on International Trade Law)은 주로 국제무역 관계법을 통일하기 위해 활동하는 유엔의 국제사법위원회이다. 이 위원회의 전자상거래 작업반에서 세계 각국이 전자상거래 관련법을 제정할 때 참고하도록 1996년 제정한 것이 UN의 전자상거래모델법이다.

이 법은 EDI, 전자우편 등에 의하여 생성된 전자문서의 경우 일정한 조건이 충족되면 법률적으로 종이문서와 동일하게 취급하여야 함을 규정한 것으로 모델법의 형식을 취하고 있다. 전자문서의 법적 효력, 유효성 및 집행력의 법적 장애를 제거한다는 취지에서 제정되었다.

(4) UNCITRAL 표준전자서명법

역시 UNCITRAL에서 2000년도에 제정한 전자서명에 관한 국제적인 표준규범이다. 이 법은 전자서명, 인증기관, 외국전자서명 등에 대한 규정을 두고 있어 전자무역의 법적 안정을 도모하고 있다.

4. 전자무역 관련기관

1) 전자무역기반사업자

전자무역기반사업자는 전기통신사업법 제2조 제8호에 따른 전기통신사업자로서 자본금, 인력 그리고 기술력 등 대통령령이 정하는 기준에 적합한 자 중 산업통상자원부장관이 지정한다. 전자무역기반사업자는 다음의 사업을 수행할 수 있다.

① 전자무역기반시설의 운영업무
② 전자무역기반시설과 외국의 전자무역망간의 연계업무
③ 제12조 제1항에 따른 무역관련 업무의 전자무역기반시설을 통한 중계·보관 및 증명 등의 업무
④ 전자무역문서의 중계사업
⑤ 위의 ②에 따른 연계를 활용한 사업
⑥ 전자무역기반시설을 활용한 전자무역서비스 관련사업
⑦ 전자무역문서의 표준화에 관한 연구사업
⑧ 전자무역문서 및 무역화물유통정보 등 무역관련 정보를 체계적으로 처리·보관하여 검색 등에 활용할 수 있는 집합체(데이터베이스)의 제작·보급과 이를 활용한 사업
⑨ 무역업자 및 무역유관기관에 대한 전자무역문서 중계 등에 관련된 기술의 보급 및 보급한 기술에 대한 사후관리사업
⑩ 그밖에 전자무역의 촉진을 위한 교육홍보 등 대통령령이 정하는 사업

2) 전자무역전문서비스업자

전자무역전문서비스업자는 무역업자의 전자무역을 효율적으로 지원하고 이를 확산시키기 위하여 다음 각 호의 사업을 하는 자로서 자본금·인력 등 대통령령이 정하는 등록요건을 갖추어 산업통상자원부장관에게 전자무역전문서비스업자로 등록한 자를 말한다.

① 정보통신망을 통한 무역거래의 알선 및 대행사업
② 정보통신망을 통한 무역업자의 해외마케팅 지원사업
③ 전자무역문서의 중계사업
④ 제6조 제2항 제2호에 따른 연계를 활용한 사업
⑤ 전자무역기반시설을 활용한 전자무역서비스 관련 사업
⑥ 전자무역문서 및 무역정보의 데이터베이스 제작·보급 및 이를 활용한 사업
⑦ 그밖에 전자무역의 촉진을 위한 사업으로써 대통령령이 정하는 사업

5. 전자무역의 수단

1) 인터넷

인터넷(Internet)은 'Inter'와 'Network'의 합성어로서 전 세계의 모든 컴퓨터와 통신망이 연결되어있는 통신 네트워크를 말한다. 전 세계의 컴퓨터들은 서로 연결되어있어 각 컴퓨터가 보유한 수많은 정보를 서로 이용할 수 있다.

인터넷을 이용하면 시간과 공간의 제약을 받지 않고 자신이 원하는 자료를 검색하거나 상대방에게 전자우편(e-mail)을 보낼 수 있다. 그리고 인터넷은 전통적인 문서 내용만 전송하는 것이 아니라 그림, 이미지, 음성, 동화상 등 각종 멀티미디어까지 전송한다.

오늘날 인터넷은 화상회의, 전자출판, 전자상거래, 법률 서비스, 온라인 선거, 웹 기반의 경영활동 등 각종 용도로 활용되고 있다. 또한 월드와이드웹(www)을 바탕으로 거대한 가상세계를 창출해내고 현재의 물리적 공간에서 이루어지고 있는 많은 활동을 가상세계로 옮기는 플랫폼이 되고 있다. 이에 따라 인터넷은 점점 실물경제와의 연결을 추진하게 되면서 전자무역이라는 새로운 형태로 기업 활동을 변화시키고 있고, 무역 분야에도 접목되어 전자무역 시대를 열어가고 있다.

2) EDI

EDI(electronic data interchange)는 컴퓨터와 정보통신기술을 결합시켜 보다 효율적으로 정보를 전달하는 전자문서교환을 의미한다. 즉 EDI는 관련 당사자들이 종이서류 대신 컴퓨터를 이용하여 상거래 서식이나 공용서식을 표준화시켜 이를 상호 합의된 통신표준에 따라 컴퓨터 간에 교환하여 즉시 업무에 활용하는 무서류 정보처리방식을 말한다.

EDI를 이용하면 발신인은 정보를 표준전자문서로 변환시켜 데이터 통신망을 통해

수신인에게 전송하고 수신인도 표준전자문서를 통해 상대방과의 업무를 신속 정확하게 처리할 수 있게 된다.

EDI는 1960년대 국제운송회사들이 운송서류를 신속히 전달할 목적으로 전자문서를 표준화하여 사용한 것이 그 시초이다.

3) EDI의 구성요소

EDI를 통해 자료를 송·수신하기 위해서는 다음과 같은 요소들이 필요하다.

(1) EDI 표준(EDI Standard)

EDI 표준은 거래당사자가 동의하고 따라야 하는 표준양식을 정한 지침으로써 거래당사자 간에 교환되는 전자문서의 내용, 구조, 통신방법 등에 관한 표준양식 및 구문을 정의한 규칙을 말한다. 이러한 EDI 표준을 활용함으로써 거래당사자들은 상호 간에 업무 데이터를 정해진 양식과 절차에 따라 교환할 수 있다. 따라서 EDI표준은 언어, 업무처리방식, 컴퓨터시스템이 서로 다른 거래 당사자들이 전자문서를 자유롭게 교환하는데 필요한 공통 언어라 할 수 있다.

UN의 유럽경제위원회가 개발한 '행정, 무역 및 운송에 관한 EDI 국제표준'(electronic data interchange for administration, commerce and transport: UN/EDIFACT)이 EDI국제표준의 대표적 예로써 UN/EDIFACT는 1987년 국제표준화기구에 의해 EDI국제표준으로 승인되어 현재 각국에서 널리 사용되고 있다.

(2) EDI 사용자 시스템

EDI사용자 시스템은 거래당사자간에 데이터 통신망을 통해 전자문서를 송수신하기 위해 갖추어야 할 컴퓨터 및 컴퓨터 하드웨어, 변환 소프트웨어, 응용 소프트웨어 및 모뎀 등의 통신장비를 말한다.

개인, 기업, 국가마다 데이터베이스의 구조 형태가 다르고 행정서식이나 상거래서식을 작성하는 방식도 서로 다르기 때문에 이를 표준화할 필요가 있는데 EDI변환 소프트웨어는 이를 위해 대단히 중요한 기능을 한다.

(3) EDI네트워크

전자문서가 하나의 컴퓨터로부터 다른 컴퓨터로 전달되기 위해서는 전용 데이터회선이나 공중 데이터회선을 보유한 네트워크가 필요하다. 이러한 EDI 네트워크는 현재 제3자 네트워크와 인터넷 방식이 이용되고 있다.

제3자 네트워크는 부가가치통신망(value added network: VAN)이라고도 하는데, 이는 기존 방식에 있어서의 우체국과 유사한 기능을 수행하고 있다. 우리나라의 무역업무자동화시스템에서는 한국무역정보통신(KTNET), DACOM 등이 VAN 사업자로 지정되어 수출입거래 전반에 걸쳐 무역업체와 관련 기관을 연결해 주고 있다.

한편 인터넷을 EDI의 네트워크로 활용하는 방식도 그 사용이 급증하고 있다. 인터넷을 활용하게 되면 VAN을 이용할 경우 소요되는 초기 가입비용과 통신비용의 부담이 없다는 장점이 있다. 우리나라의 경우 EDI로 처리되는 수출입통관 절차도 2004년부터 인터넷 EDI가 도입되어 기존의 방식과 병행되고 있다.

(4) 교환약정

EDI는 기업내부의 업무처리를 단순히 전산화하는 것이 아니라 전혀 다른 업무처리 시스템을 가진 거래상대방과 자료를 교환하는 것이므로 EDI로 업무를 처리하기 위해서는 거래당사자간에 거래약정을 맺는 것이 중요하다. 이러한 약정은 네트워크약정과 거래약정으로 구분된다.

① 네트워크약정(network agreement : N/A)

이는 사용자와 VAN사업자간의 EDI서비스 이용에 따른 제반사항을 약정하는 것을 말한다. 무역자동화시스템에서는 무역업체, 은행, 선박회사, 세관 등이 사업자와 서비스이용 약정을 체결한다. 약정사항은 보통 사용자에 관한 인적사항, 요금부담자, 비밀번호, 수신·발신인 식별, 접속방식 등이다.

② 거래약정(interchange agreement : I/A)

이는 사용자와 사용자 간의 EDI거래에 따른 제반 사항을 약정하는 것을 말한다. 거래약정의 주요내용은 전자문서 및 표준에 대한 합의, 해당업무별 사용자의 명시, 수신인·발신인 확정, EDI서비스제공업자 및 데이터 통신망 합의 등이다. 무역업체가 은행과의 무역업무를 EDI로 처리할 때는 「무역업무자동화 이용 신청서」를 작성하여 관련 은행에 제출해야 한다.

Chapter 03
무역 계약 일반

제1절 무역 계약체결의 사전적 단계

1. 해외시장조사

1) 해외시장조사의 의의

무역계약을 체결하기 위한 사전적 단계는 목표 시장국의 해외시장조사를 통해 거래상대방을 선정하는 것이라 할 수 있다. 여기서 해외시장조사라 함은 재화를 생산업자로부터 소비자에게까지 판매하고 이전시키는데 관계되는 모든 요인을 수집하고 분석하는 일련의 과정을 말한다. 이를 위해서는 사회·정치·경제·문화·법·지리 등 국제마케팅 환경요소들을 심층적으로 연구 분석할 필요가 있다. 성공적인 해외시장의 개척과 거래원의 발굴을 위해서는 무엇보다도 이와 같은 정확한 해외시장조사가 선결요건이 된다.

2) 해외시장조사의 내용

해외시장조사의 내용은 어느 국가의 어느 고객에게 상품을 어떻게 판매할 것이냐는 내용을 포함해야 하므로 다음과 같은 항목을 위주로 조사·분석할 필요가 있다.

첫째, 지리적 조건이다. 이에는 목표시장국의 면적, 기후, 지리적 인접성 등을 포함한다.

둘째, 정치적 환경이다. 정치적 환경이라 함은 수출입대상 국가의 정치체제, 정치적 안정도, 정치적 위험의 발생 가능성 등을 포함한다.

셋째, 경제적 환경을 분석할 필요가 있다. 이에는 국민소득수준, 경제성장률, 노동과 고용사정, 임금과 물가, 최근의 국제수지동향 등과 같은 경제전반에 관련된 사항 등이 포함된다.

넷째, 사회·법률적 조건을 고려해야 한다. 사회적 환경이라 함은 주로 수출입 대상 국가의 인구, 기후, 종교, 문화, 교육수준 등과 통신시설[1], 항만시설, 공항시설 등의 사회기반시설을 포함한다. 법률적 환경이라 함은 외환관리, 수출입규제제도, 무역관리제도 및 정책사항들을 일컫는다.

다섯째, 제품품질에 관한 사항을 검토할 필요가 있다. 이는 제품의 품질이 적응가능한지를 의미하는 것으로 이에는 목표시장에 적합한 제품품질뿐만 아니라 크기, 모양, 색체, 포장, 브랜드, 가격, 현지 생산품이나 경쟁품·대체품 등의 분석이 포함된다.

여섯째, 유통과정의 탐색이 필요하다. 이는 수출상품이 현지에서 유통되는 과정과 유통기구에 대한 사항을 분석해보는 것을 의미한다.[2]

일곱째, 대금결제방식의 적절한 선택여부를 결정하기 위해 목표시장의 상관습이나 외환관리제도 등을 검토할 필요가 있다.

끝으로, 서비스 및 판매촉진의 필요성 여부를 타진해 보아야 한다. 특히 전자제품이나 자동차와 같은 내구성 제품은 사후서비스가 중요한 요소가 될 것이므로 이에 대한 대책이 강구되어야 할 것이다. 아울러 수출상품의 판매촉진 프로그램에 대해서도 조사할 필요가 있다. 이는 소비자의 취향과 욕구를 효과적으로 유인할 수 있을 뿐만 아니라 수출상품에 대한 신뢰도에도 영향을 주기 때문이다.

3) 해외시장조사방법

해외시장조사를 위한 방법으로는 전통적으로 무역 유관기관이 발행한 간행물을 이용하거나, 국내외 공공기관을 통해 조사하는 방법이 많이 활용되고 있으나 최근에는 인터넷을 활용하는 방법이 널리 이용되고 있다.

---

1) 무역거래에서 매매당사자들은 서신, 전화, 팩시밀리, 전자우편 등의 여러 가지 첨단 통신시설을 사용하여 상담을 하기 때문에 해외시장조사에서는 이러한 시설의 사용여부를 확인하여야 한다. 만약 통신 시설이 발달하지 못한 국가에 계절적 상품을 수출하려면 충분한 시간적 여유를 두고 수출계획을 세워야 한다. ; 구종순, 「무역실무」, 박영사, 2007, p.300 참조.

2) 수입업자가 상품을 수입하여 최종 소비자가 소비하기까지의 유통과정이 복잡한 경우에는 상품의 포장을 견고히 하여야 하며, 할인매장이 많은 국가라면 가능한 한 저가상품이나 일반잡화로 시장에 접근하고, 전문특약점 또는 백화점이 다양한 지역에는 전문품·고가품 전략으로 시장에 진출하는 것이 바람직할 것이다. ; *ibid.*, p.302.

첫째, 해외지점, 주재소, 출장소 등에 의한 조사

둘째, 직접출장을 통한 조사

셋째, 해외공관을 통한 시장조사

넷째, 대한상공회의소, 한국무역협회, 대한무역투자진흥공사[3]를 통한 조사

다섯째, 인터넷을 통한 조사[4]

2. 신용조사

1) 신용조사의 의의

해외시장조사를 통해 발굴한 거래상대방과 계약을 체결하기에 앞서 거래상대방의 신용도를 확인하기 위해 신용조회는 필수이다. 그 이유는 해외 거래선의 경우에는 국내의 경우와는 달리 대금회수불능의 위험(credit risk) 및 물품입수불능의 위험(mercantile risk)이 상대적으로 높기 때문에 해외 신규거래처가 선정되면 먼저 신용조사를 통해 상대방의 신용상태를 확인할 필요가 있다.

신용조사는 주로 거래상대방의 성격, 능력, 자본력 등을 포함한다.

성격(character)은 상대방의 성실성, 영업태도와 방식, 업계에서의 평판, 계약이행의 열의, 기업윤리 등 당해 거래선의 신뢰성에 관한 것을 의미한다.

자본력(capital)은 거래 상대방의 재정상태(납입자본금 · 자본과 부채의 비율 · 영업이익과 손실의 규모)를 의미한다. 이를 조사하기 위해서는 주로 해당 업체의 재무제표(financial statement)를 검토하는 것이 일반적이다.

능력(capacity)이라 함은 영업형태, 연간매출액, 업체의 연혁과 형태, 취급업종, 장래성 등에 대한 부분을 포함한다.

2) 신용조사의 방법

(1) 은행조회(bank reference)

은행조회는 거래상대방이 거래하고 있는 은행을 통하여 신용조사를 수행하는 방법

3) 대한무역투자진흥공사는 세계적인 조직망을 갖추고 있기 때문에 이 기관의 해외시장조사는 신뢰도가 높다고 볼 수 있다.

4) 한국무역협회, 대한무역투자진흥공사 등은 무역전문 사이트를 운영하고 있어 이를 통해 해외시장정보를 얻을 수 있다. 우리나라 언론재단이 제공하는 언론전문 종합데이터베이스인 KINDS 나 IMF · OECD · World Bank 등 주요 국제기구의 보고서, 세계적 유력 신문, 잡지 등에 게재된 경제정보를 분석 · 제공하는 사이트인 와이즈 디베이스 등도 유용한 해외시장정보원이라 할 수 있다.

이다. 주로 은행이 파악하고 있는 상대방의 자본력에 관련된 내용을 조사하게 된다.[5)]

(2) 동업자조회(trade reference)

동업자조회는 거래상대방과 거래한 경험이 있는 업자에게 신용상태를 조회하는 방법이다. 거래상대방의 성실성, 영업태도, 업계에서의 평판에 관한 신용정보를 얻을 수 있다.

(3) 상업흥신소를 통한 조회

은행조회나 동업자조회에 의한 방법으로는 신용조사의 한계가 있을 때 신용조사 전문회사인 상업흥신소를 통해 거래상대방의 신용조사를 할 수 있다. 세계적으로 유명한 상업흥신소로서는 Dun & Bradstreet(미국), Bradstreet British(영국), Tokyo Mercantile Agency(일본), Auskunft W. Schimmelpfung(독일) 등이 있다.

(4) 무역관련기관의 이용

현재 우리나라에서는 해외신용조사 서비스를 공여해주는 기관으로는 대한무역투자진흥공사, 한국수출보험공사, 신용보증기금 등이 있다.

대한무역투자진흥공사에서는 해외 무역관을 활용하여 신용조사 및 수출보험사고조사업무를 유료로 대행해 주고 있다.

한국수출보험공사는 수출신용정보센터를 통해 수출업자, 금융기관, 수출유관단체 등을 대상으로 신용정보자료를 제공하고 있다.

신용보증기금은 세계적인 신용조사망을 갖춘 Dun & Bradstreet(미국)사를 비롯한 약 38개국의 해외신용조사 전문기관과 제휴하여 국내기업은 물론 해외거래처에 대한 신용정보를 제공하고 있다.

---

5) 그러나 현실적으로 이들 은행에 신용조회를 하여도 만족할 만한 신용정보를 얻을 수 없는 경우가 있다. 왜냐하면 이들 은행이 당해 거래선에 대한 충분한 자료를 갖고 있어도 타국의 조사 의뢰인에게 비밀사항에 관한 신용보고서를 보내는 것을 원하지 않기 때문이다. 따라서 은행조회의 경우에는 우선 자신의 거래은행에 의뢰한 후 당해 은행이 거래처 은행에게 재차 신용조사를 의뢰하는 방법을 취하는 것이 현명하다. ; 양영환·오원석, 「최신무역상무론」, 법문사, 2007, p.55 참조.

제2절 거래제의와 오퍼[6)]

1. 전통적 방식의 거래제의

1) 권유장의 이용

해외시장조사를 통해 발굴한 거래선에게 자기 회사와 상품을 소개하는 서신을 권유장(circular letter)이라 한다. 권유장은 불특정 다수의 거래 대상업체에 무작위로 보내기보다는 특정 지역의 몇몇 거래선 앞으로 보내는 것이 보다 효과적이다.

권유장을 보낼 거래선은 한국무역협회, 대한무역투자진흥공사, 대한상공회의소 등에서 상공인명부(directory)를 입수해 결정하는 것이 보통이다.

2) 공공기관의 이용

각국 소재의 상공회의소를 이용하거나 WTCA(world trade center association)체인을 통해 거래알선을 의뢰할 수도 있다.

한국무역협회나 대한무역투자진흥공사에서 시행하고 있는 거래알선 서비스를 통해 거래선을 확보할 수 있음은 물론이다.

3) 홍보 및 해외광고의 이용

거래를 제의하고자 하는 업체는 해외홍보용 카탈로그를 제작하여 이를 거래희망 거래선에게 배포하거나 국내외의 광고매체를 활용할 수도 있다.

4) 해외출장 및 각종 박람회·전시회 이용

해외시장조사 결과 자사의 제품을 수입할 가능성이 높은 국가를 직접 출장·탐방하여 거래선을 물색할 수도 있다. 출장방법은 예상 거래선과 직접 면담을 할 수 있어 거래가 성사될 확률이 높다.

또한 각종 박람회, 전시회 등에 참여하여 자사제품의 품질과 성능을 홍보함으로써 거래선을 유인하는 방법도 고려할 필요가 있다.

---

6) 박대위·구종순,「전게서」, pp.308-311 참조.

2. 인터넷에 의한 거래제의

인터넷에 의한 거래제의는 수출업자가 인터넷 통신망을 이용하여 자사의 제품과 자신의 브랜드네임을 홍보하거나, 수입을 희망하는 업체가 무역사이트에 등록된 정보를 검색하여 거래를 제의하는 방식을 말한다.

인터넷으로 거래상대방을 물색하고 거래를 제의하는 방법은 전통적 방식의 거래제의에 비해 시간과 비용을 절감할 수 있을 뿐만 아니라 우편, 팩스 등에 비해 실시간 정보수집이 가능하다는 장점이 있다. 최근 범세계적 정보통신망의 보급과 발전으로 무역거래의 제의는 인터넷을 통해 많이 이루어지고 있다.

1) 무역거래알선 사이트의 활용

한국무역협회, 대한무역투자진흥공사가 운영하는 무역전문사이트를 이용하여 거래를 제의할 수 있다. 한국무역협회는 세계적인 거래알선 전문사이트와 협약을 체결하여 폭넓은 거래알선 서비스를 제공하고 있다. 대한무역투자진흥공사가 운영하는 KOBO는 우리나라 중소기업의 인터넷 수출을 지원하기 위해 만든 것으로 해외시장동향과 바이어 정보를 검색할 수 있고 제품홍보도 가능하다.

그 외 KTNET(한국무역정보통신)의 ECKorea를 이용하여 거래알선 서비스를 받을 수도 있다.

2) 전자매체의 활용

전자매체를 활용하여 상품을 홍보하고 거래를 제의하기위해 다음과 같은 방법을 활용할 수 있다.

① 무역망 사이트의 활용 : 인터넷 게시판에 자사소개와 상품에 관한 정보를 등록한다. 예를 들어 IEBBS(import-export bulletin board system) 등과 같은 무역관련 사이트의 게시판에 수출정보를 등록함을 의미한다.

② 유즈넷 : 유즈넷(Usenet)은 인터넷을 통해 알리고 싶은 기사를 뉴스그룹에 실어 전세계 이용자들이 이를 열람할 수 있도록 설계한 공동 게시판의 일종이다. 뉴스그룹은 주제별·계층별로 구성되어 있고 종류도 다양하여 그룹 내 정보의 전파효과가 대단히 높다.

③ 메일링 리스트 : 메일링 리스트는 전자우편으로 운영되는 인터넷상의 토론그룹을 의미하는데, 여기에 가입한 사용자가 메일을 보내면 가입한 모든 업체에게 재전송된다.

④ 전자우편 : 인터넷 이용자들의 보편적 의사소통수단인 전자우편을 활용하는 방법

이다. 전자우편을 통한 광고는 간결한 것이 바람직하다.

⑤ 웹사이트와 검색엔진 : 야후(Yahoo), 구글(Google) 등과 같은 세계적 유명사이트 또는 검색엔진에 자사홍보나 상품을 등록해 두는 것도 좋은 방법 중 하나이다.

3. 오퍼와 승낙

오퍼(offer : 청약)란 원래 신청 또는 제공한다는 뜻으로 자기가 가진 것을 상대방에게 일정한 대가를 받고 제공한다는 것을 의미한다. 일반적으로 오퍼란 오퍼를 내는 자(offeror)가 오퍼를 받은 자(offeree)에게 일정한 조건으로 계약을 체결하고 싶다는 뜻의 의사표시를 말한다. 무역거래는 판매조건이나 구매조건을 제시하는 거래 일방의 오퍼에 대해 거래상대방이 승낙(acceptance)하는 과정을 통해 법적 구속력이 있는 계약이 성립한다.

1) 오퍼의 종류

오퍼는 크게 구매오퍼(buying offer)와 매도오퍼(selling offer)로 구별할 수 있는데 구매오퍼는 수입희망자가 어떤 물품을 어떤 조건으로 사고 싶다는 구매의 의사표시를 말하는 것으로 그 성질상 거래제의(inquiry)와 비슷하여 일반 무역거래에서는 많이 사용되지 않고, 주로 관공서의 입찰계약시 이용된다. 따라서 보통 무역거래에서 오퍼라 함은 수출희망사자 특정 상품에 관하여 구체적 매매조건과 함께 판매조건을 제시하는 매도오퍼를 의미한다.

매도오퍼는 그 성질에 따라 다음과 같이 구분된다.

(1) Firm offer(확정청약)

Firm offer(확정청약)란 오퍼의 유효기간과 선적기일을 필수요소로 포함하고 있어 오퍼의 유효기간 내에 오퍼를 받은 자가 그 조건을 승낙하면 오퍼발행자는 그 오퍼의 내용대로 선적을 이행할 법적 의무를 지게 되는 확정오퍼를 말한다.

대부분의 확정오퍼는 유효기간이 명시되어 있지만 간혹 유효기간을 정하지 아니한 경우라도 “firm” 또는 “irrevocable”이라고 명시한 때에는 확정오퍼로 간주한다.[7)]

청약자가 일단 이 확정오퍼를 발행하면 유효기간 내에는 다른 곳에 청약을 할 수 없으며, 일단 상대방으로부터 승낙되면 계약이 성립된 것으로 해석되므로 선적을 이행할 의무가 생긴다.

---

7) 국제물품매매계약에 관한 UN협약, 제16조 참조.

(2) Free offer(불확정청약)

Free offer(불확정청약)란 청약의 내용에 유효기간이 명시되어 있지 않거나 확정적(firm) 또는 취소불능(irrevocable)의 문언이 명시되지 않은 오퍼를 말한다. Free offer는 보통 권유장과 함께 여러 곳으로 보내어지며, 만일 수입희망자가 오퍼의 내용을 수락하여도 오퍼 발행자의 재확인(conformation)이 필요하다. 승낙하기 이전에는 언제라도 청약의 내용을 변경하거나 취소할 수 있는 청약을 말한다.

Free offer는 오퍼의 내용과 조건만 알려주는 것이지 유효기간이나 선적기간에는 구애를 받지 않는다. 오퍼를 받은 자가 수락한다고 하여도 오퍼 발행자가 재고나 선적기한에 이상이 없다고 판단, 이를 재확인(confirmation)을 하여야만 비로소 법적으로 책임을 지게 된다.

Free offer에는 다음과 같은 문언이 명시되는 것이 보통이다.

"Subject to our final confirmation"

"Subject to change without notice"

(3) Condition offer(조건부 청약)

이는 조건부 오퍼를 말하는데 일정한 조건이나 단서를 붙여 청약을 함에, 그 조건이 충족되면 당해 청약이 유효해지는 청약을 말하는 것으로, 예를 들면 해당물품이 판매되지 않고 재고가 있어야만 계약이 성립된다는 청약 등을 말한다.

이 오퍼에는 다음과 같은 문언이 명시되는 것이 보통이다.

"Subject to prior sale" 또는 "Subject to being unsold"

"Subject to market fluctuation."[8)]

이 조건부 오퍼는 한정된 재고품을 판매하려 할 때 유용하게 이용된다.

(4) Offer on Approval(점검부청약)

점검부 오퍼 또는 승인조건부 오퍼라 불리는 이 오퍼는 오퍼와 함께 견본이나 시험용 현품을 보내면서 수입 희망자가 그 견본에 만족하면 유효해지는 형태이다. 예를 들면 새로 개발된 품목이나 물품은 오퍼에 기재된 명세만 보고서는 그 제품의 특징을 정확히 파악할 수 없기 때문에 견본이나 현품을 참고하여 구매결정을 내리도록 하는 경우이다.

---

8) 이 조건부 청약은 청약에 표시된 가격이 미확정적이어서 시세변동에 따라 등락이 있을 수 있다는 청약을 말한다.

(5) Offer of Sale or Return(반품허용조건청약)

반품허용이 인정되는 오퍼는 주로 서적 등의 거래에 이용되는데 오퍼와 함께 물품을 대량으로 송부한 후 오퍼를 받는 자가 이를 기한부로 판매하고 남은 것은 다시 반납하도록 허용하는 형태이다. 일반 무역에서는 거의 사용되지 않는다.

(6) Cross offer(교차청약)

교차오퍼는 거래를 희망하는 양당사자들이 같은 내용을 가지는 오퍼를 서로 동시에 한 경우를 말한다.

영·미법계에서는 교차오퍼에 의한 계약의 성립을 인정하고 있지 않으나, 우리나라 민법에서는 당사자간에 동일한 내용의 청약이 상호 교차한 경우 양청약이 상대방에게 도달할 때에 계약이 성립한다고 규정하고 있어[9] 교차청약에 의한 계약의 성립을 인정하고 있다. 영미법계에서 교차청약을 계약의 성립으로 인정하지 않는 이유는 거래 희망자 상호간에 청약만 있었지 이에 대해 승낙이라는 법률적 효력부여 요건이 결여되어 있기 때문이라 할 수 있다.

2) 오퍼의 기재사항

오퍼는 구두로 행하여도 무방하지만 무역거래에서는 일정한 서식을 갖춘 오퍼장(offer sheet)을 사용하는 것이 일반적이다. 오퍼는 매매의 조건을 구체적으로 제시하는 것이기 때문에 특정 제품의 거래에 관련한 든 사항을 기재하는 것이 바람직하다.

가장 일반적인 기재사항은 다음과 같다.

청약의 주요 기재사항	
• 품명(commodity name)	• 규격(grade or specification)
• 수량(quantity)	• 단가(unit price)
• 원산지(origin)	• 포장방법(packing method)
• 대금결제방법(terms of payment)	• 보험조건(insurance type)
• 선적일자(date of shipment)	• 발행일자(offer date)
• 유효기간(validity)	• 비고(remarks)

9) 민법 제533조 참조.

3) 반대오퍼와 승낙

반대오퍼 또는 역오퍼(counter offer)란 오퍼를 받은 자가 원래의 오퍼를 발행한 자에 대하여 가격·수량·선적일 등 오퍼의 중요사항에 대해 그 조건의 변경을 요구함으로써 자신의 수정 의사를 표시하는 일종의 대응오퍼를 말한다.

실제로 무역거래에서는 오퍼 발행자가 보낸 오퍼에 대해 수입을 희망하는 자는 반응을 보이기 마련인데, 주로 가격이나 수량, 또는 규격 등을 조정한다든지 또는 기타의 제 조건에 대해 절충을 시도하는 것이 보통이다. 이때 특히 유의해야 할 점은 일단 반대오퍼가 제시되면 이전의 원 오퍼는 무효가 되고 당해 반대오퍼가 법적 효력을 갖게 된다는 사실이다.[10)]

승낙(acceptance)이란 상대방의 오퍼에 대하여 계약을 성립시킬 목적으로 행하는 수락의 확정적 의사표시를 말한다. 계약은 청약에 대한 승낙으로써 성립한다. 따라서 승낙은 원칙적으로 오퍼의 모든 사항에 대하여 무조건적으로 동의하는 형태여야 하며, 새로운 조건을 추가하거나 오퍼의 중요사항을 제한하거나 변경하는 경우 승낙으로 간주되지 않는다.[11)]

제3절 · 무역계약의 체결

1. 무역계약의 개념과 의의

1) 무역계약의 개념

무역계약은 서로 다른 국가에 거주하고 있는 수출업자와 수입업자가 자신들의 의사에 따라 물품을 사고팔기 위해 체결하는 법적 구속력을 가진 합의이다. 무역계약이 성립되면 수출업자는 정해진 인도기일 내에 계약물품을 선적해야 하고, 수입업자는 그에 상응한 대금을 지불해야 할 법적의무를 진다.

무역계약은 오퍼의 제시와 이에 대한 승낙의 의사표시만으로도 성립하지만 추후 분쟁이 야기될 경우에 책임과 의무의 소재를 명확히 하기 위해 구체적인 거래조건을 명

---

10) 민법, 제534조 참조 ; 국제물품매매계약에 관한 UN협약, 제19조 (1)항 참조.

11) 오퍼의 조건 중 대금지급, 품질·수량, 인도장소 및 시기, 상대방에 대한 당사자의 책임범위, 또는 분쟁해결 등에 관한 조건의 변경은 오퍼의 조건을 실질적으로 변경하는 것으로 간주된다.

기한 매매계약서(contract of sale)를 작성하고 각각 서명을 한 후 1부씩 보관하는 것이 일반적이다.

따라서 무역계약은 오퍼, 반대오퍼, 그리고 최종 승낙과정을 거치면서 추가되거나 삭제된 것을 정리하여 이를 법률적으로 명확히 하고 계약 당사자들을 법적으로 묶는 절차이므로 이의 체결에는 그만큼 신중하고 정확해야 한다.

계약이 성립되는 형식은 대개 다음과 같은 네 가지 형태로 구별된다.

(1) 판매장(sales note)

오퍼를 발행한 매도인 측에서 오퍼의 내용과 동일하게 또는 그 외의 추가할 사항이나 정정할 사항을 보완하여 판매장을 두 통 작성하여 정식으로 서명한 후 매수인에게 보내면 매수인 측에서 그 내용에 이의가 없을 때 서명하여 한 통은 본인이 보관하고 나머지 한 통은 매도인에게 보냄으로써 법적 구속력을 갖게 되는 매매계약서를 의미한다.

(2) 구매확인서(purchase order)

판매장과는 반대로 매수인이 특정한 물품을 일정한 조건으로 구매하겠다는 주문서를 일방적으로 기재 및 서명하여 매도인에게 두 통을 보내면, 매도인은 제 조건을 자세히 검토하여 이의가 없을 경우 서명하여 한 통은 보관하고 나머지 한 통은 매수인에게 다시 보내면 이것이 곧 매매계약서가 된다. 이러한 형태를 구매확인서라 한다.

(3) 오퍼장(offer sheet)

오퍼장에는 매매계약서의 주요 내용이 명기되어 있기 때문에 별도의 계약서를 작성할 필요없이 당해 오퍼장을 계약서로 이용할 수 있다. 즉 매도인이 발행한 오퍼장에 매수인이 승낙의 의사표시로 서명을 하거나 또는 매수인이 발행한 오퍼장에 매도인이 서명함으로써 이를 매매계약서로 이용하는 경우이다. 이 경우도 두 통을 작성하여 각각 한 통씩 보관하게 된다. 물론 이때의 오퍼장은 Firm Offer여야 함은 당연하다.

(4) 각서(memorandum)

계약의 한 곳에 모여 오퍼를 중심으로 모든 조건을 합의한 후에 함께 계약서를 작성하여 서명·날인하는 형식이다.

2. 계약의 종류

계약의 종류는 무역업을 영위하는 자의 거래형태 및 자신의 해외마케팅 조직의 운영 형태, 의도하는 해외시장진출 방법 등과 같은 여러 가지 요인에 따라 다양하다. 예를 들면 독립적 제3자와의 거래로부터 자신의 해외지사, 합작기업 등과의 계약, 라이센싱 계약, 프랜차이징 계약 등에 이르기 까지 계약의 종류와 형태는 다양해질 수 있다. 그러나 모든 계약은 다음과 같이 분류할 수 있다.

1) 개별계약(case by case contract)

개별계약이란 거래가 성립될 때마다 그 거래에 대해서 계약서를 작성하는 경우를 말한다. 대개가 매도인이 오퍼 내용대로 빠짐없이 기재한다. 계약서에는 오퍼 발행시 포함되지 않았던 분할선적 및 환적여부도 기록하며, 그 외 검사조건, 클레임 해결방법 등도 밝혀둘 필요가 있다.

2) 포괄계약(master contract)

거래당사자간에 서로 오랜 기간 동안 거래를 하여 잘 알고 있고 같은 품질의 동종 물품이 매월 정량 선적되는 경우 그때그때마다 매번 개별계약을 하는 것은 번거로울 수 있다. 이러한 경우 일정기간 포괄적으로 계약을 체결하고 필요할 때마다 선적해 주게 되면 당사자 상호간에 편의가 도모될 수 있다. 이와 같이 특정품목에 대해서 일정기간 또는 연간계약을 체결하고 필요에 따라 선적할 것을 합의한 계약을 포괄계약이라 한다.

3) 독점판매계약(exclusive contract)

독점판매계약이란 특정 품목의 수출입에 있어 수출업자는 수입국의 지정 수입업자 외에는 같은 품목을 오퍼하지 않으며, 수입업자는 수출국의 다른 업자들의 동일 품목을 취급하지 않는다는 조건으로 체결되는 계약이다.

독점판매계약이 체결되면 수출업자는 계약품목을 수입업자 시장의 다른 업자에게 제공해서는 안되고 다른 명의나 제3자를 통해서라도 그 시장에 침투할 수 없으며, 저렴한 가격으로 계약물품을 제공함과 아울러 당해 물품의 품질을 보장해 주어야 한다. 좀 더 자세히 두 계약당사자의 의무사항을 살펴보면 다음과 같다.

(1) 매도인(seller)의 의무

① 가장 저렴한 가격(reasonable or competitive price)으로 매수인에게 물품을 제공해 주어야 한다.

② 같은 품목을 매수인 시장의 다른 업자에게 제공할 수 없다.

③ 다른 명의나 제3자을 통해 그 시장에 진출해서는 안 된다.

④ 해당 특정 물품의 품질보장을 해주어야 한다.

(2) 매수인(buyer)의 의무

① 최대한 그 물품을 판매하여야 한다.

② 가장 좋은 값을 받도록 노력해야 한다.

③ 자신의 시장에서 다른 회사의 동종 물품을 취급해서는 안 된다.

④ 연간 최소판매량을 보장해 주어야 한다.

상기의 모든 내용은 계약서에 반드시 포함되어야 하며 추가로 계약의 유효기간, 계약의 갱신방법 등도 명기되어야 한다.

3. 무역계약의 제 조건

국내거래와는 달리 국제무역거래는 언어·관습·화폐·법률 및 기타 여러 가지 면에서 고려할 사항이 많아 무역계약 체결시 오퍼에 포함되었던 내용은 물론 그 외의 다른 조건 및 차후 발생할 수 있는 분쟁과 마찰에 대비해 분쟁해결절차와 클레임에 대한 해결방법까지도 상세히 명기할 필요가 있다.

무역계약에 포함되는 사항은 크게 계약서의 기본사항, 개별약정사항 및 무역거래 일반약정으로 구분된다. 계약서의 기본사항은 계약 당사자의 명시, 계약성립 확인문언, 계약체결일, 유효기간, 서명 등을 포함한다. 개별약정사항에는 품질조건, 수량조건, 가격조건, 선적조건, 보험조건, 포장조건, 대금결제조건, 분쟁해결방안 등이 포함되며, 무역거래 일반약정은 일반거래에 공통으로 적용되는 매매당사자의 의무, 불가항력, 클레임의 제기, 분쟁 및 중재, 준거법 등에 관한 일반조건으로써 계약서의 이면에 인쇄되어 있다.

1) 품질조건

(1) 견본매매(sale by sample)

견본에 의해 상품의 품질을 결정하는 방법으로 이는 상품의 품질을 거래상대방에게 정확히 인식시킬 수 있는 가장 좋은 방법이다. 견본에는 수출업자가 수입업자에게 제시하는 매도인 견본(seller's sample)과 수입업자가 수출업자에게 제시하는 매수인 견본(buyer's sample)이 있다. 또 경우에 따라 수입업자가 제시한 견본을 보고 수출업자가 시험제조한 후 다시 수입업자에게 제시하는 대응견본(counter sample) 등이 있다. 이 외에도 수입업자의 요청에 따라 선적품과 동일한 품질의 제품임을 증명하기 위해 실제로 선적된 물품 중 일부를 견본으로 하는 선적견본(shipping sample)이 있다.

견본은 원칙적으로 실물견본이어야 하나 너무 비싼 상품이거나 운반하기 곤란한 물품은 카탈로그, 청사진, 혹은 설명서 등의 방법으로 대신할 수밖에 없다.

(2) 상표매매(sale by trade mark or brand)

상표매매란 생산업자의 상표나 생산되는 특수 물품의 상표가 세계적으로 널리 알려진 경우 견본을 보낼 필요 없이 당해 상표만을 가지고도 그 품질을 결정할 수 있을 때 활용하는 방법이다. 예를 들어, 휴대전화의 iPhone, 카메라의 Cannon, 청량음료의 Coca-Cola 등은 상표만으로도 품질이 보증된다.

(3) 명세서매매(sale by specification)

명세서매매는 선박이나 공작기계, 의료기구, 중장비 등과 같은 거대한 기계류 제품은 견본을 보내기 어렵고 상표매매로도 부적합하기 때문에 이들 물품들은 성능, 규격, 모양, 색상 등을 상세히 명시한 설명서(description), 명세서(specification), 도해목록(illustrate catalog), 설계도(design), 청사진(blue print) 등에 의하여 거래상품의 품질을 결정하게 된다.

(4) 점검매매(sale by inspection)

거래물품을 매수인이 직접 확인한 후 계약을 체결하는 방법이다. 이 방법은

첫째, 수출국에 상주하는 매수인의 대리인이 거래물품의 품질을 확인한 후 매매계약을 체결하는 경우,

둘째, 매수인이 수입국의 보세창고에서 거래물품의 품질을 직접 확인한 후 매매계약을 체결하는 보세창고도거래(bonded warehouse transaction ; BWT),

셋째, 매매계약을 체결하고 계약물품을 선적한 후 수입국에 상주하는 매도인의 대리인에 의해 제시된 물품을 매수인이 그 품질을 확인한 후 대금결제하는 현물인도거래(cash on delivery ; COD) 등에서 사용된다.

(5) 규격매매(sale by type or grade)

국제적으로 정해져 있거나 수출국에서 공식적으로 인정되고 있는 상품의 규격 또는 등급으로 품질을 결정하는 방법이다. 예를 들어 국제표준화기구(International Standardization

Organization : ISO), 일본의 JIS(Japan Industrial Standard), 우리나라의 KS(Korea Standard) 등의 규정을 이용한다.

(6) 표준품매매(sale by standard)

표준품 매매란 농·수산물과 같은 일차 상품의 경우는 공산품의 경우처럼 같은 품질, 같은 규격으로 생산하기 어려우므로 해당 연도 또는 해당 계절의 표준품을 기준으로 그 품질을 결정하는 방법이다. 표준품 매매에 있어서 거래상품의 표준품질을 결정하는 방법에는 다음과 같은 기준일 있다.

① 평균중등품질조건(fair average quality ; FAQ) : 곡물, 과실, 면화, 차 등 농산물의 거래에서 주로 이용되는 이 조건은 선적지에서 해당 계절 출하품의 평균중등품을 품질의 기준으로 한다. 선물거래(futures transactions)일 때에는 가격은 전년도 수확물의 평균중등품을 기준으로 하고, 인도될 물품의 품질은 당해 연도 수확기의 평균중등품이 그 기준이 된다.

② 판매적격품질조건(good merchantable quality ; GMQ) : 목재나 냉동어류 등과 같이 내부가 부패되어도 외관상으로는 식별해내기 어려운 경우 매도인이 인도한 물품이 수입지에 양륙되어 현물인수 때 수입국 시장에서의 판매가능성을 전제로 당해 물품의 품질을 결정하는 방법이다.

③ 통상품질조건(usual standard quality ; USQ) : 인삼, 오징어, 해태, 원사 등은 그 품질에 따라 1등품·2등품 또는 A등급·B등급으로 구분되듯이 공인 검사기관이나 해당 조합의 전문 인력이 판정, 분류한 통상적 품질을 그 품질의 기준으로 하는 방법이다.

(7) 기타 조건

이외에도 품목에 따라 선적시의 품질을 기준으로 하는 것과 양륙시의 품질을 기준으로 하는 것으로 다음과 같은 조건들이 있다. 영국 런던의 곡물시장을 중심으로 정립된 특수 조건들이다.

① TQ(tale quale) : 이 조건은 선적완료 시점에서의 품질을 기준으로 하는 방법으로써 수송 도중의 변질에 대해서 책임을 지지 않는 선적품질조건(shipping quality terms)이다.

② RT(rye terms) : 이 조건은 호밀(rye)거래에서 사용되었다고 해서 RT라 하는데 품질의 기준이 양륙시점인 양륙품질조건(landed quality terms)이다. 따라서 수송 도중의 변질에 대해서는 매도인이 책임을 져야 한다. 대개의 곡식은 이 조건으로 거래된다.

③ SD(sea damage) : 이 조건은 계약 물품에 대해 매도인이 선적할 때까지만 책임을 지고 양륙시에는 책임을 지지 않는 선적품질조건의 하나이다. 그러나 해상운송 도중에 해수에 의해 발생한 품질변화에 대해서는 추가적으로 매도인이 책임을 부담하게 된다.[12] 따라서 일종의 조건부 선적품질조건이라고 할 수 있다.

2) 수량조건

수량을 결정할 때 사용되는 수량단위는 중량, 용적, 개수, 길이, 면적, 포장 등이 있다.

(1) 중량(Weight)

중량의 단위는 다양하여 국가마다 다소 차이가 있으나 무역거래에서는 주로 다음과 같은 단위가 사용된다.

① English Ton(Long Ton) = 1,061kg = 2,240lbs

② American Ton(Short Ton) = 907.2kg = 2,000lbs

③ Kilo Ton(Metric Ton) = 1,000kg = 2,204lbs

중량의 측정방법에는 다음과 같은 것들이 있다.

① 총중량(gross weight) : 상품을 포장한 채로의 중량으로 포장재료를 모두 합한(ware and tare) 총 무게를 말한다.

② 순중량(net weight) : 상품의 순중량, 즉 포장무게를 제외한 순 상품중량을 말한다.

③ 법적중량(legal weight) : 상품의 겉포장(tare)무게는 제외하지만 상품이 소매될 때 포장되어 있는 상태의 포장 무게는 포함한 것을 말한다. 예를 들어 비누의 경우 비누를 싼 상자나 포장지의 무게는 포함되지 않는다.

④ 순순중량(net net weight) : 상품에 따라 순중량을 좀 더 상세히 구분한 중량 측정방법으로써 그 상품을 구성하고 있는 주된 원료의 순 무게를 말한다. 예를 들어 치약의 경우 튜브의 무게를 뺀 순수한 치약의 무게가 순순중량이 된다.

(2) 길이(length)

생사, 직물류, 전선 등의 경우에는 meter, yard, foot, inch 등의 단위가 사용된다.

---

12) SD조건은 통상 다음과 같은 문구가 사용된다. “Seller shall be liable for damages by sea water” 또는 “Damaged by sea water, if any, to be seller’s account”, 또는 ”All sweeping and damaged by sea water or condensation to be rejected.“

(3) 용적(measurement)

석유 등 액체에는 barrel, gallon, liter, 곡물에는 bushel, 목재에는 cubic meter(m^3 : CBM), cubic feet(CFT), super foot(SF) 등의 단위가 사용된다.

(4) 개수(number)

대부분의 잡화 제품의 기준이 되는 수량의 단위로 piece, dozen, gross 등이 있다.

1dozen = 12 pieces (양말이나 스웨터)

1gross = 12dozen = 12 X 12 pieces(핀이나 조화 등)

1small gross = 10dozen = 12 X 10 pieces

1great gross = 12gross = 12 X 12 X 12 pieces

(5) 포장(package)

주로 면화, 소맥분, 시멘트, 비료, 유제품, 통조림 등의 측정기준으로 case, bale, bag, sack, can, keg, cable, drum, bundle 등이 사용된다.

(6) 과부족 용인조항(more or less clause : M/L clause)의 활용

계약물품의 수량이 포장단위(packing unit)나 개별품목(individual item)의 개수로 명시되어 있는 경우에는 정확한 수량을 측정할 수 있다. 그러나 곡물, 광산물 등과 같은 것은 일시에 대량 거래를 하는 거대화물(bulk cargo)의 형태이기 때문에 정확한 양을 측정하기 어렵다. 또한 유류와 같은 휘발성 제품은 장기간의 운송으로 운송도중 감량이 있을 수 있다. 따라서 이 같은 형태의 물품을 거래할 때에는 계약 수량·중량에 있어 어느 정도의 과부족을 인정할 필요가 있다.

이 같은 약간의 과부족을 허용하는 계약서상의 특별약관을 과부족 용인조항이라 한다. 과부족의 용인과 관련하여 신용장 거래에서는 물품의 수량에 “about” 또는 ”approximately“라는 용어가 사용되었을 경우에는 10%의 과부족을 허용하며, 이러한 용어가 사용되지 않았을 때에는 신용장상에 특별히 반대합의가 없는 한, 그리고 관련 거래 물품이 포장단위 또는 개별품목이 아닌 한, 5%의 과부족이 용인된다.[13)]

그러나 만일 신용장거래가 아닐 경우에는 가급적 계약당사자 간에 특약의 형태로 과부족 용인조항을 계약의 조건에 포함시키는 것이 바람직 할 것이다.[14)]

---

13) 제6차 개정 신용장통일규칙 제30조 (a)항.

14) 예를 들면 “Quality shall be subject to a variation of 5% more or less at seller's option.”의 형태이다.

3) 가격조건

(1) 가격조건의 의의

국제무역거래는 국내거래와는 달리 물품 한 단위를 구성하는 가격의 요소들이 더 많아지는 것이 보통이어서 수출 또는 수입가격은 여러 가지의 가격 구성요소들의 총체적 형태로 나타나게 된다. 이러한 가격 구성요소들은 물품의 원자재 가격으로부터 수입지에서의 통관비용에 이르기까지 다양하나 가장 기본적인 구성요소는 크게 물품의 생산원가, 운송비용, 보험비용, 관세, 각종 부대비용 등으로 대별해 볼 수 있고 이들을 가격결정에 산입하느냐 여부는 무역거래에서 대단히 중요한 의미가 있다.[15)]

나아가 또 하나 고려해야 할 사항 중의 하나는 궁극적으로 물품가격을 결정함에 있어 가장 중요한 내용이라 할 수 있는 책임의 분담문제이다. 즉 수출업자 또는 수입업자 중 어느 당사자가 비용(expense)과 위험(risk)을 과연 어느 시점까지 부담하는가라는 문제이다.

이 같은 사항을 고려한 가격의 결정문제는 당사자 간에 명시적인 합의가 없다면 각 국가마다 그리고 각 지역마다 관습과 관행의 차이로 분쟁과 마찰의 원인이 된다.

이와 같은 문제점을 해결하기 위해 국제상업회의소(International Chamber of Commerce ; ICC)에서는 가격의 결정과 관련한 제반 비용부담과 위험부담의 통일적 해석을 제공하기 위해 1936년 "무역거래 조건의 해석에 관한 국제규칙(International Rules for the Interpretation of Trade Terms : Incoterms 1936)"을 제정하였다. Incoterms는 변화하는 상관습을 반영하기 위해 계속적으로 개정을 거듭하며, 현재 Incoterms 2020에 이르고 있다.

Incoterms 2020에 관한 보다 자세한 내용은 제4장에서 상세히 다루도록 한다.

(2) 가격조건과 환위험

한편 가격조건의 결정과 관련하여 고려해야 할 중요한 또 다른 사항 중의 하나는 국제무역거래의 고유한 위험 중 하나라 할 수 있는 환위험에 대한 관리이다. 수출업자와 수입업자는 계약체결 후 발생할 수 있는 환율변동의 위험을 적절히 관리할 수 있는 기

---

15) 예를 들어 FOB 조건의 경우 생산원가(제조원가, 수출포장비, 물품검사비, 수출허가 등 제세공과금, 통신비 및 잡비), 운송비(국내운송비, 국내운송보험료, 선적비용 및 B/L 취득비용, 부두사용료, 창고료, 수출통관비용, 수입국 및 제3국 통과시 필요한 제반 서류취득 비용, 검수·검량비) 그리고 금융비(이자, 은행수수료), 기대이익 등으로 이루어진다. CFR 조건일 경우 해상운임이, CIF 조건일 경우 해상운임과 해상보험료가 더 추가된다.

법들을 다양하게 활용할 필요가 있다.

환위험을 관리할 수 있는 기법에는 여러 가지가 있으나 가장 활용도가 높은 관리기법은 국제금융시장에서의 거래를 통해 환노출을 제거하는 방법들로 선도환시장, 국제금융시장, 옵션시장 등을 통한 헤징(hedging)방법이 있다.

① 선도환시장(forward exchange market)을 통한 헤징

환노출이 발생한 시점에서 미래의 일정시점, 즉 결제시점의 두 통화의 교환비율을 미리 결정해 두고 실제 외환의 인수·인도를 결제시점에서 이루어지도록 하는 선도환계약을 체결하는 것을 말한다.

② 국제금융시장(international money market)을 통한 헤징

환노출된 외화표시자산에 대해서는 외화표시부채를, 그리고 환노출된 외화표시부채에 대해서는 외화표시자산을 서로 대응·발생시켜 순노출 포지션을 영(零)으로 만들어 환노출을 제거하는 방법이다. 예를 들어 외화로 일정액을 받기로 되어 있을 때 국제금융시장에서 그 만큼의 외화를 차입하여 국내통화로 바꾸고 만기에 외화로 차입금을 상환하는 방법을 말한다. 국제금융시장을 통한 헤징의 비용은 두 국가 간의 이자율 차이에 의해 결정된다.

③ 옵션시장(option market)을 통한 헤징

옵션시장을 통한 헤징이란 미래 일정 시점에서 일정 환율로 외국통화를 사거나 팔 수 있는 옵션을 매입함으로써 환위험을 회피하는 방법이다.

(3) price-escalation 약관의 활용

한편 환위험의 관리와 더불어 무역계약 체결시 유의해야 할 사항은 계약체결 당시의 물품가격과 계약이행 시점의 물품가격의 변동에 따른 가격 부담을 어느 당사자가 부담하는가라는 문제이다. 상술한 바처럼 물품의 가격은 원자재 비용, 운임, 보험료, 관세, 각종 부대비용, 임금 등 다양한 가격 구성요소가 통합된 형태이므로 이들 가격 구성요소의 예기치 않은 비용증가는 물품가격의 상승을 초래한다.

따라서 이러한 가격변동의 위험과 부담을 사전에 예방하기 위해 무역업자들은 다음과 같은 소위 price-escalation 약관을 계약체결시에 계약서에 삽입하는 것이 현명하다.[16]

"If seller's cost of performance of this Contract are increased after the date of this

---

16) 이 같은 계약체결을 "cost-plus basis"로 계약한다고 한다.

Contract by reason of increased freight rates, taxes or other governmental charge or insurance premium, or if any fluctuation in exchange rates increases seller's cost or reduce seller's earnings, buyer shall bear all such increased cost or loss of earnings suffered by seller."(계약체결 후 운임율, 제세공과금, 또는 보험요율이나 기타 환변동으로 인해 수출업자의 비용이 상승하거나, 또는 수익이 감소할 경우 수입업자가 그러한 증가된 비용이나 수출업자의 소득 손실분을 부담하기도 한다.)

또는 다음과 같은 문구를 사용하기도 한다.

"The price provided herein shall be subject to adjustment to the extent of (i) any substantial increase in the cost of manufacture of the products caused by an extraordinary increase in the price of raw materials which could not have been foreseen at the date of this Contract and (ii) any increase in freight rate, surcharges, taxes, or other governmental charges, or insurance premiums which may be incurred with respect to the products after the Conclusion of this Contract, shall be for the account of the buyer and be reimbursed to the seller by the buyer." (본 계약서에서 결정된 가격은 다음의 범위 내에서 조정되는 것을 조건으로 한다. (i) 계약체결당시 예견할 수 없었던 제품 원자재 가격의 앙등에 의해 제품의 제조원가가 실질적으로 증가할 때, 그리고 (ii) 계약체결 후 제품과 관련한 운임률, 제세공과금 등이 증가한 경우에는 수입업자의 계정으로 하며 이미 수출업자가 부담한 때에는 수입업자가 이를 충당한다.)

4) 선적조건

일반적으로 선적(shipment)이라는 의미는 본선적재(loading on board), 탁송(dispatch), 수취(taking in charge), 수령(pick up)의 개념을 모두 포괄하는 것으로 해석하지만 이를 엄밀히 구별한다면 본선적재는 주로 해상운송수단에, 탁송은 항공운송수단에, 수취는 복합운송수단에, 그리고 수령은 기타 형태의 배달운송수단에 적재·인도 하는 것을 의미한다.

그러나 실무적으로는 선적이라는 표현은 선박뿐만 아니라 항공기나 기타의 운송수단에 적재하는 경우에도 통칭하여 사용되기도 한다.

선적일은 선적준비완료일, 선적개시일, 선적완료일, 본선출항일 중 어느 날을 뜻하는지 문제가 될 수 있는데,[17] 복합운송의 경우에는 운송인의 관리와 통제하에 인도된

17) 이용근,「무역계약론」, 법문사, 1994, p. 214 참조.

날인 선적준비완료일을, 해상운송의 경우에는 선적완료일을 의미한다.

무역계약에서의 선적에 관한 조건은 계약물품이 어느 시기에 선적이 이루어져야 하는가를 약정하는 것이다.

선적조건에는 주로 선적시기, 분할선적, 환적의 허용여부, 선적지연 또는 선적불이행에 따른 면책조항, 선적일자의 해석기준 등이 포함된다.

(1) 선적시기[18)]

선적시기를 약정할 때에는 선적일을 어느 한 날로 정하지 않고 보통 최종 선적일을 지정하여 그날까지 선적을 이행하게 한다든지 또는 어느 한 달을 지정한다. 경우에 따라서는 "not earlier than...", "not late than"이라고 해서 선적해야 할 기간을 정하는 수도 있다.

① 단월선적조건 : 선적시기를 특정 월로 약정하는 방법으로써, "shipment shall be made during September, 2018." 등의 방법으로 정하는 경우이다. 이 경우 선적 시기는 그 달의 1일부터 말일까지의 기간이 된다.

② 연월선적조건 : 선적시기를 어떤 특정 월에서 또 다른 특정 월까지 연속해서 약정하는 방법으로써, "Shipment shall be made during June and July." 또는 "June / July shipment"와 같이 약정한다. 이 경우 선적은 6월 1일부터 7월 31일 사이에 이루어진다.

③ 특정기간선적조건 : 선적시기를 어떤 특정 월의 전반부(first half) 또는 후반부(second half)[19)]로, 경우에 따라 초순(beginning), 중순(middle), 하순(end)[20)]등으

---

18) 선적시기는 국제물품매매계약에서 대단히 중요한 조건이다. 일정한 시기 또는 일정한 기간 내에 계약을 반드시 이행해야 하는 확정기매매에서는 원격지간의 운송이 수반되는 무역거래에서 계약의 필수조건이 된다 ; "…… (국제물품매매계약에 있어서) 선적기간의 표기는 불가결하고 중요한 계약요건이 되며, 더욱이 매매의 목적물이 매매당시에 가격변동이 심한 원자재이고 …… 전매를 목적으로 하여 매매계약을 체결한 경우에는 보통 수입상은 수입원자재의 재고량, 수요, 공급상황, 국제 및 국내의 가격동향, 선적지로부터 양륙지까지의 물품의 항해일수 등을 감안하여 가장 유리한 시점에 물품이 수입항에 도착되도록 수출상과 교섭하여 선적기일을 정하는 것이므로 선적기일에 관한 약정은 계약상 특히 중요한 의미를 가지며, 선적이 늦어지는 경우에는 사정에 따라서는 매수인이 손해를 볼 우려가 있으며 …… 이 사건 …… 매매계약은 그 성질상 약정된 선적기간 내에 선적되지 아니하면 계약의 목적을 달성할 수 없는 상법 제68조의 소정의 이른바 확정기매매에 해당한다고 봄이 상당하다."(대법원 1995. 6.26. 93다6154).

19) 특정월의 전반부는 1일부터 15일, 후반부는 16일부터 말일까지를 의미한다(제6차 개정 신용장통일규칙 제3조).

20) 특정월의 초순은 1일부터 10일, 중순은 11일부터 20일, 하순은 21일부터 말일까지를 의미한다(제6차 개정 신용장통일규칙 제3조).

로 약정하는 방법이다.

④ 최종일 선적조건 : 선적시기와 관련하여 가장 많이 사용되는 방법으로써 선적시기를 최종선적일로 약정하는 방법이다. 이 경우에는 명시된 최종선적일까지만 선적하면 된다. "shipment shall be made not later than September 10, 2018."과 같이 합의된다. 경우에 따라 최종선적일 앞에 "on or about September 10, 2018"과 같이 표기할 수도 있는데, 이는 9월 10일의 전후 양 단일을 포함하여 각각 5일의 기간 내에 선적한다는 의미이다.[21] 따라서 9월 5일부터 9월 15일까지 선적이 이루어져야 한다.

⑤ 특정일 이전 또는 이후 선적조건 : 선적기일 표시와 관련하여 "from", "till", "until", "to", "after", "before" 등과 같이 일부 표시 용어를 활용하여 약정하는 방법이다. "from", "till", "until", "to"는 그 날까지를 포함하며 "after", "before"는 그 날을 제외하고 기산한다.

⑥ 즉시선적조건 : 선적시기를 표시할 때 구체적인 일자나 기간을 명시하지 않고 "신속히(prompt)", "즉시(immediately)", "가능한 한 빨리(as soon as possible)" 등과 같은 표현을 사용할 때를 말한다. 이 같은 표현은 특정 연월일이 포함되지 않은 막연한 표현이므로 이러한 불명확한 표현방법은 자제되어야 한다. 그럼에도 불구하고 이러한 표현이 사용되었을 경우에는 은행은 이를 무시한다.

(2) 분할선적 · 할부선적 및 환적

① 분할선적

분할선적(partial shipment)이란 계약물품을 1회에 전량 선적하지 않고 2회 이상 나누어 선적하는 경우를 말한다.

매도인의 경우에는 계약물품의 주문 물량이 많아 이를 한꺼번에 전량 제조하거나 선적하기 어려운 때, 또는 원자재 조달 비용이 과다하여 이를 한 번에 조달하기 어려운 때, 그리고 매수인의 경우에는 계약물품에 대한 지급능력이나 시장상황 등의 제약으로 계약물품을 한 번에 전량 인수하기 어려운 때 분할선적은 대단히 유용하다. 따라서 계약서상에 분할선적을 금지한다는 명시적인 문언, 예를 들어 "partial shipments are prohibited", "partial shipments are not allowed." 등과 같은 표현이 없을 경우에는 분할선적은 항상 허용되는 것으로 간주한다.

신용장 거래에 있어 문면상 선적이 동일한 항로(same voyage)를 따라 동일한 운송수단(same means of conveyance)으로 이루어졌음을 표시하고 있는 운송서류는 그것이

21) 제6차 개정 신용장통일규칙 제3조.

동일한 목적지(same destination)를 표시하고 있으면, 비록 그 운송서류가 다른 선적일자 또는 다른 선적항, 인수지 또는 적송지를 표시하고 있을지라도, 분할선적으로 간주하지 않는다. 그러나 동일한 운송방식이라 할지라도 여러 운송수단(예를 들어 여러 선박들)에 의해 선적되는 경우, 비록 이 같은 여러 운송수단이 동일한 일자에 동일한 목적지를 향해 출발한다 해도 이를 분할선적으로 간주함에 유의할 필요가 있다.[22)]

② 할부선적

할부선적(shipment by instalment)이란 계약물품의 인도계약시 할부의 횟수, 수량, 선적시기 등을 명시적으로 합의하여 정해진 일자와 방법에 따라 나누어 선적하는 경우로써 계약물품을 1회에 전량 선적하지 않고 2회 이상 나누어 선적한다는 점에서 분할선적과 유사하지만 지정된 기간 내에 일정한 할부 선적분을 반드시 선적하고 이에 대해 할부어음(instalment drawing)을 발행한다는 점에서 분할선적과는 구별된다.

신용장거래에서 할부선적이 이루어지는 경우 어느 한 할부선적분이 당해 할부를 위해 허용된 기간 내에 선적되지 아니하면 당해 할부부분은 물론 그 이후의 모든 할부 부분에 대해 할부 계약이 무효가 됨을 유의할 필요가 있다.[23)]

③ 환적

환적(transhipment)이란 선적항으로부터 양륙항까지의 운송과정 중 한 운송수단으로부터 다른 운송수단으로 양하(unloading)하여 재적재(reloading)하는 형태를 말한다. 매수인의 입장에서는 물품이 환적될 경우 그 과정에서 파손위험이 커지고 지연(delay)의 가능성이 높아지기 때문에 일반적으로 무역거래에서는 계약시 명시적인 환적허용문언이 없는 한 환적은 금지되는 것이 보통이다. 따라서 목적항까지 직접 가는 선편이 없을 경우나 여러 운송수단을 동시에 사용하는 복합운송인 경우에만 환적을 허용하게 된다.

한편 계약서상에, 또는 신용장거래의 경우 신용장상에 선적조건으로 'direct shipment' 또는 'direct vessel'(직항선적)이라고 표시된 경우 이들은 환적금지의 의미뿐만 아니라 관습적 항로(customary route)로 운항되어 다른 항구에 기항하지 않고 목적지로 직접 운송하는 경우를 말한다. 따라서 직항선적조건으로 약정된 경우에는 환적을 전제로 하는 선박에 적재되거나, 또는 목적항 이외의 항구에 기항하는 것이 금지된다. 물론 직항선적의 경우라 할지라도 해난을 만나 피난항에 기항하거나 선용품의 조달을 위해 타 항구에 일시적으로 기항하는 것은 예외적으로 인정된다.

---

22) 제6차 개정 신용장 통일규칙 제31조(b)항.

23) 제6차 개정 신용장 통일규칙 제32조.

(3) 선적지연 · 선적불이행과 불가항력 조항

무역거래를 하다보면 여러 가지 사정으로 인해 계약에서 정해진 기간보다 선적이 늦어지거나 선적자체가 불가능해지는 경우가 있다.

매도인의 고의·과실 또는 태만에 의해 선적지연이나 선적불이행 등이 초래된 경우에는 매도인이 물론 책임을 지는 것이 당연하나 이와는 달리 천재지변·파업·전쟁·수출금지·폭동 등 불가항력에 의한 선적지연이나 선적불이행 때에는 매도인은 면책될 수도 있다. 그러나 이와 같은 불가항력(force-majeure)의 경우라 할지라도 매도인은 자신이 면책될 수 있음을 명확히 해두기 위해 계약서상에 특약의 형태로 불가항력 조항을 삽입해 두는 것이 현명하다.[24]

5) 보험조건

계약물품의 운송에 수반하여 발생하는 우발적 사고에 대해 부보하는 보험은 운송방식에 따라 해상보험, 육상보험, 항공보험 등으로 구분되지만 무역거래에서 주로 이용하는 것은 해상보험이다.

해상보험계약은 Incoterms 조건에 따라 매수인 혹은 매도인이 체결한다. 현행 Incoterms의 CIF나 CIP 계약조건과 같이 매도인이 매수인을 위해 해상보험을 부보할 경우에는 구체적 보험조건에 대해 당사자간에 사전에 합의가 있어야 한다. 해상보험에 있어 실무적으로 가장 많이 이용되는 협회적하약관(Institute Cargo Clause)에는 ICC(A), ICC(B), ICC(C) Clause등 세 가지 기본 약관이 있는데 매매계약 당사자들은 담보범위와 보험료 등을 고려하여 계약화물에 가장 적합한 형태의 보험조건을 선정하여야 한다. 해상보험에 관해서는 제6장에서 좀 더 상세히 다루도록 한다.

6) 포장조건

포장(packing)이란 물품의 운송·보관·사용·판매 등에 있어서 물품을 안전하게 보관하고 상품으로서의 가치를 유지하기 위한 계약물품의 기술적 보호 상태로써 무역거래의 필수요소이다. 수출화물의 포장은 가볍고 튼튼해야 하며 외관상 한 눈에 계약물품임을 알아볼 수 있도록 해야 한다.

---

24) "Force majeure : Seller shall not be responsible for non-performance or late performance of all or part of contract due to order, regulations, and / or ordinance by the Government, Act of God, war, blockade, insurrection, mobilization or due to any other causes of circumstances beyond seller's control."

포장조건에서는 포장방법, 포장의 종류, 하인 등을 약정해야 한다.

(1) 포장의 방법

포장의 방법은 다음과 같다.

첫째, 물품의 최소 소매단위 하나하나를 개별적으로 포장하는 개장(unitary packing),

둘째, 개장된 물품을 운송 또는 취급하기에 편리하도록 일정한 양의 개장물품을 묶어 다시 한번 포장하는 내장(interior packing),

셋째, 운송 도중 화물의 변질, 파손, 도난, 유실 등을 방지하고 하역에 편리하도록 몇 개의 내장을 목재나 골판지 등으로 된 상자에 다시 포장하는 외장(outer packing) 등이 있다.

(2) 포장의 종류

이외에도 수출화물을 포장하는 방법도 화물의 종류에 따라 각각 다르다.

가장 일반적인 것이 상자(case)포장으로 wooden case(box), paper packing case (carton), fiber case이며, 파손 방지를 위해서 그 외부에 철대(iron hoop)를 두르는 수가 많다. wooden case의 내면에 상품을 보호하기 위하여 주석, 아연판, 알루미늄 등으로 내부를 포장하는 경우도 있으며, 외부에서 내용물을 볼 수 있도록 한 skeleton case 포장방법도 있다.

(3) 하인(shipping marks : cargo marks)

운송관계자나 수입업자가 쉽게 식별할 수 있도록 포장의 외장에 기호, 번호 등으로 계약물품을 표시하는데 이를 통틀어 하인 또는 화인이라 한다. 이에는 화물의 외장에 표시하는 송하인, 원산지국명, 화물번호(화번), 개수, 목적지, 취급상의 주의 표시 등을 포함한다.

대부분의 경우 하인은 수입업자가 그 형태나 모양을 지시하며 수출업자는 지시내용대로 하인을 표시하여야 한다. 그러나 수입업자의 별도 요청이 없을 경우에는 수출업자가 임의대로 하인을 하면 된다.

주하인(main mark)은 다른 화물과 식별을 용이하게 하도록 하기 위해 외장 면에 삼각형, 다이아몬드형, 정방형, 마름모형, 타원형 등의 표시를 하고 그 안에 상호의 약자를 기입한다. 부하인(counter mark)은 주하인만으로 타 화물과의 구별이 어려울 경우 같은 선적분의 다른 화물과 식별할 수 있도록 약호 등의 방식으로 표시한 것을 말한다.

7) 대금결제조건

대금결제조건(terms of payment)이란 계약물품을 인수하는 대가로 지불하는 결제의 형태를 말하는 것으로 대금결제조건은 계약물품과 거래선에 따라서 다양하다. 이하에서는 무역거래에서 가장 많이 이용되는 조건들을 결제시기와 결제수단을 중심으로 살펴본다.

(1) 전불(cash in advance ; cash with order ; CWO)

이는 물품구입 주문과 동시에 물품이 인도되기 전에 대금을 전부 지불하는 것으로써 매도인에게는 유리한 조건이지만 매수인에게는 아주 불리한 조건이기 때문에 특별한 주문이거나 소량의 견본 대금을 치르는 데 주로 사용된다. 경우에 따라 매수인이 주문과 동시에 대금의 20~30%를 지급하고 잔금은 선적이 끝나고 지급하는 방법도 있는데 이를 일부선불방식(X % advance money)이라고 한다.

(2) 분할지급(progressive payment ; instalment payment)

상품의 대금을 계약시·선적시·도착시 등으로 나누어 공정에 따라 일정액씩을 결제하는 방법으로써 선박·기계 및 플랜트와 같은 주문생산이나 거액의 금액을 필요로 할 때 많이 사용된다.

(3) 선적서류상환불(cash against document ; CAD)

수출업자가 물품을 수출하고 선적을 증명할 수 있는 선하증권, 보험서류, 상업송장 등 선적서류를 수출지에 있는 수입업자의 대리점이나 거래은행에 제시하여 이들 선적서류와 상환으로 수출대금을 영수하는 방식을 말한다. 이 방식은 수출지에서 수입업자를 대신해서 대금을 결제해 줄 수 있는 대리점이나 은행이 없으면 활용에 어려움이 있다.

(4) 현물인도결제(cash on delivery : COD)

물품이 목적지에 도착하면 물품과 상환으로 현금 결제해 주는 방식을 말한다. 이는 선적서류상환불 방식의 반대 개념으로써 수입지에 수출업자의 대리인이 있어 현금을 받지 못하면 활용하기 어렵다. 이 결제방식은 국제무역에서보다는 국내에서의 상품판매에 더 많이 이용된다.

(5) 후불(deferred payment)

계약물품이 선적되거나 혹은 목적지에 도착하고 난 후 일정기일이 지나서 물품대금을 결제받는 조건을 말한다. 수출업자에게는 매우 불리하기 때문에 특수 플랜트(plant) 수출이나 본·지점간의 거래 외에는 거의 사용되지 않는다.

(6) 장부결제(open or current account ; O/A)

서로 거래가 많은 기업이 매 선적시마다 대금결제를 하려면 복잡하고 비용이 많이 들게 되므로 수출업자는 계속해서 상품을 선적하고 일정 기간에 한 번씩 누적된 대금을 결제하게 되는 방식이다. 일종의 외상거래이며 신용장거래이다.

(7) 무담보어음결제(clean bill of exchange)

이는 수출업자가 선적 후 제반 선적서류를 수입업자에게 직접 송부한 후 단지 환어음 하나만을 작성하여 거래은행을 통하여 추심(collection)하여 결제받는 방식을 말한다. 이 방식은 수입업자가 당해 환어음을 인수하지 않을 위험이 내재된 무담보 형태이기 때문에 수출업자에게는 불리하므로 서로 믿을 수 있는 거래선이나 운임·수수료 등의 소액 거래에만 쓰이는 일종의 후불조건이다.

(8) 화환어음결제(documentary bill of exchange)

이는 수출업자가 물품을 선적한 후 제반 선적서류와 환어음을 발행하여 자신의 거래은행에 매입시키면 거래은행은 이들과 상환으로 대금지불을 하는 방식이다. 수출지의 거래은행은 당해 환어음과 선적서류를 수입지의 지점이나 거래은행에 송부하고 이 서류를 받은 수입지 은행은 수입업자에게 다시 당해 환어음을 제시한다. 이때 환어음이 기한부 환어음이어서 인수도조건(document against acceptance : D/A)으로 되어 있으면 수입업자는 당해 환어음에 "accepted"라고 표기하고 서명을 하면 은행으로부터 선적서류를 인도받아 선적화물을 찾게 된다. 한편 당해 환어음이 일람불 환어음이어서 지급도조건(document against payment : D/P)으로 되어 있으면 수입업자는 당해 환어음 금액을 지불하지 않으면 선적서류를 인도받을 수 없으므로 내용상으로는 선적서류 상환불(cash against document : CAD)과 같다.

(9) 환결제방식(transfer)

환결제는 송금은행이 수입업자에게 수표를 발행하는 대신 수출지에 있는 지급은행에 일정금액을 수출업자에게 지급해 줄 것을 위탁하는 지급지시서(payment order)를 발급하는 방식이다. 이러한 지급지시서를 우편으로 우송하는 것을 우편환(mailing transfer : M/T)이라고 하고, 전신방식으로 지급지시서를 송부하는 것을 전신환(telegraphic transfer

: T/T)이라고 한다.

(10) 신용장방식(letter of credit : L/C)

신용장은 수입업자의 요청과 지시에 따라 수입업자의 거래은행(개설은행)이 수출업자에게 신용장에서 요구한 제반 서류 및/또는 환어음과 상환으로 개설은행 또는 개설은행이 지정한 은행으로 하여금 대금을 지급 · 인수 · 매입 하도록 약정한 증서를 말한다. 신용장은 화환어음에 은행의 보증이 추가된 형태로서 수출업자가 신용장상에 요구하고 있는 제반 조건과 내용을 충족시킨 서류들을 제시하면 대금지급을 받게 된다.

화환어음은 수입업자 개인의 신용도에 의해 결제되나 신용장에 의한 결제는 수입업자의 거래은행, 즉 개설은행의 신용도로 대체된 개설은행의 지급보증서이기 때문에 만일 수입업자가 대금지불을 못하더라도 개설은행이 책임을 지고 지불하여 주므로 현대의 무역거래에서 가장 많이 이용된다.

(11) 팩토링(factoring)

추심결제에 개입하는 추심의뢰은행(remitting bank)과 추심은행(collecting bank)대신 수출팩터와 수입팩터의 팩토링 회사가 수출업자와 수입업자 사이에 개입하여 수입업자에 대한 신용조사 및 신용위험 인수뿐만 아니라 수출업자에 대한 금융제공, 대금회수, 기타 업무처리의 대행 등의 서비스를 제공하는 결제방식이다.

수출팩터는 수출업자에게 수출대금의 지급을 보장하고, 수입팩터는 수입업자에게 신용을 공여하는 무신용장방식의 새로운 결제방식이다.

(12) 포페이팅(forfaiting)

다국적 금융기관인 포피터(forfaitor)가 물품이나 서비스의 연불수출 거래에 따른 환어음 또는 약속어음을 수출업자 또는 이전의 소지인에게 상환청구권을 행사하지 않는 조건으로 고정이자율로 할인 · 매입하는 결제방식이다.

포페이팅은 수입업자의 신용을 보증한 은행의 파산이나 수입국의 지불불능의 경우에도 이미 수출업자에게 지급된 대금을 상환청구하지 않기 때문에 수출대금을 확실하게 회수할 수 있다는 장점이 있다. 따라서 이 방식은 정치적 위험도가 높은 국가의 거래선과 거래할 때 유용하다.

8) 클레임 및 중재조건

무역계약을 체결할 때는 언급한 중요조건 이외에도 계약상품의 품질, 수량, 선적, 포장 등의 문제로 인한 당사자 간의 분쟁을 효율적으로 해결할 수 있도록 하는 중재조항을 사전에 명시해 둘 필요가 있다.

(1) 클레임

무역계약에서 클레임(claim)이라 함은 매매계약에 있어 어느 한 당사자의 매매계약 불이행 또는 위반행위에 대한 상대방의 손해배상청구행위를 말한다.

이와 같이 클레임은 계약당사자 중 어느 일방이 상대방에게 제기하는 형태가 되나, 대부분의 경우에는 주로 수입업자가 수출업자에 대해 제기하는 클레임이 대부분이다.

수입업자의 수출업자에 대한 클레임은 크게 인도받은 상품에 대한 클레임과 포장에 관한 클레임, 선적에 관한 클레임, 운송에 관한 클레임, 결제에 관한 클레임 등이 주종을 이루나, 수입업자 측의 시황의 변화로 고의적으로 클레임을 제기하는 마켓클레임(market claim)도 적지 않다.

① 상품에 관한 클레임 : 인도된 계약상품의 품질이 계약에 규정한 품질기준에 미치지 못할 때(품질불량), 또는 제시된 상품의 규격이나 수량 등이 계약과 일치하지 않을 때 (규격상이 또는 수량의 과부족), 또는 계약내용과 전혀 다른 상품이 선적된 경우 등을 포함한다.

② 포장에 관한 클레임 : 견고하지 못한 포장으로 내용물이 손상을 입었을 경우, 또는 계약에 규정한 포장단위와 일치하지 않는 포장단위로 선적한 경우(예를 들어 계약서에는 200 lbs 짜리 부대자루 포장을 명시하고 있었으나 실제로 선적된 상품은 100 lbs 짜리 포장 2개로 나누어 선적한 경우) 등을 포함한다.

③ 선적에 관한 클레임 : 선적의 지연 또는 선적의 불이행 등으로 인한 클레임이다. 수출업자는 불가항력적인 상황에 의한 선적지연, 선적불이행으로 면책되기 위해서는 불가항력조항(force-majeure clause)을 삽입하는 것이 바람직하다.

④ 운송에 관한 클레임 : 운송 도중에 일어나는 계약상품의 멸실, 손상에 관한 클레임이라 할 수 있다. 이는 대부분 선박회사 또는 보험회사와의 운송계약이나 해상보험계약에 근거해 해결할 수 있다.

⑤ 마켓클레임 : 계약 당시에 비해 상품의 시장상황이 악화되었을 때 계약에 근거하지 않은 여타의 구실로 매수인이 제기하는 악의의 클레임을 말한다.

일반적 관점에서 볼 때 거래당사자는 어느 정도의 가격변동을 미리 예견해 거래에 임하는 것이 보통이기 때문에 가격의 변동으로 이익을 보아도 이는 부당이득이 되지 않는 것과 같이, 반대로 손실을 입는다 해도 이는 상대방으로부터 그 배상을 청구할 수는 없다. 따라서 계약에 별도의 특약이 없는 한 마켓클레임은 정당화될 수 없고 고의적 클레임이라 할 수 있다.

그러나 시황이 악화된 상태에서의 악덕 수입업자라면 어떠한 트집을 잡고서라도 클레임을 제기할 것이므로 시황의 변화에 민감한 품목을 거래할 때에는 특히 주의하여야 할 것이다.

(2) 클레임의 해결 – 중재요건의 합의

클레임의 해결책으로는 "중재는 재판보다 낫고, 조정은 중재보다 나으며, 분쟁의 예방은 조정보다 낫다"는 말처럼 무엇보다도 클레임의 예방이 최선의 방책이 될 것이며, 최악의 경우 소송까지 문제가 확대되어서는 곤란하다.

클레임에 대한 문제가 조정(conciliation)이나 타협(compromise) 등의 방법으로 해결되기 어려울 때 가장 보편적으로 활용하는 방법이 중재(arbitration)에 의한 방법이라 할 수 있다.

따라서 무역계약을 체결할 경우에는 중재조건을 반드시 합의하여 이를 계약조항으로 삽입하는 것이 바람직하다.

중재는 반드시 중재조항이 계약서에 기재되어 있거나 교환된 서신 또는 전보 등에 중재합의의 의사가 명시되어야 한다.(중재법 제2조 2항)

우리나라에서 작성되는 모든 매매계약서에는 만일 상사분쟁이 발생하면 대한상사중재원의 중재에 회부할 것을 골자로 하는 다음과 같은 문언이 삽입되어있는 것이 보통이다.

"All disputes, controversies, or differences which may arise between the parties, out of or in relation to or in connection with this contract, or for the breach thereof, shall be finally settled by arbitration in Seoul, Korea in accordance with the Commercial Arbitration Rules of the Korea Commercial Arbitration Board and under the Law of Korea. The award rendered by the arbitrator(s) shall be final and binding both parties concerned."

("본 계약 또는 본 계약과 관련하여 발생하거나 또는 계약의 위반으로 인한 모든 분쟁, 대립, 의사의 불일치는 대한민국 서울의 대한상사중재원의 상사중재규칙 및 대한민국법에 의해 최종적으로 해결된다. 중재인(들)에 의해 결정된 중재판정은 최종적이며 관련된 양 당사자 모두를 구속한다.")

3. 계약의 당사자 관계

무역거래에 임하는 무역업자의 계약당사자관계는 그 법률적 지위를 중심으로 크게 다음의 두 가지 형태로 구분된다.

하나는, 자기자금과 위험부담으로 외국의 거래상대방과 자기명의로 계약을 체결함으로써 당해 거래에서 발생하는 모든 권리와 의무의 주체가 되는 형태와,

다른 하나는, 자신을 대리하는 자에게 자신의 권리의 일부 또는 전부를 수권함으로써 거래하는 형태이다.

따라서 거래상대방도 같은 형태를 취한다고 본다면 다음과 같은 세 가지 형태의 계약관계가 형성될 것이다.

첫째, 본인(principle) 대 본인(principle)의 거래관계

둘째, 본인(principle) 대 대리인(agent)의 거래관계

셋째, 대리인(agent) 대 대리인(agent)의 거래관계

매매계약에서 대리인이 개입하는 경우는, 예컨대 본인으로서의 거래 일방이 상대방에게 특정 제품을 매도함에 있어서 스스로 수행하지 않고 대리인으로 하여금 대리이행하도록 계약을 체결하는 경우이다. 이 경우 매매계약은 대리인이 체결하지만 매도인으로서의 권리·의무는 대리인이 아닌 본인이 취득하고 부담하게 된다. 따라서 이와 같은 경우 실질적인 거래의 주체는 본인이 되며 그 결과 당해 거래에서 발생하는 수익은 본인에게 귀속하고 대리인은 대리행위의 대가로 수수료를 취득할 뿐이다. 대리인이 수행하는 법률행위의 법률효과는 본인에게 귀속된다.

한편 대리는 위탁매매에 있어서처럼[25] 자신의 이름으로 법률행위를 하는 간접대리와는 구별될 필요가 있다. 위탁매매의 경우 법률효과는 간접대리인 즉 위탁매매인에게 발생하고 간접 본인, 즉 실공급자와의 관계는 양당사자간의 내부관계에 의해 결정된다는 점에서 대리와 다르다 할 수 있다. 위탁매매의 경우 위탁매매인은 실제로는 본인의 법률적 위치에서 해당 거래를 수행한다.

1) 대리인

법률적으로 대리제도라 함은 대리인이 행한 행위의 효과가 직접 본인에게 귀속하는 제도로 대리인이 본인을 대리하여 법률행위를 함을 의미한다. 대리인은 본인의 이름으

25) 상법, 제101조 : "자기명의로써 타인의 계산으로 물건 또는 유가증권의 매매를 영업으로 하는 자를 위탁매매인이라 한다."

로 법률행위를 하며, 이러한 대리권은 본인의 수권행위(authorization)에 의해 형성된다.[26] 따라서 대리인 또는 대리점이라 함은 본인으로부터 일정한 권한을 위임받아 수임인으로서 본인을 대리하여 특정 무역업무를 수행하는 자 또는 기구를 의미한다.[27]

대리행위에 있어서는 대리인은 당해 행위가 본인을 위한 것이라는 대리의사를 표시하여야 하며, 자신이 누구를 대리하는지 그 본인의 존재와 이름을 밝혀야 한다.[28] 실무적으로 대부분의 경우 대리인은 매매계약체결시 "대리인으로서(as agent)"라고 서명을 하거나 "본인을 대리하여(on behalf of our principals)", 또는 "본인의 계정으로(on account of our principals)"라고 명시함으로써 실질적인 거래당사자인 자신의 본인의 이름을 구체적으로 밝히지 않더라도 당해 무역계약에 수반되는 제반 법률문제에 대해 아무런 법적책임도 지지 않는 거래보조자로 행동하고 있다.[29]

한편 대리인이 본인으로부터 대리권을 수권 받고서도 거래의 상대방에게 대리의사를 표시하지 않은 채 자신의 이름으로 법률행위를 할 경우, 차후 관련 계약의 의무이행에 있어서 하자가 발생한 경우 그 책임이 누구에게 귀속되며, 소송의 절차가 어떻게 되는지 등과 관련하여 문제가 발생할 수 있다.

영국에서는 이같은 경우 거래상대방은 대리인을 상대로 그 책임을 물을 수 있고 대리인은 배상책임을 면치 못한다는 태도를 취하고 있지만, 이점에 대해서는 각 나라마다 법률적 해석이 상이하다. 따라서 본인은 대리인이 거래상대방과 계약을 체결할 때에는 본인의 존재와 이름을 고지해야 한다는 의무조항을 둔다든지, 또는 이러한 상황이 발생한 경우를 대비하여 자신의 권리를 유보시켜놓는 것이 바람직할 것이다.[30]

우리나라에서는 대리행위에 있어서의 대리인은 자신이 대리하는 본인의 존재와 이름을 거래상대방에게 밝혀야 하는 현명주의(顯名主義)를 채택하고 있다.

만일 현명이 없었다고 객관적으로 판단되는 경우에는 대리인이 직접 법률효과의 당사자가 된다.[31] 이는 대리인이 법률효과의 당사자인줄로 알고 거래를 한 상대방을 보호하기 위해서이다. 이 경우 대리인은 대리의사가 있었다는 것을 이유로 하여 착오를 주장할 수 없다. 그러나 상대방을 보호할 필요가 없는 경우, 즉 거래상대방이 대리인으

26) 김준호, 「사례연구 민법강의」, 법문사, 1990, pp.125-128.

27) Clive M. Schmitthoff, Export Trade, 9th ed., Stevens & Sons, London, 1990, pp.279-280 참조.

28) 이를 대리행의의 현명주의(顯名主義)라 한다. ; 민법 제114조.

29) 박대위, 「전게서」 p. 333 ; Clive M. Schmitthoff, *op.cit.*, pp.281-282.

30) *ibid.*

31) 민법 제115조 본문.

로서 행위한 것임을 알았거나 알 수 있었을 때에는 본인에게 그 효력이 발생한다.32)

2) 대리인과 본인의 의무

대리계약에 의해 본인과 대리인이 각각 부담하게 되는 의무는 다음과 같다.

(1) 대리인의 의무

① 선관주의의무 : 대리인은 자신에게 주어진 의무를 합리적인 주의(reasonable care)를 가지고 성실히 이행하여야 한다. 선관주의의무란 대리행위자인 대리인의 구체적·주관적 주의능력에 따른 주의가 아니라 거래상 일반적으로 평균인에게 요구되는 주의를 말하는 것이다. 대리인은 선관주의를 게을리 하여 거래의 목적에 손실을 야기시킬 경우 이에 대해서 손해배상의 책임을 진다.

② 중요사항의 고지의무 : 대리인은 본인에게 영향을 미칠 수 있는 모든 중요한 사항(material facts)에 대해 고지할 의무가 있다. 대리인은 자신이 수행하는 거래에서 얻을 수 있는 개인적인 이윤까지도 본인에게 고지하여야 하며, 고지하지 않은 대리인의 개인적 이윤이 있는 계약은 본인의 선택에 따라 무효화 될 수 있다.

③ 수뢰 및 비밀이익 취득의 금지 : 대리인은 대리계약을 벗어난 별도의 금품을 수수하거나 비밀스러운 이익을 추구할 수 없다. 대리인은 그 본질상 본인을 위하여 한 행위에 대해서만 본인으로부터 보수를 받는 것이므로 본인의 동의 없이 별도의 비밀이익을 취득한 경우에는 본인은 대리계약을 파기할 수 있으며, 대리인과 거래상대방과의 계약을 무효화할 수 있다.

④ 기밀유지의 의무 : 대리인은 대리계약기간 뿐만 아니라 대리계약기간의 종료 후에도 대리계약을 통해 알게 된 영업상의 비밀정보를 누설해서는 안된다. 그러나 대리계약의 종료 후 본인과의 특별한 합의가 없다면 대리계약 수행시 체득한 기술과 경험을 사용할 수 있다.

⑤ 계정의 관리의무 : 모든 대리거래는 본인의 계정으로 하되, 공식거래기록을 보관하고 본인의 재산을 자신의 것과 별도로 관리해야 한다.

⑥ 자기계약 및 쌍방대리의 금지 : 대리인이 한편으로는 본인을 대리하고, 또 한편으로는 자기 자신이 상대방이 되어 계약을 맺는 자기계약이나 동일인이 하나의 법률행위에 있어 당사자 쌍방의 대리인이 되어 대리행위를 하는 쌍방대리는 금지된다. 이는 자기계약의 경우 본인과 대리인과의 이해충돌을 막고, 쌍방대리의 경우 본인

---

32) 민법 제115조 단서.

간의 이해충돌을 예방하기 위함이다.

(2) 본인의 의무

① 수수료 지급의 의무 : 본인은 대리인에 대해 대리계약에 규정된 대로 적정한 수수료를 지급하여야할 의무가 있다. 대리행위에 따른 본인의 수수료 지급은 본질적으로 대리인의 대리계약에 대한 유인수단이 되고 대리인에게는 대리행위의 목적이 되나 이의 지급방법과 시기는 법적으로 규정되어 있지 못하므로 본인은 대리계약 체결시 수수료의 지급방법, 지급액수, 지급시기 등과 관련하여 명확히 합의할 필요가 있다.

② 대리인 지불비용의 보상의무 : 본인은 대리계약의 이행을 위해 대리인이 지출한 정상적인 거래경비나 기타의 책임에 대해 그 비용을 지불할 의무가 있다. 예를 들어 현지 고객의 채무불이행에 따른 대리인의 소송비용이나 또는 대리계약의 이행중에 대리인이 입은 손실은 본인이 책임져야 한다. 물론 이러한 대리인의 비용의 지출은 본인의 이익을 보호하기 위한 차원에서 발생한 것이어야 하며 대리인 자신의 이익을 보호하거나 추구하기 위해 지출한 비용이 아니어야 한다.

③ 대리행위의 결과 외적인 거래의 성취 : 원칙적으로 대리인은 자신의 직접적인 노력의 결과로 성사시킨 거래에 대해 수수료를 지급받을 권리가 있다. 그러나 만일 대리계약하의 대리인이 아닌 다른 대리인이 거래를 성취시켰다든지, 또는 본인 자신이 상대방과의 거래를 성취시켰다면 대리인은 수수료를 요구할 권리가 없다. 그러나 독점적 대리계약을 체결한 경우 특정지역 전체를 대상으로 독점적인 대리행위를 하는 대리인이라면 당해 대리인을 거치지 않은 거래라 할지라도 그에 상응하는 수수료를 독점대리인에게 지급할 의무가 있다.

④ 반복적 거래의 성취 : 대리인이 성사시킨 거래가 1회에 그치지 않고 반복적으로 계속 성취될 경우, 본인은 대리인에게 계속 수수료를 지불해야 하는가 하는 문제는 당사자 간의 합의에 달려있다. 따라서 반복적 거래성취가 발생할 때 수수료가 지급되도록 대리계약시 합의되었다면 대리인은 계속적인 거래의 성사에 따라 수수료의 취득권리가 있다. 만일 당해 내용이 합의되지 않았다면, 계속적인 거래의 성사가 대리인의 노력의 직접적인 결과의 연장선상에 있다고 판단될 경우에만 본인은 대리인에게 수수료를 계속 지급할 의무가 있을 것이다. 대리계약이 종결된 후 거래가 성사되었다면 원칙적으로 대리인도 관련수수료의 청구를 요구할 수 없다.

⑤ 대리행위의 하자에 대한 책임 : 대리인이 현실적으로 대리행위를 함에 있어 하자가

발생한 경우, 그것이 대리인의 고의나 과실에 의한 것이 아닐 때 본인은 거래상대방에 대하여 책임을 져야하며, 그러한 하자에 대해 본인이 알았거나 알 수 있었을 사정이었다면 대리인에게 그 하자담보책임을 물을 수 없다.

3) 독점대리계약과 독점판매계약

(1) 대리점과 판매점의 차이

대리점이란 이미 위에서 자세히 언급한 바와 같이 본인으로부터 대리권을 수권받은 대리계약에 따라 본인을 대리하여 거래상대방과 거래함으로써 본인으로부터 대리행위에 대한 수수료를 향유하는 형태를 말한다.

그러나 판매점이라 함은 위탁매매인이 개입하여 매도인의 위탁에 의해 특정 상품에 관한 판매권을 취득하여 자신의 비용과 위험으로 매도인의 특정 상품을 구입하여 자신의 명의로 제3자에게 이를 전매한 후 그 매매차익을 향유하는 형태를 말한다. 따라서 대리점과 판매점은 법률적으로 전혀 다른 형태의 거래조직이라 할 수 있다.

거래상대방인 고객의 입장에서 볼 때 대리점과의 거래는 본인 대 대리인과의 거래형태가 되며, 판매점과의 거래는 본인 대 본인의 거래형태가 된다.

대리점(대리인)은 매매계약의 당사자가 매도인(본인)과 고객(본인)인 상태에서 매도인을 대리하여 물품을 팔고 그에 대한 보수로 수수료를 취득하므로 대리점과 고객 사이에는 법률효과가 발생하지 않는다.

반면 판매점은 매도인(본인)과 고객(본인)과의 사이에서 매도인에 대해서는 매수인의 역할을, 그리고 고객에 대해서는 매도인의 역할을 하므로 판매점과 고객 사이에는 직접적인 법률효과가 발생한다. 이를 그림으로 표시하면 다음 그림과 같다.

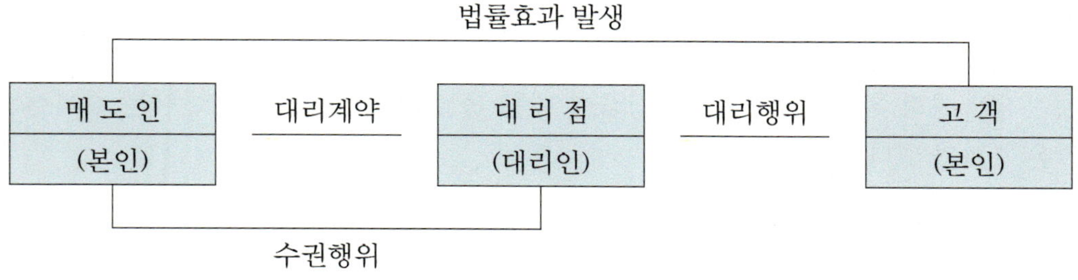

그림 3-1 대리점 계약

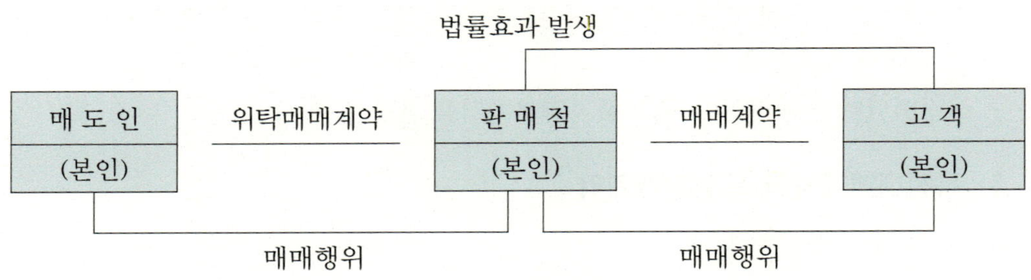

그림 3-2 판매점 계약

(2) 독점대리계약과 독점판매계약

독점대리계약(exclusive agency agreement)이란 해외의 대리인 또는 대리점에게 물품공급자가 본인의 위치에 서서 당해 대리인 또는 대리점에게 특정 지역에서 본인의 특정 물품에 관한 독점적 거래권(exclusive trading rights)을 부여하는 계약을 말한다. 독점대리인은 자신이 특정 지역 내에서 성취시킨 모든 판매에 대해, 자신이 직접 주선하거나 성사시키지 않은 판매라 할지라도 이들 모두에 대해 본인으로부터 수수료를 지급받을 수 있다.

독점판매계약(exclusive distribution agreement)이란 해외의 위탁매매인 또는 판매점이 물품의 공급자로부터 특정 지역에서 물품공급자의 특정 물품에 관한 독점적 거래권을 부여받는 계약을 말한다. 독점판매점은 물품공급자의 특정 제품을 특정 지역 내에서 고객들에게 재판매함으로써 그 매매차익을 향유할 수 있다.

독점대리계약과 독점판매계약에서는 물품공급자는 특정 지역 내에서 독점거래권을 부여받은 대리점 또는 판매점 이외에 다른 대리점 또는 판매점을 지정할 수 없다. 또 물품공급자는 독점대리점이나 독점판매점이 있는 지역에서 이들과 경쟁적인 관계가 있는 영업을 할 수 없다. 따라서 독점대리계약과 독점판매계약은 서로 다른 계약의 형태이지만 특정 지역 내에서 특정 상품에 대한 독점적 거래권을 부여한다는 점에서는 같은 효과가 있다고 볼 수 있다.

Chapter 04

무역거래조건

제1절 Incoterms 개관

1. 무역거래의 특징과 국제규칙의 필요성

무역거래는 국내거래와는 달리 거래의 당사자들이 서로 다른 나라에 거주하고 있어 각국마다 물품거래에 대한 상관습이 상이하기 때문에 특정거래를 놓고 거래당사자간에 마찰과 분쟁이 발생할 가능성이 높다. 나아가 무역거래는 물품가격을 결정함에 있어서도 생산비용과 이윤뿐만 아니라 수출통관비용, 수입국까지의 운송비와 보험료, 수입통관비용 및 수입관세, 경우에 따라 수입국 내에서의 최종 목적지까지의 운송비 등을 필수적으로 고려하여야 한다.

따라서 서로 다른 국가 간에 이루어지는 무역거래에서는 거래당사자들은 상호간에 부담해야하는 제반비용과 책임한계를 명확하게 합의해야 할 필요가 있다. 그러나 실질적인 차원에서 볼 때 거래당사자들이 각자가 부담해야 할 제반비용과 책임한계를 계약을 체결할 때마다 일일이 합의하는 것은 현실적으로 불가능할 때가 많다.[1] 이에 따라 무역거래에서는 거래당사자들 간의 효율적 거래행위를 촉진시키기 위해 관습적으로 어느 정도 정형화된 국제규칙을 제정할 필요성이 불가피하게 되었다.[2]

---

1) 이를 계약에 있어서의 빠진 조항(missing clause)의 문제라 한다. 이를 해결하기 위해서는 관계 다수가 수긍하는 정형규칙이 필요하다.

2) 정형화된 국제규칙의 필요성에 따라 국제법협회(International Law Association ; ILA)는 CIF에 관한 Warsaw-Oxford 규칙(Warsaw-Oxford Rules for CIF Contract, 1932)을 제정하였고 2차 세계대

2. Incoterms의 제정

무역거래상의 분쟁요소를 없애주고 국제무역의 확대성장을 도모하기 위해서 무역거래관습의 통일화 운동이 제1차 세계대전 이후 국제상업회의소(International Chamber of Commerce ; ICC)에 의해 활발히 전개되어오다 1936년 1월 국제상업회의소의 산하에 무역거래조건위원회의 조사를 토대로 국제상업회의소는 「무역거래조건의 해석에 관한 국제규칙(International Rules for the Interpretation of Trade Terms ; Incoterms 1936)」을 제정하였다.[3)]

Incoterms는 그 서문에서 밝히고 있듯이 불확실하고 불명료한 데서 야기되는 거래상의 마찰과 불충분한 자료 및 정보에서 발생하는 오해 등을 제거하기 위해서 매매당사자들 사이의 최소한의 책임관계를 명료하고 정확하게 규정하고자 함을 그 목적으로 하고 있다.

Incoterms는 무역관습의 변화와 새로운 무역관습의 태동 등에 발맞추기 위해 1953년, 1967년, 1980년, 1990년, 2000년, 2010년에 각각 개정되었으며 현재 사용하고 있는 것은 2020년에 개정된 규칙, 즉 「Incoterms 2020」이다.

3. Incoterms의 개정 과정

1) Incoterms 1953

제2차 세계대전 이후 변화된 국제무역의 상황에 따라 무역거래조건의 내용을 수정보완하여 최신의 통일규칙도 제공할 목적으로 EXW(공장인도조건), FOR/FOT(철도화차인도조건), FAS(선측인도조건), FOB(본선인도조건), C&F(운임포함인도조건), CIF(운임·보험료포함인도조건), Freight or Carriage Paid to(운송비지급인도조건), Ex. Ship(착선인도조건), Ex. Quay(부두인도조건)을 확정하였다.

2) Incoterms 1967과 Incoterms 1976

1967년의 제2차 개정에서는 Delivered at Frontier(국경인도조건)와 Delivered Duty Paid(관세인도조건)가 추가되었고, 1976년에는 FOB Airport(공항인도조건)을 확정하였다.

전이후 세계무역의 지도적 위치에 서게 된 미국에서는 전미무역협의회(National Foreign Trade Council)가 주축이 되어 개정 미국무역정의(Revised American Foreign Trade Definitions)를 1941년 제정하였다.

3) Incoterms는 International Rules for the Interpretation of Trade Terms의 약칭으로 International Commercial Trade를 사용함으로써 그 머리 문자를 따온 것이다.

3) Incoterms 1980

무역거래 물품의 운송방식에 있어 컨테이너의 등장으로 소위 복합운송 관행이 태동함에 따라 1980년의 제3차 개정에서는 FRC(Free Carrier ; 운송인인도조건) 조건, CIP (Freight or Carriage and Insurance Paid to ; 운송비·보험료포함 지급인도조건) 조건을 신설하였고, 1936년 당시 내륙운송수단에 의해 사용되었던 운송비지급인도조건, 즉 Freight or Carriage Paid to 조건을 DCP 조건으로 개정하였다.

4) Incoterms 1990

1980년대에 접어들면서 상당수의 국가들이 소위 서류 없는 무역의 일환으로 전자정보교환(Electronic Data Interchange ; EDI) 시스템을 과감히 도입하게 됨에 따라 1990년 제4차 개정에서는 운송서류, 상업송장 기타 물품인도의 증거서류를 EDI 방식에 의한 데이터에 의해 대체가능하도록 개정하였다. 또한 운송수단의 혁신으로 그 이용도가 급증하고 있는 복합운송을 활성화하기 위해 FOR/FOT 와 FOB Airport를 FCA로 흡수·통합 시키고, Incoterms 1980의 Delivered Duty Paid(관세인도조건)를 DDP(Delivered Duty Paid to ; 관세인도조건)와 DDU(Delivered Duty Unpaid to ; 관세미지급인도조건)로 나누어 규정하였다.

나아가 1990년 제4차 개정에서는 매도인의 책임관계를 중심으로 4가지의 그룹으로 대별하여 각 거래조건의 성격을 명확히 구분하였다. 즉 매도인의 공장 내에서 자신의 책임이 종결되는 E그룹(EXW), 매수인이 지정하는 운송인에게 매도인이 물품을 인도하면 자신의 책임이 종결되는 F그룹(FAS, FOB, FCA), 매도인이 선적 또는 운송인에게의 인도 후 책임이 종결되는 C그룹(CFR, CIF, CPT, CIP), 그리고 목적지에 물품이 도착한 후 매도인의 책임이 종료되는 D그룹(DAF, DES, DEQ, DDU, DDP)으로 분류하여 각 거래조건의 개념을 명료화하였다.

5) Incoterms 2000

Incoterms 2000의 개정은 경제블럭의 확대, 무역거래에서의 EDI의 사용증가 및 국제운송관습의 변화 등에 그 배경이 있다. Incoterms 2000은 Incoterms 1990에 큰 변화를 주지 않았지만 다음과 같은 몇 가지 주요한 변경사항을 담고 있다.

첫째, FAS 조건의 경우 수출통관 의무는 종전에는 매수인이 부담하였으나 업무의 편의와 효율을 위해 매도인의 부담으로 개정하였다.

둘째, Incoterms 1990에서는 DEQ 조건의 경우 수입통관의 의무는 매도인의 소관이었으나 Incoterms 2000에서는 매수인의 소관으로 변경하였다. 이는 FAS와 마찬가지로 소위 거주자통관원칙과 실무적 관행을 반영한 것이었다.

끝으로, Incoterms 2000에서는 13가지 조건들을 그 성격별로 E그룹(출발지인도조건 : EXW), F그룹(운송비미지급인도조건 : FAS, FOB, FCA), C그룹(운송비지급인도조건 : CFR, CIF, CPT, CIP), 그리고 D그룹(DAF, DES, DEQ, DDU, DDP)등으로 분류하였다.

6) Incoterms 2010

Incoterms 2010의 가장 큰 변화를 살펴보면 다음과 같다.

첫째, 종전의 무역거래조건 DAF, DES, DEQ, DDU가 폐지되고 DAT(Delivered at Terminal : 터미널인도조건)와 DAP(Delivered at Place : 목적지인도조건)가 신설되었다.

둘째, 해상운송이 이루어지는 경우 비용 및 위험의 분기점으로서의 상징적 개념이었던 본선난간(Ship rail) 기준이 본선적재(on board the vessel)의 기준으로 개정되었다.

셋째, Incoterms는 전통적으로 국경을 달리하는 국가 간의 거래에 사용되는 것으로 이해하고 있었으나 최근 자유무역지역의 확대로 경제영토가 확장되고 국경의 의미가 퇴색됨에 따라 Incoterms 2010은 국가간 거래뿐만 아니라 국내거래에서도 모두 사용가능하다는 것을 공식적으로 인정하였다. 이에 따라 Incoterms의 부제목도 국내 및 국제거래조건의 사용에 관한 국제상업회의소 규칙(ICC rules for the use of domestic and international trade terms)이라고 명명하고 있다.

끝으로, Incoterms 2010의 11가지 조건을 두 그룹으로 범주화하였다. 즉 해상운송과 내수로 운송에서와 같이 운송수단으로 선박만을 이용하는 데 사용하는 조건(FAS, FOB, CFR, CIF)과 복합운송을 포함하여 운송방식에 구애를 받지 않는 조건(EXW, FCA, CPT, CIP, DAT, DAP, DDP)으로 대별하였다.

7) Incoterms 2020

Incoterms 2020의 주요 개정사항을 살펴보면 다음과 같다.

첫째, Incoterms 2010에서는 CIP, CIF 조건 둘 다 매도인이 최소부보조건으로 보험을 부보하면 의무가 충족되는 것으로 규정하였으나, Incoterms 2020에서는 CIP의 경우, 매도인은 최대 부보의무를 부담해하는 것으로 개정하였으며 보다 낮은 수준으로 부보하기로 합의할 수 있도록 하였다. 그러나 CIF는 일차산품의 해상무역에서 널리 사용되므로 개정하지 않고 최소 부보의무를 유지하고 당사자들이 보다 높은 수준으로 부보하기로 합의할 수 있도록 하였다.

둘째, FCA 조건의 경우 물품의 인도가 본선에 적재되기 전에 완료되지만 선적 후에 본선적재 선하증권을 매도인에게 발행하도록 매수인이 운송인에게 지시할 것을 합의할 수 있고, 이 경우 매수인은 자신의 비용과 위험으로 본선적재 선하증권을 매도인에게 발행하도록 운송인에게 지시하여야 하며, 매도인은 매수인 또는 은행(신용장 거래인 경우)에 본선적재 선하증권을 제공할 의무가 있도록 하였다.

셋째, DAT(Delivered at Terminal) 조건을 삭제하고 DPU(Delivered at Place Unloaded : 목적지양하인도조건) 조건을 신설하였다. DAT 조건의 경우 물품을 운송수단에서 양하하여 터미널에 두어 인도하여야 하는 조건이므로 터미널 이외의 장소에서 물품을 인도하고자 하는 경우에는 사용할 수 없는 단점이 있었다. 이에 Incoterms 2020에서는 DPU를 신설하여 매도인이 양하를 완료한 상태로 인도하는 것은 DAT와 동일하나 터미널뿐만 아니라 어떠한 장소라도 인도장소로 지정할 수 있게 되었다.

넷째, FCA, DAP, DPU, DDP에서 매도인과 매수인 자신의 운송수단에 의한 운송을 허용하였다. Incoterms 2010에서는 물품이 매도인으로부터 매수인에게 운송되는 경우 제3자의 독립된 운송인이 물품을 운송하는 것으로 가정하였다. 그러나 실제로 D조건에서 매도인이 본인의 운송수단으로 물품을 목적지까지 운송할 수도 있고, 반대로 FCA조건의 경우 매수인이 본인의 운송수단을 이용하여 이를 운송할 수도 있음을 인정하여 Incoterms 2020부터는 FCA와 D조건의 경우만 자신의 운송수단을 이용한 운송을 허용하고 있다.

다섯째, Incoterms 2010에서는 각 규칙의 큰 개념을 설명해주던 지침서(Guidance Note)가 있었으나, Incoterms 2020에서는 보다 알기 쉽게 설명해둔 '사용자를 위한 설명문(Explanatory Notes for user)'이 지침서를 대신하고 있다.

여섯째, Incoterms 2010에서는 연속매매의 경우에 사용되는 조달은 FAS, FOB, CFR, CIF 조건에서만 인도의무 이행 방법의 하나로 인정되어서 연속매매를 할 경우에 다른 조건에서는 조달이 불가능하였다. 그러나 Incoterms 2020에서는 FCA, CPT, CIP, DAP, DPU, DDP 조건에서도 이미 인도된 물품을 조달하여 인도할 수 있도록 조달규정이 확대되었다.

4. Incoterms 2020의 특징과 성격

1) Incoterms 2020의 특징

Incoterms의 목적은 그 서문에서도 명시되어 있듯이 무역거래에서 가장 일반적으로 사용되고 있는 거래조건들을 해석 적용하기 위한 국제규칙을 제공하는 데 있다. 따라서 그간 Incoterms의 사용으로 국가마다 거래조건들을 적용하는데 따른 불확실성이 감소되었고 그 결과 거래상의 마찰과 분쟁도 제거되었다.

현행 Incoterms 2020은 거래조건별로 매도인의 의무 10개(A)와 매수인의 의무 10개(B)로 구성되어 있다. 즉 모든 조건에서 매도인의 첫째 의무에는 매매계약과 일치하는 물품 및 증명서류 등을 제공해야 하는 일반적 의무가 규정되어 있고, 매수인의 첫 번째 의무도 매매계약에서 정한 대금지급 의무를 일반적 의무로 규정하고 있다. 이어 인도조항과 위험이전 조항을 두 번째와 세 번째로 옮겨 보다 두드러지게 강조하였다. 그리고 아홉 번째와 마지막 의무로 비용분담 항목과 통지의무를 매도인과 매수인 모두 동일하게 규정함으로써 매도인의 거래 행위에 상응하는 매수인의 대응행위가 무엇인지, 그리고 그러한 의무적 행위가 어떠한 방식으로 이루어져야 하는지를 명료화하였다. 이에 더하여 운송의무 및 비용조항에 보안 관련 요건을 각각 삽입하여 보안 관련 의무를 더욱 명확히 규정하였다.

한편 Incoterms 2020을 이해함에 있어 가장 중요한 것은 매도인과 매수인 각자가 부담해야 하는 책임 한계이다. 책임 한계는 거래를 이행함에 있어서 발생하는 비용(expense)과 위험(risk)을 누가 어디까지 부담해야 하는 가를 의미하는 분기점을 의미한다.

따라서 Incoterms 2020의 11가지 거래조건을 완벽하게 활용하기 위해서는 거래 물품의 인도 내지 인수를 중심으로 비용과 위험의 분기점이 어디인가라는 이해가 그 해석 적용의 핵심이 된다.

무역거래에서는 매매당사자들의 비용부담과 책임 한계가 생산비와 이윤에 추가되어 거래 물품의 가격으로 표출되기 때문에 이의 분기점을 규정하고 있는 Incoterms 각각의 거래조건들은 국제물품매매계약에서의 '가격조건'으로 활용된다.

2) Incoterms 2020의 성격

Incoterms는 무역거래에 있어 가격 및 거래조건에 관해 보편적으로 존재하는 국제적인 거래관습에 통일적인 의의를 부여한 규범으로써 국제 상관습의 법원성을 갖는다. 여기서 법원성(Source of Law)이라 함은 법 효력의 타당성의 근원을 의미하는 것으로 상관습과 대비되는 또 다른 법원성을 갖는 형태중 대표적인 것이 상법이다. 상법은 보통 상관습에 법적확신(opinion juris)이 가해졌을 때 형성된다.

상관습과 상법의 법률상의 효력에 있어서 근본적 차이점은 상법의 경우는 거래당사자간의 입증여하에 관계없이 의당 그 존재가 확인되고 적용되는 강행규범이고, 이에 반해 상관습은 거래당사자들이 그 존재를 인정하고 이에 따른다는 합의가 전제되어야만 당사자간의 의사해석의 기준으로 적용되는 임의규범이라는 데 있다.

법률제정의 권리를 수권(authorization) 받지 못한 민간단체인 국제상업회의소가 제정한 Incoterms는 국제상관습으로서의 법원성에 머물러 있기 때문에 당사자간에 그 채택을 두고 합의의 요건을 충족시켜야 하므로 합의 여하에 관계없이 해당 거래에 의당 적용되는 국제상법(lex mercatoria)의 법적 지위에 도달한 것은 아니다.

따라서 Incoterms가 무역거래에서 준거규범으로서의 역할을 하기 위해서는 거래 당사자간에 Incoterms를 채택한다는 명시적인 합의가 선결요건이 된다.

나아가 Incoterms는 매도인과 매수인 간의 최소한의 책임과 의무의 한계만을 정하여 준 것이므로 거래당사자들 사이에 별도의 계약조건을 첨가하여 특별조건으로 Incoterms를 보완 또는 보충할 수 있다.

무역거래에서의 Incoterms를 채택하기로 합의 한 경우에는 다음과 같이 약정하는 것이 보통이다.

"The trade terms used in this contract shall be governed and interpreted by the provisions of Incoterms 2010, unless otherwise agreed."

제2절 Incoterms 2020 거래조건의 해설

1. 모든 운송방식에서 사용가능한 거래조건들

이 그룹에 속하는 조건들은 운송방식에 관계없이 사용할 수 있으며 두 가지 이상의 운송방식이 결합된 복합운송방식의 경우에도 사용할 수 있다.

1) 공장인도조건(Ex Works .... named place of delivery : EXW)

공장인도조건은 매도인이 자신의 작업장 영역 또는 다른 지정된 장소, 예를 들어 공장, 작업장, 창고 등에 자신의 계약물품을 매수인의 임의처분 상태에 놓아두었을 때 매도인의 인도 의무가 완료되는 조건이다.[4] 따라서 이 조건에서는 매도인이 자신의 작업장 영역에서 매수인으로 하여금 계약물품을 수령해 갈 수 있도록 인도만 하면 매도인

4) 공장인도조건은 그 인도의 장소가 비단 공장만을 의미하는 것은 아니며 "Ex Plantation"이라 하여 농장에서의 인도 및 "Ex warehouse"와 같이 창고에서의 인도, 나아가 기업 관할의 물류창고를 통칭하는 개념이다.

의 매매계약상의 책임과 의무가 종결된다.

| 표 4-1 | Incoterms 2020 11가지 거래조건

그룹	약어	인도조건	설 명
E	EXW	Ex Work 공장인도조건	매도인의 영업장 내 또는 기타 지정장소(공장, 농장, 창고 등)에서 화물을 적재하지 않은 상태로 인도. 수출통관도 매수인 부담.
F	FCA	Free Carrier 운송인 인도조건	계약서에 지정된 장소에서 수입업자가 지정한 운송인(carrier)에게 수출 통관이 완료된 물품을 인도.
	FAS	Free Alongside Ship 선측인도조건	선적항의 본선의 선측에 수출통관이 완료된 물품을 인도함.
	FOB	Free On Board 본선인도조건	선적항의 본선에 물품을 선적하는 것까지 매도인이 책임짐.
C	CFR	Cost and Freight 운임포함인도조건	선적항의 본선에서 위험은 이전되지만 목적항까지 운임을 매도인이 부담. 보험은 매수인이 부보함.
	CIF	Cost, Insurance and Freight 운임·보험료포함인도조건	CFR + 운송도중에 발생할 수 있는 물품의 멸실이나 손상에 대한 해상보험을 매도인이 매수인을 위하여 부보(최소부보조건)
	CPT	Carriage Paid to 운송비지불인도조건	최초의 운송인에게 물품을 인도할 때 위험은 이전되지만 수입국의 지정된 목적지까지의 모든 운송비를 매도인이 부담.
	CIP	Carriage and Insurance Paid to 운송비·보험료지불인도조건	비용 및 위험부담상으로는 CIF와 같으나 부보조건은 최대부보조건임. CPT + 보험료
D	DAP	Delivered At Place 목적지인도조건	매도인이 화물을 계약에서 지정된 수입국의 일정 지점까지 운송하는데 수반되는 비용과 위험을 부담하지만 목적지에서 양하준비된 상태로 이전됨. 또한 통관이나 관세지급의 의무가 없음.
	DPU	Delivered At Place Unloaded 목적지양하인도조건	화물을 계약에서 지정된 목적지 장소까지 운반하는 데 수반되는 모든 위험과 비용을 부담하며, 도착운송수단으로부터 양하가 완료된 상태로 인도.
	DDP	Delivered Duty Paid 관세지급 인도조건	매도인이 수입관세를 부담하며 통관을 끝낸 상태로 인도. DAP와 같은 조건에 수입통관만 더하는 것. 양하준비된 상태로 인도.

공장인도조건은 지정된 장소, 즉 공장을 분기점으로 비용과 위험의 이전이 이루어진다. 따라서 이 조건에서 비용과 위험의 분기 장소와 시점은 계약물품을 지정된 인도 장소에서 매수인의 임의처분상태에 둘 때이며, 그 이후부터 매수인은 당해 계약물품에 대한 위험과 비용을 부담하게 된다.

공장인도조건은 매도인의 입장에서 볼 때 가장 편리하고 유리한 조건으로서 계약물품의 적재와 운송, 나아가 운송중의 위험부담에 대해서도 아무런 책임이 없다. 이 조건은 매수인이 매도인의 작업장까지 와서 계약물품을 인수해 가기 때문에 국내거래와 다를 바가 없다. 따라서 만일 매도인이 계약물품의 적재와 수출통관 업무를 이행할 의무가 없으므로, 만일 이를 이행한다하여도 이는 모두 매수인의 요청에 따라 매수인의 비용과 위험 부담으로 이루어진다.

유럽에서는[5] 이러한 형태의 거래를 'Ex Loco' 또는 'Spot'이라고 표현하여 계약물품이 있는 현장에서 물품을 인도하는 경우에 사용하고 있다. 개정 미국무역정의에서는 매수인이 계약물품을 현장에서 인수해 갈 때까지의 모든 비용과 위험만을 매도인이 부담하며, 그 이후의 모든 책임은 매수인이 지도록 하고 있다.

공장인도조건에서는 수출국 법령에 따라 매수인이 직접 또는 간접으로 수출허가를 취득할 수 없을 때에는 사용할 수 없다. 이러한 경우에는 운송인인도조건(FCA)을 사용하는 것이 보다 더 적절하다.

(1) 매도인의 의무

① 계약과 일치하는 물품의 제공

매도인은 계약과 일치하는 물품 및 이를 증명해주는 상업송장(commercial invoice) 또는 이에 상응하는 전자적 문서, 그리고 계약에서 요구하는 증명서류를 제공하여야 한다.

② 물품의 인도

매도인은 계약물품을 지정된 인도 장소에서 매수인이 준비한 운송차량에 적재할 수 있도록, 그러나 적재는 해주지 않는 상태로 인도하여야 한다. 그러므로 매도인은 계약상 합의된 지점이 있는 경우에 계약에 명시된 장소와 시간에 계약물품을 매수인의 자

---

5) 박대위 · 구종순, 「무역실무」, 법문사 2012, p.59이하 참조 ; Loco는 라틴어의 Locus 라는 장소를 의미하는 말로서 영어의 Spot의 의미와 같으며, 무역거래에서는 물품이 현존하는 장소에서 계약물품을 그대로 매수인에게 인도하는 조건이며, 인수에 필요한 일체의 비용과 위험을 매수인이 부담하게 된다.

유처분 상태 하에 넘겨줌으로써 물품의 소유권을 이전시켜 주어야 한다.

Incoterms 2020에서는 매매당사자간에 구체적인 지점이 합의되지 않았거나, 이용할 수 있는 지점이 여러 곳이 있을 경우에는 매도인이 자신의 목적에 가장 적합한 지점을 선택할 수 있도록 규정하고 있다.

③ 위험의 이전

매도인은 계약물품이 전항의 규정에 따라 매수인의 임의처분에 맡겨질 때까지 계약물품의 손실이나 멸실에 대한 모든 위험부담을 진다.

④ 운송계약과 보험계약

매도인은 운송계약과 보험계약을 체결할 의무가 없다. 그러나 만일 매수인의 요청이 있다면 매수인의 위험과 비용으로 운송관련 보안요건을 포함하여 매수인이 운송계약을 체결하기 위해 필요한 정보와 보험계약을 체결하는데 필요한 정보를 제공하여야 한다.

⑤ 물품인도 서류

매도인이 매수인에게 계약물품을 적재·운송하여 줄 의무가 없으므로 관련 증명서류 또는 운송서류를 인도할 의무가 없다.

⑥ 허가·인증 및 통관절차

매도인은 매수인의 요청이 있을 경우 매수인의 위험과 부담으로 물품의 수출에 필요한 수출허가 또는 기타 공적인증을 취득하기 위한 모든 협조를 제공하여야 한다.

매도인은 선적지에서 발행되는 수출에 필요한 모든 서류, 즉 수출허가서 및 기타 인증서류 등을 취득할 의무는 없으나 국내의 사정에 대해서는 매수인보다는 오히려 매도인이 더 잘 알고 있는 경우가 많아 이들 서류를 취득해 주는 때가 많으나 이때 조달에 소요되는 비용은 매수인의 필요와 요청에 의한 것이므로 매수인의 부담이 됨은 당연하다.

Incoterms 2020에서도 Incoterms 2010과 마찬가지로 통관절차와 관련한 의무사항에 'where applicable(해당하는 경우에)'이란 단서를 두고 있어 관세가 면제되고 수출입 절차에 제한이 없는 국가나 지역에서는 이러한 허가·인증 및 통관절차의 매수인에 대한 협조의무가 없음을 추가적으로 규정해 놓고 있다.

⑦ 물품의 검수·포장·하인

매도인은 계약에 합치되는 물품을 매수인에게 인도할 의무가 있으므로 계약물품의 품질·무게·수량 등을 검수하는데 드는 일체의 비용을 매도인이 부담하여야 한다. 또한 물품의 포장은 매도인의 부담으로 한다. 다만 특정한 거래에서 물품이 통상적으로 포장되지 않은 형태로 매매되어 운송되는 경우에는 매도인의 포장의무는 없다. 만일 매수인이 매매계약체결 전에 포장에 관한 특별한 요건을 통지하지 않은 경우라면 매도인은 운송에 적합한 방식으로 물품을 포장하면 된다.

일반적으로 어떤 형태가 적절한 포장인가는 각 물품의 종류와 관련 거래의 관습에 따라 다를 수 있기 때문에 포장문제는 역시 계약 시에 명확히 해두어야 한다.

끝으로, 포장에는 하인(Shipping Marks)을 적절하게 표기하여야 한다.

⑧ 비용의 부담

매도인은 지정장소에서 물품이 매수인에게 인도될 때까지 물품에 관한 모든 비용을 부담하여야 한다.

⑨ 물품인도 통지

매도인은 계약물품이 매수인의 임의처분 상태로 인도될 시기와 장소에 대하여 적절히 통지하여야 한다. 물품이 언제쯤 인도될 수 있는가 하는 것은 그 물품을 생산하는 매도인이 가장 잘 알고 있기 때문에 그 인도시기를 사전에 매수인에게 통지함으로써 매수인으로 하여금 적기에 물품을 인수할 준비를 하게 하여야 할 것이다.

⑩ 기타협조 의무

매도인은 시기적절한 방법으로, 해당되는 경우, 매수인의 비용과 위험으로 수출입 통관 서류, 운송에 필요한 서류, 보안에 필요한 서류 등을 매수인이 취득할 수 있도록 모든 협조를 하여야 한다.

(2) 매수인의 의무

① 물품인수 및 대금지불

매수인은 계약에 의한 시간과 장소에서 매도인이 제공한 물품을 인수하고[6], 계약서에서 약정된 바에 따라 물품의 대금을 지급하여야 한다.

② 위험의 이전

매수인은 계약 내용대로 충당(appropriation)·특정(ascertainment)된 물품이 자신의 임의처분에 맡겨진 이후에 발생하는 물품의 멸실 또는 훼손의 모든 위험을 부담한다. 매수인은 계약에 합의된 인도기일이나 합의된 기간의 만료일에 물품을 인수하지 않음

6) 생산된 제품 중 특별히 매수인의 것이라고 분류·구분된 형태의 물품이어야 한다.

으로써 발생하는 추가 위험도 부담하여야 한다.

③ 운송계약과 보험계약

매수인은 자신의 비용으로 물품을 지정 인도장소로부터 운송하는 계약을 체결하거나 그러한 운송을 마련하는 것은 매수인의 의무이다. 또한 매수인은 매도인에 대하여 보험계약을 체결할 의무가 없다.

④ 인도의 증빙

매수인은 매도인에게 물품의 인수에 관한 적절한 증거를 제공하여야 한다.

⑤ 허가·인증 및 통관절차

해당되는 경우, 매수인은 자신의 위험과 비용으로 수출입 허가 및 기타 공적인증을 획득하여야 하며, 수출·통과·수입통관절차를 밟아야 한다. 또한 별도의 합의가 없으면 매수인은 수출국 정부가 요구하는 검사를 포함한 모든 선적전 검사비용을 부담하여야 한다.

⑥ 비용의 부담

매수인은 물품이 자신의 임의처분에 맡겨진 이후에 발생하는 모든 비용을 부담하여야 한다. 매수인은 계약에 합의된 인도기일이나 합의된 기간의 만료일에 물품을 인수하지 않음으로써 발생하는 추가 비용도 부담하여야 한다.

해당되는 경우, 매수인은 수출입 관세 및 제3국을 경유할 경우 부과되는 통과세 등 수출입에 따른 모든 비용과 세금, 관세를 부담한다.

매수인은 수출국에서 발행하는 모든 무역관계 부대서류의 취득에 소요되는 모든 비용을 부담한다. 만일 매도인이 협조에 의해 부담한 비용이 있는 경우 이를 매도인에게 상환하여야 한다.

⑦ 매도인에 대한 물품인도 통지

매수인은 합의된 물품의 인수기간 및/또는 지점에 대해 결정권을 갖고 있는 경우 매도인에게 그에 대한 충분한 통지를 해주어야 한다.

2) 운송인인도조건(Free Carrier.... named place of delivery : FCA)

운송인인도조건은 매도인이 계약에 지정된 장소와 시간에 매수인이 지정·통보한 운송인의 관리하에 수출통관된 물품을 인도하면 자신의 책임이 종료되는 조건이다.

운송인인도조건은 Incoterms 1980에서 처음 적용된 FRC 조건에 화차인도조건(FOR/FOT)과 공항인도조건(FOA)을 흡수 통합한 조건으로 Incoterms 1990부터 정형화된 조건이다.

Incoterms 2010에 이르러서는 매도인이 자신의 영업장 구내 또는 기타 지정장소에서 매수인이 지정한 운송이나 제3자에게 계약물품을 인도하는 조건이라고 규정하고 있으며 이는 Incoterms 2020에서도 동일하다.

따라서 이 조건에서는 지정인도지점에서 위험이 매수인에게 이전하기 때문에 지정인도구역 내라 할지라도 그 특정지점을 가능한 한 명확하게 명시하는 것이 대단히 중요하다.[7] 만일 매매당사자 간에 매도인의 작업장 구내에서 물품을 인도하기로 하였다면, 매도인의 작업장 구내의 주소가 지정된 인도장소가 되며, 만일 또 다른 경우로 매매당사자 간에 다른 장소에서 물품을 인도하기로 하였다면 명기된 특정 인도장소가 지정된 인도장소가 된다.

이처럼 Incoterms 2020에서 인도장소의 지정을 강조하고 있는 까닭은 운송인인도조건에서는 지정된 장소에서 운송인에게 계약물품이 인도되는 시점이 매매당사자 간의 위험의 이전과 비용부담의 분기점이 되기 때문이다.

운송인인도조건에서 매도인은 계약물품의 수출에 필요한 모든 수출통관 절차를 취한 후 지정된 인도장소에서 지정된 운송인에게 물품을 인도하여야 한다. 지정 운송인은 앞서 설명한 바와 같이 매수인 본인의 운송수단도 가능하며 또한 매수인이 운송계약을 체결하여 매도인에게 그 명의를 통보한 운송인 또는 운송수단을 실제로 보유하지 않은 계약운송인(contract carrier)도 포함하는 개념이다. 따라서 매수인은 실제 운송인(actual carrier)이 아닌 운송주선인(freight forwarder)에게 물품을 인도하라는 지시를 할 수도 있다.

Incoterms 2020에서는 Incoterms 2010과는 달리 조달(procure)규정을 두어 연속적으로 이루어지는 매매를 통해 이미 인도된 물품을 조달하여 인도 물품을 확보할 수 있게 되었다.

더 나아가 FCA 조건의 경우 운송방식에 구애를 받지 않는 조건으로 단일 또는 복합운송을 불문하고 사용할 수 있다. 따라서 해상운송이 아닌 경우라면 FCA 조건에서는

7) 매도인의 영업장 구내인 경우 FCA Seller's Warehouse in Seoul, Korea, 별도의 외부 장소가 지정된 경우 FCA Warehouse in Incheon, Korea로 표기하고, 만일 매수인이 항공운송인을 지정하여 통보하면 FCA Incheon Airport, 육상운송인을 지정하면 FCA Seoul Station, 또는 FCA Yongsan Cargo Terminal 등으로 표기한다.

본선적재 선하증권이 발급되는 것이 일반적이지 않으나, 선적이 완료되었다고 기재된 본선적재표기가 있는 선하증권이 필요한 상황이 있을 수 있다. 이때 당사자들이 합의한 경우에 매수인은 본인의 비용과 위험으로 운송인에게 본선적재 선하증권을 매도인에게 발행하도록 지시하여야 하며, 이 경우에 매도인은 매수인에게 본선적재 선하증권을 제공할 의무가 있다.

좀 더 자세히 각 당사자들의 의무와 책임을 살펴보도록 한다.

(1) 매도인의 의무

① 계약과 일치하는 물품의 제공

매도인은 계약과 일치하는 물품 및 이를 증명해주는 상업송장, 또는 이에 상응하는 전자적 문서, 그리고 계약에서 요구하는 증명서류를 제공하여야 한다.

② 물품의 인도

매도인은 합의된 인도기일이나 기간 내에 명시적으로 합의된 장소 또는 관례적으로 인도되는 장소에서 매수인이 지정한 운송인 또는 제3자에게 계약물품을 인도해야 한다. 또는 경우에 따라 그렇게 인도된 물품을 조달함으로써 인도의무를 수행하여야 한다.[8)] 운송인인도조건에서는 운송인에게 인도하는 지점은 구체적으로 그 운송방식이 철도·도로·내수로·해상·항공 또는 복합운송 중에 어느 것이냐에 따라 다를 수 있다. 따라서 매매당사자들은 계약을 체결할 때 운송인에게 물품을 인도할 정확한 인도지점과 인도방법을 합의해 두어야 한다.

이 조건하에서의 물품의 인도는 다음과 같은 때에 완료된다.

첫째, 지정된 장소가 매도인의 영업장 구내인 경우에는, 물품이 매수인의 운송용구 또는 매수인에 의해 지정된 운송인 또는 운송인을 대리하는 제3자에 의하여 제공된 운송수단[9)] 상에 적재된 때 인도가 완료된다.

---

8) 여기서 조달(procure)이라는 의미는 Incoterms 2010에서 처음 도입된 개념으로써 농·광산물 등과 같은 1차 상품거래(commodity trade)에서 보편적인 연속매매(string sales)를 대비한 것이다. 2차 공산품과는 달리 1차상품은 운송과정 중 여러 차례 매매가 이루어지는데, 이때에는 첫 번째 매도인 이외의 중간조달 매도인은 당해 1차상품의 선적과는 관계가 없고 이를 조달하는 행위만 할 뿐이다. Incoterms 2010에서는 조달규정을 FAS, FOB, CFR, CIF 조건에서만 인정하였으나 Incoterms 2020에서는 EXW를 제외한 모든 조건에 대해서도 조달규정을 적용할 수 있도록 확대되었다.

9) Incoterms 2010에서는 물품이 매도인으로부터 매수인에게 운송되는 경우 제3자의 독립된 운송인이 물품을 운송하는 것으로 가정하였다. 그러나 실제로 D조건에서 매도인이 본인의 운송수단으로 물품을 목적지까지 운송할 수도 있고, 반대로 FCA조건의 경우 매수인이 본인의 운송수단을

둘째, 지정된 장소가 매도인의 영업장 구내가 아닌 장소로 지정된 경우에는, 물품이 매도인의 운송수단에 적재되어 지정장소에 도착하고 매도인의 운송수단에서 양하되지 않은 채 매수인에 의해 지정된 운송인 또는 기타의 제3자의 임의처분 하에 놓인 때 인도가 완료된다.

만일 인도장소가 합의되지 않아 매수인이 통지한 특정지점이 없거나, 또는 여러 개 지점이 이용 가능할 때에는 매도인은 '자신의 목적에 가장 적합 한 인도장소'를 선택할 수 있다. 그리고 매수인이 정확한 지시를 하지 못한 경우에는 매도인은 운송방식과 물품의 성질 또는 특성상 요구되는 방법으로 운송인에게 물품을 인도할 수 있다.

③ 위험의 이전

매도인은 계약물품이 전항 ②에서 상술한 운송수단에 인도될 때까지의 모든 위험을 부담한다.

④ 운송계약과 보험계약

매도인은 매수인에 대해 운송계약을 체결할 의무가 없다. 그러나 매수인의 요청이 있는 경우, 또는 매도인이 운송계약을 체결해주는 상관습이 존재하지만 이에 대해 매수인이 적기에 그에 반대하는 지시를 하지 않은 경우에는 매도인은 매수인의 위험과 비용으로 통상적인 조건으로 운송계약을 체결할 수 있다. 위 두 경우 모두 매도인은 운송계약의 체결을 거절할 수 있으며, 이때에는 운송계약 체결 거절의 사실을 매수인에게 신속하게 통보해주어야 한다.

한편 보험계약의 경우에도 매도인은 매수인에 대해 보험계약을 체결할 의무가 없다.

그러나 매도인은 매수인의 요청에 따라 매수인의 위험과 비용으로 매수인이 보험계약을 체결하는데 필요한 정보를 제공하여야 한다.

⑤ 물품인도 서류

매도인은 자신의 비용으로 매수인에게 물품이 인도되었다는 통상적인 증빙서류를 제공하여야 한다. 매도인은 매수인의 요청이 있다면 매수인의 위험과 비용으로 매수인이 운송서류를 획득하는데 협조하여야 한다.[10)]

이용하여 이를 운송할 수도 있음을 인정하여 Incoterms 2020부터는 FCA와 D조건의 경우 자신의 운송수단을 이용한 운송을 허용하고 있다.

10) 매도인은 운송인으로부터 물품수령을 증명하는 운송서류를 교부받아 매수인에게 제공하여야 하는데, 매도인이 교부받은 서류가 통상의 운송서류가 아닌 단순한 부두 수령증(dock receipt)과 같은 경우에는 매수인의 위험과 비용으로 당해 계약의 정규운송서류를 취득하는데 필요한

당사자들이 합의한 경우 매수인은 본선적재 선하증권을 매도인에게 발행하도록 운송인에게 지시하여야 하며 이러한 경우에 매도인은 매수인에게 본선적재 선하증권을 제공할 의무가 있다.

⑥ 허가·인증 및 통관절차

해당되는 경우, 매도인은 자신의 위험과 비용으로 수출허가와 기타 공적인가를 획득하여야 하고, 물품의 수출에 필요한 모든 통관절차를 밟아야 한다.

⑦ 검수·포장·하인

매도인은 물품을 인도하기 위한 목적에서 필요한 품질·용적·중량·수량 등의 점검에 필요한 비용 및 수출국 정부 당국에 의해 강제되는 선적전 검사비용을 부담하여야 한다.

포장은 매도인의 비용으로 하되, 통상적으로 포장되지 않은 형태로 운송되는 경우에는 그러하지 아니한다.

매도인은 매매계약시 매수인으로부터 포장에 관한 특별한 요건을 합의한 경우에는 그에 따라야 하지만, 그와 같은 내용이 합의되지 않은 경우에는 당해 운송에 적절한 방식으로 물품을 포장할 수 있다. 포장에는 적절한 하인이 표시되어야 한다.

⑧ 비용의 부담

매도인은 계약물품이 전항 ②에서 언급한 운송수단에 인도될 때까지의 모든 비용을 부담한다. 그리고 해당되는 경우, 수출에 따른 통관 비용 및 수출시에 부과되는 모든 관세, 세금 및 기타 공과금을 부담한다.

⑨ 물품인도의 통지

매도인은 매수인의 위험과 비용으로 물품이 인도되었다는 사실을 매수인에게 통지하여야 한다. 만일 매수인이 지정한 운송인이나 기타의 제3자가 합의된 시기나 기간 내에 물품을 수령하지 않았다면 이에 관한 사실도 매수인에게 충분히 통지하여야 한다.

⑩ 정보에 관한 협조 및 관련 비용

해당되는 경우, 매수인의 요청으로 매수인의 위험과 비용으로 매수인의 물품수령 및 최종 목적지로의 운송에 필요로 하는 서류와 정보를 시의적절한 방식으로 제공하여야 하며, 매수인이 그러한 서류와 정보를 취득하는데 협조를 하여야 한다.

모든 서류를 매수인에게 제공하여야 한다.

(2) 매수인의 의무

① 물품인수 및 대금지불

매수인은 매매계약에서 약정된 바에 따라 물품의 대금을 지불하여야 한다.

② 물품인도의 수령

매수인은 매도인으로부터 지정된 운송인에게 물품이 인도되면 이를 수령하여야 한다.

③ 위험의 이전

첫째, 매수인은 계약물품이 자신에 의해 지정된 운송인 또는 제3자에게 적법하게 인도된 이후의 모든 위험과 비용을 부담한다.

둘째, 만일 매수인이 특정 운송인 또는 기타 제3자를 지정하지 못했거나 이를 적기에 통지하지 못한 경우, 나아가 지정한 운송인 또는 제3자가 적법하게 합의된 기간에 물품을 수령하지 못한 경우에는 그로부터 발생하는 모든 위험과 비용을 부담한다. 이때 책임부담의 시점은 합의된 인도기일부터이며, 만일 합의된 특정 인도기일이 없다면 합의된 인도기간 내에 매도인이 통보한 날로부터이다. 경우에 따라 매도인의 통보가 없었다면 인도하기로 합의된 기간의 종료일로부터 매수인은 계약물품의 손상과 멸실에 대한 모든 위험과 비용을 부담한다.

물론 이 같은 위험과 비용의 부담은 계약물품이 명확하게 특정된 것을 전제로 함은 당연하다.

④ 운송계약과 보험계약

매수인은 자신의 비용으로 계약물품을 지정 인도장소로부터 목적지까지의 운송계약을 체결하거나 그러한 운송을 마련해야 한다.

매수인은 매도인에 대해 보험계약을 체결할 의무는 없다. 그러나 여기서 주의할 것은 매수인은 최종목적지까지 운송하는데 발생할 수 있는 운송 중의 위험에 대해서는 자신의 선택과 판단에 따라 자신을 피보험자로 하여 보험계약을 체결할 수는 있다는 점이다. 이는 순전히 자신의 계약물품을 담보하기위한 자율적 판단에 따른 행위이다. 이 같은 행위는 매도인이 계약물품의 운송에 부보의무가 없는 모든 조건에 공히 적용된다.

⑤ 인도의 증빙

매수인은 물품이 계약에서 정한대로 일치하게 인도되었다는 증거를 인수해야 한다.

당사자들이 합의한 경우 매수인은 물품이 적재되었음을 기재한 (본선적재표기가 있는 선하증권과 같은) 운송서류를 자신의 비용과 위험으로 매도인에게 발행하도록 운송인에게 지시하여야 한다.

⑥ 허가·인증·통관 절차

해당되는 경우, 매수인은 자신의 위험과 비용으로 수입허가서를 취득해야 하고 물품의 수입과 제3국을 통과하는 운송에 필요한 모든 수속절차를 이행하여야 한다.

매수인은 강제적 선적전 검사비용을 지불해야 한다. 그러나 그와 같은 검사가 수출국 정부 당국의 강제적 수출검사의 형태일 경우에는 매도인의 부담이 되므로 예외로 한다.

⑦ 비용의 부담

매수인은 전항 ③과 ⑥에 따른 모든 비용을 부담한다.

그리고 매수인은 매도인이 매수인의 수입 또는 제3국 경유 등에 필요한 서류와 정보를 제공하거나 그에 협조해준 경우 발생한 모든 비용을 매도인에게 상환한다.(수출에 필요한 제세공과금은 매도인의 부담이지만 수입 등에 필요한 서류, 제세공과금의 부담은 매수인의 부담이라는 원칙을 의미한다.)

⑧ 매도인에 대한 통지

매수인은 매도인에게 다음의 내용을 통지하여야 한다.

첫째, 지정된 운송인 또는 기타의 지정된 제3자의 명의를 매도인이 물품을 인도할 수 있도록 충분한 기일 내에 통지하여야 한다.

둘째, 지정된 운송인 또는 기타의 지정된 제3자가 물품을 인도받기로 한 기간이 정해져 있는 경우 물품을 수령할 수 있는 특정한 시점을 필요한 경우 통지하여야 한다.

셋째, 매수인으로부터 지정된 자가 채용하는 운송방식이 무엇인지를 통지해주어야 한다.

넷째, 지정된 장소 내에서 물품을 수령하는 특정지점을 통지해주어야 한다.

3) 운송비지불인도조건(Carriage Paid to.... named place of destination : CPT)

운송비지불인도조건은 이미 Incoterms 1953에서 "Freight or Carriage Paid to"로 제정되어 도로, 철도, 내수로를 포함한 내륙수송에만 사용되었던 조건이었다. 이 조건은 Incoterms 1980에서는 복합운송에 적합한 "DCP로 바뀌었다가 Incoterms 1990에서는

CPT로 개정되었는데 이는 운송의 형태에 관계없이 매도인이 적출지에서 운송인에게 계약물품을 인도해 주는 조건으로 보완되었다.

Incoterms 2010에 이르러 이 조건은 선택된 운송방식에 구애받지 않고 사용될 수 있었으며, 둘 이상의 운송방식이 채택된 복합운송 방식에서도 사용될 수 있는 조건으로 Incoterms 2020에서도 동일하게 분류하고 있다.

운송비지불인도조건은 매도인이 수입국 지정 목적지까지 운송계약을 체결하고 계약에 합의된 수출국의 지정 장소에서 자신이 운송계약을 체결한 운송인에게 수출통관된 물품을 인도하거나 그렇게 인도된 물품을 조달함으로써 인도하면[11] 매도인의 책임이 종결되는 조건이다. 따라서 이 조건에서 매도인은 자신의 위험과 비용으로 수출에 필요한 모든 통관절차를 이행해야 한다. 그리고 합의된 목적지까지 운송계약을 체결하고 운송비를 지급하여야 한다.

운송비지불인도조건에서 특이할 만한 사항 하나는 위험과 비용이 이전하는 분기점이 각각 다르다는 것이다.

위험의 경우 매도인이 운송인과 운송계약을 체결하고 물품을 인도하는 장소에서 위험이 매수인에게 이전되는 반면, 비용의 경우에는 운송계약상 지정된 목적지까지의 운임을 매도인이 지불하기 때문에 비용의 이전은 합의된 목적지까지의 운임부담으로 추가·연장된다. 따라서 운송비지불인도조건을 활용할 때에는 매매 당사자들은 위험이 분기되는 물품의 인도장소와 비용이 추가적으로 연장되는 목적지를 가능한 한 정확하게 지정할 필요가 있다.

이 조건에서는 여러 운송방식이 사용될 수 있기 때문에 합의된 목적지까지 복수의 운송인이 개입하게 된다. 이 경우 매매당사자 간에 특정한 물품인도지점을 정하여 놓지 않은 때에는 물품이 최초의 운송인(first carrier)에게 인도되는 시점에 위험을 이전한다. 최초의 운송인은 보통 수출국 내의 운송인이므로 매수인의 입장에서는 당해 계약물품의 통제가 불가능하므로 만일 여러 운송단계 중 어느 특정지점에서 위험이 이전하기를 바란다면 매매계약 당사자들은 매매계약에서 이를 확실하게 명기할 필요가 있다.

나아가 매매계약 당사자들은 목적지를 합의할 경우 가능한 한 명확하게 그 목적지 내의 특정 지점을 지정할 필요가 있다. 지정된 특정한 지점이 비용의 분기점이 되기 때문이다. 따라서 매도인 입장에서는 그 지점까지 비용을 부담해야 하기 때문에 이 같은 내용을 정확하게 만족시키는 운송계약을 체결해야 할 것이다. 한편 매도인은 운송계약

11) Incoterms 2020에서부터 CPT조건은 FCA와 마찬가지로 조달을 확대 적용하였다.

의 내용에 의해 지정된 목적지에서 물품의 양하와 관련된 내용을 지불하게 된 때에는 달리 반대합의가 없는 한 매수인으로부터 당해 내용을 구상(求償)받을 수 없음을 주의할 필요가 있다.

앞서 설명한 운송인인도조건(FCA)은 매수인이 계약물품을 입수하기 위해 매수인 자신이 운송계약을 체결하고 운송비를 지급하는 형태이지만 운송비지불인도조건(CPT)은 매도인이 계약물품을 목적지까지 운송해주고 관련 운송비를 지급해주는 조건이다.[12] 운송비지불인도조건은 운송인인도조건과 마찬가지로 물품의 수출통관 절차를 매도인이 이행할 의무를 부담하지만, 수입통관 절차를 수행할 의무는 부담하지 않는다.

(1) 매도인의 의무

① 계약과 일치하는 물품의 제공

매도인은 계약과 일치하는 물품 및 이를 증명해주는 상업송장, 또는 이에 상응하는 전자적 문서, 그리고 계약에서 요구하는 증명서류를 제공하여야 한다.

② 물품의 인도

매도인은 운송계약 시 합의된 일자 또는 합의된 기간 내에 운송계약을 체결한 운송인에게 계약물품을 인도하거나, 또는 그렇게 인도된 물품을 조달함으로써 계약물품을 인도한다.

③ 위험의 이전

매도인은 계약물품이 수출국의 지정 운송인에게 인도되는 때까지 물품의 멸실 또는 손상의 위험을 부담한다.

④ 운송계약과 보험계약

매도인은 물품의 인도장소(보다 더 구체적으로 합의할 경우 인도장소 내의 특정지점)로부터 지정된 목적지(만일 보다 더 구체적으로 합의할 경우 목적지 내 특정지점)까지 계약물품을 운송하는 운송계약을 체결하거나 조달하여야 한다.

운송계약은 매도인의 비용부담으로 통상적인 조건으로 체결되어야 하며 통상적인 항로(usual route)로 관습적인 방법(customary manner)으로 운송하는 형태여야 한다.

---

12) Incoterms 상의 C-조건들, 즉 CPT, CIP, CFR, CIF 조건들은 모두 매도인이 목적지까지의 운송비를 부담해주는 조건이지만 매도인의 의무와 책임이 계약의 목적지에서 종결되는 양륙지 인도조건은 아니다. 이들 C-조건들은 적출지, 즉 수출국내에서 물품인도 절차를 완료함으로써 매도인의 의무와 책임이 종결되는 선적지(적출지) 인도조건이다. 보다 자세한 내용은 infra. CIF조건 참조.

만일 인도장소에서나, 또는 목적지 내에서 구체적으로 특정지점을 약정하지 않았거나, 또는 실무적 관례에 따라 특정지점을 정할 수 없는 경우에는 매도인은 자신의 목적에 가장 적합한 인도지점 및 지정 목적지 내의 특정지점을 선택할 수 있다.

한편 매도인은 매수인에 대해 보험계약을 체결할 의무는 없다. 그러나 매도인은 매수인의 요청에 따라 매수인의 위험과 비용으로 매수인이 부보하는데 필요한 정보를 제공하여야 한다.

⑤ 물품인도 서류

관행이 있거나 매수인의 요청이 있는 경우 매도인은 자신의 비용으로 체결된 통상적인 운송서류를 매수인에게 제공하여야 한다. 여기서 통상적인 운송서류라 함은 다음의 내용을 포함한다.

첫째, 매매당사자간에 합의된 적재기간 내에 적재되었음이 증명되고 계약물품을 커버하는 형태여야 한다.

둘째, 당해 운송서류는 운송인의 과실이 있을 경우 매수인이 목적지에서 운송인을 상대로 화물에 대한 청구를 할 수 있는 형태여야 한다.

셋째, 경우에 따라 운송중인 물품을 제2의 매수인에게 운송서류의 양도를 통해 전매가능한 형태여야 한다.

넷째, 운송서류가 유통 가능한 형태로 여러 장 발행될 경우 원본 전통을 매수인에게 제공하여야 한다.

⑥ 허가·인가·통관 등의 의무

해당되는 경우, 매도인은 자신의 위험과 비용으로 수출허가와 기타 공적인가를 취득하여야 하고, 물품의 수출에 필요한 모든 통관 절차를 밟아야 한다.

⑦ 검수·포장·하인

매도인은 물품을 인도하기 위한 목적에서 필요한 품질·용적·중량·수량 등에 관한 검수 작업비용과 수출검사의 일환으로 수출국 정부 당국에서 이루어지는 강제적 선적전 검사비용을 부담하여야 한다.

매도인은 자신의 비용으로 물품을 포장하되, 특정한 거래에서 물품이 통상적으로 포장되지 않은 형태로 매매되어 운송되는 경우에는 예외로 한다. 또한 매매계약 체결 시 매수인이 포장에 관한 특별한 지시를 하지 않는 한, 매도인은 당해 운송에 적절한 방법으로 물품을 포장할 수 있다. 포장에는 적절한 하인이 표시되어야 한다.

⑧ 비용의 부담

첫째, 매도인은 계약물품이 운송인에게 인도되는 때까지 물품에 관련된 모든 비용을 부담한다.

둘째, 매도인은 지정 목적지까지의 운임 및 물품의 적재비용, 그리고 운송계약상 매도인이 부담하기로 한 목적지에서의 양하비용을 부담한다.

셋째, 해당되는 경우, 매도인은 수출에 필요한 통관비용, 수출시에 부과되는 제세공과금 및 제3국을 통과하여 운송하는데 드는 비용을 부담한다.

⑨ 물품인도 통지

매도인은 매수인에게 물품이 운송인에게 인도되었음을 통지하여야 한다.

매도인은 매수인이 물품을 수령하는데 통상적으로 필요한 조치를 취할 수 있도록 하기 위해 적절한 통지를 해주어야한다.

⑩ 정보에 관한 협조 및 관련비용

해당되는 경우, 매도인은 시의 적절한 방법으로 매수인의 요청이 있다면 매수인의 위험과 비용으로 매수인이 물품의 수입 및/또는 최종목적지로의 운송에 필요로 하는 서류와 정보를 제공하거나 그러한 서류나 정보를 취득하는데 협조하여야 한다.

(2) 매수인의 의무

① 물품인수 및 대금지불

매수인은 매매계약에서 약정된 바에 따라 물품의 대금을 지불하여야 한다.

② 물품인도의 수령

매수인은 계약물품이 운송인에게 인도된 때 당해 물품의 인도를 수령해야 하며, 지정된 목적지에 물품이 도착한 때 운송인으로 부터 당해 물품을 수령하여야 한다.

③ 위험의 이전

매수인은 계약물품이 운송인에게 인도된 때부터 물품의 멸실 또는 손상의 모든 위험을 부담한다.

한편 만일 매수인이 물품의 발송시기 또는 지정목적지 또는 지정목적지 내의 특정지점 등에 대해 결정권을 갖고 있을 때 매도인에게 이에 관한 적절한 통지를 하지 않은 경우에는 매수인은 합의된 인도기일이나 합의된 인도기일의 만료일로부터 물품의 멸실 또는 손상의 모든 위험을 부담하여야 한다. 물론 계약물품은 반드시 특정되어 있어야 함은 당연하다.

④ 운송계약과 보험계약

매수인은 매도인에 대해 운송계약을 체결할 의무가 없다.

또한 매수인은 매도인에 대해 보험계약을 체결할 의무는 없다.

그러나 매수인은 최종목적지까지 운송하는데 발생할 수 있는 운송 중의 위험에 대해서는 자신의 선택과 판단에 따라 자신을 피보험자로 하여 보험계약을 체결할 수는 있다. 이는 순전히 자신의 계약물품을 담보하기위한 자율적 판단에 따른 행위이다. 이 같은 행위는 매도인이 계약물품의 운송에 부보의무가 없는 모든 조건에 공히 적용된다.

⑤ 인도의 증빙

매수인은 제시된 운송서류가 계약에 일치한다면 당해 운송서류를 인수해야 한다.

⑥ 허가·인증·통관 절차

해당되는 경우, 매수인은 자신의 위험과 비용으로 수입허가서를 취득하여야하며 물품의 수입과 제3국을 통과하는 운송에 필요한 모든 통관절차를 이행하여야한다.

매수인은 강제적 선적전검사 비용을 지불해야 한다. 그러나 그와 같은 검사가 수출국 정부 당국의 강제적 수출검사의 형태인 경우에는 매도인의 부담이 되므로 예외로 한다.

⑦ 비용의 부담

첫째, 물품이 운송인에게 인도된 때부터 합의된 목적지에 도착할 때까지 물품에 관련하여 발생한 모든 비용을 부담한다.

둘째, 물품이 목적지에 도착한 후의 양하비용을 부담한다. 그러나 당해 비용을 운송계약상 매도인이 부담하기로 한 때에는 이를 부담하지 않는다.

셋째, 매수인이 물품의 발송시기, 지정 목적지, 또는 지정 목적지 내의 특정지점에 대한 결정권을 갖고 있을 때 매도인에게 이에 관한 적절한 통지를 하지 않은 경우, 합의된 발송일자부터 또는 합의된 발송기간 만료일부터 발생한 추가비용을 부담한다.

넷째, 해당되는 경우, 물품의 수입에 부과되는 모든 관세 및 제세공과금, 수입통관비용을 부담하며, 제3국을 통과하여 운송하는데 드는 비용 중에서 운송계약 하에서 포함되지 않은 비용을 부담한다.

다섯째, 매수인은 매도인이 매수인의 수입 또는 제3국 경우 등에 필요한 서류와 정보를 제공하거나 그에 협조해준 경우 발생한 비용이 있는 경우 이를 매도인에게 상환한다.

⑧ 매도인에 대한 통지

매수인은 물품의 발송시기 또는 지정 목적지 또는 지정목적지 내의 특정지점 등에 관해 결정권을 갖고 있을 때에는 매도인에게 그에 관하여 충분히 통지해주어야 한다.

4) 운송비·보험료지불인도조건(Carriage and Insurance Paid to .... named place of destination : CIP)

운송비·보험료지불인도조건이라 함은 매도인이 계약물품에 대한 수출통관을 필하고 수입국 목적지까지 보험계약을 체결하고, 매도인이 운송계약을 체결한 후 당해 계약물품을 운송인에게 인도하는 조건이다.

이 조건은 이미 설명한 운송비지불인도조건(CPT)과 같으나 다만 매도인이 운송중의 물품의 멸실이나 손상의 위험에 대한 보험의 부보까지 책임져야 한다는 점만 다르다. 따라서 이 조건에서는 매도인은 합의된 목적지까지 운송계약과 보험계약을 체결한 뒤 운송비 및 보험료를 지불하고 계약물품을 운송인에게 인도하면 자신의 의무와 책임은 종결된다.

운송비·보험료지불인도조건은 운송비지불인도조건과 마찬가지로 물품이 목적지에 도착한 때가 아니라 수출국에서 운송인에게 물품을 인도하는 시점에 매도인의 책임과 의무가 종결되는 적출지 매매조건이다.

운송비·보험료지불인도조건에서 보험은 인도지점부터 지정목적지까지 부보되어야 하며, 매도인은 원칙적으로 매수인을 피보험자로 하여(경우에 따라 당해 물품에 피보험이익을 갖는 제3자) 매수인이 보험자에 대해 직접 보험금을 청구할 수 있는 권리를 갖도록 보험계약을 체결해주고 이러한 보험증권이나 보험증명서, 그 밖의 부보의 증거를 매수인에게 제공하여야 한다. 보험계약은 평판이 양호한 보험인수업자나 보험회사와 체결하여야 하며, 명시된 합의가 없는 한 매도인의 판단에 따라 거래의 관례, 환율의 성질이나 위험을 충분히 고려하여 보험계약을 체결해야 한다.[13]

한편 이 조건의 보험계약에서 주의할 것은 매수인과의 다른 별도의 합의가 없는 한 보험계약은 대부분 로이드시장협회(Lloyd's Market Association ; LMA)/국제보험협의회(International Underwriting Association ; IUA)의 협회적하약관 A-약관이나 그와 유사한 약관에서 제공하는 최대담보조건으로 체결되어야 한다는 것이다.

Incoterms 2020에서는 Incoterms 2010에서처럼 협회적하약관의 C-약관에 의한 제한

---

13) 보험금액은 최소한 매매계약 금액에 10%의 기대이익(expected profit)을 가산한 금액(매매대금의 110%)을 기준으로 하며, 통화는 매매계약의 통화와 같아야 한다.

적인 담보조건이 아니라 협회적하약관 A-약관이나 그와 유사한 약관에 따른 광범위한 담보조건으로 부보하여야 한다는 것을 유의하여야 한다. 그러나 당사자들은 여전히 더 낮은 수준의 담보조건으로 부보하기로 합의할 수 있다.

이하 매도인의 의무와 매수인의 의무는 이미 설명한 운송비지불인도조건과 동일하다.

5) 목적지인도조건(Delivered At Place .... named place of destination : DAP)

목적지 인도조건이란 매도인이 지정 목적지에서 수입통관을 필하지 않은 계약물품을 도착된 운송수단으로부터 양하하지 않은 채 양하준비된 상태로 매수인의 임의처분하에 인도하는 조건을 말한다.

목적지인도조건은 터미널인도조건과 마찬가지로 Incoterms 2010에서 처음 도입된 조건으로 Incoterms 2010에서 사라진 부두인도조건(DEQ), 착선인도조건(DES), 국경인도조건(DAF), 관제미지급인도조건(DDU)을 보완하고 강화하는 기능을 수행한다.

특히 터미널인도조건(DAT)은 매도인의 인도의무를 목적지 또는 목적항의 터미널로 규정해 놓음으로써 종전의 부두인도조건(DEQ)의 경우 그간 목적항 부두에서 양하하여 보세창고(bonded warehouse)에 입고하여 인도하였던 해상운송조건을 복합운송까지 확대하였다.

Incoterms 2010 규칙에서 DAT와 DAP의 유일한 차이점은 DAT의 경우에 매도인은 물품을 도착운송수단으로부터 양하한 후 “터미널”에 두어 인도하여야 하였고, DAP의 경우에 매도인은 물품을 도착운송수단에 실어둔 채 양하를 위하여 매수인의 처분하에 두었을 때 인도를 한 것으로 되었다는 점이다.

그러나 Incoterms 2020에서는 이 두 가지를 다음과 같이 변경하였다.

첫째, 이러한 두 Incoterms 2020 규칙의 등장순서가 서로 바뀌었고, 양하전에 인도가 일어나는 DAP를 DAT 앞에 두었다.

둘째, DAT규칙의 명칭이 DPU(Delivered at Place Unloaded)로 변경되었다. 이는 ‘터미널’뿐만 아니라 어떤 장소든지 목적지가 될 수 있다는 현실을 강조하기 위함이다.

목적지인도조건의 경우 역시 해상운송조건으로만 사용되었던 착선인도조건(DES)을 목적지의 특정지점까지 확대하여 항구뿐만 아니라 내륙의 특정지점까지 매도인의 인도의무를 연장함으로써 비단 해상운송뿐만 아니라 운송방식에 구애를 받지 않고, 나아가 복합운송에서까지 활용될 수 있도록 개정하였다.[14]

---

14) Incoterms 2010 Introduction 참조.

따라서 목적지 인도조건의 경우 지정된 목적지는 수입국 목적항이 될 수도 있으며, 경우에 따라 내륙의 매수인의 영업지까지 확대될 수 있다.

이 조건은 목적지양하인도조건(DPU) 및 관세지급인도조건(DDP)과 더불어 모두 양륙지 인도조건으로써 계약물품이 도착지의 특정지점에서 인도되어야 매도인의 책임과 의무가 종결된다.

따라서 목적지인도조건의 경우 매도인은 합의된 목적지의 지정장소까지 물품을 운송하는데 수반되는 모든 위험을 부담한다. 이 조건에서는 합의된 목적지의 지정장소가 매도인과 매수인의 위험 및 비용 분기점이 되기 때문에 양당사자들은 가능한 한 그 지정장소를 명확하게 명시하는 것이 바람직하다. 또한 매도인은 물품을 합의된 목적지의 지정장소까지 운송하는 계약을 체결하거나 그러한 운송을 마련하여야 한다. 그렇게 하지 않은 경우에 매도인은 Incoterms DAP 규칙상 그의 의무를 위반한 것이 되고 매수인에 대하여 그에 따른 손해배상책임을 지게 된다.

한편 목적지인도조건에서는 매도인은 도착지에서 계약물품을 양하할 의무는 없으나 운송계약이나 관습에 따라 양하작업을 수행, 양하비용을 지출한 경우에는 당사자간의 합의가 없는 한 매도인은 매수인으로 부터 당해 양하비용을 구상(求償)할 수 없다.

목적지인도조건에서 매도인은 물품의 수출통관을 하여야 한다. 그러나 매도인은 물품의 수입통관 및 수입관세를 부담할 의무는 없다. 만일 당사자 간에 매도인에게 계약물품의 수입통관절차를 수행하도록 할 때에는 관세지급인도조건(DDP)을 사용하여야 한다.

(1) 매도인의 의무

① 계약과 일치하는 물품의 제공

매도인은 계약과 일치하는 물품 및 이를 증명해주는 상업송장 또는 이에 상응하는 전자적 증서, 그리고 계약에서 요구하는 증명서류를 제공하여야 한다.

② 물품의 인도

매도인은 계약물품을 지정목적지에서, 그 지정목적지에 합의된 지점이 있는 때에는 그 지점에서 도착한 운송수단에 실어둔 채 양하준비된 상태로 매수인의 임의처분하에 두거나, 또는 그렇게 인도된 물품을 조달함으로써 계약물품을 인도한다. 각각의 경우에 매도인은 합의된 기일에 또는 합의된 기간 내에 물품을 인도하여야 한다.

③ 위험의 이전

매도인은 물품이 인도될 때까지의 물품의 멸실 또는 손상의 모든 위험을 부담한다.

④ 운송계약과 보험계약

운송계약의 경우 매도인은 자신의 비용으로 물품을 지정목적지까지 또는 그 지정목적지에 합의된 지점이 있을 때에는 그 지점까지 운송하는 운송계약을 체결하거나 그러한 운송을 마련하여야 한다.[15] 만일 특정 지점이 합의되지 않거나 실무적 관례상 결정할 수 없을 때에는 매도인은 합의된 지정목적지에서 자신의 목적에 가장 적합한 지점을 선택할 수 있다.

보험계약의 경우 매도인은 매수인에 대해 보험계약을 체결할 의무는 없다. 그러나 매수인이 부보할 경우 매수인의 요청에 따라 매수인의 위험과 비용으로 매수인이 부보하는데 필요한 정보를 제공하여야 한다.

한편 목적지인도조건과 같은 D-조건은 이미 설명한 바와 같이 매도인의 책임과 의무가 양륙지에서 종결되는 양륙지 인도조건이다. 따라서 매도인은 지정목적지까지의 위험을 부담해야하기 때문에 운송 중에 발생하는 위험에 대해 이를 보장받기 위해서는 매도인은 스스로 자신을 피보험자로 하는 보험계약을 체결해야 할 것이다

⑤ 물품인도 서류

매도인은 매수인이 물품의 인도를 수령할 수 있도록 서류를 제공하여야 한다.

⑥ 허가·인가·통관 등의 의무

해당되는 경우, 매도인은 자신의 위험과 비용으로 수출허가와 기타 공적인가를 취득하여야 하며, 물품의 수출 및 제3국을 통과 등 물품인도 전까지의 운송에 필요한 모든 통관 절차를 밟아야 한다.

⑦ 검수·포장·하인

매도인은 물품을 인도하기 위한 목적에서 필요한 품질·용적·중량·수량 등에 관한 검수 작업비용과 수출검사의 일환으로 수출국 정부 당국에서 이루어지는 강제적 선적전 검사비용을 부담하여야 한다.

매도인은 자신의 비용으로 물품을 포장하되, 특정한 거래에서 물품이 통상적으로 포장되지 않은 형태로 매매되어 운송되는 경우에는 예외로 한다. 매매계약체결시 매수인이 포장에 관한 특별한 지시를 하지 않는 한, 매도인은 당해 운송에 적절한 방법으로 물품을 포장할 수 있다. 포장에는 적절한 하인이 표시되어야 한다.

---

15) Incoterms 2020부터는 FCA와 DAP, DPU, DDP 조건의 경우 자신의 운송수단을 이용한 운송을 허용하고 있다.

⑧ 비용의 부담

첫째, 물품의 운송비용과 물품이 인도될 때까지 물품과 관련한 모든 비용을 부담한다.

둘째, 해당되는 경우, 수출에 필요한 통관비용과 수출시에 부과되는 제세공과금 및 인도하기전 제3국을 통과하여 운송하는데 드는 비용을 부담한다.

⑨ 매수인에 대한 인도통지

매도인은 매수인이 물품을 수령하는데 통상적으로 필요한 조치를 취할 수 있도록 하기 위해 적절한 통지를 해주어야한다.

⑩ 정보에 관한 협조 및 관련비용

해당되는 경우, 매도인은 시의적절한 방법으로 매수인의 요청이 있다면 매수인의 위험과 비용으로 매수인이 물품의 수입 및/또는 최종목적지로의 운송에 필요로 하는 서류와 정보를 제공하거나 그러한 서류나 정보를 취득하는데 협조하여야 한다.

(2) 매수인의 의무

① 물품인수 및 대금지불

매수인은 매매계약에서 약정된 바에 따라 물품의 대금을 지불하여야 한다.

② 물품인도의 수령

매수인은 계약물품이 인도된 때 그 물품의 인도를 수령하여야 한다.

③ 위험의 이전

매수인은 계약물품이 인도된 때부터 발생하는 물품의 멸실 또는 손상의 모든 위험을 부담한다. 단,

첫째, 매수인은 자신이 수입허가, 수입통관절차를 제대로 이행하지 않음으로써 발생한 물품의 멸실 또는 손상의 모든 위험을 부담한다.

둘째, 매수인이 합의된 수령기간내의 특정한 일자 및/또는 지정목적지에서 인도를 수령할 특정지점을 결정할 권리가 있을 때 이를 매도인에게 충분히 통지해야 함에도 불구하고 이러한 통지를 매도인에게 하지 않은 경우, 매수인은 합의된 인도기일이나 합의된 인도기간의 만료일부터 물품의 멸실 또는 손상의 모든 위험을 부담한다. 이를 위해 물품은 계약물품으로 명확히 특정되어있어야 한다.

④ 운송계약과 보험계약

매수인은 매도인에 대해 운송계약을 체결할 의무가 없다.

또한 매수인은 매도인에 대해 보험계약을 체결할 의무도 없다. 다만 매도인의 요청이 있는 때에는 매도인의 위험과 비용으로 매도인에게 부보에 필요한 정보를 제공하여야 한다.

⑤ 인도의 증빙

매수인은 매도인으로부터 물품의 인도를 수령할 수 있는 인도서류가 제시되면 당해 인도서류를 인수해야 한다.

⑥ 허가·인증·통관 절차

매수인은 자신의 위험과 비용으로 수입허가 또는 기타 공적인증을 취득하여야 하며, 물품의 수입에 필요한 모든 통관절차도 이행하여야 한다.

⑦ 비용의 부담

매수인은 다음의 비용을 부담한다.

첫째, 물품이 인도된 때부터 물품에 관련되는 모든 비용을 부담한다.

둘째, 지정목적지에 도착운송수단으로부터 물품의 인도를 수령하는데 필요한 모든 양하비용을 부담한다. 다만 그러한 비용을 운송계약상 매도인이 부담하기로 한 때에는 그러하지 아니하다.

셋째, 상술한 매수인의 의무 중 ②항의 의무이행 ⑧항의 통지행위를 제대로 이행하지 못한 경우에 매도인에게 발생한 추가비용을 부담한다. 물론 이 경우 역시 물품은 계약물품으로 명확히 특정되어있어야 한다.

넷째, 해당되는 경우, 물품의 수입통관 비용 및 수입 시에 부과되는 모든 관세 및 제세공과금을 부담한다.

다섯째, 매수인은 강제적 선적전검사 비용을 지불해야 한다. 그러나 그와 같은 선적전검사가 수출국 정부 당국의 강제적 수출검사의 형태인 경우에는 매도인의 부담이 되므로 예외로 한다.

여섯째, 매수인은 매도인이 매수인의 요청에 따라 물품의 수입 및/또는 최종목적지로의 운송에 필요한 서류와 정보를 제공하거나 취득하는데 매수인에게 협조함으로써 발생한 비용이 있는 경우 이를 매도인에게 상환해주어야 한다.

또한 해당되는 경우, 매수인은 시의적절한 방법으로 매도인의 요청이 있다면 매도인의 위험과 비용으로 매도인이 물품의 운송과 수출 및 제3국을 통과하는 운송에 필요로 하는 서류와 정보를 제공하거나 그러한 서류나 정보를 취득하는데 협조하여야 한다.

⑧ 매도인에 대한 통지

매수인은 합의된 수령기간 내의 특정일자 및/또는 지정목적지 내에 물품을 수령할 특정지점을 결정할 권리가 있을 때 이를 매도인에게 충분히 통지해주어야 한다.

6) 목적지양하인도조건(Delivered at Place Unloaded .... named place of destination : DPU)

목적지양하인도조건은 매도인이 계약에서 합의된 지정목적지에서 또는 지정목적지 내에 어떠한 지점이 합의된 경우에는 그 지점까지 가져가서 도착운송수단으로부터 물품을 양하하여 수입통관을 필하지 않고 매수인의 임의처분 상태로 인도하는 조건을 말한다. 목적지양하인도조건은 매도인이 목적지에서 물품을 양하하도록 하는 유일한 규칙이다. 따라서 매도인은 자신이 물품을 인도하고자 하는 장소가 물품의 양하가 가능한 장소인지 꼭 확인하여야 한다.

신설된 목적지양하인도조건은 이전의 조건인 터미널인도조건(DAT)을 대체하는 조건이다. 기존의 터미널인도조건(DAT)은 매도인이 자신의 비용으로 합의된 목적항 또는 목적지까지 물품을 운송하기 위한 운송계약을 체결하고, 양륙지의 터미널까지 운송하여 계약물품을 양하하는데 수반되는 모든 위험을 부담해야 하며, 매수인은 물품이 지정 터미널에서 인도된 이후의 모든 위험과 비용을 부담하는 조건이다.

Incoterms 2010의 DAT 조건에서 의미하는 '터미널'이라함은 부두, 창고, 컨테이너장치장(CY), 또는 도로·철도·항공화물 터미널과 같은 장소를 포함하며, 지붕의 유무를 불문하고 모든 장소라 정의하여 용어를 넓게 정의하였다.

반면 Incoterms 2020의 DPU조건에서는 목적지가 터미널뿐만 아니라 어떤 장소든지 될 수 있는 현실을 반영하여 지정목적지를 터미널로 제한하지 않고 수입국 목적지 어디든 가능하게 하였으며, 다만 DAT조건의 가장 중요한 매도인의 의무인 양하비 부담의무를 그대로 유지하고 있다.

합의된 목적지의 지정장소는 매도인과 매수인의 위험 및 비용의 분기점이 되므로 매매 당사자들은 지정목적지 또는 지정목적지 내에 어떠한 지점이 합의된 경우에는 그 지점을 가능한 한 명확하게 명시하는 것이 바람직하다.

이 조건에서 매도인은 수출통관은 필하여야 하나 수입통관에 대해서는 의무가 없다.

만일 매매당사자 간에 매도인이 수입신고를 하고 수입관세나 세금을 납부하고 수입통관절차를 수행하도록 하는 경우에는 관세지급인도조건(DDP)을 활용하여야 한다.

(1) 매도인의 의무

앞서 설명한 목적지인도조건은 매도인이 물품을 지정목적지까지 운송하여 운송수단으로부터 양하하지 않은 채 매수인에게 인도하였으나 목적지양하인도조건에서는 매도인은 지정목적지까지 물품을 운송하고 이때 매도인은 도착한 운송수단으로부터 물품을 양하하여야 하고 또한 물품을 지정목적지에서, 그 지정목적지에 합의된 지점이 있는 때에는 그 지점에서 매수인의 처분하에 두거나 그렇게 인도된 물품을 조달함으로써 인도하여야 한다.

그 외의 매도인의 의무는 목적지인도조건과 동일하다.

(2) 매수인의 의무

목적지인도조건과 마찬가지로 매수인은 수입통관을 필하고 지정목적지에 도착한 물품을 인수해야 한다. 이때 목적지양하인도조건에서는 매수인은 도착한 운송수단으로부터 물품을 양하하는데 드는 비용을 부담할 필요가 없다.

그 외의 매수인의 의무는 목적지인도조건과 동일하다.

7) 관세지급인도조건(Delivered Duty Paid .... named place of destination : DDP)

관세지급인도조건은 매도인이 계약물품을 매수인 소재국의 지정된 장소까지 운송하여 도착된 운송수단에서 양하하지 않은 채 양하준비 상태로 매수인에게 인도하는 조건을 말한다.

관세지급인도조건은 공장인도조건(EXW)과 대비되는 개념으로 인도가 도착지에서 일어나고 매도인이 수입관세와 해당되는 세금의 납부책임을 지므로 11개의 Incoterms 규칙 중에서 매도인에게 최고수준의 의무를 부과하는 규칙이다.

이 조건에서 매도인은 수출국에서 수출통관을 필하고 수입국에서의 수입통관절차까지 모두 밟은 후 수입에 소요되는 제세공과금을 모두 지불해야 한다.[16] 따라서 매도인이 직·간접적으로 수입허가를 취득하지 못할 경우에는 관세지급인도조건을 사용할 수

---

16) 수입시에 부과되는 부가가치세도 매도인이 부담하나 매도인이 이를 부담하지 않기로 합의할 경우에는 다음과 같이 명확히 계약서에 표기하여야 한다. "Delivered duty paid, VAT unpaid .... named place of destination".

없으며, 만일 매수인이 수입통관절차를 밟고 관세나 조세 등을 납부하길 원한다면 앞서 설명한 목적지인도조건(DAP)을 사용하여야 한다.

한편 관세지급인도조건은 목적지인도조건과 마찬가지로 매도인은 계약물품을 목적지에서 양하해 줄 의무는 없기에 양하비용은 매수인이 부담한다. 따라서 양하준비 상태로 인도된 후의 모든 위험은 매수인에게 이전된다. 만일 운송계약상 또는 목적지의 관례에 따라 계약물품의 양하작업을 매도인이 수행함으로써 발생한 양하비용이 있다면 당사자 간에 반대합의가 없는 한 매도인은 매수인으로부터 당해 비용을 구상(求償)할 수 없다.

매도인의 의무와 매수인의 의무는 언급한 매도인의 수입통관의무를 제외하고는 앞서 설명한 목적지인조조건과 크게 다르지 않다.

2. 해상 또는 내수로 운송에서만 사용가능한 조건들

Incoterms 2010부터 11가지 조건 중 선측인도조건(FAS), 본선인도조건(FOB), 운임포함인도조건(CFR), 운임·보험료포함인도조건(CIF) 4가지는 해상운송 또는 내수로 운송에서만 사용가능한 조건들이다.

1) 선측인도조건(Free Alongside Ship .... named port of shipment : FAS)

선측인도조건이라 함은 지정된 선적항에서 매수인에 의해 수배된 본선의 선측에 매도인이 계약물품을 놓아둠으로써 인도가 이루어지는 조건을 말한다. 본선의 선측에 계약물품이 인도되면 그 이후에 발생하는 물품의 멸실이나 손상위험, 그리고 모든 비용은 매수인이 부담한다. 선측인도조건에서 위험과 비용의 분기점은 '본선 선측'이 된다는 의미이다.

이 조건은 매도인이 본선 선측까지만 계약물품을 인도하게 되므로 일반화물의 매매에는 별로 사용하지 않으나 주로 본선에 선적하는데 비용이 많이 드는 부피가 큰 물품(bulky cargo), 즉 원목·원면·원맥 등의 매매에 많이 이용되고 있다.[17)]

여기서 본선 선측이라 함은 본선이 지정된 선적항에 정박하고 있을 때 본선상용의 양화기 및 그 밖의 선적용구가 도달할 수 있는 장소를 의미한다. 따라서 본선이 정박

---

17) 제2차 세계대전 이후 미국서부의 많은 부두들이 대규모의 인공부두를 E형으로 만들어 그 중간에 창고와 하역이 편리하도록 된 광장을 두어 해상운송과 육상운송의 연결을 부두에서 직접 할 수 있도록 하여 선측인도조건(FAS)은 수출항의 선적부두인도의 의미로 사용케 되었다. ; 박대위·구종순, 「전게서」, p.69 참조.

중인 부두(quay)에 계약물품을 반입하였다 하더라도 본선의 선적용구가 도달하지 못하는 지점에 계약물품을 인도한 것은 이 조건에서의 매도인의 의무를 다한 것이라 볼 수 없다. 만일 수출국의 바다가 얕아 본선이 부두로 진입할 수 없는 경우에는 매도인은 바지선(barge)에 계약물품을 실은 채 깊은 바다에 정박하고 있는 본선의 선측, 즉 본선 상용의 양화기가 도달할 수 있는 범위에 놓아두면 매도인은 자신의 인도책임을 다하게 된다.

이때 흔히 야기되는 문제로서 본선 선측까지 바지선에 의해 물품이 인도된 후 본선의 양화기로 물품을 본선에 이양하던 중 사고가 나면 이 위험을 누가 부담하느냐가 문제가 된다.[18] 이 경우는 그 항구의 관습이나 관례가 특별히 없는 한 이치상 매수인이 위험부담을 해야 하며, 이를 대비해 매수인이 보험계약을 체결할 때 미리 바지선에서부터 보험을 드는 경우가 많다.[19]

일반적으로 물품이 컨테이너에 적재되는 경우에는 매도인이 물품을 본선 선측이 아니라 국내의 터미널에서 운송인에게 교부하는 것이 보통이다. 이러한 경우에는 선측인도조건 보다는 운송인인도조건(FCA)을 사용하는 것이 바람직하다.

선측인도조건에서 매도인은 계약물품의 수출허가 및 수출통관에 관련한 비용을 부담하여야 한다. 무역거래에서 외항선에 반입·인도되는 물품은 관세법상 외국물품으로 간주된다. 그리고 물품을 본선에 반입하려면 수출국의 관계법규에 따라 수출승인과 그 밖의 인증을 받아 수출통관을 필해야 한다. 따라서 물품을 선적함으로 내국물품을 국제 재화화하여야 할 의무는 매수인에게 있는 것이므로 원칙적으로는 수출허가 및 수출통관은 매수인의 책임이 된다. 그러나 수출허가나 수출통관 등의 업무는 국내거주자로서 매도인이 이행하는 것이 편리하기 때문에 Incoterms 2000부터 이를 매도인의 부담으로 규정해 놓고 있다.

18) 한편 Incoterms에는 정의되어 있지 않지만 이와 같은 상황에서 매매당사자들은 소위 “free on lighter”라는 특수한 세부조건을 합의할 수 있다. 이 조건에서는 매도인은 부선(lighter) 또는 바지선(barge)의 난간(rail)을 넘기는 순간부터 자신의 인도의무를 완료하는 것으로 간주되기 때문에 본선의 선측까지 부선을 이동시킬 필요가 없다. ; Clive M. Schmitthoff, Export Trade : The Law and Practice of International Trade, 10th ed., Sweet & Maxwell, 2000, p.12.

19) 이러한 무보험상태를 예방하기위해 특별히 보험자의 책임시기를 매수인의 위험부담시기와 일치시키는 ‘FAS Attachment Clause’라는 특약제도가 있다. 이하 박대위·구종순, 전게서, p.71 참조.

(1) 매도인의 의무

① 계약과 일치하는 물품의 제공

매도인은 계약과 일치하는 물품 및 이를 증명해주는 상업송장, 또는 이에 상응하는 전자적 문서, 그리고 계약에서 요구하는 증명서류를 제공하여야 한다.

② 물품의 인도

매도인은 지정된 선적항에서 또는 매수인이 지시한 적재지점이 있는 경우에는 그 지점에서 매수인이 지정하는 본선의 선측에 계약물품을 놓아둠으로써 인도의무를 완료하여야 한다. 또는 경우에 따라 그렇게 인도된 물품을 조달함으로써 인도의무를 수행하여야 한다.

각각의 경우 모두 매도인은 합의된 일자에 또는 합의된 기간 내에 그 항구의 관습적인 방법으로 물품을 인도하여야 한다. 만일 매수인이 특정한 적재지점을 표시하지 않은 경우에 매도인은 지정선적항 내에서 그의 목적에 가장 적합한 지점을 선택할 수 있다.

③ 위험의 이전

매도인은 전항 ②에 따라 계약물품이 인도될 때까지의 물품의 멸실 또는 손상의 모든 위험을 부담한다.

④ 운송계약과 보험계약

운송계약의 경우 매도인은 매수인에 대해 운송계약을 체결할 의무가 없다. 그러나 매수인의 요청이 있는 경우, 또는 매도인이 운송계약을 체결해 주는 상관습이 존재하지만 이에 대해 매수인이 적기에 그에 반대하는 지시를 하지 않은 경우에는 매도인은 매수인의 위험과 비용으로 운송관련 보안요건을 포함하여 통상적인 조건으로 운송계약을 체결할 수 있다. 매도인은 이 두 경우 모두 운송계약의 체결을 거절할 수 있으며, 이 때에는 운송계약체결의 거절의 사실을 매수인에게 신속하게 통보해 주어야 한다.

보험계약의 경우도 매도인은 매수인에 대해 보험계약을 체결할 의무가 없다. 그러나 매도인은 매수인의 요청에 따라 매수인의 위험과 비용으로 매수인이 보험계약을 체결하는데 필요한 정보를 제공하여야 한다.

⑤ 물품인도 서류

매도인은 자신의 위험과 비용으로 물품이 본선 선측까지 인도되었다는 증거로 통상적인 서류를 매수인에게 제공하여야 한다. 이 서류는 항구나 나라마다 조금씩 다르지만 대개는 매수인 측의 수탁자로 부두의 경영자가 Dock Receipt를 발행하든지 본선의 선장이 본선수취증(Mate's Receipt)을 발행하여 주는 수도 있다. 매매 당사자 간의 특약이 없다면 매도인은 물품의 종류와 그 항구의 관례에 따라 발행된 서류를 인도하면 된다.

⑥ 허가·인가·통관 등의 의무

해당되는 경우 매도인은 자신의 위험과 비용으로 수출허가와 기타 공적인가를 획득하여야 하고, 물품의 수출에 필요한 모든 통관절차를 밟아야 한다.

⑦ 검수·포장·하인

매도인은 물품을 인도하기 위한 목적에서 필요한 품질·용역·중량·수량 등의 점검에 필요한 비용 및 수출국 정부 당국에 의해 강제되는 선적전검사 비용을 부담하여야 한다.

포장은 매도인의 비용으로 하되 통상적으로 포장되지 않은 상태로 운송되는 경우에는 그러하지 아니한다. 매도인은 매매계약시 매수인과 포장에 관한 특별한 요건을 합의한 경우에는 그에 따라야하지만 그와 같은 내용이 합의되지 않은 경우에는 당해 운송에 적절한 방식으로 물품을 포장할 수 있다. 포장에는 적절한 하인이 표시되어야 한다.

⑧ 비용 부담

매도인은 전항 ②에 따라 계약물품이 인도될 때까지의 모든 비용을 부담한다. 그리고 수출에 따른 통관비용 및 수출시에 부과되는 모든 관세, 세금 및 기타 공과금을 부담한다.

⑨ 물품인도의 통지

매도인은 매수인의 위험과 비용으로 물품이 인도되었다는 사실을 매수인에게 통지하여야 한다. 그리고 만일 본선이 합의된 기간 내에 물품을 수령하지 않았다면 매수인의 위험과 비용으로 이 사실을 매수인에게 충분히 통지하여야 한다.

⑩ 정보에 관한 협조 및 관련비용

해당되는 경우 매수인의 요청으로 매수인의 위험과 비용으로 매수인의 물품 수입 및/또는 최종 목적지로의 운송에 필요로 하는 서류와 정보를 제공하거나 그러한 서류와 정보를 취득하는데 협조하여야 한다.

(2) 매수인의 의무

① 물품인수 및 대금지불

매수인은 매매계약에서 약정된 바에 따라 물품의 대금을 지불하여야 한다.

② 물품의 수령

매수인은 매도인으로부터 계약물품이 인도된 때에는 이를 수령하여야 한다.

③ 위험의 이전

매수인은 물품이 인도된 때로부터 물품의 멸실 또는 손상의 모든 위험을 부담한다. 또한,

㉠ 매수인이 매도인에게 선박명, 적재지점(loading point), 그리고 필요한 경우 합의된 선적기간 내의 특정 인도시점에 대해 매도인에게 충분한 통지를 못할 경우,

㉡ 매수인에 의해 지정된 선박이 정시에 도착하지 않거나, 지정 선박이 계약물품을 수령하지 않거나, 또는 매수인에 의해 매도인에게 통지된 물품의 특정 인도시점보다 일찍 화물취급업무가 종료될 경우,

위와 같은 경우 매수인은 합의된 인도기일이나 합의된 인도기간의 만료일부터 발생한 물품의 멸실 또는 손상의 위험을 부담한다. 물론 이 모든 경우 물품은 계약물품으로 특정되어 있어야 한다.

④ 운송계약과 보험계약

운송계약의 경우 매수인은 자신의 비용으로 지정 선적항으로부터 물품을 운송하는 운송계약을 체결하여야 한다. 다만 매도인이 운송계약을 체결해주는 경우는 예외이다.

보험계약의 경우 매수인은 매도인에 대해 보험계약을 체결할 의무는 없다.

⑤ 인도의 증빙

매수인은 매도인으로부터 인도의 완료 후 제시된 인도의 증빙을 인수하여야 한다.

⑥ 허가·인증·통관 절차

해당되는 경우 매수인은 자신의 위험과 비용으로 수입허가와 기타 공적인가를 취득하고 물품의 수입과 제3국을 통과하는 운송에 필요한 모든 통관절차를 수행하여야 한다.

⑦ 물품의 검사

매수인은 강제적 선적전검사 비용을 지불해야 한다. 그러나 그와 같은 검사가 수출국 정부당국의 강제적 수출검사의 형태일 경우에는 매도인의 부담이 되므로 예외이다.

⑧ 비용의 부담

매수인은 다음의 비용을 부담한다.

㉠ 매도인은 해당되는 경우 물품의 수입에 부과되는 모든 관세, 세금, 기타 공과금과 수입통관비용 및 제3국을 통과하여 운송하는데 드는 비용.

㉡ 위 ③항 위험의 이전 ㉠,㉡에 해당되어 발생한 비용.

⑨ 매도인에 대한 통지

매수인은 매도인에게 운송관련 보안요건, 선박명, 적재지점, 그리고 필요한 경우 합의된 선적기간 내에서 선택된 선적일자가 있는 경우에는 그 일자를 매도인에게 충분히 통지하여야 한다.

⑩ 정보에 관한 협조 및 관련비용

매수인은 매도인이 매수인의 수입 및/또는 최종 목적지로의 운송에 필요로 하는 서류와 정보를 제공하거나 그러한 서류와 정보를 취득하는데 협조한 경우 발생하는 모든 비용을 매도인에게 상환하여야 한다.

2) 본선인도조건(Free on Board.... named port of shipment : FOB)

본선인도조건이라 함은 매도인이 계약물품을 지정된 선적항에서 매수인에 의하여 지정·통보된 선박에 적재하여 인도하거나 이미 그렇게 인도된 물품을 조달함으로써 매도인의 의무가 완료되는 조건을 말한다. 따라서 매매당사자간의 위험 및 비용의 책임부담의 분기점은 계약물품이 본선상에 적재되는 시점이 된다.[20]

이 조건에서 매도인은 합의된 선적기간 내에 매수인이 지정한 운송선박에 계약물품을 선적하면 자신의 책임이 끝나며 선적 이후의 모든 책임과 비용은 매수인이 부담한다. 매수인은 계약물품을 수입지까지 운송할 선박과 운송계약을 체결해야 하며 선박명, 정박지, 선적기일 등을 매도인에게 충분히 통지해야 한다.

본선인도조건은 전형적으로 해상운송조건이기 때문에 국내 터미널에서 인도되는 컨테이너화물과 같이 물품이 본선에 적재되기 전에 운송인에게 교부되는 경우에는 적절하지 않다. 이러한 경우에는 운송수단에 구애를 받지 않고 복합운송에 활용되는 운송

---

20) Incoterms 제정 당시부터 Incoterms 2010 이전까지는 해상운송조건으로 분류되었던 FOB, CIF, CFR 등과 같은 조건에서 위험의 분기점은 물품이 본선의 난간(ship's rail)을 통과하는 시점이었다. 본디 「본선의 난간을 통과 한다」는 의미는「안전하게 갑판위에 적재됨」을 전통적으로 뜻하는 것으로 책임의 분기점으로의 판단에 대한 상징적 기준으로서의 역할을 해왔다. 지난 Incoterms 2010부터는 본선 난간이라는 상징적 분기점을「본선적재」라는 구체적 기준으로 개정하였다.

인인도조건(FCA)을 사용하는 것이 바람직하다.[21]

본선인도조건에서 매도인은 물품의 수출통관을 하여야 한다. 그러나 수입관세 등을 부담하는 수입통관절차를 수행할 의무는 없다.

(1) 매도인의 의무

① 계약과 일치하는 물품의 제공

매도인은 계약과 일치하는 물품 및 이를 증명해주는 상업송장, 또는 이에 상응하는 전자적 문서, 그리고 계약에서 요구하는 증명서류를 제공하여야 한다.

② 물품의 인도

매도인은 지정된 선적항에서, 또는 만일 지정된 선적항에서 매수인이 의도하는 적재지점이 있는 경우에는 당해 특정 적재지점에서 매수인이 지정한 본선에 물품을 적재함으로써, 또는 그렇게 인도된 물품을 조달함으로써 계약물품을 인도한다.

각각의 경우 매도인은 합의된 일자 또는 합의된 기간 내에 그 항구의 관습적인 방법으로 물품을 인도하여야 한다. 만일 매수인이 특정 적재지점을 표시하지 않은 경우에는 매도인은 지정된 선적항 내에서 자신의 목적에 가장 적합한 지점을 선택할 수 있다.

③ 위험의 이전

매도인은 전항 ②에 따라 계약물품이 인도될 때까지의 물품의 멸실 및 손상의 모든 위험을 부담한다.

④ 운송계약과 보험계약

운송계약의 경우 매도인은 매수인에 대해 운송계약을 체결할 의무가 없다. 그러나 매수인의 요청이 있는 경우, 또는 매도인이 운송계약을 체결해 주는 상관습이 존재하지만 이에 대해 매수인이 적기에 그에 반대하는 지시를 하지 않은 경우에는 매도인은 매수인의 위험과 비용으로 통상적인 조건으로 운송계약을 체결할 수 있다. 매도인은 이 두 경우 모두 운송계약의 체결을 거절할 수 있으며, 이 때에는 운송계약체결의 거절의 사실을 매수인에게 신속하게 통보해 주어야 한다. 매도인은 인도가 있을 때까지 운송관련 보안요건을 준수하여야 한다.

---

21) 본선인도조건(FOB)은 원래 영국에서 발생하여 해양무역에 사용되어왔으나 대륙국인 미국은 대륙적인 특수한 사정으로 FOB라는 용어로 6종류의 형태가 있다. 이중 FOB조건이 Incoterms의 운송인인도조건(FCA)과 유사한 형태가 있으므로 미국에서는 Incoterms의 본선인도조건을 의미하기 위해서는 "FOB vessel"이라고 명시해야 한다.

보험계약의 경우 매도인은 매수인에 대해 보험계약을 체결할 의무가 없다. 그러나 매도인은 매수인의 요청에 따라 매수인의 위험과 비용으로 매수인이 보험계약을 체결하는데 필요한 정보를 제공하여야 한다.

⑤ 물품인도 서류

매도인은 자신의 위험과 비용으로 물품이 인도되었다는 증거로 통상적인 증거서류를 매수인에게 제공하여야 한다. 그러나 그러한 증거서류가 운송서류가 아닌 경우에는 매도인은 매수인의 위험과 비용으로 매수인이 운송서류를 취득하는데 협조하여야 한다.

⑥ 허가·인가·통관 등의 의무

해당되는 경우 매도인은 자신의 위험과 비용으로 수출허가와 기타 공적인가를 획득하여야 하고, 물품의 수출에 필요한 모든 통관절차를 밟아야 한다.

⑦ 검수·포장·하인

매도인은 물품을 인도하기 위한 목적에서 필요한 품질·용역·중량·수량 등의 점검에 필요한 비용 및 수출국 정부 당국에 의해 강제되는 선적전검사 비용을 부담하여야 한다.

포장은 매도인의 비용으로 하되 통상적으로 포장되지 않은 상태로 운송되는 경우에는 그러하지 아니한다. 매도인은 매매계약시 매수인과 포장에 관한 특별한 요건을 합의한 경우에는 그에 따라야 하지만 그와 같은 내용이 합의되지 않은 경우에는 당해 운송에 적절한 방식으로 물품을 포장할 수 있다. 포장에는 적적한 하인이 표시되어야 한다.

⑧ 비용 부담

매도인은 전항 ②에 따라 계약물품이 인도될 때까지의 모든 비용을 부담한다. 그리고 수출에 따른 통관비용 및 수출시에 부과되는 모든 관세, 세금 및 기타 공과금을 부담한다.

⑨ 물품인도의 통지

매도인은 매수인의 비용으로 물품이 인도되었다는 사실을 매수인에게 통지하여야 한다. 그리고 만일 본선이 합의된 기간 내에 물품을 수령하지 않았다면 매수인의 위험과 비용으로 이 사실을 매수인에게 충분히 통지하여야 한다.

⑩ 정보에 관한 협조 및 관련비용

해당되는 경우 매수인의 요청으로 매수인의 위험과 비용으로 매수인의 물품 수입 및 또는 최종 목적지로의 운송에 필요로 하는 서류와 정보를 제공하거나 그러한 서류와 정보를 취득하는데 협조하여야 한다.

(2) 매수인의 의무

① 물품인수 및 대금지불

매수인은 매매계약에서 약정된 바에 따라 물품의 대금을 지불하여야 한다.

② 물품의 수령

매수인은 매도인으로부터 계약물품이 인도된 때에는 이를 수령하여야 한다.

③ 위험의 이전

매수인은 물품이 매도인으로부터 인도된 때부터 물품의 멸실 또는 손상의 모든 위험을 부담한다. 또한,

㉠ 매수인이 매도인에게 선박명, 적재지점(loading point) 및 필요한 경우 합의된 선적기간 내의 특정 인도시점에 대해 매도인에게 충분한 통지를 못할 경우,

㉡ 매수인에 의해 지정된 선박이 정시에 도착하지 않거나, 지정 선박이 계약물품을 수령하지 않거나, 또는 매수인에 의해 매도인에게 통지된 물품의 특정 인도시점보다 일찍 선적을 마감하는 경우,

매수인은 아래의 시점으로부터 물품의 멸실 또는 손상의 모든 위험을 부담한다.

(i) 합의된 특정 인도시점,

(ii) 합의된 특정 인도시점이 없는 경우에는 합의된 인도기간 내에 매도인으로부터 인도의 완료 통보가 있는 시점, 또는 매도인으로부터 합의된 인도 기간 중 지정선박이 물품을 수령하지 못했다고 매수인에게 통보된 시점,

(iii) 만일 그러한 통보가 없었다면 합의된 인도기일 만료일부터 물품의 멸실 또는 손상의 모든 위험을 부담한다.

물론 이 모든 경우 물품은 계약물품으로 특정되어 있어야 한다.

④ 운송계약과 보험계약

운송계약의 경우 매수인은 자신의 비용으로 지정 선적항으로부터 물품을 운송하는 운송계약을 체결하여야 한다. 다만 매도인이 운송계약을 체결해주는 경우는 예외이다.

보험계약의 경우 매수인은 매도인에 대해 보험계약을 체결할 의무는 없다.

⑤ 인도의 증빙

매수인은 매도인으로부터 인도의 완료 후 제시된 인도의 증빙을 인수하여야 한다.

⑥ 허가·인증·통관 절차

해당되는 경우, 매수인은 자신의 위험과 비용으로 수입허가와 기타 공적 인가를 취득하고 물품의 수입과 제3국을 통과하는 운송에 필요한 모든 통관절차를 수행하여야 한다.

⑦ 비용의 부담

매수인은 다음의 비용을 부담한다.

㉠ 위 ②항 위험의 이전시기로부터 발생한 모든 비용

㉡ 해당되는 경우 물품의 수입에 부과되는 관세, 세금, 기타 공과금과 수입통관비용 및 제3국을 통과하여 운송하는데 드는 비용

⑧ 매도인에 대한 통지

매수인은 매도인에게 운송관련 보안요건, 선박명, 적재지점 그리고 필요한 경우 합의된 선적기간 내에서 선택된 선적일자가 있는 경우에는 그 일자를 매도인에게 충분히 통지하여야 한다.

⑨ 물품의 검사

매수인은 강제적 선적전검사 비용을 지불해야 한다. 그러나 그와 같은 검사가 수출국 정부당국의 강제적 수출검사의 형태일 경우에는 매도인의 부담이 되므로 예외이다.

⑩ 정보에 관한 협조 및 관련비용

매수인은 매도인이 매수인의 수입 및/또는 최종 목적지로의 운송에 필요로 하는 서류와 정보를 제공하거나 그러한 서류와 정보를 취득하는데 협조한 경우 발생하는 모든 비용을 매도인에게 상환하여야 한다.

(3) 본선인도조건(FOB)의 특징

① 변형된 형태의 본선인도조건

국제무역거래에서 대단히 많이 활용되고 있는 본선인도조건(FOB)[22]은 그 사용빈도

---

22) 우리나라 기업들은 수출거래에서 FOB조건을 가장 많이 이용하고 있으며 세관에서도 수출통계를 집계할 때 모든 경우에 FOB로 기준으로 한다. 예컨대 CIF조건으로 수출되는 경우에도 환산율에 의하여 FOB로 환산되어 집계된다.

만큼이나 다양한 형태의 변형된 조건으로 활용되고 있다. 그중 가장 대표적인 형태를 살펴보면 다음과 같이 분류된다.[23)]

첫째, 고유의 엄격한 본선인도조건(Classic or Strict FOB contract)

이 유형에서는 매수인이 선박을 지명하면 당해 선박이 선적항에 도착한 후 매도인이 선박회사와 운송계약을 체결하고 본선에 계약물품을 선적하게 된다. 이때 운송계약은 매수인의 비용으로 체결한다. 따라서 매도인은 이 조건에서 물품을 선적한 송하인(consignor)이 되며 지시식 선하증권(order B/L)을 발급받은 후 당해 선하증권을 매수인에 양도하는 절차를 밟게 된다. 보험은 매수인이 직접 부보하지만, 경우에 따라 매도인은 매수인의 요청에 따라 매수인의 비용으로 부보를 대행해 줄 수 있다.

둘째, 추가 업무부 본선인도조건(FOB contract with additional services)

이 유형에서는 매도인이 매수인 대신 직접 선박을 수배·지정한 후 선박회사와 운송계약을 체결하고, 동시에 보험계약도 체결한다. 물론 소요되는 비용은 매수인의 부담으로 하되 매수인은 선박 수배·지정의 의무를 부담하지 않는다. 매도인은 운송계약을 체결한 후 합의된 선적기간에 선적하고 발급받은 선하증권을 매수인에게 양도하는 절차를 밟는다.

셋째, 일반적 본선인도조건(Simple FOB contract)

이 유형에서는 매수인이 본선을 수배·지정하고 선박회사와 직접 운송계약을 체결하거나, 또는 매수인의 대리인 역할을 하는 운송주선인(freight forwarder)을 통해 운송계약을 체결하게 된다. 매도인은 매수인의 선적지시에 따라 지정된 기간 또는 일자에 본선에 계약물품을 선적하기만 하면 자신의 인도의무는 완료된다. 선하증권은 매수인이 직접 수령하거나, 매수인의 대리인이 인도받기 때문에 매도인은 선하증권을 선박회사로부터 발급받아 이를 매수인에게 양도해줄 의무는 없다.

② 매수인의 대리인으로서의 매도인의 대행업무

이상에서 보듯 Incoterms의 규정에서와 같이 선박의 수배 및 지정, 그리고 해상운송계약은 매수인의 의무이지만 이를 매도인에게 위임하는 경우가 있다. 이러한 이유는 정기선 운송의 경우 매수인이 수입국에서 선박을 수배하기 보다는 정기선의 출항일자

---

23) Clive M. Schmitthoff, *op.cit.*, p.18 ; D. M. Sassoon & H. Orren Merren, *CIF and FOB Contract, 3*rded., London : Stevens & Sons, 1984, p.333 참조.

와 국내 항구의 관습을 잘 알고 있는 매도인이 자국 내에서 선박을 수배하고 해상운송계약을 체결하는 것이 보다 현실적이고 편리할 수 있기 때문이다.

Incoterms에서는 이러한 실무적 편의성에 대비하기 위해 매도인의 의무「운송계약과 보험계약」조항에서 "매도인은 매수인에 대해 운송계약을 체결할 의무는 없다. 그러나 매수인의 요청이 있는 경우 또는 매도인이 운송계약을 체결해 주는 상관습이 존재하지만 이에 대해 매수인이 적기에 그에 반대하는 지시를 하지 않는 경우에는 매도인은 매수인의 위험과 비용으로 통상적인 조건의 운송계약을 체결할 수 있다"라고 규정해 둠으로써 무역거래에서의 본선인도조건의 다양성을 포괄해 주고 있다.

이는 매도인이 본인의 자격이 아니라 매수인의 대리인으로서의 법률적 자격으로 대행해주는 것으로 본다. 이 같은 대행 업무에는 매도인이 선복을 구하고 운임을 대납하는 업무, 매도인이 해상보험계약을 체결하고 보험료를 대납하는 업무 등이 있다. 이 경우 모든 비용과 위험은 매수인이 부담한다.[24)]

우리나라 법원에서도 이와 같은 취지이다.[25)]

"본선인도조건(FOB)으로 체결된 수출입 매매계약에 있어서는 당사자 사이에 특별한 약정이 없는 한, 매수인이 용선계약을 체결하거나 기타 선복을 확보하여 화물을 선적할 선박을 매도인에게 통지하여 줄 의무가 있는 것이고, 매도인에게는 스스로 확보하여 화물을 선적할 의무가 없는 것이므로, 매도인과 매수인이 본선인도조건으로 수출입 매매계약을 체결하면서도 매수인이 선복을 확보하지 않고 매도인이 수출지에서 선복을 확보하여 운송계약을 체결하되, 운임은 후불로 하여 운임후불(freight collect)로 된 선하증권을 발행받아, 매수인이 수하인 또는 선하증권의 소지인으로서 화물을 수령할 때 운송인에게 그 운임을 지급하기로 약정하였다면, 이는 매수인이 매도인과의 내부관계에서는 운임을 부담하되, 운송인과의 관계에서는 매도인이 매수인의 대리인이 아닌 본인으로서 운송계약을 체결하는 것으로 볼 것이 아니라, 매수인이 매도인에게 자신을 대리하여 운송계약을 체결하는 권한까지 부여하였다고 봄이 상당하다."

③ 비용부담의 제 문제

Incoterms의 규정에 따라 본선인도조건에서는 매도인은 매수인이 제3국 통과시 및 수입통관시 필요한 수출국 발행의 제반 서류를 매수인의 요청에 따라 매수인의 위험과 비용으로 매수인이 입수할 수 있도록 모든 노력과 편의를 제공하여야 한다. 원산지증

24) D.M. Sasson, *op. cit.*, p.347, 360.

25) 대법원 1996.2.9., 94다27144.

명서, 영사송장 등은 수출지에서 발행하는 서류로서 매수인의 수입통관시 필요한 서류이다. 그러나 이들 서류는 비록 수입에 관계되는 서류라 할지라도 사실상 매도인이 자신의 부담으로 매수인에게 제공하고 있다.[26)]

또한 Incoterms상 본선인도조건에서는 수출통관비용 및 수출에 관련된 제세공과금은 당연히 매도인 부담이지만 영국 및 개정미국무역정의의 FOB Vessel 조건에서는 수출세 및 수출을 위해 부과되는 비용은 매수인의 부담으로 하고 있다.

또 경우에 따라 선적항에서의 적재비용에 있어서도 각 항구의 관습이나 해상운송계약의 종류에 따라 비용부담의 주체가 달라질 수 있다.

예컨대 본선인도조건에서는 계약물품이 본선에 적재될 때까지 모든 비용을 매도인이 부담한다고 Incoterms는 규정하고 있지만 계약물품을 본선에 적재 완료한다는 것은 단순히 본선갑판위에 무질서하게 적재하는 비용만을 말하는지 아니면 선창내 적재비용(stowage), 화물 정리비용(trimming fee), 선내 하역비(stevedorage) 등의 선적에 요하는 모든 비용을 포함하는지 여부는 매수인과 매도인 사이에 이견이 있을 수 있다.[27)]

일반화물의 경우는 선박회사가 운임에 이들을 포함시켜 선박회사 측에서 부담하는 형식을 취해 선박회사와 운송계약을 체결하는 매수인이 궁극적으로는 부담하는 결과가 되지만, 하역비용이 많이 드는 시멘트·석탄 등의 경우는 선박회사가 부담하지 않기 때문에 문제가 발생할 수 있다. 또한 유럽의 스톡홀름(Stockholm) 항구에서는 FOB Stockholm 조건으로 목재가 거래될 때에는 마치 선측인도조건(FAS)처럼 본선적재 비용을 매수인이 부담해야 하는 경우도 있다.[28)] 따라서 언급한 이들 비용의 부담주체에 대해 매매 당사자들은 사전에 명백히 해둘 필요가 있다.

④ 지정 선박의 적합성과 대선

본선인도조건에서 매수인은 자신의 위험과 비용으로 선박을 수배·지정하여야 한다. 선박의 수배·지정이 완료되면 매수인은 선박의 이름, 선적항 및 인도기일에 관하여 매도인에게 충분한 통지(sufficient notice)를 해주어야 한다. 만일 통지의무를 해태

---

26) 실제로 이들 서류 취득비용은 전체 수출액수에 비하면 극히 미미한 금액이어서 별도로 금액을 청구하는 것은 실무상 무의미할 수도 있다. 대개 매도인은 매수인에게 가격제시를 할 때 이미 원가상에 이런 제반 부대비용까지 포함해서 FOB가격을 산출해 내므로 형식상으로는 매도인이 비용을 부담하는 것처럼 보이나 사실은 매수인이 부담하고 있는 결과이다. ; 박대위, 「무역실무」, 법문사 1988, p.81 참조.

27) 만일 당사자 간에 "FOB Stowed" 또는 "FOB Stowed/trimmed", "FOB in"과 같은 특약을 하면 본선적재 후 이들 비용까지 매도인이 부담하는 것이 관례이다. ; Clive M. Schmitthoff, *op.cit.*, p.15.

28) *Ibid.*

한 경우에는 매수인은 합의된 인도기일 또는 인도기간의 종료일부터 물품의 위험을 부담하며, 발생한 추가비용이 있다면 이것도 부담해야 한다.

매수인의 선박 수배 및 지정 의무는 본선인도조건의 계약에서 '물품을 선적할 매도인의 의무에 대한 선결조건'이기 때문에 매수인이 합리적인 기간 내에 이를 이행하지 않을 경우에는 매도인이 선적의무를 이행하지 않더라도 매수인은 그로 인한 계약위반을 주장할 수 없다.[29] 반면에 매도인은 매수인의 계약위반을 이유로 계약을 해제하거나 손해배상을 청구할 수 있다.

한편 여기서 주의해야 할 것은 매수인이 수배·지정한 선박은 반드시 적합선박(suitable ship) 또는 유효선박(effective ship)이어야 한다.

적합선박이란 다음의 두 가지 요건을 구비한 선박을 의미한다.

첫째, 지정선박은 반드시 계약물품과 같은 종류의 물품을 운송하는데 적합하여야 하며, 계약물품의 특성을 수용할 수 있는 형태여야 한다.

예컨대 계약물품이 기름과 같은 액체류이면 일반 잡화선에는 선적을 못하고 반드시 Tanker를 이용하여야 한다. 석탄이나 기타 광산물 같은 경우에는 광산물을 전문으로 운송하는 데 사용되는 선박이어야 한다. 냉장이나 냉동을 요하는 화물일 때에는 지정선박은 반드시 적절한 냉동·냉장 장치가 구비되어있어야 할 것이다.

매도인은 매수인으로부터 선박명, 선박의 형태 등을 통보받을 때 매수인이 수배한 당해 지정선박이 적합선박인지를 확인하여야 한다. 만일 확인 없이 이를 수락한 후 추후에 문제가 발생하면 이에 대해 매도인이 책임을 감수할 수밖에 없다.[30]

둘째, 지정선박은 반드시 선적기간 내에 계약물품을 선적할 수 있어야 한다. 일반적으로 매매계약서에는 선적을 위한 기간이 명시되어 있다. 예컨대 "Shipment must be effected whit August/September"의 형태로 명시하는데 이는 선적이 가능한 포괄적 기간을 의미하는 것이지 항상 이 기간 중 선박이 매도인의 계약물품을 싣기 위해 적재대기하고 있다는 것은 아니다.

따라서 매수인은 당해 선적기간 중 합의된 선박명, 적재지점, 그리고 필요한 경우 반드시 선적기간 중의 특정한 인도시점을 매도인에게 충분히 통지하여야 한다.

---

29) 매수인의 선박 수배 및 지정 의무는 FOB 계약의 정지조건(condition precedent)이다. 반드시 이 조건이 성취되어야 그 다음의 계약이행이 순차적으로 가능해진다. ; D.M. Sasson, *CIF and FOB Contract*, 4^{rd}ed., Sweet & Maxwell, 1995, p.415.

30) *Compagnie de Renflouement de Récuperation et de Travaux Sous-Marines v. Baroukh et Cie V. W. Seymour Plant Sales Hire* [1981] 2 Lloyd's Rep. 466, HL at 482.

경우에 따라 'FOB European continental port', 또는 'FOB United Kingdom port'와 같이 선적항이 지역으로 표기된 경우가 있다. 이때 실제 선적이 이루어지는 항구는 당사자간의 의사가 어떠한지에 달려있다. 일반적으로 선박의 수배와 지정의 책임이 있는 매수인이 선적항을 선정하고 이를 매도인에게 통보하여야 한다. 그러나 만일 매도인이 선박수배와 지정을 대행할 경우에는 선적항의 선정과 통보는 매도인의 의무가 된다.[31)]

또한 매도인은 매수인에 의한 충분한 선적통지가 있을 때까지는 선적의무가 발생하지 않으며, 매수인의 선적지시의무의 해태에 기인한 매도인의 인도지체 또한 계약위반이 아니다.[32)]

매수인이 선택한 특정 선적일자(인도일자)가 매도인에게 충분히 통지되면 매도인은 매수인의 지시에 따라 반드시 당해 일자에 언제라도 지정 선박이 선적할 수 있도록 계약물품을 인도하여야 한다.

이 때 지정선박은 매도인으로부터 인도된 물품을 반드시 수령하여야 하는데, 만일 당해 지정선박이 적시에 도착하지 않거나, 매도인의 물품을 수령하지 않거나, 또는 매수인에 의해 매도인에게 통지된 물품의 특정 인도시점 보다 일찍 선적을 마감하는 경우 매수인은 계약위반의 책임까지 질 수 있음을 유의하여야 한다.[33)] 현행 Incoterms 2020에서도 매수인 의무로 적합선박의 요건을 B-(3), B-(9)에서 규정해 놓고 있다.

한편 매수인은 자신에 의해 지정된 선박이 지정기간 내에 선적항에 도착하지 못한다든지, 또는 도착한 경우라도 벌써 만선이 되어 매도인의 계약물품을 선적할 수 없게 되었을 때에는 매수인은 계약기간 내에 반드시 적합선박을 대선(substitute vessel)하여야 한다.[34)]

때때로 매수인은 합의된 선적기간 내에 적합선박을 수배·지정하지 못할 경우 추후의 계약위반을 면하기 위해 부적합선박을 임시방편으로 대선하는 때가 있다.[35)]

---

31) Clive M. Schmitthoff, *op.cit.*, p.27.

32) *Olearia Tirrena S.P.A. v. Aligameene Oliehandel*, The Osterbek [1972] 2 Lloyd's Rep. 341.

33) 무역계약에서 기간 또는 시점에 대한 약정은 계약의 필수부분(essence of contract)으로 간주된다.

34) 그러나 계약서에 명시적으로 최초의 선박지정이 최종적(final)이거나 확정적(definite)이라고 규정하였다면 매수인의 대선은 허용되지 않는다. 따라서 이 같은 경우에 대비하기 위해서라도 매수인은 매매계약시 대선에 대한 권리가 있음을 확실하게 해둘 필요가 있다. ; Clive M. Schmitthoff, *op.cit.*, p.24.

35) 이 같은 고의적이고 저열한 선박의 수배·지정에 대해 매도인은 매수인과의 계약을 취소할 권리가 있다. *Taxaco Ltd. v. The Eurogulf Shipping Co. Ltd.* [1987] 2 Lloy's Rep. 54 at 545. 한편 이 같은 형태의 선박지정을 Mickey Mouse Nomination이라 일컫기도 한다. ; Clive M. Schmitthoff, *op.cit.*, p.23.

그러나 무엇보다도 중요한 점은 당초 적합선박을 수배·지정하지 못해 대선을 하는 경우라 할지라도 이는 반드시 계약에서 합의된 지정 선적기간(shipping period) 내에 이루어져야 한다는 것이다. 매수인은 적기에 이를 이행하지 못하는 경우 합의된 선적기간 만료 후부터 발생하는 모든 추가비용과 위험을 부담하여야 한다.

대선일지라도 매수인이 합의된 지정 선적기간 내에 선박을 수배·지정하지 못하면 매도인은 계약위반을 이유로 당해 계약을 취소하거나 관련된 손해의 배상을 매수인에게 요구할 수 있다.[36)]

일단 유효한 대선이 이루어진 경우라면 매도인은 반드시 당해 선박에 선적하여야 한다.

⑤ 화환어음 취결방식의 본선인도조건

본선인도조건은 선적지에서 인도가 이루어지는 선적지 인도조건이다. FOB Busan이라고 표시하는 경우에 'Busan'은 계약의 목적물인 물품의 선적장소 또는 인도장소이며, 동시에 당사자 간에 위험 및 비용부담의 분기점이 된다. 따라서 물품의 인도가 이루어지는 장소인 선적항은 추후 분쟁에 적용될 준거법의 확정과 관련하여 중요한 의미가 있다.

본선인도조건은 매도인이 계약물품을 지정선박에 적재하여 인도를 완료하고 그러한 인도의 통상적인 증거서류를 매수인에게 제공하면 매수인은 인도된 계약물품을 인수하고 대금을 지불해야 하는 현물인도(actual delivery)조건이다. 즉 당사자 간의 특약이 없는 한 물품인도와 대금지급은 동시이행의 관계에 있다.[37)]

여기서 말하는 통상적인 증거서류는 본선수취증(Mate's Receipt : M/R)이나 선박수취증(Ship's Receipt) 또는 부두수취증(Dock Receipt) 등의 서류를 말한다.[38)] 본선인도조건은 현실적 인도조건이기 때문에 통상적 증거서류가 반드시 선하증권일 필요는 없다. 지

36) 이때 매도인이 청구할 수 있는 손해배상금액은 현재 매도인이 판매한 물품을 인도하지 못하고 소유하고 있는 관계로 총손실액에서 당해 물품의 가치만큼을 공제한 금액이 된다. 당해 물품의 가치는 해당 물품의 시장가치가 존재하는지 유무에 관계없이 결정되므로 매도인은 이에 대비해 기준이 되는 물품가치를 계약서상에 특정 일자로 지정할 필요가 있다. ; *Ibid.*

37) 따라서 매수인의 물품검사권 또는 물품인수거절권과 상관없이 매수인이 물품을 인수한 때 대금지급의무가 발생한다.

38) 화물이 본선에 반입되면 일등항해사가 선박회사에서 발급한 선적지시서(Shipping Oder : S/O)와 대조해가면서 화물을 수취하여 선창내에 적재한다. 이 때 화물을 수취한 증거로서 본선의 일등항해사가 발행한 수취서가 본선수취증(M/R)이다. 선박수취증이란 선박회사가 발행한 화물수취증이며, 부두수취증은 본선에 적재하기 위해 부두내에서 운송인에게 인도되었음을 증명하는 서류로써 대개 선박회사 대리인이 발행하는 화물수취증이다.

정된 선박에 물품을 인도하였다는 것을 증명할 수 있는 통상적인 서류이면 족하다.

그러나 현물인도계약인 본선인도조건은 실무적으로는 매도인이 선하증권을 포함한 선적서류들과 함께 화환어음을 발행함으로써 은행으로부터 물품대금을 회수하는 것이 일반적인 관행인데, 만일 매도인이 본선적재 후 권리증권(소유권증권)인 선하증권(Bill of Lading : B/L)을 선박회사로부터 인도받는다면 당해 계약물품에 대한 소유권리는 해당 선하증권이 유효하게 매수인게게 양도될 때까지 매도인에게 유보된다.

다시 말해 실무상 본선인도조건에서는 물품의 인도와 동시에 대금을 받는 경우는 드물고 대금회수의 목적상 매도인이 물품의 적재완료 후 매도인 또는 하주 지시식(to the order of Seller of Consignor) 또는 개설은행 지시식(to the order of issuing bank)으로 선하증권을 발급받아 기타의 선적서류 등과 함께 화환어음(Bill of Exchange)을 발행하고, 이를 거래은행에 제시한 후 대금결제가 이루어질 때까지 물품에 대한 소유권을 자신에게 유보한 상태에서 수출대금을 회수하는 화환어음 취결방식을 이용하는 경우가 많다.

이 같은 본선인도조건의 실무적 운용은 결국 아래에서 설명하는 선적서류이전을 통한 추상적 인도조건인 운임·보험료포함인도조건(CIF)과 같은 방식으로 대금결제가 이루어지게 된다.

본선인도조건에서 화환어음에 의한 대금결제방식은 화환어음결제특약에 의해 이루어지며, 운임·보험료포함인도조건(CIF)과 더불어 국제무역에서 주요 계약조건으로 자리매김하고 있다.

⑥ 본선인도조건의 기타 법률문제

ⓐ 점유권과 소유권의 이전

본선인도조건은 현실인도조건으로서 매도인은 매수인이 지정한 선박에 물품을 인도하게 되는데 이때 운송인은 매도인의 관점에서 볼 때 매수인의 이행보조자의 입장에 서게 된다. 따라서 매수인의 이행보조자인 운송인의 귀책사유에 의해서 선적이 불가능하게 된 경우에는 매수인은 매도인에게 인도의무의 위반을 주장할 수 없고, 오히려 선적을 하지 못함으로 말미암아 매도인에게 손해가 생긴 때에는 매수인은 매도인에게 손해배상의 책임을 진다.

그러나 여기서 주의해야 할 것은 매수인의 이행보조자인 운송인은 매수인 물품의 수탁자(bailee)에 머무른다는 점이다. 다시 말해 매도인이 운송인에게 물품을 인도한다는 것은 소위 물품의 점유권을 이전한다는 것이지 그 물품의 소유권의 이전을 뜻하는 것은 아니라는 점이다.

이러한 부분에 대해 현행 Incoterms에서는 본선인도조건에 따라 계약이 체결된 경우 물품의 소유권의 이전에 관한 규정은 두고 있지 않다. 따라서 FOB 계약에서 물품의 소유권 이전은 당사자가 계약에서 정한 바에 따라 이루어질 수밖에 없다. 그러나 실제로 FOB 계약에서 소유권의 이전조항을 따로 합의하는 것은 드물다.

다만 일반적 관점에서 볼 때 FOB 계약은 물품인도와 대금지급이 동시이행관계에 있기 때문에 매도인이 계약물품을 본선 적재하는 때에 소유권은 이전한다는 것이 전통적인 견해이다.

그러나 FOB 계약의 경우에도 이미 앞서 설명한 바와 같이 매도인이 선하증권을 취득하는 경우, 그리고 환어음이 발행되는 경우 당해 선적서류의 교부와 상환으로 발행된 환어음의 결제가 이루어질 때까지 소유권의 이전이 유보된다.

좀 더 엄밀히 말한다면 앞서 언급한 본선인도조건의 변형형태 중 추가 업무부 본선인도조건(FOB with additional services)에서와 같이 매도인이 직접 선박회사와 해상운송계약을 체결하는 형태에서는 매도인이 매수인에게 소위 '하주지시식 선하증권'을 양도할 때 계약물품의 소유권은 매수인에게 이전한다. 그러나 최근의 국제 판례들의 흐름을 보면 이 같은 경우에도 매매계약상 명시적이든 묵시적이든 소유권에 대한 유보조건이 없어야 하며 또 매도인에게 대금의 완전결제가 이루어져야만 소유권이 이전한다는 견해가 지배적이다.[39)]

그리고 일반적인 본선인도조건에서처럼 매수인이 해상운송계약을 직접 체결할 경우에는 선하증권이 매수인 또는 매수인의 대리인에게 직접 교부될 때 소유권이 이전한다. 물론 이 경우에도 매매계약상 명시적이든 묵시적이든 소유권에 대한 유보조건이 없어야 하며 또 매도인에게 대금의 완전결제가 이루어져야 한다.

한편 선박에 선적된 대량화물 또는 산적화물(bulky cargo)이 여러 매수인에게 매도되는 경우 물품이 불특정물 상태에 있을 때에는 이들 물품이 계약에 특정되지 않는 한 선적만으로는 소유권이 이전하지 않으며, 추후 목적지에서의 할당과 분배의 과정(process of exhaustion)을 통해 특정되어야만 비로소 소유권이 이전된다.[40)]

---

39) *Mitsui & Co. Ltd. v. Flota Mercane Grandcolombiana* SA [988] 2 Lloyd's Rep. 208 ; The Kaptan Marcos (No.2) [1987] 2 Lloyd's Rep. 321 ; *Concodia Trading BV v. Richco International Ltd.* [1991] 1 Lloyd's Rep. 475. ; *ibid.*, 99. 25-26.

40) 소유권이 이전되기 위해서는 불특정물의 특정이 반드시 이루어져야 한다.

ⓑ 위험의 이전

FOB 계약에서는 물품이 계약에 특정되기까지는 물품의 멸실 위험이 매수인에게 이전되지 않는다.

국제매매계약에 관한 유엔협약(UN Convention on Contracts for the International Sale of Goods ; CISG)에서도 제67조 (2)항에서 물품이 하인, 선적서류, 매수인에 대한 통지 또는 그 밖의 방법에 의하여 계약상 명확히 특정될 때까지 위험이 매수인에게 이전하지 않는다고 규정하여 물품의 특정이 계약물품의 위험의 이전에 결정적인 기준이 됨을 천명하고 있다.

한편 본선 적재라는 위험의 분기점은 매도인과 매수인간의 위험의 이전 시점을 정해주는 것일 뿐 운송인에 대해서까지 확대 적용되는 것은 아니라는 점을 유의할 필요가 있다.

즉 해상운송계약에서 선적작업은 전체 운송작업의 일부로써 분리될 수 없는 것이기 때문에 운송인이 선적작업 중에 자신의 주의의무 위반으로 물품을 멸실 또는 훼손한 때에는 그 위반 행위가 본선상의 어느 쪽에서 벌어졌는지에 관계없이 운송인은 당연히 이에 대해 책임을 지는 것이다.[41]

ⓒ 포장의 의무

매도인은 계약체결시 반대합의나 그러한 관습이 없는 한, 자기의 비용으로 물품운송에 필요한 포장을 해야 한다. 포장에는 적절한 하인이 표시되어 있어야 한다.

이때 포장은 내항성 포장(seaworthy packing)이어야 한다. 즉 해상운송에 적합한 포장이어야 하고, 해상보험에 부보되는 물품에 요구되는 수준의 포장이어야 한다.

왜냐하면 선적시에 물품의 포장이 내항성을 갖추지 못하면 물품이 해상보험에 부보되었다 할지라도 이는 보험자의 면책 사유에 속하기 때문에 피보험자인 매수인은 손해를 보상받지 못하기 때문이다. 나아가 불충분한 포장은 해상운송인의 면책사유에 속하기 때문에 이로 인한 손해는 매도인이 부담해야 한다.

포장이 충분한지 여부의 판단은 상거래상의 통념에 따라 당사자간에 합의된 구체적인 포장조건을 고려하여 합리적으로 이루어져야 한다.

국제물품매매계약에 관한 UN협약(CISG)에서는 포장에 관해 다음과 같이 규정하고 있다.

• 제35조 (1)항 : 매도인은 계약에서 정한 수량, 품질 및 품명에 적합하고, 계약에서

41) Clive M. Schmitthoff, *op.cit.*, p.24-25 참조 ; Hague Rules 제3조, 상법 제794조, 제795조 참조.

정한 방법으로 용기에 담겨지거나 포장된 물품을 인도하여야 한다.

- 제35조 (2)항 d)호 : (계약의 통상목적과 특별목적을 충족시키는) 그러한 물품에 대하여 통상의 방법으로, 또는 통상의 방법이 없는 경우에는 그 물품을 보존하고 보호하는데 적절한 방법으로 용기에 담겨지거나 또는 포장되지 아니하면 계약에 부적합 물품의 인도가 된다.

3) 운임포함인도조건(Cost and Freight .... named port of destination : CFR)

운임포함인도조건이라 함은 매도인이 물품을 본선에 적재하여 인도하거나 또는 이미 그렇게 인도된 물품을 조달함으로써 인도가 완료되는 조건을 의미한다. 물품의 멸실 또는 손상의 위험은 물품이 본선에 적재된 때 매도인으로부터 매수인에게 이전한다. 그리고 매도인은 물품을 지정 목적항까지 운송하는데 필요한 해상운송계약을 체결하고 그에 따른 비용과 운임을 부담하여야 한다.

운송비지불인도조건(CPT), 운송비·보험료지불인도조건(CIP), 운임포함인도조건(CFR), 운임·보험료포함인도조건(CIF) 등과 같은 C-조건들은 물품이 목적지에 도착할 때까지 매도인의 인도의무가 연장되는 것이 아니라 계약조건에 명시된 방법으로 수출국 내의 운송인에게 물품을 교부하는 때에 매도인의 인도의무가 완료된 것으로 본다.

운임포함인도조건은 전형적으로 수출국내 터미널에서 인도되는 컨테이너화물과 같이 물품이 본선에 적재되기 전에 운송인에게 인도되는 경우에는 적절하지 않다. 이러한 경우에는 운송비지불인도조건(CPT)이 사용되어야 한다.

이 운임포함인도조건은 앞서 설명한 운송비지불인도조건(CPT)과 운송비·보험료지불인도조건(CIP)과 마찬가지로 위험과 비용이 서로 다른 장소에서 이전되기 때문에 두 가지의 분기점을 갖는다.

우선 위험은 선적항에서 본선에 적재시에 매수인에게 이전한다. 반면에 합의된 목적항까지의 운임과 비용을 매도인이 부담하기 때문에 목적항이 비용의 분기점이 된다. 매도인은 목적항에 도착한 계약화물을 양하할 의무는 없다. 그러나 만일 매도인이 자신이 체결한 운송계약 하에서 목적항에서의 양륙비용을 부담한 경우에는, 당사자 간에 반대 합의가 없는 한 비용을 매수인에게 구상(求償) 할 수 없다.

일반적으로 목적항에서의 부선료(lighterage)나 양륙비용(unloading charge)이 운임에 포함되어 있지 않은 경우에는 이 비용은 관례적으로 매수인이 부담하지만, 정기선 운송 운임과 같이 이들 비용이 운임에 포함되어 있을 때에는 결과적으로 매도인이 부담하는 형태가 되므로 당사자 간에 별도의 반대합의가 없다면 이 비용을 구태여 따로 매수인에게 청구하는 것은 무역거래에서 큰 의미가 없다는 의미이다.

운임포함인도조건에서 매도인은 계약물품의 수출허가를 포함해 수출통관에 필요한 제세공과금을 부담한다. 그러나 당해 물품을 수입통관하거나 수입관세를 부담하는 등 수입통관절차를 수행할 의무는 없다.

(1) 매도인의 의무

① 계약과 일치하는 물품의 제공

매도인은 계약과 일치하는 물품 및 이를 증명해주는 상업송장, 또는 이에 상응하는 전자적 문서, 그리고 계약에서 요구하는 증명서류를 제공하여야 한다.

② 물품의 인도

매도인은 물품을 본선에 적재함으로써 또는 그렇게 인도된 물품을 조달함으로써 계약물품을 인도하여야 한다. 각각의 경우 매도인은 합의된 일자에 또는 합의된 기간내에 당해 항구의 관습적인 방법으로 물품을 인도하여야 한다.

③ 위험의 이전

매도인은 전항 ②에 따라 계약물품이 인도될 때까지의 물품의 멸실 및 손상의 모든 위험을 부담한다.

④ 운송계약과 보험계약

매도인은 인도장소로부터 또는 당해 인도장소에 합의된 특정 인도지점이 있는 경우에는 그 지점으로부터 지정된 목적항까지 또는 당해 목적항에 합의된 특정지점이 있을 때는 그 지점까지 물품을 운송하는 운송계약을 체결하거나 그렇게 체결된 계약을 조달하여야 한다. 운송계약은 매도인의 비용으로 통상적인 조건으로 체결되어야 하며, 판매된 물품과 같은 형태로 운송하는데 보통 이용되는 종류의 선박[42)]으로 통상적인 항로[43)]로 운송하는 내용이어야 한다.

보험계약의 경우 매도인은 매수인에 대해 보험계약을 체결할 의무가 없다. 그러나 매도인은 매수인의 요청이 있는 경우 매수인의 위험과 비용으로 매수인이 부보하는데

---

42) 앞서 본선인도조건(FOB)에서 설명한 적합선박(suitable ship)의 요건을 지칭한다.

43) 선적항과 목적항 두 지점 간에 통상 사용되는 가장 짧은 항로를 말한다. 부산에서 뉴욕간의 통상항로는 태평양을 건너 파나마운하를 거쳐 대서양을 거슬러가는 항로이지 수에즈운하나 아프리카 희망봉을 지나 유럽을 거쳐 뉴욕으로 가는 항로는 아니다. ; 박대위, 「전게서」, pp.83-84.

필요한 정보를 매수인에게 제공하여야 한다.

⑤ 물품인도 서류

매도인은 자신의 비용으로 합의된 목적항까지의 운송에 관한 통상적인 운송서류를 매수인에게 지체없이 제공하여야 한다. 이러한 운송서류는 계약물품에 관한 것이어야 하며 합의된 선적기간 내에 적재완료 되었음이 표기되어야 하고, 목적항에서 매수인이 당해 계약화물에 대해 인도청구를 할 수 있는 것이어야 한다. 그리고 이러한 운송서류가 복수의 유통 가능한 형태로 발급되는 경우에는 운송회사가 발급한 전통(full set)이 매수인에게 제공되어야 한다.

⑥ 허가·인가·통관 등의 의무

해당되는 경우, 매도인은 자신의 위험과 비용으로 수출허가와 기타 공적인가를 획득하여야 하고, 물품의 수출에 필요한 모든 통관절차를 밟아야 한다.

⑦ 검수·포장·하인

매도인은 물품을 인도하기 위한 목적에서 필요한 품질·용역·중량·수량 등의 점검에 필요한 비용 및 수출국 정부 당국에 의해 강제되는 선적전검사 비용을 부담하여야 한다.

포장은 매도인의 비용으로 하되 통상적으로 포장되지 않은 상태로 운송되는 경우에는 그러하지 아니한다. 매도인은 매매계약시 매수인과 포장에 관한 특별한 요건을 합의한 경우에는 그에 따라야 하지만 그와 같은 내용이 합의되지 않은 경우에는 당해 운송에 적절한 방식으로 물품을 포장할 수 있다. 포장에는 적절한 하인이 표시되어야 한다.

⑧ 비용 부담

매도인은 다음의 비용을 부담하여야 한다.

첫째, 물품이 전항 ②에 따라 인도될 때까지의 모든 비용을 부담한다.

둘째, 운임 그리고 매도인이 체결한 운송계약하에서 매도인이 부담하기로 되어있는 선적항에서의 물품 적재비용과 목적항에서의 양륙비용 등을 포함한 기타의 비용을 부담한다.

셋째, 해당되는 경우 수출에 따른 통관비용과 수출시에 부과되는 모든 관세, 세금 및 기타 공과금 및 제3국을 통과하여 운송하는데 드는 비용 중 운송계약에 따라 매도인이 부담하기로 한 비용을 부담한다.

⑨ 물품인도의 통지

매도인은 매수인에게 물품이 인도되었다는 사실을 통지하여야 한다.

매도인은 매수인에게 매수인이 물품을 수령할 수 있도록 하는데 통상적으로 필요한 조치를 취할 수 있도록 하기 위하여 필요한 통지를 하여야 한다.

⑩ 정보에 관한 협조 및 관련비용

해당되는 경우, 매수인의 요청으로 매수인의 위험과 비용으로 매수인의 물품 수입 및/또는 최종 목적지로의 운송에 필요로 하는 서류와 정보를 제공하거나 그러한 서류와 정보를 취득하는데 협조하여야 한다.

(2) 매수인의 의무

① 물품인수 및 대금지불

매수인은 매매계약에서 약정된 바에 따라 물품의 대금을 지불하여야 한다.

② 물품의 수령

매수인은 매도인으로부터 계약물품이 인도된 때에는 이를 수령하여야 한다. 그리고 지정된 목적항에서 운송인으로부터 당해 계약물품을 인도받아야 한다.

③ 위험의 이전

매수인은 매도인으로부터 물품이 인도된 때부터 물품의 멸실 또는 손상의 모든 위험을 부담한다.

매수인은 만일 자신이 선적시기 및 또는 지정 목적항내에서 물품을 수령한 지점을 결정할 권리를 갖고 있을 때에는 매도인에게 이에 관하여 충분히 통지해야 함에도 불구하고 그러한 통지를 하지 않은 경우에는 매수인은 합의된 선적기일로부터 또는 합의된 선적기간의 만료일로부터 발생한 물품의 멸실 또는 손상의 모든 위험을 부담한다. 물론 이를 위해서는 물품이 계약물품으로 명확히 특정되어 있어야 한다.

④ 운송계약과 보험계약

운송계약의 경우 매수인은 매도인에 대하여 운송계약을 체결할 의무가 없다.

보험계약의 경우 매수인은 매도인에 대해 보험계약을 체결할 의무는 없다.

⑤ 인도의 증빙

매수인은 매도인으로부터 제공된 운송서류가 계약과 일치할 때는 이를 인수하여야 한다.

⑥ 허가·인증·통관 절차

해당되는 경우, 매수인은 자신의 위험과 비용으로 수입허가와 기타 공적 인가를 취득하고 물품의 수입과 제3국을 통과하는 운송에 필요한 모든 통관절차를 수행하여야 한다.

⑦ 비용의 부담

매수인은 다음의 비용을 부담하여야 한다.

ⓐ 매수인은 물품이 매도인으로부터 인도된 때부터 물품에 관련된 모든 비용
ⓑ 물품이 목적항에 도착할 때까지 운송 중에 물품에 관련된 모든 비용과 부대비용, 그러나 그러한 비용을 운송계약상 매도인이 부담하기로 한 때에는 그에 따른다.
ⓒ 부선료(lighterage)와 부두사용료(wharfage)를 포함한 양륙비용, 그러나 비용을 운송계약상 매도인이 부담하기로 한 때에는 그에 따른다.
ⓓ 매수인이 만일 자신이 선적시기 및/또는 지정 목적항에서 물품을 수령할 지점을 결정할 권리를 갖고 있어 매도인에게 이에 관하여 충분히 통지해야함에도 불구하고 그러한 통지를 하지 않은 경우에 합의된 선적일자나 합의된 기간 만료일로부터 발생한 추가비용, 물론 이 경우 물품은 계약물품으로 명확히 특정되어 있어야 한다.
ⓔ 해당되는 경우, 물품의 수입에 부과되는 관세, 세금, 기타 공과금과 수입통관비용 및 제3국을 통과하여 운송하는데 드는 비용 중에서 운송계약비용이 포함되지 않은 비용
ⓕ 매수인은 강제적 선적전검사비용을 지불해야한다. 그러나 그와 같은 검사가 수출국 정부당국의 강제적 수출검사의 형태일 경우에는 매도인의 부담이 되므로 예외이다.

⑧ 매도인에 대한 통지

매수인은 만일 자신이 선적시기 및/또는 지정 목적항에서 물품을 수령할 지점을 결정할 권리를 갖고 있을 경우 이에 관하여 매도인에게 충분히 통지하여야 한다.

⑨ 정보에 관한 협조 및 관련비용

매수인은 매도인이 매수인의 요청에 따라 물품의 수입 및/또는 최종 목적지로의 운송에 필요한 서류와 정보를 제공하거나 그러한 서류와 정보를 취득하는데 매수인에게 협조함으로써 발생한 비용이 있는 경우 이를 매도인에게 상환하여야 한다.

또한 해당되는 경우, 매수인은 시의적절한 방법으로 매도인의 요청이 있다면 매도인의 위험과 부담으로 매도인이 물품의 운송과 수출 및 제3국을 통과하는 운송에 필요로 하는 서류와 정보를 제공하거나 그러한 서류나 정보를 취득하는데 협조하여야 한다.

4) 운임·보험료포함인도조건(Cost, Insurance and Freight ... named port of destination : CIF)

운임·보험료포함인도조건은 앞서 설명한 운임포함인도조건(CFR)에 보험만 추가한 조건으로 다른 모든 내용은 운임포함인도조건과 똑같다.

Incoterms 2020 규정에 따라 운임·보험료포함인도조건의 사용설명서를 살펴보면 다음과 같다.

운임·보험료포함인도조건이라 함은 매도인이 물품을 본선에 적재하여 인도하거나 또는 이미 그렇게 인도된 물품을 조달함으로써 인도가 완료되는 조건을 의미한다. 물품의 멸실 또는 손상의 위험은 물품이 본선에 적재될 때 매도인으로부터 매수인에게 이전한다. 매도인은 물품을 지정 목적항까지 운송하는데 필요한 운송계약을 체결하고 그에 따른 비용과 운임을 부담해야 한다.

또한 매도인은 운송중 물품의 멸실이나 손상의 위험에 대비하여 보험계약을 체결한다. 이때 매수인이 유의할 것은 본 조건에서 매도인은 단지 최소부보조건(minimum cover)으로 부보되도록 요구된다는 것이다. 따라서 보다 광범위한 보험의 부보를 원한다면 매수인은 매도인과 명시적으로 그러한 내용을 합의하든지 아니면 스스로 추가보험을 들어야 한다.

매도인은 매수인과 다른 별도의 합의가 없는 한 보험계약은 대부분 로이드시장협회/국제보험업협의회의 협회적하약관 C-약관이나 그와 유사한 약관으로 최소담보조건으로 체결된다. 따라서 매수인은 필요하다면 자신의 비용으로 보험의 부담 범위가 넓은 A-약관이나 B-약관 또는 그와 유사한 약관을 포함해 전쟁위험이나 파업·폭동·내란 등의 위험도 담보되는 보험을 구매하여야 할 것이다.

운송비지불인도조건(CPT), 운송비·보험료지불인도조건(CIP), 운임포함인도조건(CFR), 운임·보험료포함인도조건(CIF) 등과 같은 C-조건들은 물품이 목적지에 도착한 때가 아니라 수출국에서 운송인에게 물품을 인도하는 때에 매도인의 인도의무가 이행된 것으로 본다.

운임·보험료포함인도조건은 앞서 설명한 운임포함인도조건과 마찬가지로 위험과 비용이 서로 다른 장소에서 이전하기 때문에 두 가지의 분기점을 갖는다. 우선 위험은 선적항에서 본선 적재시에 매수인에게 이전한다. 따라서 매수인이 위험의 이전과 관련하여 선적항에 특별한 이해관계가 있다면 계약에서 가능한 한 명확하게 선적항을 특정해 놓는 것이 필요하다.

또한 당사자간에 합의된 목적항까지 매도인이 비용을 부담하기 때문에 목적항은 비용의 분기점이 된다. 따라서 매도인은 합의된 목적항내에서도 자신의 비용부담의 분기점이 될 수 있는 특정 지점을 가급적 명확하게 특정해 놓는 것이 바람직하다.

만일 매도인은 자신이 체결한 운송계약 하에서 목적항의 약륙비용을 부담한 경우에는 당사자간에 반대합의가 없는 한 이 비용을 매수인에게 구상(求償) 할 수 없다. 운임·보험료포함인도조건은 전형적으로 터미널에서 인도되는 컨테이너화물과 같이 물품이 본선에 인도되기 전에 운송인에게 인도되는 경우에는 적절하지 않다. 이러한 경우에는 운송비·보험료지불인도조건(CIP)이 사용되어야 한다.

이 조건에서는 매도인은 계약물품의 수출허가를 포함해 수출통관에 필요한 제세공과금 등을 부담한다. 그러나 당해 물품을 수입통관하거나 수입관세를 부담하는 등 수입통관절차를 수행할 의무는 없다.

이하 매도인과 매수인의 의무는 매도인의 보험계약체결의무를 제외하고는 운임포함인도조건(CFR)과 동일하다.

(1) 운임·보험료포함인도조건(CIF)의 특징

① 운임·보험료포함인도조건(CIF)의 의의

운임·보험료포함인조조건(CIF)은 물품의 원가(cost), 보험료(insurance) 및 목적항까지의 운임(freight) 등 세 가지 요소가 하나의 거래계약조건에 통합된 합리적 가격조건으로 평가되고 있다.

CIF 조건은 이처럼 가격구성 요소를 약어로 사용하고 있지만, 가격산정조건만을 뜻하는 것은 아니며 계약당사자간의 위험과 비용의 분배 및 계약상 의무의 이행방법 등에 대해 상세한 내용을 담고 있는 대단히 중요한 거래조건이라 할 수 있다.

이 조건은 법률적 관점에서 본다면 세 가지 계약으로 구성된 형태이다. 즉 매매당사자간의 매매계약(contract of sale), 매도인과 운송회사간의 해상운송계약(contract of carriage by sea), 매도인과 보험자간의 해상보험계약(contract of marine insurance) 등이 통합된 복합매매조건이라 할 수 있다.

따라서 진정한 의미의 CIF 계약에서 매도인은 자신의 위험과 비용으로 지정된 목적항까지 해상운송계약을 체결한 후 약정된 기간내에 계약물품을 선적하고, 운송 중 계약물품의 멸실 및 손상의 위험에 대해 해상보험계약을 체결한 후 선적서류를 완비하여 매수인에게 제공하면 매수인으로부터 계약물품의 대금을 지불받는다.

이 같은 특색을 갖고 있는 CIF 조건은 매매당사자의 입장에서 보면 다음과 같은 장·단점이 있다.[44)]

첫째, 매도인의 입장에서의 장점은,

ⓐ 선적완료와 동시에 계약물품의 멸실 및 손상위험으로부터 자유로워질 수 있다.

ⓑ 선적서류와 상환으로 물품대금을 받을 수 있으므로 현금화가 빠르다.

ⓒ 선박회사 및 보험회사가 많으면 운임과 보험료를 가장 유리하게 정할 수 있다.

반면, 매도인의 입장에서 단점은,

ⓐ 환시세 변동에 따른 환차손을 부담하는 경우가 있다.

ⓑ 선복수배와 복잡한 수속을 밟아야 한다.

둘째, 매수인의 입장에서의 장점은,

ⓐ 선복수배와 보험계약체결의 수고를 할 필요가 없어 편리하다.[45)]

ⓑ 각국의 동일품의 가격을 자국의 도착항 가격으로 비교할 수 있어 유리하다.[46)]

ⓒ 선적서류에 배서하여 제2의 후속 구매인(sub-purchaser)에게 전매할 수 있어 계약물품의 도착전이라도 수수료 및 기타 이익을 빨리 취득할 수 있다.

ⓓ 계약물품이 부보되어 있어 손실을 보상받을 수 있다.

반면, 매수인의 입장에서의 단점은,

ⓐ 수출항으로부터 수입항까지 해상보험계약이 체결되어 있다고 해도 담보범위가 협소하여 모든 위험이 담보되는 것은 아니며, 보험사고가 발생하면 매도인이 계약한 보험으로 손해배상을 요구하기 때문에 수수료와 비용을 부담하게 된다.

ⓑ 이 조건은 선적서류의 인수와 더불어 대금을 지불하기 때문에 실제로 계약물품이 도착한 후 검사하게 되므로 당해 계약물품에 하자가 발견되면 그것이 선적이전의

---

44) 이하, 박대위, 「전개서」, pp. 87-88 참고.

45) 이제까지 한 번도 거래해 본 적이 없는 나라에서 물품을 구입할 때 본선인도가격(FOB)으로 거래한다면 매수인은 선박회사와 보험회사에 운임과 보험료를 알아보고, 다시 관세, 물품세 등을 가산해서 소비자까지 물품을 인도하는데 드는 실제비용을 계산하려면 복잡할 뿐더러 또 정확하지 못하다.

46) 매수인 입장에서는 같은 물품에 대해 여러 나라에서 가격 제시를 받을 수 있는데 이들을 비교할 때는 서로 거리가 다른 출발지에서 본선인도가격(FOB)으로 비교하는 것은 무의미하다. 모든 수출상으로부터 자국의 수입항까지 도착하는 가격을 운임·보험료포함인도조건(CIF)에서는 비교할 수 있어 어느 가격이 가장 유리한지 즉시 알 수 있게 된다.

것임을 증명해야 하는 번거로움이 따른다.

ⓒ 가격책정시 매도인은 운임과 보험료를 여유있게 계산하므로 만일 계산보다 운임과 보험료가 낮게 산정되어도 이 때 발생하는 이득은 매도인 몫이 된다.

② 운임·보험료포함인조조건의 본질

CIF 조건은 물품이 지정된 선적항에서 본선에 적재되면 매도인의 인도의무가 종료되는 적출지(선적지) 매매조건이다. 따라서 이 조건은 계약물품이 목적지에 도착할 것을 물품대금의 지급조건으로 하는 것이 아니다.

다시 말해 CIF 조건은 계약물품이 목적항에 도착할 것을 계약조건으로 하는 것이 아니라 계약물품의 선적을 계약내용의 핵심으로 하여 적출지에서의 선적을 매매당사자간의 책임한계의 분기점으로 하는 계약조건이라 할 수 있다. 이 조건은 적출지 매매계약에서의 매수인의 지나친 부담과 양륙지 매매계약에서의 매도인의 과중한 부담을 잘 조화시켜 매도인과 매수인의 부담을 적절히 안배한 매매조건이라고 볼 수 있다.

이 조건은 매도인이 계약물품을 선적하고 운송중의 위험에 대해 부보를 한 후 선적서류를 구비하여 매수인에게 제공하여야 하며, 매수인은 매도인으로부터 제공받은 선적서류와 상환으로 계약물품의 대금을 지불하여야 하는 선적서류상환불(cash against documents : CAD) 형식의 서류인도계약조건이다.[47)]

나아가 이 조건은 매도인의 비용부담이 목적지까지 연장되기는 하지만 적출지 인도조건이므로 계약물품이 선적후 운송과정에서 멸실되어도 당해 계약물품의 도착 여부와 관계없이 매도인은 계약의 내용을 충족시킨 선적서류의 제공만으로 대금결제를 받을 수 있다. 반대로 계약물품이 목적항까지 안전하게 도착했다고 할지라도 매도인이 계약의 내용과 일치하지 않는 선적서류를 제공한다면 매수인은 대금의 결제를 거부할 수 있다.

그러나 여기서 주의할 것은 CIF 조건의 서류인도적 측면을 지나치게 강조한 나머지 CIF 조건의 계약을 서류매매계약으로 보는 수도 있지만,[48)] CIF 계약에서도 매도인이 유효한 서류를 제시했다 하더라도 매수인은 목적지에 도착한 물품이 계약에 일치하지 않은 때에는 물품을 거절할 권리를 가진다는 점에서 CIF 계약은 물품매매계약이라는 점이다.[49)]

---

47) 본선인도조건(FOB)은 현물인도조건(actual delivery)인 반면 운임·보험료포함인도조건(CIF)은 상징적 또는 추상적인도조건(symbolic delivery)이 된다.

48) Ireland v. Livington [1872] L.R. 5 H.L 395("CIF 조건은 선적서류의 인도에 의해 대금이 지급되는 운임 및 보험료가 포함되어 있는 계약이다").

49) D. M Day & Bernardette Griffin, *The Law of International Trade*. 2^{rd}ed., Butterworth, 1993, p.58.

요컨대 CIF 계약은 선적서류의 인도를 조건부로 하는 물품매매계약이므로 매도인은 계약과 일치하는 물품을 선적할 의무가 있고, 동시에 계약과 일치하는 서류를 제공할 의무가 있다.

일반적으로 CIF 조건의 뒤에는 CIF New York과 같이 목적항을 기재한다. 이는 매도인이 어느 항구까지의 운임을 부담하는가를 나타내기 위함이다. FOB의 경우 FOB Busan은 Busan항이 수출항이 되며 이 Busan항이 매도인과 매수인의 책임분기점이 된다. 따라서 CIF New York에서 목적항인 New York을 매도인의 책임의 분기점으로 간주해서는 안 된다. CIF계약에서는 수출항에서 매도인의 책임은 이미 종료된다.

③ 운임·보험료표함인도조건(CIF)의 법률문제

CIF 조건은 FOB 조건과 더불어 무역거래에 대단히 활발하게 사용되는 조건이다. CIF 조건은 그 본질이 서류상의 거래이기 때문에 선적서류를 담보로 결제가 이루어지고 화환어음 취결방식의 결제방식과 결합되어 복잡한 법률관계를 구성하게 된다.

국제물품매매거래에서 매수인이 물품의 최종 소비자가 아닌 경우에는 가능한 한 빨리 물품에 대한 권리를 획득하여 그 물품을 전매하거나 또는 이를 담보로 은행으로부터 자금을 대출받고자 원할 것이다. 반면에 매도인의 입장에서는 해상운송계약과 해상보험계약을 체결하는 수고로움이 있다 할지라도[50] 대금의 결제와 함께 물품의 처분권을 매수인에게 양도하고 추후 만일의 경우 물품이 훼손되거나 멸실되더라도 그 책임으로부터 자유로워지고 싶을 것이다. 이러한 매도인과 매수인의 목적에 부합하는 계약의 형태가 CIF 계약이라 할 수 있다.

CIF 계약에서는 매도인으로서는 선적서류와 상환으로 물품이 목적지에 도착하기 전이라도 대금을 지급받을 수 있고, 매수인으로서는 인도받은 선적서류를 통하여 물품이 운송 중이라 하여도 자유로이 매매할 수 있기 때문에 선적서류의 양도를 통하여 실제로 물품이 도착하기 전이라도 이를 제3자에게 전매할 수 있다는 이점이 있다. 이 때문에 선하증권은 지시식 또는 유통성으로 발행되어야 한다.[51]

그러나 CIF 조건이 사용되는 거래에서 분쟁이나 마찰이 발생하게 되면 과연 문제가

---

50) CIF 계약에서는 매도인이 직접 해상운송계약과 해상보험계약을 체결하기 때문에 매도인으로서는 가장 적합한 운송인과 보험자를 선택할 수 있다. 뿐만 아니라 운임과 보험료를 자국의 시장에 유보할 수 있어 불필요한 외화의 유출을 줄이고 위험은 선적과 동시에 매수인에게 이전할 수 있다.

51) CIF 조건의 이 같은 특징 때문에 항공운송이 수반되는 계약에서는 사용의 제약이 있을 수 있다. 왜냐하면 항공운송에 있어서 항공화물운송장(AWB)은 권리증권도 아니고 유통성도 없는 서류이기 때문이다. ; 이용근,「전게서」, pp. 286-287.

된 그 거래가 '진정한 의미의 CIF 계약'의 본질을 유지하고 있는지 여부가 대단히 중요한 판단기준이 된다.

일반적으로 다음과 같은 두 가지 요건이 CIF 조건에서 요구되거나 포함되면 '진정한 의미의 CIF 계약'으로 보지 않는다.

첫째, 매매계약시 CIF 조건이 사용되었으나 선적서류의 인도에 의해 대금결제가 이루어지는 것이 아니라 당사자 간의 합의에 따라 현물인도(actual delivery)가 계약이행의 필수조건(condition)으로 계약될 경우 당해 계약은 더 이상 '진정한 의미의 CIF 계약'이 아니라고 간주한다.

예를 들어 선하증권을 포함한 선적서류의 인도 대신 목적항에서 계약물품이 인도되어야 대금결제가 이루어진다든지 하는 형태의 조건이 이에 해당한다.

둘째, 선적서류의 양도가 있었음에도 불구하고 양수인인 매수인과 운송인간에 직접적인 법률관계가 인정되지 않는 경우,[52] 또는 양도가 이루어졌음에도 불구하고 양수인인 매수인과 보험자간에 직접적인 법률관계가 성립하지 않은 경우 더 이상 '진정한 의미의 CIF 계약'이 아니라고 본다.

예를 들어 선하증권을 양도받은 매수인이 목적항에서 운송인에게 계약화물을 청구할 수 있는 권리가 없는 경우, 또는 보험서류를 양도받은 매수인이 물품의 멸실이나 손상에 대해 피보험자로써 보험자에게 보험금을 청구할 수 없는 상태가 이에 해당한다.

결론적으로 CIF 계약의 본질적인 요건은 다음과 같이 요약해 볼 수 있다.

① 매도인은 대금지급과 상환으로 매수인에게 선적서류 일체를 인도해야 한다는 점,

② 해상운송계약과 해상보험계약의 당사자인 매도인의 모든 권리와 의무가 선하증권과 보험증권의 양도를 통해 매수인에게 문제없이 이전되어야 한다는 점,

③ 이에 의해 매수인과 운송인 사이에, 그리고 매수인과 보험자 사이에 직접적인 법률관계가 형성되어 계약물품이 멸실·훼손된 경우에 매수인이 필요에 따라 운송인이나 보험자에게 직접 손해배상이나 보험금 지급의 청구를 할 수 있어야 한다는 점이다.

④ 운임·보험료포함인도조건(CIF)에서의 소유권 이전문제

CIF 조건에서 물품에 대한 소유권리는 일반적으로 선하증권이 매수인에게 양도될 때 이전한다. 그러나 이때 선하증권의 양도에 의한 권리의 이전에서 유의해야 할 다음

---

52) 단순히 하주인 매도인의 대리인 역할만을 하는 운송주선인(freight forwarder)이 발행한 운송주선인 선하증권은 CIF 계약에서 적격선하증권으로 간주되지 않는다. 또한 항공운송이 이루어진 경우 항공운송의 증거서류인 항공화물운송장(AWB)은 유통성이 없고, 권리증권이 아니므로 매수인의 권리행사에 제한이 있다. ; Clive M. Schmitthoff, *op.cit.*, p.45-46.

과 같은 세 가지 중요한 요인이 있다.

첫째, 소유권의 이전은 선하증권이 매도인으로부터 매수인으로 양도되어 인도될 때 이전한다.[53] 이는 선하증권이 매도인(하주)지시식, 은행지시식, 매수인지시식으로 발행되는 모든 경우에 해당하며, 다만 매수인 기명식으로 선하증권(straight B/L)이 발행된 경우에만 선박회사로부터 당해 선하증권을 교부받으면 이 시점에 물품의 소유권이 이전한다.

둘째, 매매계약체결시 명시적으로 매도인이 대금을 지급받을 때까지 물품의 처분권을 유보한다는 의사표시를 한 경우 또는 기타의 소유권 유보에 관한 특약을 한 경우에는 물품의 소유권리는 선하증권이 매수인에게 양도되어도 이전하지 않는다. 매수인이 이처럼 소유권을 이전받지 못하게 되면 실제로 물품의 법적인 소유주로 인정되지 않기 때문에 비록 선하증권을 소지하고 있다 할지라도 경우에 따라서는 해상운송인의 운송 중 과실에 대한 손해배상의 청구권과 같은 권리주장에 제약을 받는다.[54]

셋째, 명시적으로 소유권 유보조건을 표시하지 않은 경우라 할지라도 선하증권의 양도로 매수인은 물품에 대한 처분권을 취득할 수는 있겠지만, 이는 매수인의 물품검사 후 당해 물품이 계약에 적합할 것을 요건[55]으로 하는 조건부 권리이다.

이는 CIF 계약 역시 본질적으로 물품의 매매를 그 핵심내용으로 하고 있기 때문에 인도된 물품이 계약에 일치하지 않을 경우에는 매수인은 당해 불일치 물품을 매도인에게 반환할 수 있고, 반대로 매수인이 대금지급을 거절하거나 상당 기간이 지나도록 대금결제를 해태하는 경우에는 매도인은 물품을 제3자에게 매각할 수 있다.

---

53) 지시식선하증권이 발행되면 소유권은 선적시에 이전되지 않는다. 매도인이 선하증권의 인도와 함께 매수인으로부터 물품대금을 수취할 때까지는 소유권이 이전되지 않는다.

54) 일본의 철강제조업자로부터 철강코일(steel coils)을 C&F조건(지금의 CFR조건)으로 수입하기로 한 영국의 매수인은 물품이 도착하기 전 시장상황의 악화로 당해 철강코일의 재판매가 불가능하다는 사실을 알고 매도인과의 새로운 합의에 따라 매수인은 매도인의 대리인으로서 목적항에 도착한 물품을 수령하고 이를 보관하기로 하였고, 매도인의 지시가 있을 때까지 소유권은 매도인에게 계속 유보되는 것으로 하였다. 매수인은 매도인에게 물품대금을 지급하고 물품을 수령하던 중 해상운송인의 과실로 물품에 손상이 있는 것을 인지하고 해상운송인의 과실을 이유로 손해배상을 청구하였다. 이에 대해 이 사건 담당 귀족원(House of Lords)에서는 이미 물품의 위험은 선적과 동시에 매수인에게 이전하였지만, 화물의 손상 당시 매수인은 당해 물품에 대해 법적인 소유권자가 아니었으므로 소송의 당사자가 될 수 없다는 판결을 내렸다. ; *Leigh and Silvian Shipping Co. Ltd., The Aliakmon* [1986] A.C. 785.(Clive M. Schmitthoff, *op.cit.*, p.40).

55) 이를 해제조건(condition subsequent)이라 한다. 지금까지의 계약이행은 이 해제조건이 충족되어야 유효해진다. 매매계약에서 가장 중요한 해제조건은 물품의 검사결과 당해 물품이 계약에 일치해야 한다는 조건이다.

⑤ 추가조건부 변형 운임·보험료포함인조조건

CIF 조건은 여러 형태의 조건들이 추가적으로 결합하면서 다양한 형태로 사용되기도 한다.

다음과 같은 형태들은 CIF 조건의 본질에 수수료, 이자비용, 양륙비, 물품가격 조정요인 등을 포함시킨 것으로 '진정한 의미의 CIF 계약'의 형태로 간주한다. 가장 많이 사용되는 조건들은 다음과 같다.

ⓐ CIF & C (운임·보험료 및 수수료 포함가격)

이 조건에서 마지막 C는 국내외의 무역중개상 또는 대리점에 지급하는 수수료(Commission)를 의미한다. 보통 줄여서 CIFC5 등과 같이 숫자를 포함시켜 백분율을 타낸다. 즉 CIF가격의 5%를 수수료로 중개업자에게 지불한다는 의미이다. 많은 나라에서는 수입업자가 직접 외국으로부터 물품을 수입하지 않고 무역중개상을 통해 물품을 수입한다. 이는 수입업자가 수출국 상인이나 시장상황을 잘 모르는 경우가 많고 수입에 따르는 복잡한 업무를 위임하고자 하기 때문이다. 대금결제 시에는 매도인은 물품의 CIF전액을 지급받고 그 후에 별도로 수수료를 중개상에게 송금해주는 것이 상례이다.

ⓑ CIF & E (운임·보험료 및 외환비용 포함가격)

이 조건은 CIF 가격에 외환위험에서 올 수 있는 외환비용의 부담을 가격의 일부로 포함시키는 조건이다. 이 조건은 예상되는 환율변동에 따른 환차손을 미리 산정하기 어려워 활용도는 미미하다. 실제로 환위험을 회피하기 위해서는 선물환계약(foreign exchange forward contract)을 체결하거나, 매매계약서상에 계약체결 시점과 대금결제 시점 간의 환율변동에 대비해 어느 당사자 일방이 부담한다는 등의 명시적 약정을 하는 것이 바람직하다.

ⓒ CIF & I (운임·보험료 및 이자 포함가격)

이 조건은 CIF 가격에 매도인이 대금결제를 받는 날과 매수인이 실제 대금결제하는 날 동안의 이자(interest)를 포함한 가격이다.

대부분의 경우 CIF 거래에서는 선적과 동시에 매도인은 환어음 매입은행으로부터 CIF에 대한 전액을 대금지불 받는다. 이때 매입은행은 매도인으로부터 제시된 서류를 수입국 은행으로 보내 자금이 추심(collection)될 때까지의 이자를 별도로 수입국 은행앞으로 청구하게 되는데 이 경우 원칙적으로는 매수인이 그 기간 동안의 이자를 부담하게 되나 CIF & I 특약이 있으면 매도인이 매입은행의 자금회수시까지의 이자를 부담하게 된다.

ⓓ CIF & landed

이 조건은 CIF 가격에 매도인이 목적항에서의 양륙비용을 부담한다는 조건이다. 일반적으로 해상운송계약이 정기선(liner)을 이용하는 개품운송계약(contract of affreightment)에서는 선적비(loading charges)와 부선료(lighterage), 항구사용료(wharfage)를 포함한 양륙비(unloading charges)는 운임에 포함되어 있어 결과적으로는 매도인이 부담하는 형태이다. 그러나 이 같은 양륙비를 관례상 매수인이 부담하게 되는 운송계약이나 항구의 관습이 있는 경우 이 조건을 사용하게 되면 이를 매도인이 부담하게 된다.

ⓔ CIF & Net landed weights/delivered weight/quantity or quality

CIF 조건에 이 같은 조건이 추가되는 경우는 보통 목적항에 도착한 계약화물의 중량이나 품질상태를 보고 단순히 가격을 조정하겠다는 의도로 해석된다. 왜냐하면 이미 계약물품의 대금을 지불한 후 목적지에 도착한 물품의 최종적 중량이나 상태를 보고 그 부족분이나 상태만큼을 환불 내지 조정하겠다는 단순한 의도로 간주되기 때문에 이들 가격조건들을 CIF 계약의 본질을 위배하는 것은 아니라 볼 수 있다.

한편 여기서 유의할 것은 'CIF cleared'와 같은 조건은 위의 변형조건들과는 달리 CIF 계약의 본질을 변화시키는 조건으로서 이른바 '진정한 의미의 CIF 계약'이라고 볼 수 없다는 점이다. 다시 말해 이 조건은 수입국에서의 수입통관비용을 가격에 포함시켜 매도인이 부담하는 형태여서 실제로는 양륙지 매매계약으로 바뀌기 때문이다.

⑥ 서류인수거절권과 물품인수거절권

CIF 계약에서 빼놓을 수 없는 본질적 특징 중 하나는 매수인은 서류인수거절권(right to reject the documents)과 물품인수거절권(right to reject the goods)이라는 각각 별개의 권리를 갖는다는 사실이다.

CIF 조건은 이미 설명한 바와 같이 선적서류상환불(CAD)이라는 서류인도조건이므로 계약에 일치하는 선적서류들이 매도인으로부터 제시되면 매수인은 반드시 매도인에게 대금을 지불하여야 한다. 반대로 매도인으로부터 계약과 일치하지 않는 선적서류가 제시되면 의당 매수인은 이의 인수를 거절하고 대금결제를 거부할 수 있다. 계약에 일치하는 서류가 제시된다는 의미는 계약과 일치하는 물품이 제공된다는 것과 같은 의미를 주기 때문이다.

따라서 실제로 목적지에 도착한 계약물품에 계약과 일치하지 않는 하자가 있을 경우 매수인은 당연히 당해 계약물품의 하자의 경중에 따라 물품의 손해배상을 청구하거나 물품의 인수를 거절할 수 있다.

문제는 매도인으로부터 제시된 서류들이 계약과 일치하지 않았음에도 불구하고 매수인이 이를 간과한 채 대금지불을 한 연후에 실제 목적지에 도착한 물품에 하자가 있는 경우, 과연 매수인은 당해 계약물품에 대해 클레임을 제기할 수 있는 권리가 있느냐는 것이다. 왜냐하면 매도인으로부터 선적서류가 제시될 당시 선적서류의 하자에도 불구하고 매수인이 대금을 지불했다는 사실은 일견 계약물품의 하자를 용인한 것으로 추론될 수 있기 때문이다.

그러나 '진정한 의미의 CIF 계약'에서는 매도인으로부터 제시된 선적서류들이 계약과 불일치하는 경우 비록 매수인이 착오 또는 과실로 이를 인수하고 대금을 결제하여 비록 그 당시 서류인수거절권을 상실하였다 하여도 추후 목적지에 도착한 물품에 하자가 있는 경우 물품인수거절권은 별개의 권리로서 행사할 수 있다.

'진정한 의미의 CIF 계약'에서는 서류인수거절권은 서류가 제시된 때 발생하는 것이며, 물품인수거절권은 물품이 목적지에 도착하여 이를 검사한 후 발생하는 권리로 이 두 가지 권리는 매수인이 행사할 수 있는 별개의 권리다.

한편 여기서 또 한 가지 유의할 점은 매수인이 매도인으로부터 제시된 서류를 인수함으로써 서류인수거절권을 상실하고, 추후 목적항에 도착한 물품을 이의없이 인수하고 이를 처분하여 물품인수거절권마저 상실한 경우라 할지라도, 매도인이 제시한 서류가 애당초 위조(forgery) 등과 같은 기망행위가 있었던 때에는 매수인은 서류의 위조에 근거하여 재차 서류인수거절권을 행사함으로써 계약위반에 따른 손해배상을 청구할 수 있다는 것이다.[56]

신의칙에 따라 행해져야 할 국제물품매매계약에 있어 매도인이 제시한 서류에 위조가 있는 등 사기(fraud)가 발생한 경우에는, 매수인이 서류의 인수 당시 이를 인지하지 못하고 대금결제를 함으로써 서류인수거절권을 상실하였다 해도 매수인의 서류인수거절권은 계속 유효하게 존속한다. 이때의 손해배상액은 매수인이 매도인의 계약위반을 발견했던 시점의 계약물품가격과 계약가격(contract price)과의 차액만큼이 된다.[57]

---

56) *Kwei Tek Chao v. British Traders and Shipper Ltd.* [1954] 2 Q.B. 459 ; Clive M. Schmitthoff, *op.cit.*, pp.37-38.(B/L상의 선적일자가 위조된 것을 인지하지 못하고 대금을 결제한 매수인이 물품을 인수하고 이를 창고에 임치한 후 창하증권(go-down warrants)을 견질로 은행과 질권설정계약을 체결한 후 해당 B/L의 위조 사실을 발견하게 된 사례이다).

57) *ibid.*

Chapter 05
국제운송

무역거래는 국제간에 이루어지는 상거래이므로 필연적으로 운송이 수반된다. 무역을 위한 운송은 운송수단에 따라 해상운송, 육상운송, 항공운송 그리고 복합운송으로 구분할 수 있는데 물동량 면에서 볼 때 해상운송의 비중이 전통적으로 상당히 높다고 볼 수 있다. 근래에는 대형 항만의 개발과 대형 컨테이너선의 등장으로 해상운송의 중요성은 더 더욱 높아지고 있다. 최근에는 항공기의 발달로 항공운송도 증가 일로에 있으며, 컨테이너의 다양한 활용으로 여러 운송수단을 동시에 사용하는 복합운송 역시 대단히 중요한 의미를 준다.

이 장에서는 국제물품운송과 관련하여 그 주된 내용을 해상운송, 항공운송, 복합운송으로 나누어 자세히 살펴보기로 한다.

제1절 해상운송

1. 해상운송의 의의

해상운송이란 선박이라는 수단을 이용하여 상업적 목적하에서 해상을 통해 화물 및 여객을 운송하는 것을 말한다. 해상운송은 물품의 운송수단으로서 오랜 세월 전부터 가장 많이 활용되어 왔다. 3면이 바다로 둘러싸인 우리나라는 무역 물품운송의 90%이상을 해상운송에 의존하고 있다. 이러한 해상운송의 의의를 살펴보면 다음과 같다.

① 화물의 대량운송

해상운송은 도로운송, 항공운송, 철도운송 등에 비해 화물을 대량으로 운송할 수 있다. 최근 대형화된 컨테이너선을 통한 일반화물 운송량과 전용선을 통한 벌크화물의 운송량은 타 운송수단과 비교할 수 없을 만큼 크다.

② 저렴한 운송비

해상운송은 대량운송과 원거리 운송시 다른 운송수단과 비교하여 가장 운임이 저렴하다.

③ 국제수지 개선기능

무역거래에서 수출입 화물을 자국선박에 의해 운송함으로써 외화지불을 절약하고 외국의 화물을 운송함으로써 외화를 획득하여 국제수지를 개선시키는데 큰 역할을 한다. 또한 각종 해운 종사자들이 벌어들이는 외화도 상당하다.

④ 조선산업 및 연관산업의 발전효과

해상운송은 조선 및 철강산업의 발달과 관련 연관산업의 동반성장에 큰 역할을 한다.

⑤ 고용증대 효과

해상운송을 뒷받침하는 해상보험 사업의 고용증대 효과뿐만 아니라 해상운송을 위한 각종 포워더(forwarder), 검수원, 부두 종사자, 조선업 종사자 등과 같은 고용에 미치는 효과가 높다.

2. 해상운송의 운항형태

해상운송은 선박의 운항형태에 따라 정기선 운항, 부정기선 운항으로 대별되며, 이들 운항에 투입된 선박을 각각 정기선, 부정기선이라 한다.

1) 정기선과 부정기선

(1) 정기선

정기선(liner) 운송이라 함은 엄격한 운송계획 하에 운항 일정에 따라 정해진 항로를 규칙적으로 반복 운항하는 형태의 운송을 말한다. 대부분의 정기선은 선박 자체가 상대적으로 고가이며 컨테이너 화물에 적합하도록 선박이 설계되어있어 주로 공업제품, 컨테이너 화물 등의 일반잡화를 운송하는데 이용된다.

정기선은 운항계획에 따라 정해진 항로를 하주의 화물 유무와 관계없이 규칙적으로 반복 운항하므로 운송서비스의 질이 높고, 많은 선박이 필요하며 고정비용이 높아 운임률도 부정기선에 비해 높다.

일반적으로 정기선의 운임은 부정기선과는 달리 각 정기항로의 해운동맹에서 일률적으로 정한 동맹운임표(tariff)에 의하여 운임이 책정된다.

정기선 운송에서는 선박회사가 불특정다수의 하주와 화물에 대한 운송을 개별적으로 계약하는 개품운송계약(contract of affreightment)을 체결하고 이 계약의 증거서류로 선하증권(Bill of Lading : B/L)을 발급한다.

(2) 부정기선

부정기선(tramper) 운송이라 함은 정기항로를 규칙적으로 취항하는 정기선과는 달리 고정된 항로나 정해진 운항계획 없이 하주의 필요에 따라 부정기적으로 운항하는 운송형태를 말한다.

부정기선은 특정 하주의 화물 수요에 따라 선복의 전부 또는 일부를 용선하여 운송하게 된다. 부정기선은 정기선과는 달리 주로 광물이나 곡물, 원목 등 주로 1차 상품과 같은 저가의 대량동종화물을 주로 운송대상으로 하고 있다. 운임은 계약 당시의 수요와 공급에 의하여 결정되므로 수시로 변동한다. 부정기선의 운임은 정기선 운임과 같이 안정되지 않고 해운 시황에 따라 등락을 거듭하며, 치열한 경쟁을 통해 운임이 결정되므로 정기선보다 그 운임률이 낮다.

부정기선 운송에서는 특정 화물의 하주와 선박회사 간에 용선계약(contract of charter party)이 체결되고 용선계약서 하에서 선하증권과는 법률적 성질이 다른 용선계약 선하증권(charter party Bill of Lading : C/P B/L)이 발행된다.

(3) 특수전용선[1)]

특수전용선은 광의로 말하면 부정기선박의 일종이라 할 수 있으나, 선박의 구조상 일반 선박과는 다르기 때문에 특별히 구별할 필요가 있다.

특수전용선은 운송할 대상 화물의 성질과 특성에 맞게 선박자체 내에 특수시설이 갖추어졌으며, 대개가 용선계약으로 운송된다. 특수전용선에는 수산물과 청과물을 운송하는 냉동선(refrigerated ship), 유류만 수송하는 유조선(oil tanker), 곡물이나 광석의 수송에 쓰이는 전용선, 목재 전용선, 자동차 수송 전용선 등이 있다.

---

1) 박대위, 「무역실무」, 법문사, 1998, p.105 참조.

| 표 5-1 | 정기선과 부정기선 운송의 주요 특징 비교

구 분	정기선(liner)	부정기선(tramper)
항로	• 특정한 항구 사이를 일정에 따라 규칙적으로 반복운항.	• 운송화물의 수요에 따라 항로가 결정되고 변동됨.
선박의 형태	• 일정규모의 선대(fleet)가 취항. • 선박의 종류는 일반화물선 또는 컨테이너선.	• 개별취항. • 주로 전용선.
화물의 형태	• 불특정다수 하주로부터 다양한 고가의 잡화물(general cargo). • 주로 완제품 형태의 포장화물.	• 1인 또는 소수의 하주로부터의 저가의 대량만재화물. • 주로 원자재 형태의 거대화물(bulky cargo).
운임	• 표정운임 또는 동맹운임.	• 시황에 따라 운임이 가변적인 시장운임 또는 경쟁운임.
운송계약	• 불특정다수의 하주와 개품운송계약(contract of affreightment) 체결.	• 특정한 용선자와 용선계약(contract of charter party) 체결.
운송서류	• 통일된 양식의 선하증권(B/L).	• 계약조건에 따라 융통성 있는 용선계약 선하증권(C/P B/L).
선박운항자	• 공동운송인(common carrier) 또는 대중운송인(public carrier)	• 계약운송인(contract carrier) 또는 개인운송인(private carrier)

2) 정기선 운송

(1) 정기선 운송계약

정기선 선박회사는 다수의 하주로부터 화물에 대한 운송을 개별적으로 인수하는 해상운송계약을 체결한다.

정기선사는 각각의 하주들과 별도의 운송계약을 체결한다고 하여 하주와 정기선사와의 운송계약을 개품운송계약(contract of affreightment)이라고도 한다.

정기선은 재래식 화물선과 컨테이너 전용선으로 구분되는데 오늘날 대부분의 정기선 화물은 컨테이너화물이므로 컨테이너 전용선이 정기선운송에 사용된다. 따라서 컨테이너 전용선을 이용해야 할 경우에는 정기선사와 하주 간에 개품운송계약을 체결한다.

컨테이너와 항해기술의 발달로 정기선 운송이 주된 해상운송수단이 됨에 따라 국제거래와 관련하여 개품운송계약이 가장 중요한 운송계약 형태가 되었다. 이 때문에 국제해상운송법들은 주로 개품운송계약을 그 규율 대상으로 하고 있다.

개품운송계약은 운송인이 불특정 다수의 하주의 개개 물품을 인수하고, 상대방인 송하인이 이에 대하여 운임을 지급할 것을 약속한다. 따라서 용선계약과는 달리 화물의 종류, 성질, 용적 및 중량 등 운송물의 개성이 계약의 중심이 되고, 선박의 개성은 중시되지 않는다. 개품운송계약은 대형 컨테이너선박에 의한 정기선 운송에서 사용된다.

용선계약은 부정기선 운송에서 주로 사용되고 계약자유의 원칙이 지배하지만, 개품운송계약에 있어서는 당사자간의 개별적 협상이 어려워서 약관을 사용하는 방법으로 계약을 체결하는 것이 일반적이다.

개품운송계약에서 하주는 Incoterms의 조건에 따라 수출업자가 될 수도 있고 수입업자가 될 수도 있다. 본선인도조건(FOB)에서는 선복수배와 운송계약의 책임이 수입업자에게 있으므로 수입업자가 하주가 되며 운임·보험료포함인도조건(CIF)에서는 수출업자가 하주가 되어 운송계약을 체결하고 운임을 지불하여야 한다.

개품운송계약은 법률적으로 불요식계약이기 때문에 계약성립에 당사자 간의 합의 외에는 특별한 방식이 필요한 것은 아니지만 대개 하주(또는 그 대리인)가 고시하는 항해일정표상에서 항로별 선박명, 입항예정일, 출항 예정일(estimated time of departure : ETD), 목적지도착예정일(estimated time of arrival : ETA) 등과 자신의 매매계약에서의 선적기일, 화물의 특성 등을 비교하여 적합한 선박을 선택한 다음 선박회사에 배치된 선적요청서(shipping request : S/R)양식에 해당사항을 기재하여 제출하면 선박회사가 이를 승낙(booking)[2]함으로써 운송계약이 체결된다.[3]

(2) 해상운임

정기선 운송의 경우 해상운임(ocean freight)은 항로별로 해운동맹(shipping conference)이 결성되어있어 해운동맹이 결정한 동맹운임률표(tariff)에 따라 가격이 형성되어 있으나 실제로 정기선사가 징수하는 운임은 시황에 따라 영향을 받기도 한다.

정기선운임은 크게 재래 정기선 운임과 컨테이너 단위 운임으로 대별된다.

① 재래 정기선 운임

컨테이너 화물이 아닌 재래식 운임은 용적 및 중량 정도 등을 고려하여 결정된다. 용

---

2) 승낙(booking)이란 선박회사가 하주의 선복신청을 수락한 후 선복원부(space book)에 기입하는 것을 말한다. 운송계약이 성립하면 선박회사는 하주에게 선복확정서(booking note)를 교부한다.

3) 최근에는 물류자동화시스템인 'KL-net'가 구축되어있어 하주와 선주간의 운송계약절차가 간소화되었다. KL-net는 수출입 전반에 걸친 화물유통과 정보흐름의 원활화를 위하여 EDI시스템을 이용하여 운송, 하역, 보관, 입출항 분야의 물류자동화를 구현하는 종합물류정보망이다. 박대위·구종순, 「전게서」, p.87.

적을 기준으로 하는 화물을 용적화물(measurement cargo)이라 하고 중량을 기준으로 하는 화물을 중량화물(weight cargo)이라 한다.

ⓐ 중량톤(weight ton)

1000kg의 중량을 1중량톤으로 하여 운임을 산정하는 방법으로 통상 Metric Ton (M/T)이라 한다. 이 밖에 지역에 따라 Long Ton(English Ton : E/T), Short Ton (American Ton : A/T) 등이 있다.

- Metric Ton = Kilo Ton : 2204LBS = 1,000kg
- Long Ton = English Ton : 2240LBS = 1,016kg
- Short Ton = American Ton : 2000LBS = 906kg

ⓑ 용적톤(measurement ton)

1입방미터(㎥=cubic meter : CBM)를 1톤으로 한다.

한편 용적과 중량의 구별은 40cubic feet, 즉 한 용적톤의 화물이 중량 2240lbs를 초과하면 중량화물로 취급된다. 대개 정기선 운임은 용적톤과 중량톤 중 높은 운임에 해당하는 운임을 적용한다. 이를 운임톤(revenue ton)이라 한다.

ⓒ 종가운임(ad valorem freight)

고가품일 경우에는 용적 또는 중량에 관계없이 가격에 따라 운임이 부과된다.

ⓓ 개수·단위 기준 운임

관례상 화물이 개별적 포장단위로 이루어져 있어 내용물의 용적 또는 중량이 일정한 화물, 석유제품 또는 자동차 등과 같은 화물은 개수 또는 단위를 기준으로 운임을 정한다.

② 컨테이너 단위 운임

정기선은 최근 주로 컨테이너 화물을 취급하기 때문에 정기선 운임은 다음과 같은 컨테이너 단위를 기준으로 운임을 산정한다.

ⓐ 품목별 운임(commodity rate)

이는 컨테이너 내용물의 가치에 따라 운임을 정하는 방식으로 고가치 화물일 경우에는 높은 운임을 적용하고, 저가치 화물일 경우에는 낮은 운임을 적용하는 종가 운임제이다. 항로별 해운동맹이 정한 운임률표(tariff)에서 해당 품목의 운임을 찾아 계산해야 하는 번거로움이 있다. 대부분의 정기선은 품목별 운임을 적용하고 있다.

ⓑ 무차별운임(freight all kinds rate : FAK rate)

컨테이너 내용물의 품목에 관계없이 컨테이너 1단위당 동일한 운임을 적용하는 방식이다. 운임을 계산하는 것이 손쉽다는 장점으로 컨테이너 운송에서 보편화 추세에 있다.

ⓒ 품목별 박스운임(commodity box rate)

이는 위에서 언급한 품목별 운임과 무차별운임을 절충하여 물품을 몇 가지 등급으로 분류하여 운임을 차등 적용하는 방식이다. 컨테이너 운송의 경우 항로에 따라 적용되고 있다.

③ 할증운임

정기선은 정기적으로 기항하는 한 구간에 대해 상술한 기본 운임이 적용되나 화물이나 항로에 따라서는 다음과 같은 할증운임(surcharge)이 추가로 부과된다.

ⓐ 중량 할증운임(heavy lift charge) : 포장된 화물 한 단위(package or unit)가 일정한 중량을 초과할 때 할증료를 지불하여야 한다.

ⓑ 용적 및 장척 할증운임(bulky or lengthy charge) : 용적할증운임이란 화물 한 개가 일정한 용적을 초과할 때 부과되는 할증료를 말하며, 장척할증운임이란 화물 한 개의 길이가 일정 길이를 초과할 때 부과되는 할증료를 말한다.

ⓒ 양륙항선택 할증료(optional charge) : 본선 출항시까지 화물의 최종 양륙장소를 지정하지 못하였거나 양륙항으로 여러 항을 선택하였을 때에는 그 항구들의 수에 비례하여 할증료를 부과한다.

ⓓ 양륙항변경 할증료(diversion charge) : 화물의 선적시에 정한 양륙항 이외의 다른 항구로 양륙항을 변경한 경우에 부과되는 할증료이다.

ⓔ 체선할증료(congestion surcharge) : 지정된 양륙항의 체선이 극심한 경우 하주에게 통보하고 그 화물에 대해 부과하는 할증료이다. 혼선할증료라고도 한다.

ⓕ 반송운임(back freight) : 화물의 목적지에서 수하인(consignee)이 화물의 인수를 거절하는 경우 선주는 화물을 원래의 송하인(consignor)에게 반환할 수 있는데 이 때 송하인에게 청구하는 운임을 말한다.

ⓖ 통화할증료(currency charge) : 해상운임의 지급통화가 환율변동될 때 환차손을 보전하기 위해 부과하는 할증료이다. CAF(currency adjustment factor)라는 항목으로 부과된다.

ⓗ 유가할증료(bunker charge) : 국제유가의 변동에 따른 손실을 보전하기 위해 부과되는 할증료이다. BAF(bunker adjustment factor)라는 항목으로 부과된다.

(3) 해운동맹

해운동맹이란 특정항로에 배선하고 있는 둘 이상의 정기선 운항업자가 상호간에 기업적 독립성을 유지하면서 경쟁을 피하고 상호이익을 증진하기 위하여 해상운임 및 기타 운송조건에 대하여 협정 또는 계약을 체결하는 국제해운카르텔이다.

정기선 해운에서는 각 선사 간에 집하경쟁이 치열하게 되고 일단 특정 항로가 선복과잉에 직면하게 되면 당해 항로에 참가한 모든 선사의 존립을 위태롭게 할 수 있는 파멸적인 운임경쟁이 불가피해 진다. 이러한 파멸적 경쟁에 이르기 전에 당해 특정 항로에 참가하는 선사들은 상호간에 협조 체제를 확립하여 과당경쟁을 배제하고 운송에 관한 각종 협정을 체결함으로써 선사 상호간의 이익을 도모할 목적으로 생겨난 것이 해운동맹이다.

그러나 해운동맹은 가맹선사간의 공동합의를 전제로 운영되어왔기 때문에 해운시장의 민감한 환경변화에 탄력적으로 대응할 수 없어 대형 선박회사들이 점차 해운동맹을 탈퇴하기 시작하였고, 시간이 지남에 따라 해운동맹 운영의 독점적 폐해성이 선사 상호간에 경쟁을 제한하여 해운시장을 왜곡시키는 악영향이 두드러지기 시작하였다.

더욱이 대하주 국가인 미국에서 독점을 강력히 규제하는 신해운법(Shipping Act, 1984) 및 외항해운개혁법(Ocean Shipping Reform Act, 1998)이 연달아 제정됨에 따라 해운동맹의 기능이 매우 약화되었다.

그리고 해운동맹의 본거지였던 유럽연합(EU)에서도 2003년부터 오랜 논의 끝에 유럽집행위원회(European Commission)에서 해운동맹의 폐지를 확정하였고, 2008년부터 유럽지역을 운항하는 선사는 해운동맹, 콘소시움, 전략적 제휴 등 그 명칭에 관계없이 어떠한 형태로도 운임 또는 할증료에 대한 협의, 담합, 선복조정, 감축 등 경쟁제한 행위를 할 수 없게 되어 해운동맹은 사실상 그 기능을 상실하였다.[4)]

3) 부정기선 운송

부정기선(tramper)이란 정규적으로 정기항로를 취항하는 정기선과는 달리 고정된 항로나 정해진 운항계획 없이 하주의 필요에 따라 화물의 수요가 있으면 어느 지역이나 운항하는 선박의 형태를 말한다.

부정기선은 주로 광물이나 원유 등과 같은 원자재 형태의 화물이나 1차상품인 곡물 등과 같은 저가의 동종화물(homogeneous cargo)을 운송 대상으로 하며, 운임도 정기

---

4) 박대위 · 구종순, 「무역실무」, 법문사, 2012, p.86 참조.

선의 표정(表定)운임률이 아닌 계약 당시의 수요와 공급에 의해 결정된다.

부정기선과의 운송계약을 용선계약(contract of charterparty)이라 하는데 이는 하주가 선박회사로부터 선복의 전부 또는 일부를 빌려 화물을 운송하고자 할 때 체결된다.

개품운송계약에 의해 선하증권이 발급되는 정기선운송과는 달리 부정기선운송은 하주와 선주간의 용선계약에 의해 성립되며, 계약의 증거로 용선계약서가 발급된다. 용선계약에서는 선박의 전부를 빌리는 전부용선(whole charter)과 선복의 일부만을 빌리는 일부용선(partial charter)이 있으며, 전부용선은 다시 기간용선, 항해용선, 나용선으로 구분된다.

(1) 기간용선(time charter)

기간용선이라 함은 용선자가 선박소유자(선주)로부터 선박 운항에 필요한 모든 용구와 선원까지 승선시킨 내항성(seaworthiness)[5]을 갖춘 선박을 일정기간 동안 용선하여 그 기간을 기준으로 용선료를 지불하는 용선계약을 말한다. 기간용선계약 중에서 가장 중요한 형태는 정기용선계약이다.

일반적으로 선박소유자(선주)는 선박의 감가상각비·보험료 등의 간접비와 선원비·수리비 그리고 선용품비 등의 직접비를 부담해야 하며, 용선자는 용선료를 포함하여 연료비·항구세 등의 운항비용을 부담한다.

정기용선계약은 용선자가 선박의 상업적 이용에 대한 모든 책임을 인수하고, 일반적으로 연료 및 항해비용을 부담한다는 점에서 운송계약으로 보기 어렵다는 주장도 있지만, 정기용선계약하에서도 선박소유자는 용선자로부터 운송물을 인수받아 자기의 관리·점유하에 운송을 수행하고 그에 대하여 일정한 대가를 받는 점을 고려하면 적격요건을 갖춘 운송계약의 한 형태로 볼 수 있다.

다시 말해 정기용선계약에 있어서 선박의 점유·선장 및 선원에 대한 임명권, 그리고 선박에 대한 전반적인 지배관리권은 모두 선주에게 있고, 특히 선박의 항행 및 관리에 관련된 해기적인 사항에 관한 한, 선장 및 선원들에 대한 지휘·감독권은 모두 선주에게 있다. 따라서 정기용선된 선박의 선장이 항행상의 과실로 충돌 등 제3자에게 손해를 가한 경우 용선자가 아니라 선주가 배상책임을 부담한다.[6]

용선자는 자신의 화물을 운송하기 위해 특정기간 동안 기간용선하는 경우도 있으나 대개는 기간용선을 한 후 타인의 화물을 운송해준 후 운임과 용선비의 차액을 수익으

---

5) 선박이 특정항해를 감당할 수 있는 능력을 갖춘 상태를 말한다.

6) 대법원 2003.8.22. 2001다65977.

로 획득하고자 하는 전문 해운업자들에 의해 기간용선이 행해지는 경우가 많다.

한편 정기용선계약 형태가 아닌 순수한 기간용선계약은 선박회사가 부족한 선박을 다른 선박회사로부터 일시 용선하여 자기의 운송사업에 투입하는 경우에 주로 이용하며, 이때 용선자는 선박·선장·선원·선용품 및 연료 등에 대해서 전반적인 책임을 지기 때문에 선박임대차계약 또는 나용선계약의 형태가 된다. 이는 법률상 임대차계약의 한 형태로 보아야하기 때문에 용선계약의 규정이 아닌 선박임대차계약에 관한 규정이 적용된다.[7]

(2) 항해용선(voyage charter, trip charter)

항해용선이라 함은 특정항구(1개 또는 수개의 항)에서 특정항구(1개 또는 수개의 항)까지 화물의 운송을 위해 선주와 하주인 용선자간에 체결하는 용선계약 형태를 말한다. 정기용선의 경우는 일정기간 선박을 용선하는 것이기 때문에 화물 적재시마다 운임을 산정할 필요가 있지만, 항해용선의 경우에는 화물의 양에 따라 그때그때 마다 운임을 산정해야 한다.

항해용선계약은 선박소유자가 선박의 운항·관리권과 선장·선원의 선임 및 감독권을 가지며, 선박자본비용 외에 항비, 연료비, 도선료, 예선료, 보험료, 수선·보수비용 등의 비용을 부담하고 제3자에 대한 권리와 의무를 갖는다. 따라서 항해용선계약은 법률상 운송계약의 한 형태로 이해된다.

항해용선계약은 주로 철광석이나 곡물 등 대량화물 또는 산적화물(bulky cargo)을 운송한다. 이때 통상 항해용선계약에서는 화물의 톤당 얼마라고 하여 화물의 실제 선적량에 따라 운임이 책정되는 것이 일반적이지만,[8] 경우에 따라서는 한 항해에 얼마라고 총괄 운임을 약정하는 Lump Sum Charter와 하루에 얼마라고 운임을 정하는 Daily Charter도 있다.

그밖에 선내인부임(stevedorage)과 항비(port due)등의 부담 여부에 따라 gross term charter, net term charter, FIO charter 등의 형태가 있다.[9]

---

7) 이기수·신창섭, 「국제거래법」, 세창출판사, 2010, p.229 참조.

8) 철강, 시멘트, 철광석, 곡물, 석탄 등의 중량화물은 중량 1톤을 기준으로 운임이 결정되며, 원면, 양모, 목재 등의 용적화물은 용적 1㎥를 기준으로 한다.

9) gross term charter란 선주가 선내인부임 및 항비 일체를 부담하는 형태(단, 부선료, 체선료, 휴일 및 야간 할증료 등의 특수비용은 용선자가 부담한다.)를 말하며, net term charter란 용선자가 선내인부임 및 항비 일체를 부담하는 형태를 말한다. FIO charter란 용선자가 선적 및 양륙시의 하역비용을 부담하고, 선주가 항비를 부담하는 형태를 말한다.

(3) 나용선(bareboat charter)

나용선이라 함은 선주가 아무런 장비를 갖추지 않은 선체만 빌려주고 용선자가 선박의 운항에 필요한 선원, 장비, 소모품, 선용품비용, 항해비용 등 일체의 비용을 부담하는 용선계약을 말한다. 선박운항에 필요한 선원이나 장비 등을 유리한 조건으로 구비할 수 있는 경우에는 나용선을 통해 용선료를 절감할 수 있다.

많은 경우 외국 선박을 나용선하여 국내의 선원과 장비를 갖추어 다른 나라에 다시 용선해 주는 재용선(sub-charter)을 활용할 수 있다. 특히 선박회사가 자신의 선박을 외국에 판매하였다가 다시 그 선박을 재용선하는 경우도 있는데 이를 Charter Back이라고 한다.

나용선계약시 용선기간의 종료와 함께 선박의 소유권이 용선자에게 이전되는 조건으로 나용선 할 수 있는데 이를 Demise Charter라 한다.

4) 하역비용의 부담

하역비용이란 운송화물을 본선에 선적하는 적재비용(또는 선적비용)과 양륙하는데 소요되는 양륙비용(또는 양하비용)을 총칭하는 비용이다.

정기선 운송의 경우는 이런 하역비용을 포함하여 운임이 결정되기 때문에 하역비용에 대한 별도의 약정이 필요하지 않다. 그러나 부정기선을 사용하는 용선계약의 경우는 하역비용이 많이 드는 대량화물을 대상으로 하기 때문에 선적비용과 양륙비용을 누가 부담할 것인가에 대해서는 다음과 같은 별도의 약정이 필요하다.

① Berth Term(Liner Term) : 본선 선적비용 및 양륙비용 모두를 선주(선박회사)가 부담하는 조건이다. 정기선운송의 경우에는 하주가 지불하는 운임 속에 포함되어 있는 것이 보통이다. 이 조건은 정기선운송에 사용된다 하여 Liner Term이라고도 한다.

② FI(free in) : 이 조건은 선주가 선적비용(in)에 대해 책임을 지지 않는다는 조건이다. 따라서 선적비용은 하주가 부담하며, 대신 양륙비용(out)에 대해서는 선주가 부담하게 된다.

③ FO(free out) : 이 조건은 선주가 양륙비용(out)에 대해 책임을 지지 않는다는 조건이다. 따라서 양륙비용은 하주가 부담하며, 대신 선적비용(in)에 대해서는 선주가 부담한다.

④ FIO(free in & out) : 이 조건은 선주가 선적비용(in) 뿐만 아니라 양륙비용(out) 모두에 대해 책임을 지지 않는다는 조건이다. 따라서 선적비용과 양륙비용 모두를 하주가 부담한다.

⑤ FIOST(free in & out, stowed, trimmed) : 이 조건은 선주가 선적비용(in), 양륙비용(out), 선내적부비(stowage),[10] 그리고 선창내정리비(trimming charge)[11] 모두에 대해 책임을 지지 않는다는 조건이다.

5) 정박기간

정박기간(laydays, laytime)이란 용선계약 하에서 하주가 계약화물의 전량을 완전히 적재 또는 양륙하기 위하여 용선한 선박을 선적항 또는 양륙항에 정박시킬 수 있는 기간을 말한다.

용선계약에서 하주와 선주는 정박기간을 약정한 후 이를 용선계약서에 기재하게 되며, 이 약정된 정박기간 내에 하역을 끝내지 못하여 그 기간을 초과한 경우에는 초과기간에 대해 하주는 체선료(demurrage)를 지급하여야 한다.[12]

반대로 약정된 정박기간 이전에 하역이 종료되면 선주는 하주에게 조출료(despatch money)를 지급하여야 한다.[13]

정박기간은 화물의 종류, 항구의 상황 및 관습에 따라 다음과 같은 방법들이 통용된다.

(1) 관습적 조속하역(Customary Quick Despatch : CQD)

관습적 조속하역이란 항구의 관습적 하역방법 및 하역능력에 따라 가능한 한 조속히 하역하는 것을 약정하는 방법으로 일정한 기간을 정하지는 않는다. 불가항력적인 사태에 의한 하역 불능일은 정박기간에서 공제되나, 일요일과 공휴일, 그리고 야간작업 등을 하역 일수에 포함하는지 여부는 특약이 없는 한 당해 항구의 관습에 따르지만 이에 대해서는 당사자 간에 분쟁이 초래될 여지가 많으므로 유의할 필요가 있다.

(2) Running Laydays

이 방법은 하역 개시일부터 종료일까지 계속된 하역일수를 모두 정박기간으로 정한

---

10) 선내적부비(stowage)란 선박의 안전과 물품의 보호 측면에서 선박 내의 적절한 장소에 물품을 적재하고, 물품이 손상되거나 이동하지 않도록 조치를 취하는데 소요되는 비용을 말한다.

11) 선창내정리비(trimming charge)란 물품을 균형있게 적부하고 운송 중에 물품의 손상이 없도록 정리함으로써 선박 및 선박용구의 안정성을 유지하는데 소요되는 비용을 말한다.

12) 체선료는 초과 정박일수에 대해 하주(용선자)가 선주(용선주)에게 지불하기로 한 일종의 벌과금(penalties)으로써 보통 하루 용선료로 계산할 때 용선료의 60 ~ 80% 정도이다. 체선료는 사전에 미리 합의하여 정해 놓는 것이 일반적이나 그러하지 못했을 경우에는 초과 정박기간에 대해 현실적인 실손해액(actual damages)을 계산하여 청구하기도 한다. 이 실손해액을 지체손해금(damages for detention)이라 한다.

13) 조출료는 통상 체선료의 절반 정도이다.

다. 우천·파업 및 기타 불가항력 등으로 하역이 실제 이루어지지 않았어도 모두 정박기간에 계산되며, 일요일과 공휴일도 특약이 없는 한 정박기간으로 산입된다.[14)]

(3) Weather Working Days (WWD)

이 방법은 하역이 가능한 기후 하에서만의 작업일을 정박기간을 정하는 것으로 현재 가장 많이 사용하고 있다. 우천 또는 폭설 등에 기인하여 하역이 불가능한 작업일은 정박기간에 산입되지 않는다. 그러나 화물의 종류에 따라 어떤 기후하에 하역이 가능한지, 불가능한지 여부가 애매한 경우에는 선장과 하주의 협의에 의해 결정한다. 또한 하루 작업시간에 대해서도 문제가 발생할 수 있으므로 이에 대한 약정이 필요하다. 예를 들어 하루 24시간을 기준으로 하려면 'Weather Working Days of 24 consecutive hours' 라고 약정한다.

한편 이 조건에서는 일요일과 공휴일은 작업일이 아니므로 제외되나 특히 WWDSHEX 또는 SHEX(Sundays and Holidays Excepted even if used)라고 부기되는 경우에는 일요일과 공휴일에 작업을 하였어도 정박기간에 계산되지 않는다. 그러나 WWDSHEXUU 또는 SHEXUU(Sundays and Holidays Excepted Unless used)라고 부기되는 경우에는 일요일과 공휴일에 하역한 것은 정박기간에 산입된다.[15)]

제2절 컨테이너 운송

컨테이너(container)란 반복 사용이 가능한 내구성을 갖춘 운송용구로써 신속한 하역작업을 가능하게 하고 내용화물의 안전성을 확보한 상태에서 서로 다른 운송수단간의 연결을 용이하게 하기 위해 고안된 대형 운송용기이다.

컨테이너 운송이란 컨테이너를 이용하여 운송화물의 단위화와 규격화를 통해 경제성·신속성·안전성이라는 화물운송의 3대원칙을 실현시키고 운송구간 중 화물의 이적 없이 육·해·공의 상호 결합으로 협동일관수송(intermodal through transportation)을

---

14) Running Laydays의 계산은 1일 하역량으로 총 적재량을 나눈 일수로 표시되며, 1일 하역량은 대개 석탄 1일 몇 톤, 목재 1일 몇 B/M 등 1일 표준 하역량으로 표시된다.

15) WWDSHEXUU의 경우 1시간이라도 작업을 하면 하루로 계산할 것인지, 아니면 실제 작업시간 수만 계산할 것인지는 문제가 될 수 있으므로 "Unless Used, but only time actually used to count" 등의 방법으로 기재할 필요가 있다.

가능하게 하는 운송방법을 말한다.

컨테이너 운송은 운송기간의 단축뿐만 아니라 화물운송에 관련된 조작, 보관, 적재 및 양륙 등의 하역에 소요되는 시간과 비용을 절약시키고, 정박기간을 단축시킴으로써 운송원가를 절감시킬 뿐만 아니라 육·해·공의 서로 다른 운송수단의 결합을 통해 일괄수송체계를 확립시켜 소위 문전에서 문전까지의 Door to Door 서비스를 가능케 함으로써 오늘날 무역거래에 있어서 복합운송의 근간이 되고 있다.

1. 컨테이너운송의 장·단점

1) 장점

① 정박기간의 단축 : 컨테이너는 규격화되어 있어 기계화된 장비를 사용하여 하역작업을 할 수 있기 때문에 재래식 하역 작업에 비해 현저하게 정박기간을 줄일 수 있다. 또한 컨테이너는 독립적이고 유개화 된 운송용기이기 때문에 악천후에도 작업을 수행할 수 있어 정박기간을 단축시킬 수 있다.

② 창고료 절감 : 컨테이너는 그 자체가 별개의 독립된 창고 역할을 하므로 부두의 유료창고에 보관할 필요가 없다. 특히 컨테이너야드(CY)나 컨테이너 화물집하장(CFS) 자체가 통관화물에 대한 보세창고의 역할을 하기 때문에 화물의 통관을 위한 별도의 창고료 및 보관비를 지출할 필요가 없다.

③ 인건비 절감 : 컨테이너는 기계화된 장비를 사용하므로 많은 부두하역인부가 동원되는 재래식 운송에 비해 인건비를 절감할 수 있다.

④ 화물의 안전성 : 유개화 되고 내구성을 갖춘 컨테이너 용기에 의해 화물이 운반되므로 파손과 도난의 위험이 적다.

⑤ 신속성 : 컨테이너 화물은 컨테이너 전용선에 의해 운송되며, 컨테이너 전용선은 고속엔진을 장착하고 있어 항해기간이 단축된다.

⑥ 운임절감 : 컨테이너 화물은 복수의 운송수단에 의해 목적지까지 운송되므로 운송의 전 구간에 적용되는 단일운임(through freight) 체제이기 때문에 운송수단이 바뀔 때마다 개별적으로 운임을 지급할 때보다 저렴하다. 또한 컨테이너 전용선의 항해기간 단축과 정박기간의 단축으로 선복공급의 회전률과 가동률이 높아 저율의 운임이 적용된다.

2) 단점

① 막대한 고정자본 : 컨테이너의 조작 및 하역에 필요한 여러가지 관계기구를 구비하

기 위해서는 사회간접자본의 형태로 막대한 투자가 이루어져야 한다.

② 부적합 화물 : 컨테이너에 운송하지 못할 화물들이 있다.

③ 갑판적재 컨테이너 화물 : 컨테이너 화물은 재래선에 선적할 때와는 달리 갑판적재가 되기 때문에 선박 자체의 복원력에 영향을 줄뿐만 아니라 보험에 부보할 때 갑판적재에 따른 할증보험료를 지불해야 한다.

④ 새로운 법적제도의 필요성 : 컨테이너 운송에 따른 적합한 법적 제도가 필요하므로 이에 대한 사회적 합의가 필요하다.

2. 컨테이너의 요건과 분류

1) 컨테이너의 요건

컨테이너에 대해 우리나라 관세청은 다음과 같이 그 요건을 고시하고 있다.[16] 즉 컨테이너란 리프트 밴(lift van), 가반 탱크 및 이와 유사한 구조의 운송용기로서 컨테이너의 성격과 구조에 관해 ISO(International Standardization Organization)에서 정한 다음과 같은 컨테이너 구비요건을 충족해야 하고, 함께 수입되는 컨테이너의 통상 부속품 및 비품은 이에 포함되지만, 차량 및 일반 포장용기는 포함되지 않는다. ISO에서 정한 컨테이너의 구비요건은 다음과 같다.

① 일정기간에 재사용이 가능한 충분한 내구력을 가질 것

② 운송도중 운송경로(수단)가 변경되는 경우에 화물의 이적 없이 일괄운송을 할 수 있도록 설계될 것

③ 운송경로를 변경할 때 조작이 용이할 것

④ 화물의 적재와 양륙이 편리하게 설계될 것

⑤ 내부용적이 1㎥(35.35t³) 이상일 것.

2) 컨테이너의 형태

컨테이너는 크기에 따라 20피트 컨테이너(twenty-foot equivalent unit : TEU)와 40피트 컨테이너(forty-foot equivalent unit : FEU)로 구분된다. TEU는 컨테이너 물동량 산출을 위한 표준적인 단위로 사용되며, 컨테이너선의 적재능력을 표시하는 기준으로도 사용된다.

컨테이너는 재질에 따라 철제를 사용하여 제작된 철제 컨테이너(steel container), 알

---

16) 관세청고시 제 50호, 1974.12.6.

루미늄을 사용하여 제작된 알루미늄 컨테이너(aluminum container), 강화 플라스틱 컨테이너(fiber glass reinforced plastic container) 등의 종류가 있다.

3. 컨테이너의 종류

컨테이너는 여러 종류의 화물들을 운송하기 위해 다음과 같은 종류들이 사용되고 있다.

① 표준 컨테이너(dry container) : 온도조절이 필요하지 않은 일반잡화(general cargo)를 운송하기 위한 컨테이너이다.

② 냉동 컨테이너(reefer container) : 육류, 생선, 과일, 야채 등 냉동장치가 필요한 화물을 운송하기 위한 컨테이너로 -28℃에서 +26℃까지의 온도를 임으로 조절할 수 있다.

③ 보냉 컨테이너(insulted container) : 과일이나 채소 등과 같이 보냉을 필요로 하는 화물을 운송하기 위해 외벽에 냉열재를 넣어 보냉성능을 유지할 수 있는 컨테이너이다.

④ 오픈톱 컨테이너(open top container) : 파이프, 목재 등의 장척화물이나 기계류 등의 중량화물을 운송하기 위한 지붕 없는 개방식의 컨테이너이다. 크레인에 의해 컨테이너 위쪽으로 하역작업하기 편리하도록 제작되어있다. 천막용 덮개 처리를 할 수 있다.

⑤ 하드톱 컨테이너(hard top container) : 오픈톱 컨테이너의 경우 방수성이 취약하므로 천정부분에 천막용 덮개 대신 견고한 천정 판넬을 설치한 컨테이너이다.

⑥ 플랫랙 컨테이너(flat rack container) : 컨테이너에 천정과 벽을 제거하여 승용차, 기계류 등의 중량화물을 측면에서부터 하역할 수 있도록 한 컨테이너이다.

⑦ 플랫폼 컨테이너(platform container) : 플랫랙 컨테이너와 마찬가지로 천정과 벽이 없으나 강도가 높은 바닥과 모서리에 밧줄(Sling)을 걸 수 있는 4개의 구멍이 있는 컨테이너이다. 중량물이나 부피가 큰 화물을 운송하기에 적합하다. 길이 6.75m, 너비 4.10m, 높이 4.50m, 중량 40톤까지의 화물을 적재할 수 있다.

⑧ 펜 컨테이너(pen container) : 소나 말과 같은 동물을 운반하기 위한 컨테이너로써 통풍과 먹이를 줄 수 있다. live stock container라고도 한다.

⑨ 탱크 컨테이너(tank container) : 유류, 화학물 등과 같은 액체 상태의 화물을 운송하기 위해 내부에 원통형의 탱크를 끼운 컨테이너이다.

⑩ 행어 컨테이너(hanger container) : 의류 등을 운반하기 위해 옷걸이 장치가 장착된 컨테이너이다.

4. 컨테이너 전용선의 종류

컨테이너만을 적재하도록 설계된 컨테이너 전용선(full container ship)은 하역 방식에 따라 다음과 같이 구분된다.

① Lo/Lo(lift-on / lift-off)

본선 또는 육상에 설치되어 있는 갠트리 크레인(gantry crane)으로 컨테이너를 수직으로 들어올려, 수직으로 적양하는 방식이다.

② Ro/Ro(roll-on / roll-off)

본선의 선수, 선미, 선측의 램프(ramp)로부터 컨테이너 또는 트레일러를 수평으로 적양하는 방식을 말한다.

③ Fo/Fo(float-on / float-off)

부선(barge)에 컨테이너를 적재하고 여기에 설치되어 있는 크레인이나 엘리베이터로 적양하는 방식이다. 대표적인 전용 선박으로는 LASH(lighter aboard the ship)선이 있다. LASH선은 컨테이너를 적재한 부선을 크레인을 이용하여 선미로 끌어올린 후 그대로 선박에 실어 수송한다.

5. 컨테이너 터미널

컨테이너터미널(container terminal : CT)은 컨테이너전용 부두에 설치되어 있는 육상운송과 해상운송을 연결해 주는 컨테이너 전용 대합실로써 컨테이너화물의 본선하역, 보관, 컨테이너와 컨테이너 화물의 인수 및 인도가 수행되는 장소이다.

컨테이너터미널은 철도나 도로운송이 쉽게 연결되는 접점에 위치해 있어 모든 컨테이너화물은 내륙지역으로부터 컨테이너터미널로 집결된 후 컨테이너 전용선의 출항시간에 맞춰 반출되어 선적된다.

컨테이너 터미널에는 컨테이너 선박이 자유롭게 입출항할 수 있도록 충분한 수심이 확보되어 있고, 다음과 같은 기간시설들을 갖추고 있다.

① 안벽(berth)

안벽은 선박이 접안하여 하역작업을 할 수 있도록 구축된 접안 장소로 선석이라고도 한다. 선박과 내륙을 연결하는 중요한 기능을 수행한다.

② 적양장(apron)

부두 안벽에 접한 야드의 일부분으로 부두에서 바다와 가장 가까이 접한 곳이며 하역작업이 수행되는 공간이다. 폭은 하역시설에 따라 다르지만 대개 30~50m 정도이다. 이곳에는 갠트리크레인이 설치되어 있어 컨테이너의 적재 및 양하가 이루어진다.

③ 마샬링야드(marshalling yard)

마샬링 야드는 적재할 컨테이너나 양륙이 완료된 컨테이너를 정렬 및 보관해 두는 넓은 장소로써 적양장(apron)과 인접해 있다.

④ 컨테이너야드(container yard : CY)

컨테이너야드 또는 컨테이너장치장은 컨테이너 한 개를 가득 채운 만재화물(full container load cargo : FCL cargo)을 인수·인도·보관하는 장소로써 갠트리 트레인이 설치되어 있으며, 안벽·적양장·마샬링야드 등을 포함한다.

⑤ 컨테이너화물집하장(container freight station : CFS)

컨테이너화물집하장은 통상 컨테이너야드에 인접하거나 가까운 곳에 설치되어 있는 장소로써 컨테이너 하나를 가득 채우지 못한 소량화물(less than full container load cargo : LCL cargo)을 인수·인도·보관하거나 목적지 별로 선별하여 컨테이너에 적입(vanning)하거나 또는 각 하주에게 인도하기 위해 컨테이너로부터 해체(devanning)하는 작업을 수행한다.

6. 내륙컨테이너기지(inland container depot : ICD)

내륙컨테이너기지는 내륙컨테이너 통관기지로써 항만이 아닌 내륙지점에 설치된 컨테이너 집결지를 말한다. UNCTAD에 따르면 내륙컨테이너기지라 함은 "항만 혹은 공항이 아닌 공용 내륙시설로써 공적기구의 권한(public authority)을 지니고 있으며, 고정설비를 갖추고 있고, 여러 내륙운송형태에 의해 미 통관된 상태에서 이송된 여러 종류의 화물(컨테이너 포함)의 일시 저장과 취급에 대한 서비스를 제공하고 있으며, 세관의 통제하에 통관과 수출, 그밖에 즉시 연계수송을 위한 일시적 장치, 창고 보관, 일시적 상륙, 재수출 등을 담당하는 대리인들이 있는 곳"으로 정의하고 있다.[17]

내륙컨테이너기지의 주요 기능은 다음과 같다.[18]

---

17) UNCTAD, *Multimodal Transport Workshop Handbook*, 1987, CH.IV, p.19. ; 전일수, 「국제복합운송시스템」, 21세기한국연구재단, 1997, pp.348-349.

첫째, 내륙컨테이너기지는 항만과 동일하게 컨테이너야드(CY) 및 컨테이너 화물집하장(CFS)의 기능을 수행하며, 이곳에 입주한 업체는 보세화물 창고를 직접 운영할 수 있다.

둘째, 내륙컨테이너기지는 수출입화물을 컨테이너 배후 수송도로망을 통하여 운송함으로써 내륙과 항만의 연결기지 역할을 수행한다.

셋째, 내륙컨테이너기지는 통관 관련기관이 입주하고 있어 수출입화물에 대하여 원스톱 통관서비스를 제공한다.

이와 같은 다양한 기능을 이용하기 위해 내륙에 이 기지가 설치된 경우에는 송하인은 컨테이너 화물을 컨테이너터미널로 직접 반입하지 않고 이 내륙컨테이너 기지로 보낸다. 이 기지에 집결된 컨테이너화물은 선박회사나 운송인이 전세 계약한 컨테이너 전용열차(container unit train)를 이용하여 컨테이너터미널로 입고된다.[19)]

7. 컨테이너화물의 유통경로

컨테이너화물의 유통경로는 컨테이너화물이 컨테이너 한 개에 만재되는 FCL(또는 CL) 화물인지, 또는 컨테이너 한 개를 채우지 못한 소량화물(LCL)인지에 따라 약간의 차이가 있다.

우선 FCL화물인 경우에는 하주의 공장이나 창고 또는 영업소에서 세관원 입회하에 수출통관이 이루어진 후 컨테이너터미널(CT)내에 있는 컨테이너야드(CY)로 곧장 보내어지지만, LCL화물일 경우에는 직접 내륙컨테이너기지(ICD) 또는 내륙데포(inland depot)로 보내거나 또는 컨테이너터미널(CT)에 부설되어 있는 컨테이너화물집하장(CFS)로 보내어진다. 이곳에 집결된 LCL화물은 다음 목적지로 가거나 또는 다른 화물과의 혼적의 적부를 고려하여 다른 화물과 혼재(consolidation)되어 FCL화물로 만들어 컨테이너 전용열차(container unit train)로 컨테이너터미널(CT)까지 수송된다. 컨테이너터미널에 최종적으로 집결된 컨테이너화물은 컨테이너 전용선에 의하여 목적항까지 운송되며, 그곳에서 다시 트럭, 컨테이너 전용열차, 또는 항공기에 의해서 최종 목적지까지 운반된다.

컨테이너를 운반함에 있어 여러 운송수단이 결합되어 활용되어지는데, 이에는 다음과 같은 세 가지 형태가 일반적이다.

---

18) 경운범,「무역실무론」, 형설출판사, 2012, p.318 참조.

19) 박대위 · 구종순,「전게서」, p.98.

① piggy back : 컨테이너를 철도화차에 적재하는 것을 말한다.

② fish back : 컨테이너를 선박에 적재하는 것을 말한다.

③ birdy back : 컨테이너를 항공기에 적재하는 것을 말한다.

한편 대형 컨테이너선박을 충족시킬만한 화물이 없거나 항만이 협소하여 선박의 출입이 불가능하여 원하는 목적지까지 운송서비스를 할 수 없을 경우에는 인접한 큰 항구의 컨테이너터미널까지 소형 컨테이너선을 이용하여 컨테이너화물을 운반할 수 있는데 이를 지선운송 또는 피더서비스(feeder service)라 한다.

8. 컨테이너화물의 운송형태

컨테이너에 의해 화물을 운송하는 경우에는 재래식 해상화물의 운송과는 달리 화물의 양과 목적지, 집하방식 등에 따라 그 운송형태가 다르며, 이에 따른 운임구조와 책임한계 등에 상당한 차이가 있다.

컨테이너화물의 운송형태는 보통 다음의 네 가지로 구분된다.[20)]

① CFS/CFS(LCL/LCL : Pier to Pier)

선적항의 CFS로부터 목적항의 CFS까지 컨테이너에 의한 화물운송 형태로서 재래선에 의한 화물의 해상운송구간을 컨테이너를 통해 운송한다는 차이가 있을 뿐 컨테이너 서비스의 가장 초보적인 방법이다. 즉 운송인이 여러 하주들로부터 컨테이너에 가득 채울 수 없는 소량화물인 LCL화물들을 집하하여 운송인이 지정한 선적항 CFS에서 당해 LCL화물을 목적지별로 분류해 한 컨테이너에 혼재하여[21)] 목적지까지 운송한 후 목적항의 CFS에서 여러 수하인에게 화물을 인도하는 운송방법이다.[22)] 따라서 이 운송형태에서는 자연히 송하인 및 수하인이 각각 여러 사람으로 구성되며, 운송인은 선적항과 목적항 간의 해당 해상운임만을 징수하고 이에 따른 운송책임도 선적항 CFS에서 목적항 CFS까지이다.

---

20) 박대위, 「전게서」, pp. 119-120 참조.

21) 운송인이 여러 송하인의 화물을 집하하여 CFS에서 혼재하기 때문에 이를 forwarder's consolidation이라 한다.

22) 운송인(통상 포워더)은 여러 송하인의 화물을 모아 FCL로 만들어 선사에게 이를 운송의뢰하고 집단 선하증권(groupage B/L 또는 master B/L)을 발급한다. 집단선하증권을 발급받은 운송인은 이 선하증권을 근거로 각각의 LCL 송하인에게 House B/L을 교부한다.

② CFS/CY(LCL/CL : Pier to Door)

운송인이 지정한 선적항의 CFS에서 목적지의 CY까지 컨테이너에 의한 화물운송 형태로서 운송인이 여러 송하인들로부터 LCL화물을 받아 선적항의 CFS에서 이를 집하·혼재하여[23] 컨테이너에 적입한 후 최종 목적지의 수하인 공장 또는 창고까지 운송한다. 이 운송형태는 CFS/CFS에서 한 단계 발전한 운송방법으로써 일반적으로 대 수입업자가 여러 사람의 수출업자들로부터 각 LCL화물을 수입하여 일시에 자신의 지정창고까지 운송하고자 하는 경우에 이용한다.

이 운송형태의 경우 하주는 선적항의 CFS로부터의 해상운임과 도착항으로부터 최종 목적지 CY까지의 운임을 지불하게 되며, 운송인의 운송책임은 선적항 CFS로부터 최종 목적지의 CY까지이다.

③ CY/CFS(FCL/LCL : Door to Pier)

이 운송형태는 선적지의 운송인 지정 CY로부터 목적항의 지정 CFS까지의 컨테이너에 의한 화물운송방식으로 단수 송하인·다수 수하인의 구조를 갖고 있다. 즉 선적지에서 한 수출업자가 FCL화물로 운송하여 수입항의 CFS에서 화물을 각각의 수하인에게 인도하도록 하는 운송방법이다. 이 방식은 한 명의 수출업자가 수입국의 여러 가지 상품의 수입업자에게 일시에 화물운송을 하고자 할 때에 많이 이용되며, 하주는 선적항의 CY로부터 수입항의 지정 CFS까지의 운임을 지불하게 되며, 운송인의 책임도 이 구간에 한한다.

④ CY/CY(FCL/FCL : Door to Door)

컨테이너운송의 장점을 최대한 활용한 이 방식은 수출업자의 창고 또는 영업지로부터 수입업자의 창고 또는 영업지까지 육·해·공의 일관수송이 이루어지는 형태이다. 즉 화물의 생산지 혹은 공장에서 컨테이너에 만재한 화물을 선적항과 양륙항을 그대로 통과하여 최종 목적지의 수하인 창고까지 컨테이너의 개폐 없이 운송하는 방법이다. 이 운송형태는 대 수출업자와 대 수입업자간에 활용될 수 있는 방식으로 하주는 CY/CY 운송에 따른 육·해·공 구간의 운임을 지불하여야 하며, 운송인의 책임은 수출국 CY부터 수입국 CY까지이다.

---

23) 이 운송형태에서는 통상 대 수입업자가 자신의 포워더에게 운송을 의뢰하거나 수출지에 있는 포워더를 지명하여 LCL화물을 집하하고 혼재하도록 하여 buyer's consolidation이라고 한다.

제3절 복합운송

1. 복합운송의 개념

복합운송(multimodal transport, intermodal transport, combined transport)이란 복합운송계약에 근거하여 출발지에서 최종 목적지까지 복합운송인이 전체 운송구간에 대하여 책임을 지고 적어도 두 가지 이상의 운송형태를 결합하여 운송하는 방식을 말한다.

복합운송이란 용어는 1929년 항공운송조약인 Warsaw Convention 제31조의 'combined carriage'라는 용어에서 비롯되었으며, 1973년 ICC의 「복합운송에 관한 통일규칙」(Uniform Rules for Combined Transport Document)에서 복합운송이란 용어를 'combined transport'로 사용하여 왔다. 그 후 각 지역마다 다양하게 표기되어오던 복합운송의 용어는 1980년 UN에서 제정한 「UN국제물품복합운송조약」(United Nations Convention on International Multimodal Transport of Goods)에서 'multimodal transport'라고 통일하였다. 그러나 미국에서는 복합운송을 협동일괄운송이란 의미로 'intermodal transport'라고도 표기하고 있다.

복합운송은 1960년대 이후 컨테이너운송이 도입되면서 비약적인 성장을 하였기 때문에 이 두 개념은 동일한 것으로 인식될 수도 있지만, 엄밀히 말하면 이 둘은 서로 다른 차원의 운송방식이라 할 수 있다.

복합운송은 운송을 위한 용기가 컨테이너이든 또는 다른 형태의 용기이든 전혀 관계없이 두 가지 이상의 운송수단이 결합되어 사용되면 그 자체로서 복합운송의 형태가 된다. 반면 컨테이너운송은 재래식 운송의 상대적 개념으로써 운송의 목적물인 화물을 컨테이너화물로 만들어 운송하는 것을 말한다.

그러나 컨테이너라는 용기는 화물을 단위화(unitization)시킬 수 있을 뿐만 아니라 표준화(standardization)시킬 수도 있다는 차원에서 복합운송의 장점을 가장 효율적으로 극대화 시킬 수 있는 수단이 된다. 따라서 컨테이너운송은 실제로 서로 다른 방식의 운송수단의 결합을 수반하는 것이 보통이므로 복합운송과 컨테이너운송은 실무적으로 같은 의미로 이해되고 있다.

2. 복합운송의 특징과 요건

이상과 같은 복합운송의 개념을 종합해볼 때 복합운송은 다음과 같은 특징과 요건을 갖는다.

① 단일책임주의 : 복합운송은 하주와 체결한 복합운송계약이라는 단일 운송계약에 따라 복합운송인이 운송구간 전체에 대해 단일책임을 진다. 이를 Single Liability System이라 한다.

② 단일운임의 설정 : 복합운송에서는 서로 다른 운송수단이 개입되지만 각 운송구간마다 별도의 운임을 부과하는 것이 아니라 전 운송구간에 대해 단일화된 운임을 부과한다.

③ 복합운송서류의 발행 : 복합운송서류는 복합운송계약의 증거로서 화물이 복합운송인에게 인수된 시점부터 전 운송구간에 대해 복합운송인이 책임을 진다는 유가증권으로서의 운송서류이다. 복합운송증권은 선하증권과는 달리 운송인뿐만 아니라 운송주선인(freight forwarder)에 의해서도 발행된다. 현재 우리나라를 비롯하여 세계적으로 널리 통용되고 있는 복합운송증권으로는 FIATA의 복합운송선하증권(FIATA FBL)이 대표적이다.[24]

④ 두 가지 이상의 운송방식의 결합 : 복합운송은 반드시 두 가지 이상의 서로 다른 운송수단에 의해서 이루어져야 한다. 이러한 서로 다른 운송수단은 각각 다른 법적 규제를 받는 것이어야 한다.

3. 복합운송인

복합운송인(multimodal transport operator : MTO)이란 '자신 또는 자신의 대리인을 통하여 복합운송계약을 체결하고 송하인이나 운송인의 대리인(agent)이 아닌 본인(principal)으로서 행위를 하고 운송인으로서 그 계약의 이행에 대해 책임을 부담하는 자'를 말한다.[25] 이미 설명한 바와 같이 복합운송인은 적어도 두 가지 이상의 서로 다른 운송수단을 이용해 일괄운송서비스를 제공하고 전 운송구간에 대해 책임을 지며 복합운송증권을 발행한다.

복합운송인은 크게 다음과 같이 구분된다.

---

24) FIATA(Federation Internationale des Associations de Transitaires et Assimiles ; International Federation of Freight Forwarders Association)는 운송주선인인 포워더의 국제적 조직으로서 이들 조직이 발행한 복합운송증권을 FIATA FBL이라 한다.

25) UN국제물품복합운송조약 제1조 (2)항 ; 한편 TCM조약안에서는 복합운송인을 combined transport operator (CTO), 미국에서는 intermodal transport operator (ITO)라 표기한다.

① 실제운송인(actual carrier)

자신이 직접 선박, 트럭, 항공기 등의 운송수단을 보유하고 하주에 대하여 전 운송구간을 책임지면서 복합운송증권을 발행하는 운송인을 말한다. 선박회사, 트럭회사, 항공사 등이 대표적인 예이다.

② 계약운송인(contracting carrier)

자신이 직접 선박, 트럭, 항공기 등의 운송수단을 보유하고 있지 않으면서도 실제운송인처럼 운송의 주체로서 화물의 인수에서 인도까지의 모든 운송 단계에 대해 책임을 지는 운송인을 말한다. 이러한 유형의 복합운송인으로는 해상운송주선인(ocean freight forwarder), 항공운송주선인(air freight forwarder) 등이 있다.

이 같은 계약운송인을 포워더형 복합운송인이라고도 한다. 운송주선인을 통칭하여 실무에선 포워더라고 하지만 계약운송인으로서의 복합운송인으로 인정되기 위해서는 운송주선인은 반드시 자신의 명의로 본인(principal)의 법적 지위에서 자신의 책임하에 복합운송계약을 체결하고 복합운송증권을 발행하는 등 국제일괄수송 업무를 담당할 수 있어야 한다.

③ 포워딩 에이전트(forwarding agent)

한편 복합운송인은 아니지만 운송주선인과 유사한 개념으로 포워딩 에이전트(forwarding agent)가 있는데, 이는 하주인 수출업자를 대리하여 선적수속, 선적서류의 작성, 화물의 본선인도 등의 업무를 대행할 뿐이다.

많은 경우 운송주선인은 단순히 포워딩 에이전트의 업무만을 수행하기도 한다. 이럴 경우 운송주선인은 계약운송인으로서의 지위를 갖는다고 볼 수 없다. 운송주선인의 법적 지위를 결정하는 요인은 과연 당해 운송주선인이 계약운송인으로서 자신이 복합운송계약의 본인(principal)으로서 행위 하는지 여부에 있다.

1984년 미국의 신해운법에 의해 실체화된 NVOCC(non-vessel operating common carrier : 비선박운항일반운송인)는 선박을 보유하고 있지는 않지만 복합운송계약의 주체로서 행위하는 전형적이 예라 하겠다.

4. 복합운송에 관한 국제조약

1) UN국제물품복합운송조약[26)]

1913년 코펜하겐에서 개최된 국제해사법위원회(International Maritime Committee ; CMI)에서 복합운송계약상의 운송인의 책임에 관한 통일규정의 첫 논의가 있은 후, 1949년 국제상업회의소(ICC)의 예비 초안을 거쳐 1965년 로마에서 개최된 사법통일국제회의(International Institute for the Unification of Private Law ; UNIDROIT)에서 국제물품복합운송조약 초안이 제정되었다.

한편 국제해사법위원회(CMI)는 복합운송 문제 중 특히 손해발생 구간이 불분명한 손해에 대한 책임한계를 중심으로 논의를 거듭한 후 1964년 동경총회에서 Tokyo Rules을 마련함으로써 복합운송에서는 UNIDROIT 및 Tokyo Rules의 두 가지 초안이 공존하게 되었다. 1969년 이 두 초안의 조정을 위해 논의를 거듭한 후 같은 해 7월 Tokyo-Rome Rules가 만들어져 이를 기초로 1970년 1월 복합운송조약초안(TCM Draft)이 만들어졌다. 그러나 이 초안은 항공업계의 강력한 반발로 재검토되어 유럽경제위원회(Economic Commission for Europe ; ECE)와 정부 간 해사자문기구(Intergovernmental Maritime Consultative Organization ; IMO) 합동위원회가 1971 TCM조약안을 탄생시켰다. 그러나 이 조약마저 하주의 이익이 충분히 보장되지 않았다는 이유로 개발도상국이 강력히 반발하여 백지화되어 새로운 조약의 마련은 UNCTAD로 이관되었다.

그 후 1973년 UNCTAD에서는 약 6년간의 노력 끝에 1980년 드디어 「UN국제물품복합운송조약」(UN Convention on International Multimodal Transport of Goods)이 채택되기에 이르렀다. 그러나 선주 중심의 법체계가 하주 중심으로 바뀐 특징을 갖고 있는 이 조약은 아직도 선진국의 반발로 발효되지 못하고 있다.

2) UNCTAD / ICC 복합운송증권에 관한 통일규칙

1973년 국제상업회의소(ICC)는 「복합운송증권에 관한 통일규칙」을 제정한 후 1975년 약간의 개정과정을 거쳐 이를 발효시켰다. UNCTAD는 「UN국제물품복합운송조약」이 선진국들로부터 광범위한 지지를 받지 못하고 있음에 따라 세계적으로 널리 채택되고 있는 국제상업회의소의 복합운송증권에 관한 통일규칙과의 절충안을 만들고자 3년만의 작업과정을 거쳐 1992년 「복합운송증권에 관한 통일규칙」(UNCTAD / ICC Rules for Multimodal Transport Documents)을 공표하였다. 이 규칙은 헤이그 규칙(Hague

---

26) 박대위, 「전게서」, pp.127-129 참조.

Rules), 헤이그-비스비 규칙(Hague-Visby Rules), 복합운송증권에 관한 통일규칙 등을 기초로 제정되어 지금까지 사용되고 있다.

5. 복합운송인의 책임범위

1) 복합운송인의 책임에 관한 원칙

다양한 형태의 운송방식이 사용되는 복합운송의 경우 각 운송구간별로 운송인의 책임범위는 모두 다르다. 따라서 손해가 어느 운송구간에서 발생하였는가 하는 상항에 따라 운송인의 책임한도액과 면책사유 등이 모두 달라지기 때문에 복합운송인의 책임 문제는 더욱 복잡해진다.

① 네트워크책임체제(network liability system)

분할책임체제라고도 불리는 이 책임체제는 발생구간이 확인된 손해(localized damages)와 숨은 손해(concealed damages)를 구분해서 각각 다른 책임법규를 적용하는 데 그 특징이 있다.

손해가 발생한 구간이 밝혀지지 않은 경우에는 손해가 해상운송 구간에서 발생한 것으로 추정하여 Hague 규칙을 적용하고, 손해가 발생한 구간이 확인된 때에는 해당 손해발생구간에 적용될 국제협약을 적용한다.

이 체제는 복합운송인의 책임을 해상이면 해상운송인 기준으로, 공중이면 항공운송인 기준으로 하는 방식으로 각 구간별 운송인의 책임과 일치시킴으로써 복합운송인의 과중한 부담을 덜어주고 기존 법체계와 조화를 이룰 수 있다는 장점을 가지고 있다.

국제상업회의소(ICC)가 제정 발효시킨 「복합운송증권에 관한 통일규칙」과 1992년 「UNCTAD / ICC 복합운송증권에 관한 통일규칙」을 비롯하여 국제적인 주요 운송기업들이 사용하는 복합운송증권은 거의 모두 이 체제를 채택하고 있다.

② 통일책임체제(uniform liability system)

이 체제는 운송물의 멸실·훼손 또는 지연으로 인한 손해가 어느 운송구간에서 발생하였는지 상관없이 동일한 기준에 따라서 복합운송인에게 책임을 부담시키는 제도이다.

복합운송이 비록 여러 운송방식으로 구성되어 있지만 송하인의 입장에서 볼 때는 하나의 운송이라는 관점과 전체 운송구간을 하나의 통운송(through transport)으로 책임지는 복합운송인의 관점에서 볼 때에도 각 운송구간마다 서로 다른 책임을 부담한다는 것은 이치상 불합리하다는 데 그 근거를 두고 있다. 「UN국제물품복합운송조약」은 원칙적으로 이 제도를 채택하고 있다.

복합운송인의 책임한도액과 관련하여 이 조약 제18조는 포장(package)과 선적단위(shipping unit) 당 920SDR 또는 중량킬로그램 당 2.75SDR 중 높은 금액으로 한다고 규정하고 있다. 다만 복합운송이 해상 또는 내수로 운송을 포함하지 않을 때에는 책임한도는 중량 킬로그램당 8.33SDR로 제한된다.

이 체제는 이러한 통일된 하나의 기준으로 새로운 책임제도를 도입했다는 데 그 의의가 있으나 기존의 각 운송구간별 국제조약을 무시하고 있다는 점은 큰 부담으로 남아있다. 특히 복합운송구간이 대부분 해상운송구간으로 이루어진 경우 복합운송인의 책임한도가 해상운송인의 책임한도보다 높을 때에는 복합운송인의 경제적 부담은 큰 부담이 되지 않을 수 없을 것이다.

이러한 여러 이유들에 의해 이 체제는 그 이론적 우수성에도 불구하고 실무거래에서 거의 채택되지 않고 있다.

③ 수정통일책임체제(modified uniform liability system)

이 체제는 위의 두 체제의 결합된 형태로 「UN국제물품복합운송조약」이 부분적으로 채택하고 있다.

손해발생구간의 확인여부에 상관없이 동일한 책임원칙을 적용한다는 측면에서는 통일책임체제를 채택하는 한편, 손해발생구간이 확인되고 그 운송구간에 적용될 국제조약이나 국내법의 책임한도액이 「UN국제물품복합운송조약」의 책임한도액보다 높은 경우에는 그 운송구간에 적용되는 국제조약이나 국내법의 책임한도액을 적용함으로써 제한적으로 네트워크책임체제를 수용하고 있다.

2) 복합운송인의 책임

복합운송인의 책임에 관하여는 복합운송에 관한 협약으로써 전 세계적으로 통일된 법체계는 아직 없는 상태이다. 그러나 복합운송이 사용되는 경우에 당사자들은 일반적으로 1992년에 제정된 「UNCTAD / ICC 복합운송증권에 관한 통일규칙」을 준거법으로 한다.

「UNCTAD / ICC 복합운송증권에 관한 통일규칙」은 복합운송계약을 2개 이상의 서로 다른 방식의 운송에 의해 물품을 운송하기 위한 단일계약으로 정의하고, 복합운송인을 복합운송계약을 체결하고 그 계약에 따라 운송인으로서의 책임을 부담하는 자로 정의하고 있다.[27)]

27) UNCTAD/ICC 복합운송증권에 관한 통일규칙 제2조 1항 (2)항.

이 규칙이 제시하고 있는 복합운송인의 주요 책임범위를 요약하면 다음과 같다.

첫째, 복합운송인의 책임은 복합운송인이 운송물품을 자기의 관리 하에 둔 때부터 인도시점까지로 규정하고 있다.[28] 여기서 '운송물품을 자기관리 하에 둔 때'라 함은 송하인과 복합운송인의 비용과 위험의 분기점을 의미하는데 이 장소는 일반적으로 내륙의 컨테이너집하장(inland container freight station)이 된다.

둘째, 복합운송인은 자기의 사용인이나 대리인 또는 계약의 이용을 위해서 그 서비스를 이용하는 자, 즉 이행보조자의 작위 또는 부작위가 직무범위 내에서 행해진 때에는 그에 대해서도 책임을 진다.[29]

셋째, 복합운송인은 복합운송증권이 소지인식으로 발행된 때에는 그 소지인에게, 지시식으로 발행된 때에는 당해 복합운송증권을 제시하는 자에게, 복합운송증권이 비유통식으로 발행된 때에는 당해 복합운송증권상에 수하인(consignee)으로 기명된 자에게 운송물품을 인도하여야 한다.[30]

넷째, 복합운송인은 멸실·훼손 또는 인도지체가 운송물품이 자신의 관리하에 있을 때 발생한 경우에는 그에 대한 손해배상의 책임을 진다.[31] 다만 본인 자신 또는 이행보조자의 과실로 인해 손해가 발생한 것이 아니라는 사실을 증명하면 책임지지 아니한다.[32]

다섯째, 제5조 (1)항의 규정에도 불구하고 해상 또는 내수로로 운송된 운송물품에 관하여 그러한 멸실·훼손 또는 인도지체가 선장, 항해사, 도선사 또는 운송인의 사용인이 선박의 운항 또는 관리에 있어서 범한 과실로 인한 경우 및 화재에 의한 경우에는 복합운송인은 책임을 지지 않는다.[33]

여섯째, 복합운송인의 책임은 일반적으로 포장·단위 당 666.67SDR 또는 중량킬로그램 당 2SDR 중 높은 금액으로 제한된다.[34] 그러나 복합운송에 해상이나 내수로 운송이 포함되지 않았을 때에는 책임한도액은 중량킬로그램 당 8.33SDR을 초과하지 않는 금액으로 제한된다.

끝으로, 컨테이너, 팰릿 또는 이와 유사한 운송용구에 한 포장·단위 이상이 적재된

28) UNCTAD/ICC 복합운송증권에 관한 통일규칙 제4조 1항.
29) UNCTAD/ICC 복합운송증권에 관한 통일규칙 제4조 2항.
30) UNCTAD/ICC 복합운송증권에 관한 통일규칙 제4조 3항.
31) UNCTAD/ICC 복합운송증권에 관한 통일규칙 제5조 1항.
32) UNCTAD/ICC 복합운송증권에 관한 통일규칙 제5조 1항.
33) UNCTAD/ICC 복합운송증권에 관한 통일규칙 제5조 4항.
34) UNCTAD/ICC 복합운송증권에 관한 통일규칙 제6조 1항.

경우, 복합운송증권상에 그와 같은 내용이 기재된 때에는 그 운송도구 안의 각 포장·단위가 책임 포장·단위가 된다.[35] 그 외의 경우에는 컨테이너, 팰릿 또는 이와 유사한 운송용구는 그 자체가 한 포장·단위가 된다,

6. 복합운송의 주요 경로

복합운송의 주요 경로는 일반적으로 해공복합운송경로와 해륙복합운송경로가 주로 활용된다.

1) 해공복합운송경로

해공복합운송경로는 해상운송이 갖고 있는 저운임과 항공운송이 갖고 있는 신속성을 효율적으로 결합한 운송경로로서 우리나라를 중심으로 다음과 같은 경로들이 주로 활용된다.

(1) 북미 경유 해공복합운송

미국서해안을 중계지점으로 하여 우리나라에서 유럽, 중남미 등까지 복합운송하는 경로이다. 즉 한국, 일본 등의 극동지역 항만에서 컨테이너선을 이용, 미국 서해안의 항만까지 해상운송하고, 양륙된 화물을 트럭으로 공항까지 운송한 후 항공기를 이용하여 유럽이나 중남미 지역으로 항공운송한다.

(2) 동남아·중동 경유 해공복합운송

홍콩, 싱가폴, 두바이 등을 중계지점으로 하여 우리나라에서 유럽, 중동, 아프리카 등지로 복합운송하는 경로이다. 즉 한국, 일본 등의 극동지역 항만에서 컨테이너선을 이용하여 이들 중계지점까지 해상운송하고, 양륙된 화물을 공항까지 트럭으로 수송한 후 항공기를 이용하여 유럽이나, 중동, 중남미, 아프리카 등지로 항공운송한다.

2) 해륙복합운송 경로

해륙복합운송 경로는 선박을 이용한 해상운송수단과 철도 또는 트럭을 이용한 육상운송수단이 결합되어 이루어지는 운송경로로서 랜드브리지 방식이 주로 이용되고 있다.

랜드브리지(land bridge)란 해상-육상-해상으로 이어지는 운송구간에서 해상과 해상운송구간을 연결시켜주는 가교로서의 내륙운송구간을 의미한다. 랜드브리지 방식은

---

35) UNCTAD/ICC 복합운송증권에 관한 통일규칙 제6조 2항.

대륙을 횡단하는 철도 또는 도로를 통해 해상과 해상을 연결하는 오늘날 복합운송의 전형적인 유형이다. 랜드브리지를 이용한 해륙복합운송시스템의 최대 장점은 운송비용의 절감과 운송시간의 단축이다.

랜드브리지를 이용한 전형적인 해륙복합운송 경로는 다음과 같다.

(1) 시베리아 랜드브리지(Siberia Land Bridge : SLB)

이는 시베리아 대륙횡단철도를 이용하여 한국, 일본 등의 극동지역에서 유럽과 중동, 그리고 아프리카에 이르기까지 화물을 운송하는 경로이다.

SLB는 극동지역의 항만으로부터 러시아의 나호트카(Nakhodka)나 보스토치니(Vostochny)까지 컨테이너선으로 해상운송한 후 그곳에서 시베리아 횡단철도(Trans Siberia Railroad : TSR[36])를 이용하여 동유럽까지 운송한 후 유럽의 철도나 트럭으로 운송하여 유럽 전역과 중동, 아프리카 지중해 연안까지 운송하게 된다.

(2) 중국횡단철도(Trans Chinese Railway : TCR)

중국횡단철도를 이용한 복합운송경로는 중국 동부의 연운항에서 출발하여 중국대륙과 중앙아시아의 카자흐스탄을 통과하여 시베리아대륙횡단철도에 연결하여 유럽대륙까지 운송하는 형태이다.

TCR은 1992년 12월에 중국, 카자흐스탄, 독립국가연합(CIS), 유럽, 아시아 각국 간의 국제철도화물 연계수송과 컨테이너화물운송을 개시하였다. TCR은 동북아지역과 중앙아시아, 러시아 및 유럽을 연결할 수 있는 주요 복합운송경로로 구축되었으며 현재 지속적인 개선작업을 진행 중이다.

(3) 아메리카 랜드브리지(America Land Bridge : ALB)

아메리카 랜드브리지(ALB)는 한국 등의 극동지역에서 미국대륙을 횡단한 후 유럽까지 화물을 운송하는 복합운송경로이다.

ALB는 한국 등의 극동지역 항만에서 컨테이너선을 이용하여 미국 서해안까지 해상운송한 후, 그 곳에서 미국 대륙횡단철도를 이용하여 미국 동해안의 항만까지 육상운송하고 거기에서 다시 해상운송으로 유럽지역의 항만 또는 내륙까지 일괄수송하게 된다. ALB는 파나마운하를 통과하는 해상운송보다 운송시간을 단축할 수 있는 장점이 있다.

---

36) TSR은 모스크바에서 블라디보스토크에 이르는 총 연장 9,288.2㎞의 유라시아 대륙을 가로지르는 세계 최장 철도구간이다.

(4) 미니 랜드브리지(Mini Land Bridge : MLB)

미니 랜드브리지(MLB)는 극동과 미국 대서양 연안이나 걸프연안, 혹은 유럽과 미국 태평양 연안의 항로에 있어서 태평양 연안과 대서양 연안간의 대륙횡단철도를 이용하는 복합운송경로이다. ALB와 마찬가지로 극동지역에서 해상운송된 화물이 미국 서해안에 양륙된 후 대륙횡단철도를 통해 미국 동해안 지역이나 맥시코만의 항만까지 육상운송된다.

(5) IPI(Interior Point Intermodal)

미국 동해안까지 운송하는 MLB와 달리 한국, 일본 등지의 극동지역에서 미국 서해안까지 해상운송한 후 그 곳에서 미국내륙의 주요 도시까지 화물을 운송하는 경로를 말한다. 이 IPI는 미국 내륙을 목적지로 하며 미국의 대륙횡단철도를 이용하여 미국 내 주요 내륙 지점의 컨테이너터미널에서 화물의 인도가 이루어진다.

(6) RIPI(Reverse Interior Point Intermodal)

극동지역에서 출발한 IPI는 파나마운하를 경유하지 않는 반면 RIPI는 파나마운하를 경유하여 미국 동해안 또는 맥시코만 항만까지 해상운송되며, 그 곳에서 미국 내 주요 내륙 지점 컨테이너터미널까지 화물의 운송이 이루어지는 경로이다.

(7) OCP(Overland Common Point)

한국, 일본 등지의 극동지역 항만에서 미국 서해안까지 해상운송 된 후 그 곳에서 OCP지역[37]까지 육상으로 운송되는 복합운송경로이다.

37) OCP는 록키산맥 동쪽의 원격지 내륙지점으로써 North Dakota, South Dakota, Nebraska, Colorado, New Mexico의 5개주에 걸쳐 23개의 OCP지역이 있는데, 이 지역은 거리에 관계없이 운임이 모두 같다. 파나마운하를 거쳐 걸프만을 경유하여 OCP 지역으로 들어오는 해상운송화물과의 경쟁을 위해 저렴한 운임을 부과하고 있다.

제4절 항공운송

1. 항공운송의 의의와 특성

항공운송은 다른 운송수단에 비해 역사가 일천한 후발 운송수단임에도 불구하고 비약적인 발전을 하여 운송수단으로서의 독자적 기능은 물론 타 운송수단과의 연계를 통한 일괄수송에 중요한 역할을 담당하고 있다.

항공운송이 가지는 최대의 장점은 첫째, 신속성이다. 따라서 항공운송은 빠른 수송 서비스로 고객의 만족도를 높여줄 수 있을 뿐만 아니라 물류비용의 측면에서 볼 때 재고비용, 보관비용을 절감시켜준다.

둘째, 항공운송은 해상운송에 비해 수송조건이 좋아 파손, 분실, 훼손의 위험이 적어 내항성 내지 방수성을 필수 요건으로 하는 해상운송의 경우와는 달리 포장이 가볍고 간편하여 포장비용 역시 절감시켜주는 효과가 있다.

셋째, 운반상태가 양호하고 안전하여 운임 부담력이 있는 상품과 파손 및 도난의 위험이 높은 모피, 미술품, 귀금속, 시계류, 약품, 전자기기, 통신 및 광학기기 등의 경우 적절한 운송방식이 된다.

넷째, 변질되기 쉬운 상품(perishable goods) 또는 판매수명이 짧은 상품도 적기에 공급할 수 있어 시장 경쟁력을 제고 할 수 있다.

끝으로, 항공운송의 경우는 수송 중인 상품의 소재 파악이 용이하다는 것이다. 즉 항공사만이 누리는 화물추적시스템과 같은 광범위한 정보시스템에 의해 상품의 소재를 쉽게 파악할 수 있어 무역업자들이 생산 및 판매 계획을 세우는데 유리한 측면이 있다는 것이다.

2. 항공운송계약

항공운송계약은 송하인과 항공회사가 직접 체결하기 보다는 항공화물운송대리점이나 항공화물주선업자를 통해 체결되는 것이 관례화되어 있다.

1) 항공화물운송대리점(air cargo agent)

항공화물운송대리점이란 항공사 또는 총대리점과의 대리계약(contract of agency) 하에서 유상으로 항공화물운송계약 체결을 대리하는 업체를 말한다. 항공화물운송대리점은 항공사의 운송약관과 규칙에 준하여 항공사의 운임률표 및 운행 시간표에 의거하여 항공화물운송을 유치하고 하주를 위해 수출입 통관수속과 보험부보를 대행해주는 등 제반 업무를 수행하고 항공화물운송장(air waybill)을 발행한다.

항공화물운송대리점은 항공사로부터 대리계약에 의거한 소정의 수수료를 받는다.

2) 항공운송주선인(air freight forwarder)

항공운송주선인이란 자신의 명의로 여러 송하인으로부터 의뢰받은 항공화물을 혼재(consolidation)하여 운송하는 것을 업으로 하는 자를 말한다.

항공운송주선인은 자체 운송약관과 운임률표를 가지고 자신에게 운송을 의뢰한 송하인들과 운송계약을 체결하고 혼재업자용(또는 항공주선인용) 항공화물운송장(house air waybill)을 발행하고, 송하인들로부터 집하한 화물에 대해 항공사와 새로운 운송계약을 체결하여 항공사 발행의 항공화물운송장(master air waybill)을 발급받는다.

이러한 관점에서 볼 때 항공운송주선인은 항공화물집하업자로서 항공사에 대해서는 하주의 위치에, 그리고 그에게 화물의 운송을 의뢰한 여러 송하인에 대해서는 운송인의 지위에 서게 된다.

| 표 5-2 | 항공운송대리점과 항공운송주선인의 비교

구 분	항공운송대리점	항공운송주선인
업무영역	모든 화물(LCL화물은 항공화물주선인에게 혼재 의뢰함)에 대한 항공회사의 대리인(agent)으로서의 운송업대리	운송화물의 수요에 따라 항로가 결정되고 변동됨. 항공화물의 혼재
운임률 및 운송약관	항공사 사용의 운임률표와 운송약관	자체의 운임률표 및 운송약관 사용
하주에 대한 책임	대리인의 지위이므로 항공사 책임	본인으로서의 지위에 있는 항공운송주선인의 책임
항공화물 운송장	항공사의 Master Air Waybill 발행	혼재업자용(운송주선인용) House Air Waybill 발행
수수료	IATA의 5% 수수료 및 기타 취급수수료	LCL송하인들로부터의 수취운임과 항공사에 지급운임과의 차액 또는 IATA의 5% 수수료

한편 수입화물의 경우 항공운송주선인은 혼재화물이 도착하면 항공사로부터 항공운송증권(master air waybill)을 인도받아 혼재업자용 항공화물운송장(house air waybill)별로 화물을 분류하여 수하인에게 통지하고 각각의 화물을 인도해주는 업무를 할 수도 있는데, 이러한 업무를 아예 수입국의 또 다른 업자에게 대행시킬 수도 있다. 이같이 수입국에서 혼재화물의 분류 및 처리를 위탁받는 자를 별도로 혼재화물인수대리인(break bulk agent)이라 한다.

3) 항공화물운송장

(1) 항공화물운송장의 개념의 의의

항공화물운송장(air waybill, air consignment note)[38]이란 송하인과 운송인간에 화물의 항공운송계약이 체결되었음을 증명해주는 증거서류이며, 동시에 화물을 운송하기 위하여 송하인으로부터 화물을 수령하였다는 증거서류이다.

그러나 항공화물운송장이 존재하지 않거나, 일부 흠결이 있거나 또는 멸실되었다 하더라도 운송계약의 존재나 유효성에는 영향을 미치지 않는다.[39]

항공화물운송장은 항공화물의 유통을 보장하는 가장 기본적인 운송서류로서 다음과 같은 기능을 한다.

① 항공운송계약체결의 증거서류 : 송하인과 항공운송인간의 운송계약이 성립되었음을 입증하는 항공운송계약의 증거서류이다. 항공운송장은 원본 3장과 6장의 부본(dummy air waybill)으로 구성되어있는 것이 원칙이나 항공사에 따라 5장까지 추가할 수 있다.[40]

② 운송화물의 수취증 : 항공운송인이 운송을 위해 송하인으로부터 화물을 인수(acceptance for carriage)하였음을 증명하는 수취증(receipt)의 성격을 갖는다.

③ 운임 및 요금의 계산서 : 운송화물과 함께 수입국에 송부되어 수하인이 운임 및 요금을 계산하는 계산서(freight bill)의 기능을 한다.

④ 보험가입증서 : 송하인이 하주보험을 부보한 경우에는 항공화물운송장에 보험금액 및 보험가액을 기재하여 보험계약의 증거가 된다.

---

38) 항공운송서류는 1929년 바르샤바조약(Warsaw Convention)에서 항공화물수탁증(air consignment note)라고 표기하였다가 1955년 개정 헤이그의정서(Hague Protocol)에서 Air Waybill이라 변경 표기하기 시작했다.

39) 바르샤바조약 제5조 (2)항.

40) 대한항공이 발행하는 항공화물운송장은 원본 3장과 부본 9장, 총 12장으로 구성되어있다.

⑤ 세관신고서류 : 항공화물운송장은 수출입 신고서 및 세관자료로 사용될 수 있다.
⑥ 화물운송의 지침서 : 송하인이 항공화물운송장에 화물의 운송, 취급, 중계, 인도에 관한 지시사항을 기재하여 운송시 지침서의 역할을 하도록 할 수 있다.

(2) 항공화물운송장과 선하증권의 비교

항공화물운송장은 세계의 주요 항공회사들이 조직한 국제단체인 국제항공사협회(International Air Transport Association ; IATA)에서 발행방식과 양식을 통일화하고 표준화하여 전 세계 항공사가 동일한 양식의 운송장을 사용하고 있다.

항공화물운송장에는 필수 기재사항으로 출발지 및 도착지, 예정 기항지, 그리고 적용조약 및 항공사의 책임한계에 대한 고지가 기재되어있다.[41] 그리고 그 뒷면에는 국제화물운송약관의 주요 내용인 계약조항이 기재되어있다. 이 계약조항은 일부 하주보험을 제외하고는 IATA항공사 공통으로 사용된다.

따라서 이 같은 형태를 지닌 항공운송장은 많은 경우 선하증권과 유사하지만 이 둘의 법률적 성격에는 큰 차이가 있다. 항공운송장과 선하증권의 주된 차이점을 비교하면 다음과 같다.

첫째, 항공운송장과 선하증권은 모두 송하인과 운송인간의 운송계약의 증거서류라는 점, 그리고 운송인이 송하인으로부터 운송을 위해 화물을 수취하였다는 것을 증명하는 증거서류라는 점은 동일하다.

그러나 선하증권은 그것이 양도성(transferability)이나 유통성(negotiability)을 갖고 있는 권리증권(document of title)인데 반해 항공운송장은 유통성과 양도성이 없는 증권으로서 수하인의 물품에 관한 권리증권이 아니다. 즉 항공운송장에는 항상 'Non-negotiable'이라고 표시하여 유통이 금지된 비유통증권의 성격으로만 발행된다. 따라서 항공운송장 원본 3부중 1부는 수하인에게 우편 등의 방식으로 송부되는데 수하인용의 원본 1부는 유통을 목적으로 하는 유가증권이 아니다.[42]

---

41) IATA 표준계약서 양식에 따르면 IATA 계약조항은 바르샤뱌조약 또는 헤이그의정서의 규정으로부터 일탈할 수 없다. 특히 IATA 표준계약서 제4항은 바르샤바조약이 적용되지 않는 상황이라도 운송계약에서 달리 정하거나 또는 운송물의 가액에 관한 신고가 없는 한, 멸실·훼손·지연된 운송물 1킬로그램에 대해서 운송인의 책임이 미화 20달러를 초과할 수 없다고 규정하고 있다.

42) 이처럼 항공운송장에 유가증권으로서의 법률적 성질을 부여하지 않는 이유는 항공화물이 신속하게 운송되어 수하인에게 전달되기 때문에 수송에 장기간이 소요되는 해상화물의 경우와는 달리 항공운송장 자체를 당사자 간의 매매의 대상으로 인정할 필요가 적기 때문이다. 또한 선박의 운항에 따른 선하증권의 역사성에 비해 항공운송의 역사가 일천하여 항공운송장에 대한 충분한 법적 신뢰가 쌓여있지 못한 상태이기 때문이다(박대위,「전게서」, p.136).

둘째, 선하증권은 선적식으로 발행되는 데 반해 항공운송장은 수취식으로 발행된다. 선하증권은 선적을 증명하는 증권이기 때문에 무역거래에서 적격성을 갖기 위해서는 반드시 선적이 완료되었음을 증명해 주어야 한다.

그러나 항공화물운송장은 화물이 공항 구내의 항공사 창고에 반입되어 운송인의 관리와 통제하에 놓여지면 항공기에 적재 전이라 할지라도 항공사 수취식의 형태로 발행된다. 항공화물운송장상의 수취일은 선적일로 간주되어 선적을 증명하는 선적일과 동일한 효력이 있다.

셋째, 선하증권은 지시식으로 발행되어 정당한 배서(endorsement)에 의해 제3자에게 양도될 수 있는 유통성 권리증권임에 비해 항공운송장은 기명식으로 되어있어 항공운송장에 기재되어있는 수하인이 아니면 당해 화물을 인수할 수 없다.

넷째, 선하증권은 원본 3부를 전통(full set)으로 하여 원본 3부가 함께 교부되어야 법률적 효력을 지님에 비해 항공운송장은 원본 3부가 송하인용, 운송인용, 수하인용으로 구성되어 있어 송하인은 자신이 작성한 항공운송장 원본 3부중 제3본인 송하인용은 운송인의 서명을 받아 스스로 보유하고 나머지 원본 2부, 즉 제1본은 운송인에게 그리고 제2본은 수하인에게 교부하는 방식을 취한다.

제2본 수하인용은 운송물품과 함께 목적지로 송부한다.

끝으로, 선하증권은 선적이 완료된 후 선박회사가 작성하여 송하인에게 원본 전통을 교부하지만, 항공운송장의 경우에는 송하인이 표준양식의 항공운송장에 세부사항을 스스로 기재한 후 항공사에 운송인용 원본 1부를 교부하는 방식을 취한다. 항공운송인은 화물의 인수를 확인하기 위해 항공화물운송장에 서명하는 방식으로 발행된다.[43)]

이때 송하인은 항공화물운송장의 기재의 정확성에 대하여 책임을 지며, 부정확이나 불일치로 인해 손해가 발생한 경우 이를 항공운송인에게 배상해야 한다.[44)]

4) 항공운송에 관한 국제조약

(1) 바르샤바 조약(Warsaw Convention)

바르샤바 조약으로 불리는 이 조약은 「국제항공운송에 관한 일부규칙의 통일에 관한

헤이그 의정서(Hague Protocol)에서는 유통성을 갖는 항공운송장의 발행을 금지하지 않는다라고 명시적으로 규정하고는 있지만, 항공운송의 신속성 때문에 굳이 항공운송장을 통해 운송인의 권리를 이전할 실익은 없다(헤이그 의정서 제9조 참조).

43) 바르샤바조약 제6조 (1)항, (3)항.

44) 바르샤바조약 제10조.

조약」(Convention for the Unification of Certain Rules relating to International Carriage by Air)이 정식명칭이다. 이 조약은 1929년 10월 바르샤바에서 개최된 제2차 국제항공법회의에서 체결되었다.

항공운송이 국제적인 운송수단으로 발전함에 따라 항공업무의 국제적인 협조와 관련법의 통일화를 위해 제공된 이 조약은 항공사고시 여객 및 화물에 대한 항공운송인의 손해배상 책임한도를 규정하는 등 주로 항공운송인의 책임관계를 규정하고 있다.

(2) 헤이그 의정서(Hague Protocol)

바르샤바조약 발효 후 급진적인 국제항공운송의 발달과 항공기술의 발전에 따라 바르샤바 조약을 개정하기 위한 목적으로 1955년 9월 헤이그에서 「국제항공운송에 있어서의 일부규칙의 통일에 관한 조약의 개정을 위한 의정서」(Protocol to Amend the Convention for the Unification of Certain Rules relating to International Carriage by Air) 즉 '헤이그 의정서'(Hague Protocol)를 채택하게 되었다.

헤이그 의정서는 운송인의 책임한도를 바르샤바 조약의 2배로 인상하는 등 바르샤바조약에서 설정한 항공운송인의 책임관계를 현실에 맞게 조정하였다. 우리나라의 경우 1967년 10월에 가입하여 효력이 발생하고 있다.

(3) 몬트리올 협정(Montreal Agreement)

미국은 1955년 채택된 헤이그 의정서의 여객에 대한 항공운송인의 책임한도액이 적다는 이유로 1965년 바르샤바 조약의 탈퇴를 통고하였다. 이에 국제민간항공기구(International Civil Aviation Organization ; ICAO)는 미국의 탈퇴를 막기 위해 여객에 대한 운송인의 책임한도에 관한 회의를 가졌으나 합의에 도달하지 못하였다. 그로부터 1년 뒤 국제항공사협회(IATA)는 미국을 출발·도착·경유하는 주요항공사들을 소집하여 1966년 5월 캐나다 몬트리올에서 여객에 대한 책임한도와 책임원칙을 규정한 몬트리올 협정을 체결하였다.

현재 미국을 비롯한 주요 국가들의 항공사들이 몬트리올 협정에 가입되어있다.

이 협정은 주로 여객운송만을 규정하고 있기 때문에 화물운송의 경우 바르샤바조약이 적용된다.

3. 항공운송의 법률문제

1) 항공화물운송장의 법적성질

(1) 항공화물운송장의 처분증권성

송하인은 운송물품이 최종목적지에 도착하기 전까지는 다음의 권리를 갖는다.

① 운송물품을 출발지나 도착지의 공항에서 반출하거나,

② 항공기가 착륙 후 운송 중인 때 이를 중지하거나,

③ 도착지에서 또는 착륙 후 운송 중에 항공화물운송장상에 수하인으로 지정된 자, 즉 수입업자 이외의 자에게 인도할 것을 요구하거나,

④ 운송물이 출발지의 공항으로 회송할 것을 요구할 수 있다.[45)]

송하인의 이러한 처분권 행사에 따른 지시가 있을 때 운송인은 항공화물운송장의 제시를 요구하지 않은 채 송하인의 지시를 따르게 되면 추후 항공화물운송장의 정당한 소지인에 대해 책임을 져야 한다. 따라서 송하인이 운송물품에 대한 자신의 처분권을 행사하기 위해서는 반드시 운송인에게 항공화물운송장을 제시해야 하며, 운송인 역시 자신의 행동에 면책되기 위해서는 반드시 항공화물운송장의 제시를 통해서만 송하인의 지시를 따라야 한다.

이러한 항공화물운송장의 법적성질을 항공화물운송장의 '처분증권성'이라 한다. 항공화물운송장의 처분증권성은 증권의 소지자면 운송물품에 대한 권리를 갖는 선하증권과는 달리 오로지 송하인에 대해서만 인정되는 것이라 대단히 제한적이라 볼 수 있다.[46)]

(2) 항공화물운송장의 인도증권성

운송물품이 목적지에 도착하면 운송인은 수하인에게 도착의 통지를 해야 하며[47)]수하인은 운송인에게 운송과 관련된 제 비용을 지급한 후에 운송물품과 송하인으로부터 운송물품과 함께 동봉되어온 수하인용 항공화물운송장을 인도해줄 것을 요구할 수 있다.[48)]

이때 항공화물운송장에서 특이한 점은 수하인은 운송물품을 인도받기 위해 항공화물운송장을 운송인에게 제시하는 것이 요구되지 않으며, 운송인 역시 운송물품의 인도를 위해 항공화물운송장의 제시를 수하인에게 요구하지 않는다는 점이다. 그 이유는

45) 바르샤바조약 제12조 (1)항.

46) 이기수 · 신창섭, 「전게서」, p.265.

47) 바르샤바조약 제13조 2항.

48) 바르샤바조약 제13조 1항.

이미 앞서 살펴본 바와 같이 항공화물운송장은 수출국에서 송하인이 작성한 후 원본 전통 3부 중 제 2본 수하인용 항공화물운송장을 운송물품과 함께 동봉하여 수입국 목적지로 운송하여 목적지 공항에 도착하면 이 목적지 공항에서 운송인 또는 그의 대리점이 물품과 함께 수하인용 항공화물운송장을 소지하고 있기 때문이다. 목적지 공항의 운송인 또는 그의 대리인은 수하인에게 당해 항공화물운송장과 운송물품을 함께 인도하게 된다. 따라서 수하인은 당해 항공화물운송장을 소지한 자가 아니며 다만 항공화물운송장에 기재된 수하인일 뿐이다.

운송물품이 목적지에 도착하면 수하인은 운송물품에 대한 인도청구권을 갖지만[49] 이 권리는 증권의 소지인으로서 갖는 권리가 아니기 때문에 항공화물운송장 그 자체는 선하증권과는 달리 '인도증권성'을 갖지 못한다.

(3) 항공화물운송장의 수취증권성

제6차 개정 신용장통일규칙에 따르면 항공화물운송장에는 '화물이 운송을 위해 수취되었음'(....the goods have been accepted for carriage)이라고 표기되어 있어야 한다고 규정하고 있다.[50]이는 항공화물운송장이 선적을 증명하는 운송서류라기보다는 운송인이 수취하였음을 증명하는 운송서류라는 의미이다. 이는 우리나라 대법원에서도 확인된 특징이다.

즉 "항공화물운송장의 증거가 되는 '화물의 수취'의 의미는 화물에 대한 점유가 현실적으로 송하인으로부터 항공운송인 또는 항공운송주선인에게 이전되는 것, 즉 현실인도를 가리키는 것으로 보아야 함을 말한다. …… 항공운송인이나 항공운송주선인이 항공화물운송장에 기재하는 'on board'는 항공기에 화물이 적재되는 것을 의미하나, 항공운송에 있어서는 해상운송과 비교되지 않을 정도로 신속, 간편한 적재와 운송이 가능한 점에 비추어, 현실적인 적재 전이라도 화물이 공항에 설치된 보세창고 등에 입고되어 언제든지 항공운송인의 운항계획에 따라 항공기에 적재될 수 있는 준비를 마친 상태도 이에 포함되는 것으로 해석함이 타당하다."[51]

---

49) 바르샤바조약 제13조 1항. 그리고 도착 물품에 대해 수하인이 인도청구권을 행사하면 그 시점부터 송하인이 운송물품에 가지고 있었던 물품의 처분권은 소멸된다(바르샤바조약 제12조 4항).

50) 제6차개정 신용장통일규칙 제23조 a항 iii호.

51) 대법원 1995.6.13, 92다19293.

2) 항공화물운송장과 항공화물의 인도

항공화물수입절차를 다시 간략히 살펴보면 다음과 같이 요약해볼 수 있다.

수출국의 송하인으로부터 화물과 수하인용 항공화물운송장이 동시에 수송되어 목적지에 있는 항공인 또는 그의 국내 대리점이 이를 인수하면 수하인에게 화물도착통지서(cargo arrival notice)를 송부한다. 수하인은 도착된 수하인용 항공화물운송장을 운송인 또는 그의 국내 대리점으로부터 인도받아 수입통관절차를 밟고 수입신고가 수리되면 비로소 수하인은 수입화물을 반출할 수 있다. 이 과정에서 항공사는 입항예정지 세관장에게 적하목록을 제출하고, 하역장소를 정하여 물품을 하역한다. 보세창고로 반입하던지 또는 보세운송하여 시내보세창고에서 수입통관을 마칠 수 있도록 해줄 수도 있다.

(1) 항공운송인의 항공화물운송장의 교부와 항공화물인도의무

항공운송인 또는 항공운송주선인이 목적지 공항에 도착한 수입항공화물을 세관이 지정한 보세창고업자에게 인도한다는 것은 일견 당해 화물이 항공운송인이나 항공운송주선인의 지배를 떠나는 것으로 볼 수 있기 때문에 이 행위 자체만으로 과연 수하인에게 인도의무를 다한 것인가라는 문제가 있을 수 있다.

항공운송인 또는 항공운송주선인이 자신의 인도의무를 다하기 위해서는 위의 인도행위와 더불어 항공화물운송장에 기명된 수하인에게 수입통관에 필요한 수하인용 항공운송장을 교부하여야만 인도의무의 필요·충분조건을 다한 것이라 볼 수 있다.

이에 대해 우리나라 대법원의 판례의견은 상당히 의의가 크다.

즉, “항공운송인 또는 항공운송주선인이 공항에 도착한 수입항공화물을 통관을 위하여 세관이 지정한 보세창고업자에게 인도하는 것만으로 항공화물이 항공운송인이나 항공운송주선인의 지배를 떠나 수하인에게 인도된 것으로 볼 수 없다.

수입항공화물에 대한 통관절차를 마치는데 필요한 항공화물운송장 사본은 수하인용 항공화물운송장 원본을 분실하거나 기타 사유로 제출할 수 없을 때 원본과 같은 효력이 있음을 인증받은 사본을 말한다.

운송주선인의 국내대리점인 운송취급인이 수하인용 항공화물운송장 등 운송서류를 수하인이나 통지처가 아닌 제3자(실수입업자)에게 임의교부한 경우, 수하인에게 그 운송장 등을 교부하고 수입물품을 인도할 의무가 있는 운송취급인으로서는 제3자(실수입업자)에게 통관에 필요한 운송장 등을 교부하면 제3자가 이를 이용하여 수입물품에 대한 통관절차를 마치고 수하인의 승낙없이 이를 보세창고에서 반출하여 감으로써 수하인이 갖고 있는 수입물품의 인도청구권을 침해하는 결과가 발생할 수 있음을 인식할 수 있었고, 만약 그 결과의 발생을 인식하지 못하였다면 그와 같이 인식하지 못하게 된 점에 대하여 운송취급인으로서의 주의의무를 결여한 과실이 있으며, 제3자가 운송취급인으로부터 교부받은 운송장 등을 이용하여 통관절차를 마치고 수입물품을 반출해 간 이상 …… 그와 같은 운송취급인의 과실행위는 수하인의 인도청구권을 침해한 불법행위가 된다.

위의 제3자가 운송취급인으로부터 교부받은 항공화물운송장 등과 스스로 위조한 수입승인서를 이용하여 통관을 마치고 보세창고에서 그 수입물품을 반출하여 간 경우, 운송취급인의 운송장 등 교부행위와 수하인의 손해 사이에는 상당인과관계가 존재한다."[52]

(2) 항공운송인과 보세창고업자의 법률관계

일반적으로 (영업용)보세창고업자는 수입국 목적공항에 도착한 항공화물이 수하인에게 인도되기 전까지 운송인을 위하여 화물을 보관하는 자로서 운송인 및 그 국내대리점인 운송취급인에 대하여 통관이 끝날 때까지 화물을 보관하고, 적법한 화물의 수령인에게 화물을 인도하는 등 운송인의 의무이행을 보조하는 위치에 있다.[53]

우리나라의 항공화물인도절차에 비추어볼 때 통상의 경우 항공화물이 입고될 영업용 보세창고의 지정에 운송인 및 운송취급인은 관여하지 않고 실질적으로 세관 혹은 실수입업자에 의하여 보세창고가 지정되며, 각 (영업용)보세창고는 독립적인 사업자로서의 지위에서 자신의 책임과 판단에 따라 화물을 보관하고 인도하는 업무를 수행할 뿐 일반적으로 운송인 및 운송취급인으로부터 지휘·감독을 받아 화물의 보관 및 인도를 수행하는 것으로 볼 수 없으므로 우리나라의 항공화물 인도절차상 운송인 및 그의 국내대리점인 운송취급인은 (영업용)보세창고업자에 대하여 민법상 사용자의 지위에 있지 않음에 유의할 필요가 있다.[54]

(3) 수하인에 대한 화물인도책임

이상에서 보듯 항공운송인 또는 항공운송주선인이 수입지 공항에 도착한 화물을 세관이 지정한 보세창고에 인도하면 수하인에게 화물을 인도하기 위한 절차적인 필요조건은 충족한 것이라고 볼 수 있지만, 이것만으로는 충분하지 않고 반드시 항공운송장상에 기재된 수하인에게 수하인용 항공운송장을 교부하여 당해 수하인이 수입통관절

52) 대법원 1996.9.6, 94다46404.

53) 대법원 2004.7.22, 2001다67164.

54) *ibid.*

차를 필한 후 보세창고업자로부터 수입화물을 반출해 나갈 수 있도록 하여야 비로소 그 인도의무가 완료된다.

한편 보세창고업자가 항공운송장상의 수하인이 아닌 자에게 화물을 반출하거나 또는 항공운송장이나 운송주선업자가 발행하는 화물인도지시서를 받지 않고 화물을 인도할 경우에는 수하인이 입은 손해에 대해서 손해배상책임을 져야 한다.

이때의 손해배상책임은 헤이그 의정서에 따른 손해배상책임이 아니라 우리나라 민법에 따른 손해배상책임이 된다. 왜냐하면 헤이그 의정서는 손해의 원인이 된 사고가 항공운송 중에 발생한 경우에만 적용되기 때문이다.[55] 여기서 '항공운송 중'이란 수화물 또는 화물이 비행장 또는 항공기상에서 운송인의 관리하에 있는 기간을 말한다[56]고 규정하고 있기에 항공화물이 공항을 벗어나 보세장치장에 반입되면 항공운송은 종료된 것이므로 더 이상 헤이그 의정서가 적용될 소지가 없기 때문이다.

4. 항공운송인의 책임과 의무

1) 항공운송인의 책임

우리나라는 바르샤뱌 조약에는 가입하지 않고 헤이그 의정서(Protocol to Amend the Convention for the Unification of Certain Rules Relating to International Carriage by Air)와 몬트리올 협정에 가입하고 있다.

그러나 바르샤바 조약에는 가입하지 않고 헤이그 의정서에 가입한 경우에는 개정된 바르샤바 조약을 준수하는 효력을 갖는다는 취지이므로[57] 우리나라는 실질적으로 바르샤뱌 조약과 헤이그 의정서를 포함하는 바르샤바 조약체제를 따르기로 한 것으로 본다.

바르샤바 조약체제에서 항공운송인의 책임은 해상운송인의 책임관계를 규율하고 있는 Hague 규칙, Hague-Visby 규칙 및 Rotterdam 규칙의 경우와 마찬가지로 원칙적으로 운송인의 추정적 과실책임주의를 따르고 있다.

즉 항공운송인은 자신 또는 그 대리인이 손해를 방지하기 위해 필요한 모든 조치를 취하였다는 사실 또는 합리적 노력을 다하였음에도 그 조치를 취할 수 없었다는 사실을 증명하지 못하는 경우에는 항공운송 중에 생긴 손해를 배상할 책임을 진다.[58]

---

55) 헤이그 의정서 제18조 1항.

56) 헤이그 의정서 제18조 2항.

57) 헤이그 의정서 제21조 2항 및 제22조 2항.

58) 바르샤바조약 제18조, 제20조.

항공운송인이 자신의 책임을 면하기 위해 '필요한 모든 조치'를 취했는지 여부를 스스로 증명해야한다는 것은 항공운송인에게 사실상의 무과실증명책임을 부담시키는 것이어서 매우 무거운 책임이라 할 수 있다. 그럼에도 불구하고 항공운송인에게 이 같은 무과실증명책임을 부담시키고 있는 것은 항공운송에서는 항공기 운항과 관련해서 전문가적 지식을 갖추지 못하면 알 수없는 고도의 기술이 사용되는 까닭에 운송인의 과실에 대한 증명책임을 송하인이나 수하인에게 부담시키는 것은 합리적이지 못하다는 고려가 작용하였기 때문이다.

원래의 바르샤바 조약에서는 운송물의 멸실·훼손이 조종사의 과실이나 항공기의 취급 또는 운행 중의 과실로 인해 발생한 때에는 항공운송인은 책임지지 않는다고 규정되어 있었으나 이 규정은 헤이그 의정서에서 삭제되었다. 그 결과 항공운송에서 항공과실은 면책사유로 인정되지 않는다.[59)]

2) 항공운송인의 책임제한

항공운송은 운송물이 공항 내에 있거나 또는 항공기에 적재되었는지 여부에 관계없이 운송인의 관리 하에 있는 전 기간을 포함한다.[60)] 또한 운송이 공항 밖에서 육상, 해상운송의 방식으로 이루어진 때에도 그 운송이 항공운송물을 적재·인도 또는 환적할 목적으로 이루어진 경우에는 별도의 반대증거가 없는 한, 운송물의 훼손은 항공운송 중에 발생한 것으로 추정한다.[61)]

운송인의 책임은 운송물 킬로그램 당 17SDR[62)] 또는 추가운임을 지급하면서 신고한 운송물의 가액으로 제한된다.[63)] 그러나 손해를 발생시킬 의도를 갖고 손해가 생길 우려가 있다는 것을 인식하고 무모하게 행한[64)] 운송인 또는 사용인의 행위 결과는 운송인의 책임제한에 적용되지 않는다.[65)]

헤이그 의정서는 바르샤바 조약 제25를 개정하여 운송인의 사용인이나 대리인에 대

59) 이는 해상운송 분야에서 Hague 규칙이나 Hague-Visby 규칙이 항해과실에 대해 운송인의 면책을 인정하여왔지만 Hamburg 규칙에 이르러 항해과실에 대한 운송인의 면책을 삭제한 것과 그 취지를 같이 한다.

60) 헤이그 의정서 제18조 2항.

61) 헤이그 의정서 제18조 3항.

62) Fench Gold Franc 또는 France poincare를 지칭하고 있는 순도 900/1000의 금 65.5mg을 의미 한다.

63) 바르샤바 조약 제22조 2항.

64) 바르샤바 조약에는 '고의적 불법행위'(wilful misconduct)에 의해 손해가 야기되었을 때'라고 규정되어 있다(바르샤바 조약 제25조).

65) 헤이그 의정서 제13조.

해서도 책임제한조항이 적용되도록 함으로써 운송의 이행보조자도 고용의 범위 내에서 행위한 때에는 협약이 정한 책임제한을 원용할 수 있다.[66)]

헤이그 의정서에 따르면 수하인은 운송물을 수령한 후 그 상태를 점검하여 14일 이내에 서면으로 이의를 제기하지 않으면 손해배상소송을 제기할 수 없고, 운송지연의 경우에는 운송물이 수하인의 처분하에 있는 상태의 날로부터 21일 이내에 이의제기가 되어야 한다고 규정하고 있다.[67)]

제 5 절 선하증권

선하증권(Bill of Lading ; B/L)이란 하주와 선박회사 간에 해상운송계약에 의해 선박회사가 하주로부터 위탁받은 화물을 선적하여 이를 양륙항까지 운송한 후 선하증권의 소지자에게 당해 증권과 상환으로 운송화물을 인도할 것을 약속하는 선박회사 발행의 운송증권이다.

선하증권은 선적화물의 소유권을 대표하는 권리증권(document of title)이자 유통유가증권으로서의 기능을 한다. 따라서 선하증권을 소지하고 있다는 사실은 선적화물 그 자체를 소유하고 있다는 것과 동일한 효과가 있고 선하증권의 소지인은 선하증권의 제시로 선박회사에 화물의 인도를 청구할 수 있으며, 유가증권으로서 배서 또는 인도에 의해 소유권을 이전할 수 있다.

오늘날 무역거래에서 선하증권은 대단히 중요한 역할을 수행하기에 이하에서는 선하증권의 역사적 배경과 주요 규칙, 그리고 선하증권의 종류와 특색, 기능 등을 살펴보도록 한다.

1. 선하증권의 본질

선하증권은 국제물품거래에서 반드시 요구되는 필수 선적서류중 하나로써 다음과 같은 본질적 기능을 갖는다.

첫째, 선하증권은 선주와 하주 간에 운송계약이 체결되었다는 사실을 증명하는 증거서류이다.

---

66) 헤이그 의정서 제11조.

67) 헤이그 의정서 제15조.

둘째, 선하증권은 물품을 선적했다는 사실, 또는 선적을 위해 물품을 수취했음을 증명한 수취증의 역할을 한다. 아울러 운송을 위한 운임이 선불되었거나 지불될 것임을 표시하고 있는 운임 영수증 역할을 한다.

셋째, 선하증권의 소지인은 선하증권과 상환으로 물품의 인도를 청구할 수 있는 물품에 대한 권리증권이다. 즉, 정당한 절차에 의해 선하증권을 소지한 자는 선하증권이 대표하는 물품에 대한 인도청구권과 물품의 처분권을 갖는다. 따라서 물품의 운송인은 선하증권을 제시하는 자에게 물품을 인도해야만 한다. 결국 선하증권의 소지인은 당해 물품을 소유한 것과 같다고 할 수 있다.

넷째, 선하증권의 양도는 곧 당해 물품을 양도하는 것과 같기 때문에 선하증권의 소지인은 운송중인 물품이라 할지라도 이를 매매할 수 있으며 담보수단으로도 활용할 수 있다.

2. 선하증권의 종류

1) 선적선하증권과 수취선하증권

(1) 선적선하증권(shipped / on board B/L)

선하증권은 보통 본선 상에 화물이 선적된 후에 발행되는 것이 일반적이다. 선적선하증권이란 본선 상에 화물이 적재되었다는 것을 확인하고 발행하는 선하증권으로써 선하증권의 문면에 “Shipped(loaded) in apparent good order and condition on board the vessel...”과 같이 기재되어 화물이 양호한 상태로 적재되었음을 표시한 선하증권을 말한다.

(2) 수취선하증권(received B/L)

지정된 선박이 아직 부두에 정박하지 않았거나 입항조차 하지 않았을 경우 우선 화물은 선박회사의 부두창고 또는 부두 장치장에 입고된 후 당해 화물을 선박회사가 선적을 위해 수취했음(received for shipment)을 증명하는 형태로 선하증권을 발급하게 되는데 이를 수취선하증권이라 한다. 수취선하증권은 선적될 화물을 단지 선박회사가 수령했다는 것만을 의미하기 때문에 수취선하증권이 발행된 후 선적이 실제로 이루어진 날을 당해 수취선하증권 상에 부기함으로써 실질적인 선적선하증권의 요건을 갖추게 된다. 이같이 수취선하증권 상에 화물이 선적완료 되었다는 문언과 일자를 기입하고 발행자가 이를 증명해주는 것을 본선적재필(on board notation)이라 한다.

선적선하증권의 선적일은 발행일이 됨은 당연하지만, 수취선하증권의 발행일은 화물 수취일을 의미할 뿐이다. 그러나 본선적재필 형태로 부기된 일자가 실제 선적일이 됨을 유의할 필요가 있다.

2) 무사고 선하증권과 사고부 선하증권

(1) 무사고 선하증권(clean B/L)

무사고 선하증권이란 본선상에 계약화물을 선적할 때 그 화물의 상태가 양호하고 신고한 수량대로 선적되어 비고란(remarks)에 당해 물품의 수량, 포장상태 등에 관해 아무것도 기재하지 않고 발행한 선하증권을 말한다.

무사고 선하증권에는 계약화물이 외관상 아무런 하자사항이 없이 양호한 상태로 본선 상에 선적되었음을 증권상에 나타내기 위해 "Shipped on board in apparent good order and condition"이라는 표현이 명기되지만 이 자체가 무사고 선하증권임을 증명해 주는 것은 아니다. 무사고 선하증권인지의 여부는 선하증권 비고란에 화물이나 포장에 관한 기재가 있는지 없는지 여부로 판단한다.

(2) 사고부 선하증권(foul or dirty B/L)

사고부 선하증권이란 무사고 선하증권과는 달리 선적화물이나 포장상태가 불완전하거나 수량이 부족할 경우 선하증권의 비고란에 그와 같은 내용, 예를 들어 '5 bags torn', '5 packages short in dispute', '5 cases loose strap' 등과 같이 표기된 선하증권을 말한다. 사고부 선하증권은 무역거래에서 부적격 선하증권으로 취급되며, 대금결제를 해주는 수입업자 또는 은행에서도 별다른 반대합의가 없는 한 수리거절된다.

한편 수출업자가 운송의뢰한 계약화물의 포장 불완전이나 수량부족 등의 형태가 비교적 경미한 경우, 그리고 이의 보완에 시간적 여유가 없을 경우 수출업자는 선박회사에 파손화물보상장(letter of indemnity : L/I)을 제공하고 선박회사로부터 무사고 선하증권을 교부받을 수 있다.

파손화물보상장이란 선하증권의 비고란에 기재된 단서조항, 즉 선적화물의 파손이나 결함에 대해 송하인인 수출업자가 책임을 지겠다는 것을 약속하는 각서형태의 보증장을 말한다. 선박회사는 이 파손화물보상장을 근거로 후에 파손화물의 책임관계로부터 면책되며, 보험회사 역시 해당 파손화물에 대해서도 책임을 지지 않는다.

3) 기명식 선하증권과 지시식 선하증권

(1) 기명식 선하증권(straight B/L)

기명식 선하증권이란 선하증권의 수하인 란에 화물의 수취인으로서 수입업자나 은행 등 특정인의 이름이 구체적으로 표시된 선하증권으로써 당해 선하증권에 기재된 특정인만이 화물을 인수할 수 있기 때문에 기명된 수하인이 배서양도하지 않는 한 다른 사람에게 유통될 수 없다.

선적화물이 선하증권보다 먼저 수입업자에게 도착하는 경우 기명식 선하증권으로 되어있으면 선박회사는 선하증권의 제시 없이도 화물의 수하인임이 확인되면 물품을 인도하게 된다.

기명식 선하증권은 비유통성으로 말미암아 널리 이용되지 않지만 유럽 인접국가들 간의 거래에서 굳이 은행을 통해 결제할 필요가 없는 경우 수입업자에게 직접 기명식 선하증권을 제시하고 수출대금을 회수할 때 제한적으로 활용된다.

(2) 지시식 선하증권(order B/L)

지시식 선하증권이란 선하증권의 수하인 란에 특정인을 기재하지 않고 단순히 "oder", "order of shipper", "order of Bank" 등과 같이 표시한 선하증권을 말하는 것으로 수출업자는 당해 선하증권의 뒷면에 백지배서(blank endorsement)만 하면 자유롭게 유통된다.

4) 해양선하증권과 내국선하증권

(1) 해양선하증권(ocean B/L)

해양선하증권 또는 해상운송 선하증권이란 부산으로부터 뉴욕까지와 같이 한나라의 영해를 벗어나는 국외 해상운송의 경우 발행되는 선하증권을 말한다.

(2) 내국선하증권(local B/L)

내국선하증권이란 부산에서 인천까지와 같이 국내 해상운송의 경우 발행되는 선하증권을 말한다.

5) 유통가능 선하증권과 유통불능 선하증권

(1) 유통가능 선하증권(negotiable B/L)

유통가능 선하증권은 당해 선하증권의 소지인 또는 선하증권 상에 기재되어 있는 자가 배서·양도함으로써 자유롭게 유통가능해지는 선하증권을 말한다. 일반적으로 선하증권은 원본 3통이 한 세트로 발급되는 데 이들 원본들만이 화물과 상환이 가능하며 은행에서도 이들 원본 한 세트를 신용장에서 요구하는 적격 선하증권으로 인정하여 대금결제가 이루어진다. 유통가능 선하증권은 증권 상에 "negotiable"이라는 표시가 인쇄되어 있다.

(2) 유통불능 선하증권(non-negotiable B/L)

유통불능 선하증권이란 선하증권이 대표하고 있는 화물의 권리의 양도가 불가능한 비유통성 선하증권으로써 선박회사가 발급하는 원본 이외의 모든 선하증권에는 "non-negotiable" 또는 "copy"라는 표시가 되어 있어 선하증권으로서의 본질적 기능이 없기 때문에 당해 선하증권으로는 화물 상환이나 대금결제가 불가능하다.

6) Port B/L과 Custody B/L

선적될 화물이 운송인에게 인도되어 운송인의 보관 하에 있으며 지정된 선박이 입항은 되어 있으나 아직 화물이 본선에 적재되어 있지 않을 경우 발행되는 수취선하증권을 Port B/L이라 한다.

선적 될 화물이 운송인에게 인도되었으나 선박이 아직 입항하지 않았을 때 발행되는 수취선하증권을 Custody B/L이라 한다.

7) 기타 다양한 특질의 선하증권

(1) 약식 선하증권(short form B/L)

선하증권의 뒷면에는 선박회사의 운송약관이 소위 이면약관으로 인쇄되어 있어야 한다. 그런데 이면약관을 포함하고 있는 선하증권은 그 크기가 너무 크고 길뿐만 아니라 이를 인쇄하거나 기록하는 데도 번거로움이 따르기 마련이다. 일반적으로 이 같은 정식 규격의 선하증권은 통상 Long Form B/L 이라 하는데, 이에 반해 선하증권의 이면약관을 생략한 채 선하증권의 필수 기재사항만을 앞면에 기재한 약식 또는 간이 선하증권을 Short Form B/L 이라 한다.

약식 선하증권에는 이면약관을 생략한 대신 다음과 같은 문언을 선하증권의 뒷면에 기재하여 추후 만일 선주와 하주간의 권리와 의무 이행에 분쟁이 발생하면 Long Form B/L의 이면약관을 참조하도록 하고 있다.

"All the terms of the carrier's regular long form of Bill of Lading are incorporated herein with like force and effect as if they were written at length herein. A copy of such Bill of Lading may be obtained from the carrier, its agent, or the master."

(2) 통과선하증권(through B/L)

운송화물을 목적지까지 운송함에 있어 해상운송과 육상운송 등 두 가지 이상의 운송수단을 이용할 경우, 또는 선주가 자신의 선박 외에 다른 회사의 선박을 추가로 이용하여 운송할 경우 최소의 운송업자가 전 구간의 운송에 대해 모든 책임을 지겠다고 발행하는 운송증권을 통과선하증권이라 한다.

미국에서는 육상운송과 해상운송을 겸한 선하증권을 Overland B/L 또는 Overland Common Point B/L이라 하여 사용하고 있다.

(3) 환적선하증권(transhipment B/L)

환적선하증권이란 화물을 목적지까지 운송하는 과정에서 목적항까지 직접 가는 직항선박이 없는 경우 운송 도중 중간항에서 다른 선박으로 운송화물을 옮겨 실어 최종 목적지까지 운송할 때 발행하는 선하증권을 말한다.[68] 중간항에서 환적이 이루어지면 화물의 양하(unloading)와 재선적(reloading)에 시간이 많이 소요되어 지연의 위험이 높아지고, 화물의 파손·도난 등이 발생할 가능성이 커지기 때문에 대부분의 수입업자들은 특별한 경우가 아닌 한 환적을 꺼려하는 것이 보통이다. 따라서 신용장거래의 경우 신용장상에 별도의 언급이 없는 한 환적은 금지된다.

(4) 용선계약 선하증권(charter party B/L)

하주가 대량의 거대화물(bulky cargo)을 운송하기 위해 항구에서 항구간, 또는 일정기간 동안 부정기선(tramper)을 용선하는 경우 하주와 선박회사 간에 체결된 용선계약(contract of charterparty)에 의해 발행되는 선하증권을 말한다.

(5) Red B/L

이 선하증권은 보통의 선하증권과 보험증권을 결합시킨 것으로 항해 중에 선하증권상에 기재된 화물에 사고가 발생하면 선박회사가 보상해 주는 선하증권이다.[69] 일반적으로 이 선하증권의 경우 선박회사는 보험회사에 일괄하여 부보하게 되므로 손해의 보

---

68) 환적이 허용되지 않고 목적지까지 관습적 항로를 따라 직항선에 선적하고 발행하는 선하증권을 Direct B/L이라고도 한다.

69) 선하증권에 부보내용을 표시하는 문언이 붉은 색으로 되어있기 때문에 Red B/L이라고 한다.

상은 결과적으로 보험회사가 부담하며, 선박회사는 자신이 부담한 보험료만큼을 운임에 추가시키므로 결국 보험료도 송하인이 부담하는 결과가 된다.

(6) 부서부 선하증권(countersign B/L)

운송화물이 착지불 운임(freight collect)이나 그 외 다른 채무가 부수되어 있는 경우, 예를 들어 양륙항에서 컨테이너 장비 등을 사용하는 경우 사용료 등이 부대되는 비용으로 남아 있을 경우, 물품을 인수하는 자는 당해 채무에 대한 대금을 선박회사에 지불해야만 화물을 찾을 수 있다. 선박회사가 이같은 제 비용을 수령하게 되면 결제가 끝난 것을 증명하기 위해 선하증권에 이서하게 되는데 이러한 부서(countersign)가 되어 있는 선하증권을 부서부 선하증권이라 한다.

(7) 집단 선하증권(groupage B/L, master B/L)

여러 하주들로부터 의뢰받은 화물을 컨테이너로 운송할 경우 한 컨테이너 분량이 안되는 화물(LCL Cargo)일 경우에는 화물운송주선인은 같은 목적지로 가는 화물을 한데 모아 컨테이너를 가득 채운 하나의 단위화물(FCL Cargo)로 만들게 된다. 이 같이 여러 하주들의 소량 화물을 집단화(grouping)하여 선적할 때 선박회사가 운송주선인 앞으로 발급하는 선하증권을 집단선하증권(groupage B/L)이라 한다.

이 같이 중간에서 이들 소량화물의 운송을 주선한 운송주선업자는 선박회사로부터 정상적인 집단선하증권을 발급 받게 되고, 이 운송주선인은 개개의 소량화물 하주들에게 일종의 선적 증명서를 발급해 주는데 이를 House B/L이라 한다.

(8) Third Party B/L

선하증권 상에 표시되는 송하인은 일반적으로 수출업자이지만 중계무역의 경우 수출입 거래의 당사자가 아닌 제3자(third party), 특히 선박회사의 이름을 기재하는데 이 같은 선하증권을 Third Party B/L이라 한다.

이처럼 수출업자의 이름을 기재하지 않는 이유는 중계무역의 경우 수입업자가 선하증권 상에 기재된 송하인으로서의 수출업자를 알게 되면 추후 중계무역을 하지 않고 직접 수출업자와 거래할 수 있기 때문에 중간 중계무역업자의 이익을 보호해 주기 위해서이다.

(9) Surrender B/L

경우에 따라 송하인은 자신이 발급받은 선하증권 상에 "surrender"란 문구의 도장을 찍어 선하증권 원본(original)을 선박회사에 반납하는 때가 있다. 이렇게 되면 화물의 도착지에서 수하인은 선하증권 원본의 제시 없이 전송받은 사본으로 화물을 인수받을 수 있다.

우리나라와 일본 같이 인접한 국가 간에는 항해일수가 짧아 선하증권 원본보다 화물이 먼저 목적지에 도착하는 경우가 많은데, 이런 경우 수입상의 편의를 위해 신속하게 화물인수를 할 수 있도록 이 같은 관행을 활용할 수 있다. 유의할 점은 수입상이 화물은 인수하고 대금의 결제를 하지 않을 위험이 있으므로 본·지사간의 거래나 신용도가 높은 거래선 간에만 사용이 가능하다.

(10) Stale B/L

모든 선하증권은 발행 후 은행으로부터 대금지급을 받기 위한 필수 서류로서의 기능을 하게 되는데, Stale B/L이란 선하증권의 발급 후 21일이 지나 은행에 제시되는 제시된 선하증권을 말한다. 선하증권으로서의 법적 유효기간 만료의 선하증권이라는 의미이다.

보세창고도거래(bonded warehouse transaction : BWT)에서는 물품은 이미 수출국에서 미리 선적된다는 특성에 따라 선하증권이 발급된 후 상당한 운송기간이 지나 수입국의 보세창고에 장치된 후에야 매매계약이 체결되기 때문에 해당 선하증권은 이미 발급일 후 21일이 지나게 되어 선하증권으로서의 법적 유효성을 상실(stale)하게 된다. 이 경우 신용장 또는 계약서상에 “Stale B/L Acceptable”이란 특약이 없이는 당해 선하증권은 수리될 수 없다.

(11) 해상화물운송장(Sea Waybill : SWB)

해상화물운송장이란 선박회사가 운송화물의 수취를 증명하고 송하인에게 발행해주는 화물수취증을 말한다.

해상화물운송장은 단지 송하인이 수하인에게 화물을 탁송했음을 증명하는 화물수취증이므로 권리증권(document of title)이 아니기 때문에 배서하여 양도할 수 없으며, 운송 중의 화물을 전매할 수도 없다.

따라서 해상화물운송장은 유통금지문언(non-negotiable)이 표시되어 있는 비유통서류라 할 수 있다.

(12) 항공화물운송장(Air Waybill : AWB)

항공화물운송장이란 송하인과 운송인간에 항공운송계약이 체결되었음을 증명하는 증거서류로써 항공운송인이 송하인의 화물을 운송하기 위해 이를 수령했음을 증명하는 항공운송서류이다.

항공화물운송장은 원본 3장과 부본(dummy air waybill) 6장으로 구성되는 것을 원칙으로 하고 항공사에 따라 부본을 5장까지 추가할 수 있다. 원본 1은 항공사용으로 운임정산용, 운송계약의 증거로 활용된다. 원본 2는 수하인용으로 항공화물과 함께 목적지로 보내어져 수하인에게 전달되며, 원본 3은 송하인용으로 화물수령증 및 운송계약의 증거서류로 출발지에서 교부된다.

항공화물운송장은 선하증권과 달리 송하인이 작성하는 것을 원칙으로 하고 있으며, 선하증권은 보통 선적을 증명하는 선적식인데 반해 항공화물운송장은 항공사 창고에 화물이 입고되면 발행되는 수취식의 형태이다. 또한 선하증권은 지시식으로 되어 있어 정당한 배서에 의해 누구에게나 양도가 가능한 권리증권이지만 항공화물운송장은 기명식으로 되어있어 당해 항공화물운송장에 기재되어있는 수하인이 아니면 당해 화물을 인수할 수 없다.

| 표 5-3 | 항공화물운송장과 선하증권의 비교

Air Waybill	Bill of Lading
양도성이 없는 비유통 유가증권 (non-negotiable)	양도성이 있는 유통 유가증권 (negotiable)
창고에 반입 후 발행되는 수취식 형태의 운송증권	본선에 적재된 후 발행되는 선적식 형태의 운송증권
기명식	지시식
송하인이 작성함이 원칙	선박회사가 작성

(13) CMI 전자식선하증권

CMI전자식선하증권이란 1990년 국제해사법회(Committee Maritime International Conference ; CMI)에서 채택한 '전자식선하증권에 관한 CMI규칙(CMI Rules for Electronic Bill of Lading)'에 의한 선하증권을 말한다.

전자식선하증권은 전통적인 서류형태의 선하증권을 발행하는 대신 전자식 방법으로 선박회사가 송하인 또는 양수인에게 선적화물에 대한 권리증명으로써 비밀번호의 역할을 하는 개인키(private key)를 부여하고 서로 EDI(Electronic Data Interchange) 메세지를 전송함으로써 선하증권상의 권리를 양도하게 된다.

CMI전자식선하증권에서는 송하인과 선박회사는 선하증권을 전자식으로 송신하기로 약정하고 CMI규칙을 적용하기로 합의하는 계약을 체결한 후 선박회사는 송하인의 선복예약서(booking note)를 확인·작성함으로써 운송계약을 체결하게 된다. 그간 전통적인 형태의 선하증권에서는 선적화물에 대한 통제권은 선하증권의 소지인이 갖고 있었지만 전자식선하증권에서는 전자적 지시를 할 권한을 가진 선박회사가 갖게 된다.

(14) 볼레로 선하증권

볼레로선하증권(Bolero Bill of Lading)이란 볼레로 인터내셔널사(Bill of Lading Electronic Registry Organization International Ltd.)에 의해 개발된 전자적 형태의 선하증권으로서 선하증권 자체만 전자식으로 처리하려는 것에 추가하여 무역서류 전반을 전자화하고 정보의 안전성을 보장하기 위해 현재까지 가장 안전한 방법으로 알려져 있는 디지털서명을 메시지 전송에 채택하고 있다.

볼레로선하증권은 전통적 형태의 선하증권의 내용과 구성을 전자적 형태로 대체하고 있음과 아울러 선하증권의 발행 후 제반 권리이전 과정을 중앙등록기(central registry)의 기록에 연계시켜 거래의 전자화를 실현하고 있다.

3. 선하증권에 관한 신용장조건70)

신용장에서 요구하는 선하증권에 관한 조건은 일반적으로 다음과 같이 표시된다.

"Full set of clean on board ocean Bills of Lading made out to the order of ....(Issuing Bank) marked freight .... and notify accountee."

위의 신용장조건과 내용을 살펴보면 다음과 같다.

(1) Full set(전통 요건)

모든 선하증권은 한 세트(set)로 발행되며 발행통수는 일반적으로 3통을 원본 전통(full set)으로 발행한다.

선박회사가 화물의 인도시 요구하는 것은 발행된 선하증권 중 1통만을 요구하지만 각 선하증권은 독립적으로 효력을 갖는 것이므로, 신용장 개설은행에서는 선박회사가 발행한 3통 전통의 선하증권 모두를 제시받지 않으면 당해 화물에 대한 담보권이 확보되었다고 볼 수 없으므로 신용장 조건으로 3통 전통을 모두 요구한다.

---

70) 박대위, 「무역실무」, 법문사, 2007, pp.150-152 참조.

따라서 일반적으로 Original, Duplicate, Triplicate의 3통으로 발행되는 선하증권 중 신용장개설은행이 Original 1통만 수하인에게 인도하면 나머지는 자연히 무효가 된다.

(2) Clean B/L(무사고 요건)

신용장거래에서 인정하는 적격 선하증권은 무사고선하증권(Clean B/L)으로서 선적화물에 아무런 부가조항(clause)이나 단서(notation)가 비고(remarks)란에 표시되지 않은 완전한 선하증권이어야 한다. 제6차 개정신용장통일규칙 제27조에서도 "은행은 무사고 운송증권만을 수리한다. 무사고 운송서류란 화물 또는 그 포장에 하자가 있는 상태임을 명시하는 부가조항이나 단서가 기재되어있지 않은 서류를 말한다."라고 규정하고 있다.

(3) On Board B/L(선적 요건)

신용장에서 요구하는 선하증권은 지정된 선박에 본선적재 또는 선적되었다는 것이 사전 인쇄된 문언으로 표시된 선적선하증권이어야 한다. 그러나 경우에 따라 수취선하증권(received B/L)이 제시되는 경우 반드시 당해 선하증권 상에 화물이 실제 선박에 선적되었다는 날짜를 표시한 본적적재필(on board notation)이 부기되어 있어야만 신용장 거래은행들이 수리하게 된다. 이 경우 수취선하증권 상의 본선적재필 부기일자는 선적일로 간주된다.

(4) Ocean B/L(해상운송 요건)

이는 국내 항구간의 운행에 따라 발행되는 내국선하증권(local B/L)이나 내륙수로운송선하증권(inland waterway B/L)이 아닌 국적을 달리하는 원격지간에 대양을 항해하는 선박이 발행한 해상운송선하증권이 제시되어야 함을 의미한다.

(5) Consignee(수하인)

선하증권의 수하인을 표기하는 문구에 따라 선하증권은 지시식 선하증권과 기명식 선하증권으로 구분된다. "made out to the order of …"와 같은 문구는 지시식 선하증권(order B/L)의 전형적 문구로써 다음에 송하인이나 은행명이 기재되어 이 당사자가 곧 선적화물의 담보권을 행사할 수 있는 자가 된다. 개설은행 지시식으로 표기된 경우에는 당해 개설은행의 배서에 의해 수입업자인 개설의뢰인에게 선하증권의 양도가 가능해 진다.

한편 선하증권 수하인을 표기하는 문구가 "consigned to …"와 같이 되어 있는 경우에는 다음에 수하인의 이름이 기재되는데 이는 소위 기명식 선하증권(straight B/L)을 말하는 것으로 여기에 기재된 자가 아니면 선적화물을 인수할 수 없다.

(6) Notify Party(통지선)

본선이 수입항에 도착하게 되면 선박회사는 수입화물이 도착했다는 화물도착통시서(arrival notice : A/N)를 발송하여 화물을 인도할 준비를 한다. 이때 화물도착통지서를 받아보는 당사자를 통지선, 또는 착하통지처라 한다. 선하증권 상의 수하인이 실수입업자(accountee)인 경우에는 당해 수입업자가 통지선이 되며, 경우에 따라 수입업자가 지정하는 대리인인 수입업자의 통관사가 통지선이 될 수도 있다. 수입업자가 은행의 융자로 신용장을 개설하였다면 은행이 수하인(consignee)이 되고 수입업자가 통시선(notify party)이 되는 경우도 있다.

수하인과 통지선이 모두 수입업자로 되어있는 항공화물운송장(AWB)의 경우에 신용장 개설은행은 전혀 개입되지 못한 채 화물이 직접 수입업자에게 인도될 가능성이 높다. 이 경우 사후에 은행이 항공화물운송장을 취득해도 이미 화물은 수입업자에 의해 처분되어버렸다면 은행의 채권확보에 차질이 생길 수도 있다.

(7) Freight(운임)

매매계약의 조건이 운임포함인도조건(CFR) 또는 운임·보험료포함인도조건(CIF)인 경우에는 운임을 수출업자가 먼저 지불하므로 선하증권 상에 "Freight Paid" 또는 "Freight Prepaid"로 표시되고, 본선인도조건(FOB)인 경우에는 운임은 수입업자가 수입지에서 지불하게 되므로 "Freight Collect"로 표시된다. "Freight Prepayable", "Freight Payable", "Freight to be (Pre)Paid"로 표시된 경우에는 운임이 지불되지 않은 것으로 간주된다.

4. 선하증권의 법률문제

1) 선하증권의 기재사항

선하증권의 전면에 기재되는 사항 중 특히 중요한 것은 운송물의 명세와 그 외관 상태의 기재 및 선적일의 기재이다.

매수인의 입장에서 보면 선하증권상의 운송물품의 명세는 그것이 매매계약상의 물품과 동일한 물품인지 여부를 판단하는 중요한 정보의 역할을 한다. 나아가 운송물품의 외관상태에 대한 기재는 운송물품의 멸실·훼손에 대한 운송인의 책임을 정하는 데 있어 중요한 근거자료가 된다. 즉 운송물품의 손실의 발생시기가 운송개시 전인지, 아니면 운송개시 후인지에 따라 운송인의 손해배상책임 여부가 결정되기 때문이다.

따라서 운송인은 운송물품에 관한 기재사항이 정확한 것인지 확인해야 하며, 만일 운송물품의 상태를 확인할 적당한 방법이 없거나 표시하기 어려울 경우에는 그러한 사실을 기재하거나 또는 부지조항(unknown clause)을 삽입할 수 있다.[71)]

선하증권의 이면에는 운송계약의 내용을 구성하는 약관이 인쇄되어 있어서 운송인과 송하인간에 운송계약이 체결되었다는 추정적 증거로서의 역할을 한다. Hamburg 규칙에서는 선하증권이 해상운송계약을 증명하는 증권임을 명문으로 규정하고 있다.[72)]

2) 선하증권의 부실기재와 파손화물보상장

앞서 살펴본 선하증권의 종류 중 사고부선하증권(dirty B/L)에서와 같이 실무거래에서는 사고부 선하증권이 발행되는 경우는 거의 없고 물품 또는 포장에 하자가 있더라도 이 파손화물보상장(letter of indemnity ; L/I)을 이용하여 무사고선하증권을 발행하는 것이 관행이다.

그러나 이는 엄밀히 말해 운송물품에 관해 사실만을 기재해야 하는 선하증권 기재원칙을 위배한 부실기재라 볼 수 있다. 이러한 관행은 송하인과 운송인의 공모에 의한 사기행위와 결부될 위험성이 상당히 높으며, 이 관행이 남용되는 경우에는 매수인, 은행 또는 적하보험자와 같은 선하증권의 취득자에게 예측하기 어려운 손해를 끼칠 수 있을 뿐만 아니라 선하증권에 대한 신뢰가 떨어져 무역거래의 안전성이 훼손될 우려가 크다. 특히 운송 중인 물품이라도 선하증권의 유통성과 자유로운 양도성으로 인해 새롭게 개입되는 선의의 선하증권 소지인 등에 대하여 운송인은 선하증권상의 거짓의 부실기재 사실을 파손화물보상장의 효력으로 어떻게 대항할 수 있겠는가라는 문제가 있다.

일각에서는 매도인이나 운송인 모두 선적 당시 물품의 상태에 비추어 무사고선하증권을 발행해서는 안 된다는 사실을 알고 있으면서도 무사고선하증권을 발행하였다면 이는 물품이 선적 당시 아무런 하자가 없는 것으로 신뢰하여 선하증권을 인수하고 대금을 지급한 선의의 양수인이나 피배서인을 기망하는 것이기 때문에 이러한 경우에 파손화물보상장의 발행의 근거가 되는 손실보상계약(contract of indemnity)은 위법이므로 무효라는 주장도 있다.[73)]

---

71) Hamburg 규칙 제16조 1항, Rotterdam 규칙 제39조, 제 40조, 상법 853조.

72) Hamburg 규칙 제 1조 7항.

73) 이기수·신창섭,「국제거래법」, 세창출판사, 2015, p.283.

그러나 물품의 하자의 정도가 경미하여 매수인이 당해 물품을 거절할 정도는 아니어서 운송인으로서는 사고부선하증권을 발행할 수밖에 없는 사소한 하자의 경우에는 사고부선하증권의 수리가 거절됨으로써 매도인이 입을 피해를 고려한다면 파손화물보상장의 제공을 통한 무사고선하증권의 발행은 거래의 편의를 위하여 그 유효성을 인정할 필요가 있다.[74)]

즉 문제의 선하증권의 선의의 소지인 또는 적하보험자로부터 화물손해배상이 제기되어 이에 대해 운송인이 손해배상을 하고난 연후에는 운송인은 파손화물보상장에 근거하여 운송인이 손실보상계약에 따라 송하인에게 손실의 배상을 요구할 수 있다. 이는 일견 적법한 거래관행으로써 사기적인 경우 또는 공서위반의 경우를 제외하고는 원칙적으로 유효하다고 보는 것이 타당하다.[75)]

3) 선하증권의 효력

(1) 선하증권의 채권적 효력

선하증권은 발행자인 운송인에게 선하증권 소지인이 운송물품에 대해 인도청구권을 주장할 수 있는 채권적 효력을 갖는다. 채권이라 함은 재산권의 하나로써 거래일방이 상대방에게 급부를 요구할 수 있는 권리이므로, 일단 선하증권이 발행되면 운송인은 선하증권에 기재된 대로 운송물을 수령하고 이를 선적한 것으로 추정되며, 선하증권을 선의로 취득한 소지인에게 대항할 수 없다.[76)]

따라서 선하증권상의 기재사항과 실제 물품이 사실과 다를 경우 운송인은 송하인이나 선하증권의 악의의 소지인(mala-fide holder)[77)]에 대해서는 부실기재의 반증을 들어 선하증권상의 기재에 따른 책임을 피할 수는 있지만, 선의의 소지인에 대해서는 반증에 의한 권리주장에 의해서도 책임을 면할 수 없다.

선하증권의 발행인인 운송인과 이의 선의의 소지인간에 법률관계를 강력하게 확정시키는 이 같은 채권적 효력을 부여한 까닭은 선하증권이 운송물품의 인도청구권을 대표하는 유가증권의 형태로 운송계약의 당사자 이외의 제3자들에게도 자유롭게 유통될

---

74) 이는 판례에 의하여도 인정되고 있다. *Brown, Jenkinson & Co. Ltd. v. Percy Dalton, London Ltd.* (1952) 2 Q.B. 621.

75) *ibid.*

76) Hague 규칙 제3조 4항, Hamburg 규칙 제16조 3항, Rotterdam 규칙 제41조 1,2항, 상법 854조.

77) 실제 유통되고 있는 유통유가증권상에 하자가 있는 것을 모르고 표면상 완전하고 정상적인 증권으로 간주하고 선의로 취득한 소지인을 선의의 소지인(bona-fide holder)라 하며, 반대로 하자가 있음을 통보받아 이를 알고도 취득한 소지인을 악의의 소지인(mala-fide holder)라 한다.

수 있다는 특질을 보전하기 위함이며, 나아가 선하증권의 기재문언을 신뢰하여 거래한 제3자의 권리를 보호하기 위한 것이다.

(2) 선하증권의 물권적 효력

선하증권의 물권적 효력이라 함은 선하증권의 소지인이 당해 운송물품에 대해 권리를 가짐으로써 이를 표창하고 있는 선하증권의 양도를 통해서 운송물품에 대한 권리를 이전시킬 수 있는 효력을 말한다.

선하증권에 이와 같은 물권적 효력이 인정되기 때문에 송하인은 운송 중 물품을 선하증권의 교부로 양도할 수 있고, 이를 통해 물품이 목적지에 도착하기 전이라도 대금을 회수할 수 있다. 선하증권의 본질 중의 하나인 권리증권성은 바로 이러한 선하증권의 물권적 효력에서 비롯된다.

따라서 선하증권의 소지는 운송물품을 간접점유(constructive possession)하고 있는 것과 같은 효력을 가지며, 제3자에게 선하증권을 교부한 때에는 운송물품을 인도한 것과 같은 결과가 된다.

선하증권의 이 같은 물권적 효력으로서의 권리증권성에 따라 선하증권을 소지한 자만이 운송인으로부터 물품의 인도를 요구할 수 있는 권리를 가지며, 당해 물품의 진정한 소유자라 할지라도 선하증권을 제시하지 못하면 물품을 인도받을 수 없다.[78]

한편 선하증권의 양도와 더불어 유의해야 할 것은 선하증권의 양도가 반드시 소유권의 양도만을 수반하는 것은 아니라는 점이다. 즉 양도하려는 당사자와 양도받으려는 당사자간에 양도의 의도가 무엇이냐에 따라 권리의 내용이 달라질 수 있다는 점이다.

에를 들어 선하증권을 양도받으려는 피배서인이 송하인의 대리인인 경우에는 그 대리인에게 선하증권을 양도하려는 배서인, 즉 송하인의 의도는 물품인도의 청구권만을 양도하는 것이지 소유권 자체를 양도하는 효과를 갖지는 않는다. 마찬가지 예로 선하증권상의 물품이 은행 담보의 목적이 된 경우에는 그 선하증권을 양도받은 은행은 담보권만을 설정 받았을 뿐이지 그 물품의 소유권을 양도받은 것은 아니다.

이는 선하증권이 어음이나 수표와 같이 권리증권으로서의 성질을 갖지만, 선하증권의 양도에 의해 양도되는 권리의 내용이 '당사자의 의사에 구속된다'는 점에서 완전한 권리증권성을 갖지는 못한다[79]는 것을 말한다.

---

78) 운송인은 자신에게 최초로 선하증권을 제시하는 소지인에게 물품을 인도하면 면책된다. 이때 운송인은 당해 선하증권의 소지인이 진정한 권리자인지 실질적으로 조사할 의무는 없다(이기수·신창섭,「전게서」, p.280).

5. 선하증권의 국제조약

1) 초기 선하증권과 Harter법

중세기의 해상교역에서는 상인들은 대개 그들의 화물과 함께 배에 승선한 후 목적지에 도착하여 그곳에서 물건을 판매하는 형태였다. 따라서 선주와 하주와의 해상운송계약은 목적지까지의 화물운송에 수반되는 위험과 비용, 그리고 물품판매이익을 서로가 분담하고 공동 분배하는 보험계약의 형태에 더 가까웠다. 그 결과 초창기 선하증권은 화물의 운송을 위탁받은 선장이 화물을 목적지까지 일정한 대가를 받고 운송해주겠다고 약속을 하는 영수증에 불과하였다.

그러나 하주가 화물과 함께 동승하지 않고 자신의 화물을 선박에 위탁하게 되면서 선하증권은 점차 운송계약의 성격을 띠게 되었고 운송 중의 화물의 파손이나 멸실에 대해서는 운송의 책임을 맡은 선박 측에 책임이 있다는 규정이나 법들이 제정되기 시작하였다.

한편 19세기에 접어들면서 증기기관의 개발로 증기선(steamship)이 등장하자 보다 안전하고 신속한 해상운송이 가능해지고 선박 자체의 보유가 상당한 자본력을 가진 선주들에 의해 집중됨에 따라 선주들은 해상운송계약에 있어 자신들에게 유리한 운송계약조건들을 제시하게 되었고, 거액의 자본이 드는 선박을 소유할 수 없었던 하주들은 어쩔 수 없이 그들이 원하는 대로 자신들에게 불리한 운송계약조건을 받아들이지 않을 수 없었다. 따라서 선주들은 한결 같이 그들에게 유리한 일방적인 면책조항들을 삽입하여 선하증권을 발행, 해상사고에서 발생하는 선박 측의 책임을 회피하게 되었으며, 이들의 횡포는 특히 대서양 항해에 영국선박들에 의존해야했던 미국 하주들의 반발을 사게 되었다.

그 결과 선박 측의 면책약관에 한계를 두어야 한다는 여론에 고조되어 1893년 미국회의에서 소위 하아터법(Harter Act)이 제정되기에 이르렀다.

2) Hague Rules

반 선박주의의 Harter 법이 발효되면서 유럽 측과 미국 측의 이익이 서로 상충되어 선주와 하주들의 이해관계가 정면으로 충돌하게 되는 빈도가 잦아지게 되자 이를 해결하고 해상운송에 관한 국제적인 통일법의 필요성이 높아지자 국제법회의(International Law Association), 국제해사위원회(International Maritime Committee) 등이 주축이 되

79) *ibid.*

어 국제통일법의 제정을 결의하였다.

1921년 런던에서 개최된 국제상업회의소(ICC) 회의에서 영국의 해사법위원회가 독자적인 초안을 제출하자 국제상업회의소가 이를 수정 · 보완하여 1921년 헤이그(Hague)에서 만장일치로 통과되었다. 이를 Hague규칙(Hague Rules)이라 한다.

미국의 Harter법을 본받은 캐나다의 1910년 「해상물품운송법」(Canadian Water Carriage of Goods Act of 1910)에 기초하여 제정된 Hague 규칙은 과실책임주의를 기본으로 하면서 운송인에게 감항능력주의의무와 운송물에 관한 주의의무를 인정하고, 일정한 면책사유와 책임제한을 허용하는 한편, Hague 규칙이 인정하지 아니하는 면책사유나 책임제한은 무효로 하였다.

Hague 규칙은 매우 광범위하게 수용되는 해상운송 국제조약 중의 하나로 미국, 독일, 영국, 프랑스, 일본 등 주요 해상국을 포함하여 90여개의 국가들이 가입하고 있다.

3) Hague-Visby Rules

Hague 규칙의 제정 후 선박 측의 심한 반발이 일자 그로부터 3년 후인 1924년 벨기에의 브루셀에서 제5차 해상법에 관한 국제회의에서 「선하증권에 관한 통일조약」(International Convention for the Unification of Certain Rules of Law relating to Bill of Lading)이 채택되었다.

그 후 Hague규칙이 제정된 지 40여년이 지나는 동안 해상운송 분야는 컨테이너 등 운송의 비약적인 진보가 이루어졌고, 운송물품의 고액화 및 전 세계적 물가상승 등으로 Hague규칙이 정한 손해배상 한도액이 비현실적인 것으로 되는 등 해상운송 여건이 많이 변화하여 새로운 규정의 제정이 절실히 요구되던 중 1963년 스톡홀름에서 개최된 국제해사법회의에서 선하증권에 관한 통일조약의 개정안이 상정되었다. 그 후 1968년 이 개정 내용이 브루셀에서 채택되어 「선하증권통일조약 개정의정서(Protocol)」인 Hague-Visby Rules가 제정되기에 이르렀다.

Hague-Visby 규칙은 체약국에서 발행하는 선하증권과 체약국에서 출항하는 경우의 선하증권에 모두 적용되도록 하였고, 포장 당 책임제한규정에 컨테이너에 관한 규정을 신설하였으며, 운송인의 책임한도를 포장 · 단위 당 10,000프랑 또는 중량킬로그램(kilo of gross weight) 당 30프랑으로 인상하였으나 항해과실면책규정은 존치시켰다.

1971년 금본위제도가 폐지됨에 따라 Hague-Visby 규칙의 책임제한금액은 1979년 재개정을 통해 포장 · 단위 당 666.65SDR 또는 중량킬로그램 당 2SDR로 변경하였다.

이 규칙은 영국, 프랑스, 독일, 이탈리아, 일본 등 주요 해상국을 포함하여 20여개 국가가 가입하고 있고, 미국은 비록 가입하지는 않았지만 판례와 학설에 의하여 사실상 이 규칙을 수용하고 있다.

4) Hamburg Rules

Hague 규칙이나 이를 부분적으로 보완한 Hague-Visby 규칙은 기본적으로 영미법계 해상운송법을 근간으로 하고 있으며 여전히 운송인 보호 위주의 규칙임은 부인할 수 없는 사실이었다. 특히 항해과실의 면책 등 운송인에 대한 많은 면책 사유의 인정은 많은 비판의 대상이 되었다.

이에 따라 그간 국제무대에서 발언권이 강해진 많은 개발도상국들 및 제3세계 국가들은 운송인 위주의 국제해운법 질서를 근본적으로 개편하기 위한 새로운 국제해운협약을 추진하기 시작하였다.

종래의 통일조약들이 지나치게 선주 위주로 되어 있어 하주들의 권익이 제대로 반영되고 있지 않다는 주장에 힘입어 1969년 드디어 국제해운입법작업부회가 설치되어 새로운 선하증권 조약안을 작성하게 되었는데 이것이 1976년 유엔국제사법위원회(UNCITRAL)에 의해 심의된 후 1978년 독일 함부르크에서 개최된 회의에서 채택되어 새로운 개정조약 「UN해상화물운송조약」(UN Convention on the Carriage of Goods by Sea), 즉 Hamburg Rules가 되었다.

이 Hamburg 규칙은 1992년 11월을 기해 발효됨으로써 해상운송과 관련된 세 가지 국제조약이 공존하는 상황이 되었다.

Hamburg 규칙은 항해과실면책 등 면책목록을 없애고 과실책임을 원칙으로 하되, 운송물의 멸실 또는 훼손이 발생한 경우 운송인에게 그 책임이 있는 것으로 추정한 후 운송인의 반증에 의하여 이 같은 추정을 번복할 수 있게 하였다.

또한 Hamburg 규칙은 계약운송인(contracting carrier)과 실제운송인(actual carrier)을 구분하여 계약운송인은 실제운송인의 운송에 대해서도 책임을 지도록 하는 한편, 운송인의 책임한도를 상향 조정하였다.

5) Rotterdam Rules

1992년 11월 1일에 발효된 Hamburg 규칙은 25개 국가가 가입하고 있지만, 영국, 미국, 일본 등 주요 해운국들이 가입하지 않고 있어 국제해상운송을 규율하는 국제조약으로서의 지위를 얻는 데에 실패하여 이에 대한 대응책이 필요하였다.

2008년 12월 11일, UN 총회는 「국제물품해상운송계약에 관한 UN협약」(United Nations

Convention on Contracts for the International Carriage of Goods Wholly or Partly by Sea), 즉 Rotterdam 규칙을 채택하기에 이르렀다.

Rotterdam 규칙은 Hague 규칙, Hague-Visby 규칙 및 Hamburg 규칙에 근간하여 이들 규칙들에 대한 현대적 대안을 제공하기 위한 것이었다.

Rotterdam 규칙은 총 18개장 96개조로 구성되어 있는데, 컨테이너운송의 일반화, 단일계약에 의한 문전에서 문전까지의 운송, 전자운송서류의 도입 등 해상운송 분야에서의 다양한 기술적 발전을 반영하고 있다.

나아가 Hague 규칙과 Hague-Visby 규칙 그리고 Hamburg 규칙이 선하증권이 발행되는 해상운송계약에 적용되고, Hamburg 규칙은 모든 운송계약에 적용되는 데 반해, 이 Rotterdam 규칙은 해상운송 및 해상운송을 포함하는 복합운송을 그 적용대상으로 하고 있다. 따라서 Rotterdam 규칙은 송하인과 운송인에게 복합운송을 포함한 해상운송계약의 기능을 뒷받침하는 구속력 있고 균형된 통일운송법 체계를 제공한다고 평가된다.

Rotterdam 규칙은 기존의 Hague-Visby 규칙 및 Hamburg 규칙과 동일하게 과실추정주의에 입각하여 운송인의 책임을 규정하고 있으며, 항해과실면책을 명시적으로 폐지하였다.

Rotterdam 규칙은 운송인의 책임제한액을 포장·단위 당 875SDR 또는 중량킬로그램 당 3SDR로 인상하였다. Rotterdam 규칙은 미국, 프랑스, 노르웨이, 스페인, 덴마크, 스위스 등 20여개 국가들이 가입하고 있다.

6. 해상운송인의 권리와 의무

1) 해상운송인의 책임범위

운송인은 운송계약에 따라 운송물을 수령하여 보관하고 이를 선적한 뒤 지체없이 출항하여 운송을 실행하고, 목적지에 운송물을 양륙하여 이를 인도할 의무를 진다. 이때 운송인은 운송물에 대한 주의의무를 기울어야 하며, 만일 이를 다하지 못하여 운송물에 멸실·훼손 또는 연착 등의 손해가 발생한 경우에는 배상책임이 있다.

이에 대해 Hague규칙은 운송인의 책임과 관련하여 원칙적으로 과실책임주의를 채택하고 동시에 광범위한 면책사유를 인정하고 있다.[80]

Hamburg 규칙도 원칙적으로 과실책임주의를 채택하고 있으나, 손해발생의 증명책

---

80) Hague 규칙 제3조. 우리나라 상법도 이를 받아들였다(상법 제795조, 제796조).

임을 운송인에게 부담시켜 운송인이 자신에게 과실이 없음을 증명해야 한다.[81]

Rotterdam 규칙에서도 운송인은 화물의 손해에 대하여 자신에게 과실이 없음을 증명하지 못하는 한 손해배상책임을 진다.[82]

2) 해상운송인의 감항능력주의의무

선박을 사용하는 해상운송에 있어서 운송인은 운송계약에서 예정된 항해상의 위험을 감당할 수 있는 물적·인적능력을 갖춘 선박을 제공하여야 한다. 이를 운송인의 감항능력주의의무(duty of seaworthiness)라고 하며, 선박자체의 운항능력뿐만 아니라 필요 선원의 승선과 감항능력(堪航能力)을 그 구체적 내용으로 한다.[83]

감항능력주의의무는 다음과 같은 내용을 포함한다.

① 선체능력 : 운송인은 선박이 안전하게 항해할 수 있도록 그 능력을 구비하여야 하는데, 이는 선령·선급·구조 등이 특정항해를 수행하는 데 있어 적합해야 함을 의미한다. 선박 자체의 감항능력을 판단함에 있어 주의할 것은 선체의 결함이 항해 중에 신속하고 간편하게 보정될 수 있는가 하는 점이다. 만일 신속하고 간편한 보정이 가능한 때에는 출항 당시 결함이나 불완전한 준비상태에 있었다고 할지라도 곧 감항능력이 없는 것으로 판단하지는 않는다.[84]

② 운항능력 : 선박은 특정항해를 수행하는 데 필요한 선원이 승선하여야 하고, 선박의 의장[85] 및 필수품이 보급되어야 한다.[86] 이때 필요한 선원의 승선은 당해 항해에 필요한 인원수의 선원이어야 하며, 당해 항로와 선박 및 해상운송에 경험이 있을 뿐만 아니라 요구되는 법정 자격을 갖춘 선장 및 선원이어야 한다.

③ 감항능력 : 선박은 안전하게 항해할 수 있도록 화물을 적재하여야 하고 일정한 설비를 갖추어야 하며, 특별한 물품을 운송할 때는 그에 필요한 시설과 장비도 갖추어야 한다.

④ 감항능력주의의무의 시기 : 운송인이 선박의 감항능력에 관하여 상당한 주의를 하

---

81) Hamburg 규칙 제 5조 1항.

82) Rotterdam 규칙 제17조 2항.

83) Hague 규칙 제3조 1항 ; 상법 제794조. 한편 Hamburg 규칙은 감항능력주의의무에 관한 규정은 따로 두지 않고 운송인의 일반적인 주의의무에 포함시키고 있다(제5조 1항). Rotterdam 규칙은 감항능력주의의무를 운송인의 책임발생의 근거 중 하나로 규정하고 있다(17조 5항).

84) 이기수 외 2인, 「보험·해상법」, 박영사, 2008, pp.496-497.

85) 선박에 필요한 모든 선구나 기계를 장비해 출범 준비를 해야 함을 말한다.

86) Hague 규칙 제3조 (1)항, 상법 제794조.

여야 할 시기는 출항 당시이다. Hague 규칙은 감항능력주의의무의 존재시기를 '출항 전 및 그 당시'(before and at the beginning of the voyage)라고 규정[87]하고 있기 때문에 출항 당시란 선적항에서 운송물을 선적한 때부터 선박이 선적항을 발항할 때까지로 보아야 할 것이다.

⑤ 감항능력주의의 정도 : 우리나라 상법 제794조는 단순히 '주의'라고 규정하고 있지만 Hague 규칙은 '상당한 주의'(due diligence)라고 규정하고 있다. 상당한 주의는 선량한 관리자로서의 주의를 의미한다.[88]

⑥ 증명책임 : 운송인은 감항능력주의의무의 위반으로 인한 운송물의 손해에 대하여 자신 또는 그 사용인이 선박의 출항 당시 선박의 감항능력을 확보하기 위하여 상당한 주의의무를 다하였다는 것을 증명하지 않으면 그 책임을 면할 수 없다.[89]

손해의 원인인 선박의 불감항성(unseaworthiness) 사실에 대해서는 소위 증명책임분배의 원칙에 따르면 그러한 사실을 주장하는 자, 즉 하주가 증명하여야 한다. 그러나 감항능력에 관한 모든 정보와 자료는 거의 모두 해상운송인의 지배하에 있기에 송하인은 운송물을 선적할 때는 양호한 상태였는데 운송인으로부터 물품을 인도받은 때에는 멸실·훼손된 상태였다는 사실, 연착되었다는 사실, 손해가 발생하였다는 사실 및 그 손해액에 관하여만 증명책임이 있다.

이에 대하여 운송인은 과실이 있었다는 것으로 추정되며 이에 따라 운송인은 선박이 출항 당시에 감항능력이 있었다는 사실이나, 또는 상당한 주의를 다하였다는 사실 그리고 불감항성과 손해 사이에는 인과관계가 존재하지 않는다는 것을 증명하여야 한다.

나아가 운송인의 화물에 대한 주의의무와 관련하여서는 Hague-Visby 규칙이나 Hamburg 규칙에서는 그 증명책임이 누구에게 있는지에 대해서는 명확한 규정이 없었으나 Rotterdam 규칙에서는 그 증명책임을 송하인에게 부과하고 있다.[90] 즉 송하인이 화물에 손해가 발생하였다는 것을 증명하면, 이에 대응하기 위해 운송인은 화물에 대한 주의의무를 다했다는 것 또는 화물의 손해발생이 자신의 면책사유에 해당한다는 것을 증명해보여야 한다.

---

87) Hague 규칙 제3조 (1)항.

88) 이기수 외 2인, 「전개서」, p.501.

89) Hague 규칙 제4조 (1)항, 상법 제794조.

90) Rotterdam 규칙 제17조 (5)항.

3) 운송물의 인도의무

(1) 선하증권의 정당한 소지인

운송인은 운송종료 후 양륙항에서 운송물품을 '정당한 수하인'에게 인도할 의무를 진다.[91]이때 정당한 수하인이라 함은 운송계약에서 지정된 운송물품의 수하인 또는 선하증권이 발행된 경우 당해 선하증권의 정당한 소지인을 말한다.

운송인은 선하증권의 소지인이 그 선하증권과 상환으로 운송물품의 인도를 청구하지 않으면 인도할 의무가 없다.[92]

다시 말해 해상운송인이 선하증권의 정당한 소지인에게 선하증권과 상환으로 운송물품을 인도하지 않고 임의로 운송계약상의 통지선 또는 기타의 자에게 인도한 경우에는 정당한 선하증권 소지인의 선하증권에 의한 운송물인도청구권이 이행불능되게 한 것이므로 당해 해상운송인은 운송계약상의 채무불이행으로 인한 손해를 배상할 책임을 진다.[93]

그러나 선하증권보다 운송물품이 먼저 도착하는 경우에는 운송인은 보증도(letter of guarantee ; L/G)에 의해 선하증권과 상환하지 않고 운송물품을 인도하기도 한다.[94] 이러한 보증도는 동남아나 일본 등으로부터 수입되는 물품에 대해서는 널리 이용되기 때문에 우리나라에서는 상관습으로 확립되어 있다고 볼 수 있다. 그러나 우리나라 대법원에서는 보증도의 상관습이 있다 해서 이것이 선하증권의 소지인에 대한 운송인의 책임을 면제하는 것은 아니라는 입장을 취하고 있다.[95]

(2) 적법한 인도장소에서의 인도의무

운송인의 인도관련 우리나라 판례를 살펴보면 다음과 같다.

"…… 수입화물의 보세운송이나 보세구역에 장치되어 있는 화물에 관하여 관세법상 엄격한 감독과 규제를 받고 세관의 감독과 지배하에 놓이게 된다고 할지라도 이는 관세확보라는 관세행정목적의 범위 내에서 세관장의 감독을 받는 데 불과한 것이므로 자가보세장치장에 반입된 물품은 입고시킨 자의 점유에 (여전히) 있다고 할 것이다.

관세법이 수입화물에 관하여 관세확보를 위하여 여러 가지 규제를 하고 있다고 하여도 운송인에게 입항한 선박에 선적된 수입화물의 양륙 자체를 강제하는 것은 아니므로

---

91) Hague 규칙 제3조 (2)항, 상법 제795조 (1)항.

92) 상법 제861조, 제129조.

93) 대법원 1990.2.13, 88다카23735.

94) 이를 실무적으로는 화물선취보증서(letter of guarantee)에 의한 L/G 통관이라 한다.

95) 대법원 1992.2.25, 91다30026.

운송인은 선하증권을 교부받을 때까지 수입하주의 화물양하작업을 적법하게 거부할 수 있다."[96]

나아가 "수입화물을 운송한 운송인이 그 운송물을 자신이 지정한 보세창고에 반입한 후 그 반출에 필요한 서류를 화주에게 교부하였다면 운송인은 이로써 그 운송물에 대한 인도를 완료한 것으로 보아야 한다."[97]

또한 "화물이 컨테이너 전용장치장에서 반출되어 보세운송된 다음 선하증권상 통지처인 갑회사의 자가보세장치장에 입고된 것이 갑회사에 대한 화물의 인도라고 볼 것인지 여부는 그 화물에 대한 사실상의 지배가 운송인으로부터 갑회사로 이전하였는가 하는 사실관계로 터잡아 판단되어야 하고 …… 또 운송계약의 인도목적지에 이르기 전이라도 화물에 대한 사실상의 지배가 갑회사로 넘어갔다면 그 순간에 인도가 이루어진 것으로 보아야 한다."[98]

이상에서 볼 때 운송물품의 적법한 인도라 함은 그 물품에 대한 사실상의 지배상태인 점유권의 이전을 말하며, 그 인도 장소는 관세법하의 규정에 따른 보세구역 등의 장소이지만 무엇보다도 중요한 것은 선하증권에 의한 인도라는 점과 그 정당한 소지인에 대한 인도여야 한다는 점이다.

4) 해상운송인의 면책범위

(1) 책임의 원칙

운송인은 본인 또는 선박 사용인이 감항능력주의의무와 운송물품에 관한 주의의무를 해태하지 않았음을 증명하지 못하는 한, 운송물품의 멸실·훼손 또는 연착으로 인한 손해를 배상할 책임이 있다.[99]

따라서 운송 중에 손해가 발생한 경우에는 일견 운송인에게 책임이 있는 것으로 추정한다. 그리고 이에 대해 운송인은 손해의 원인이 운송인의 면책사유에 속한다거나 또는 자신의 주의의무를 해태하지 않았다는 사실을 증명해야 그 책임을 면할 수 있다.

(2) 면책사유

운송인의 면책사유는 다음과 같다.

---

96) 대법원 1990.2.13, 88다카23735.

97) 대법원 1986.7.2., 82다카1372.

98) 대법원 1996.3.12, 94다55057.

99) Hague 규칙 제4조 1항, 상법 제794조, 제795조.

① 항해과실의 면책

운송인은 선장·해원·도선사 또는 기타 선박사용인의 항해 또는 선박관리에 관한 행위, 즉 항해과실로 인한 손해에 대해서는 책임을 지지 않는다.[100)]

이와 같이 항해상의 과실을 면책사유로 한 것은 항해와 선박의 관리는 기술적인 사항으로서 선장이나 선원 등의 사소한 과실에 의해서도 엄청난 손실이 발생할 수 있을 뿐만 아니라 이들 손해가 대부분 운송인의 통제 밖에 있을 때에 발생하는 경우가 많기 때문에 이러한 손해에 대해서까지 운송인이 책임을 지도록 하는 것은 형평에 맞지 않는다는 데 근거한 것이다.

실제로 송하인이나 수하인은 보통 적하보험을 통하여 손해를 보상받을 수 있기 때문에 운송인의 항해상의 과실이 면책된다 해도 특별히 부당한 경우가 발생하지는 않는다. 그러나 항해기술이 획기적으로 발전한 오늘날에 있어서는 항해의 위험성이나 손해의 규모 등의 사유만으로 운송인의 항해과실의 면책을 인정하는 데는 논리적 근거가 부족하다고 볼 수 있다.[101)]

이러한 이유로 Hamburg 규칙과 Rotterdam 규칙에서는 항해과실의 면책을 폐지하였다.

② 기타 면책사유

항해과실의 면책 이외에도 우리나라 상법이나 Hague 규칙은 소위 면책목록이라 불리는 많은 면책사유들을 규정하고 있다.[102)]

이들 면책사유의 존재에 대한 증명책임은 이를 원용하는 운송인에게 있다. 즉 운송인은 당해 물품의 훼손·멸실이 면책사유에 속하는 사유에 기인한다는 근거에서 자신이 면책됨을 증명하여야 한다.[103)]

한편 하주의 관점에서 볼 때 운송인의 면책범위가 지나치게 광범위한 데 대해 불만이 있을 수 있다. 그러나 운송인의 면책사유는 대부분 해상보험증권의 협회적하약관의 부보범위에 포함됨을 알 수 있다. 부보범위에 포함되지 않은 일부 면책사유는 추가보

100) Hague 규칙 제4조 (2)항 (a)호, 상법 795조 (2)항.

101) 이기수 외 2인,「전게서」pp. 527-528 참조.

102) 이를 나열하면 다음과 같다. 선박에서의 화재/해상 기타 항행할 수 있는 수면에서의 위험 또는 사고/천재지변/ 전쟁, 폭동, 내란, 해적행위 기타 이에 준하는 행위/재판상의 압류/검역상의 제한/기타 공권력에 의한 제한/송하인 또는 운송물의 소유자나 그 사용인의 행위/파업, 기타의 쟁의행위/선박폐쇄/해상에서의 인명이나 재산의 구조행위 또는 이로 인한 이로, 기타 정당한 이유로 인한 이로/운송물의 포장불충분 또는 기호표시의 불완전/운송물의 특수한 성질 또는 숨은 하자/선박의 숨은 하자 등이 포함된다.

103) Hague 규칙 제4조 (1)항, 상법 796조.

험료의 지급으로 언제든지 부보될 수 있다. 따라서 하주는 운송계약조항과 해상보험약관들을 적절히 조정함으로써 운송인의 광범위한 면책사유에 대비할 필요가 있다.

③ 운송인의 면책약관

운송인은 선하증권상의 약관에 자신의 책임을 면제 또는 경감한다는 이른바 면책약관(exemption clause)을 삽입한다. 이 면책약관은 계약자유의 원칙상 공서 또는 신의칙에 반하지 않는 한 유효하다고 본다.

그러나 우리나라 상법과 Hague 규칙은 계약자유의 원칙을 일부 수정하여 운송인의 '상사과실', 즉 운송물품의 수령, 선적이나 적부[104] 또는 운송·보관·양륙 및 인도가 적절하고 신중하게 행해지지 않거나, 감항능력주의의무의 위반으로 인하여 발생한 손해에 대해 하주 또는 선하증권의 소지자에게 불리한 결과를 주는 면책약관은 모두 무효로 하고 있다.[105]

물론 선하증권에 그러한 상사과실 면책약관이 인쇄되어 있더라도 운송인이 자신의 권리나 면책을 포기하거나 또는 자신의 책임을 오히려 확장하는 것은 허용된다.[106] 또한 운송물품의 선적 전, 양륙 후에 운송물품의 관리와 관련하여 발생한 손해에 대해 운송인이 자신의 책임을 면책하거나 제한하는 것은 허용된다.[107]

5) 해상운송인의 배상책임

(1) 법정책임제한

운송인이 발생한 손해에 대하여 책임을 져야 하는 경우에도 손해배상액은 일정한 한도로 제한된다. 이러한 법정책임제한은 당사자간의 합의로 높일 수는 있지만 낮출 수는 없다.

① Hague 규칙 : 포장·단위(package or unit) 당 영국화(pound sterling) 100파운드를 책임한도액으로 하였다.

② Hague-Visby 규칙 : 포장·단위 당 10,000프랑 또는 중량킬로그램 당 30프랑 중 높

---

104) 선적 또는 본선적재(loading)는 운송물품을 수령한 후 이를 선박에 적재하는 것을 말하며, 적부(stowage)는 운송물을 선적한 후 선박과 운송물품의 안전유지를 위한 계획적인 배치작업을 말한다. 특히 적부와 관련하여 특약이나 반대의 관습이 없는 한 갑판적(on deck)으로 하는 것은 허용되지 않는다(Hamburg 규칙 제9조 (1)항).

105) Hague 규칙 제3조 (8)항, 상법 799조 (1)항.

106) Hague 규칙 제5조.

107) Hague 규칙 제7조.

은 금액을 책임한도액으로 하였다.

③ 1979년 개정의정서(Protocol) : IMF의 특별인출권(special drawing right ; SDR)을 수용하여 포장 · 단위 당 666.67SDR, 또는 중량 킬로그램 당 2SDR로 개정하였다.

④ Hamburg 규칙 : 운송인의 책임한도액을 포장 · 단위 당 835SDR 또는 중량 킬로그램 당 2.5SDR로 상향조정하였다.

⑤ Rotterdam 규칙 : 포장 · 단위 당 875SDR 또는 중량 킬로그램 당 3SDR로 더욱더 상향조정하였다.

이 같은 운송인의 법정책임제한은 운송물품에 관한 손해가 운송인 자신의 고의 또는 손해가 발생할 것이라는 것을 알면서도 무모하게(recklessly) 이루어진 작위 또는 부작위[108]로 인한 것일 때에는 적용되지 아니한다.[109]

또 이 법정책임제한이 적용되지 않는 경우로는 선하증권상에 물품의 가액을 기재한 때인데, 손해금액이 법정책임제한을 초과하더라도 이 가액의 범위 내에서 운송인은 실손해를 배상한다.[110]

(2) 컨테이너운송에 관한 규정의 도입

Hague 규칙이나 우리나라 상법은 운송인 책임제한의 기준으로 포장(package)과 단위(unit)를 사용하고 있다.[111]

이때 정기선에 의한 개품운송에서 컨테이너나 팰릿(pallet)이 하나의 포장 · 단위인지 아니면 컨테이너나 팰릿 내의 각 물품이 각각 하나의 포장 · 단위인지의 문제가 발생한다. 컨테이너나 팰릿에 의한 운송이 없었던 1924년 Hague 규칙이 제정될 당시에는 전혀 예상하지 못했던 이러한 문제는 1968년 Hague-Visby 규칙에 이르러 컨테이너 조항의 신설로 명문화 되었다.

즉 컨테이너화 또는 팰릿화 된 운송물에 대해서는 선하증권의 문면에 컨테이너의 내

---

108) 목적지에 도착한 선박이 선하증권 원본을 제시하지 않은 자에게 운송물품을 인도하는 행위가 한 예가 될 수 있다.

109) Hague 규칙 제4조 (5)항 (e)호, Hague-Visby 규칙 제2조, 상법 797조.

110) Hague 규칙 제4조 (5)항 (a)호, Hague-Visby 규칙 제2조 , 상법 797조 (3)항. 이와 같이 운송인은 우선 면책조항에 의하여 보호받고, 다시 법정책임제한규정에 의해 한번 더 보호받기 때문에 Hague 규칙 및 Hague-Visby 규칙은 지나치게 운송인에게 유리한 조약이라고 비판받는 것이다.

111) 포장(package)은 해체를 방지하거나 운송에 적합하도록 결집 또는 포장하여 놓은 개별품목을 의미하고, 단위(unit)는 포장되지 않은 운송물로서 자체의 성질에 의하여 운송에 적합하도록 분리되어 있는 물건을 의미한다(이기수 · 신창섭, 「전게서」, p.270).

용물인 물품의 개수 또는 단위가 표시되어 있다면, 이는 책임제한의 적용에 있어서 이들 내용물 하나하나를 각각의 포장·단위로 보며, 만일 컨테이너 내용물의 물품의 개수 또는 단위 표시가 없으면 컨테이너 자체를 하나의 포장·단위로 본다.[112)]

우리나라 상법도 제797조 (2)항에서 위의 취지를 받아들였고, Hamburg 규칙과 Rotterdam 규칙에서도 같은 취지의 규정을 두고 있다[113)]

(3) 불법행위 책임과의 경합

운송인의 손해배상책임은 원칙적으로 운송계약상의 의무불이행에 근거한 책임이다. 따라서 운송인 또는 그의 사용인이나 대리인의 의무불이행이 동시에 불법행위의 요건을 갖추게 되는 경우에 이들 운송인이나 그의 대리인에게 인정되는 면책사유나 법정책임제한규정 등이 불법행위를 이유로 한 청구에도 적용되는지 여부가 문제가 된다.

이 문제에 대해서는 적용을 부정하는 청구권경합설과 적용을 긍정하는 법조경합설이 대립하고 있다. [114)]

이에 대한 국제조약들의 기본 입장을 살펴보면, 원칙적으로 Hague-Visby 규칙, Hamburg 규칙 및 Rotterdam 규칙은 조약에서 정한 운송인의 면책사유나 법정책임제한규정은 운송인에 대한 손해배상청구소송이 운송계약에 기초하고 있는지, 즉 운송계약상 의무불이행인지 아니면 불법행위에 기초하고 있는지에 관계없이 적용된다고 규정하고 있다.[115)] 그리고 이들 국제조약들을 수용한 우리나라 상법도 운송인의 책임에 대한 면책조항들은 운송인의 불법행위로 인한 손해배상책임에도 적용된다고 규정하고 있다.[116)]

---

112) Hague-Visby 규칙 제2조.

113) Hamburg 규칙 제6조 (2)항, Rotterdam 규칙 제59조 (2)항.

114) 청구권경합설 : 운송계약에 근거한 책임과 불법행위에 근거한 책임은 각각 그 요건과 효과를 달리 하는 책임이기 때문에 운송계약에 따른 책임과 불법행위에 따른 책임이 경합할 경우에 송하인이나 수하인은 선택적으로 권리를 행사할 수 있다. 이때 운송인의 책임제한 규정은 운송계약에 따른 책임에 대해서만 적용되는 것이기 때문에 송하인이나 수하인이 운송계약의 위반에 기초해서 운송인에게 책임을 물을 때에는 운송인은 이 책임제한을 주장할 수 있지만, 불법행위에 기초하여 운송인에게 책임을 물을 때에는 운송인은 이 책임제한 규정을 원용할 수 없다.
법조경합설 : 계약법과 불법행위법은 특별법과 일반법의 관계에 있다. 운송인의 의무불이행 책임은 운송계약관계라는 특별한 관계에서 발생하는 책임이라면 운송인의 불법행위 책임은 일반적 의무위반으로 발생하는 책임으로 볼 수 있다. 따라서 송하인이나 수하인은 운송인에 대해서 운송계약에 기초한 책임만을 물을 수 있다. 불법행위에 기초한 책임과 운송계약에 기초한 책임이 경합하는 경우에 운송인은 운송계약위반에 의한 책임만 지게 되므로 운송인은 자신의 책임제한규정을 원용할 수 있다 (이기수·신창섭,「전게서」, pp 270-271).

115) Hague 규칙 제4조 (1)항 (a)호, Hague-Visby 규칙 제3조, Hamburg 규칙 제7조 (1)항, Rotterdam 규칙 제4조 (1)항. 상법 797조 (3)항.

따라서 운송인을 보호하기 위한 여러 면책조항들이 상황마다 특별히 배제되는 것은 부당하기 때문에 불법행위에 따른 책임에 대해서도 면책사유와 책임제한의 적용을 인정하는 소위 법조경합설이 타당한 것으로 볼 수 있다.

(4) 해상운송인의 사용인 등의 책임제한

운송인의 이행보조자는 운송인과 송하인과의 운송계약과 아무런 법률적 관계가 없다. 그러나 운송인의 이행보조자가 자신의 불법행위에 의해서 운송물품을 멸실 또는 훼손한 때에는 송하인이나 기타 운송물품의 이해관계인에게 손해배상책임을 진다.

이때 이들 이행보조자들은 운송인의 운송계약과는 관련이 없기 때문에 운송계약상의 운송인 면책사유나 책임제한의 규정을 주장할 수 없다. 그러나 이들 이행보조자들이 자신의 직무를 수행하는 중에 발생한 손해배상책임에 대해서 운송인보다 불리한 위치에서 손해배상책임을 진다는 것은 운송업 전체를 놓고 보았을 때 형평의 원칙에 맞지 않을 뿐만 아니라, 이들 이행보조자의 부담은 궁극적으로는 운송인에게 전가되어 국제조약상 운송인에게 인정한 면책사유와 법정책임제한 등은 그 실질적 효과를 거두지 못하는 결과가 초래된다.

이러한 이유로 국제조약들은 모두 운송인의 사용인 또는 대리인에 대하여 손해배상의 소송이 제기되는 경우에 사용인 또는 대리인은 국제조약상 운송인에게 인정된 면책사유 및 책임제한의 이익을 주장할 수 있는 이른바 '히말라야 조항'(Himalaya clause)[117]을 인정하고 있다.[118]

우리나라도 이를 받아들여 운송인의 이행보조자도 그 손해가 직무집행과 관련하여 생긴 때에는 운송인이 주장할 수 있는 면책사유의 항변과 법정책임제한의 이익을 원용할 수 있다.[119]

물론 이때에도 운송인의 경우와 마찬가지로 운송물품의 손해가 운송인의 이행보조자, 즉 운송인의 사용인 또는 대리인 자신의 고의 또는 그러한 손해가 생길 우려가 있

---

116) 상법 798조 (1)항.

117) 1955년 영국의 Himalaya 호 사건에서 유래된 조항이다. Adler v. Dickson, The Himalaya [1955] 1 Q.B.

118) Hague 규칙 제4조 (2)항, Hague-Visby 규칙 제3조, Hamburg 규칙 제7조 (2)항, Rotterdam 규칙 제19조 1항.

119) 상법 제798조 2항. 이외에도 상법은 운송물품의 손해가 실제운송인 또는 그 사용인이나 대리인의 과실로 생긴 경우에 이들도 운송인의 항변과 책임제한의 이익을 원용할 수 있도록 규정하고 있다(상법 제798조 4항).

음을 인식하면서도 무모하게 행한 작위 또는 부작위에 의한 것일 때에는 적용되지 않는다.[120)]

한편 운송인을 보조하는 독립이행보조자(independent contractors)는 운송인의 사용인이 아니기 때문에 운송인의 사용인이나 대리인을 위한 항변 및 책임제한에 관한 규정의 적용을 받을 수 없기 때문에 부두하역인부가 하역하는 도중 과실로 운송물품을 훼손 또는 멸실시킨 경우 그 항변 및 책임제한의 이익을 누릴 수 없다.

따라서 운송인이 자신이 고용한 독립이행보조자를 보호하고자 할 경우에는 운송인은 이들 독립이행보조자들도 운송계약에 근거한 항변 및 책임제한의 이익을 원용할 수 있다는 취지를 히말라야 조항에 추가하여 선하증권상에 삽입하여야 할 것이다.

만일 Rotterdam 규칙에 따르는 경우에는 이러한 독립이행보조자도 이행당사자에 포함되어[121)] 항변 및 책임제한의 이익을 누릴 수 있다.[122)]

6) 해상운송인의 권리

운송인은 다음과 같은 권리를 갖는다.

첫째, 운송인은 상인으로서 운송계약에서 이를 정하고 있지 않더라도 보수청구권을 갖는다. 따라서 송하인은 운송인에게 운임을 지급하여야 한다.[123)]

둘째, 운송계약은 그 성격상 도급계약이기 때문에 운송인이 운임청구권을 행사하기 위해서는 운송물품을 목적지까지 운송완료하여야 한다. 그러나 특약으로 운임을 선불로 할 수 있다.

셋째, 운송 중에 물품이 멸실되면 운임청구권은 소멸한다. 만일 운임을 선불받은 경우에는 이를 반환하여야 한다. 그러나 운송물품의 하자 또는 송하인의 과실로 멸실된 때에는 운송이 완료되지 못했다 해도 운임 전액을 청구할 수 있다.

넷째, 선박의 침몰, 멸실, 포획 및 기타 불가항력으로 인해 계약의 목적을 달성할 수 없어 운송계약이 해지된 때에는 운송의 비율에 따라 운임을 청구할 수 있다.

다섯째, 운송인은 운임을 지급받을 때까지 운송물품을 유치할 수 있고 운임이 지급되지 않으면 운송물을 인도할 의무가 없다.

---

120) Hague 규칙 제4조 4항, Hague-Visby 규칙 제3조, Hamburg 규칙 제8조 2항, Rotterdam 규칙 제61조 1항, 상법 제798조 2항.

121) Rotterdam 규칙 제1조 7항.

122) Rotterdam 규칙 제19조 1항.

123) 상법 제61조.

Chapter 06

해상보험

제1절 해상보험의 기초

1. 해상보험의 개념

해상보험(marine insurance)이란 해상운송과정에서 일어나는 사고에 대하여 보험자가 손해를 보상하여줄 것을 약속하고, 피보험자는 그 대가로서 보험료를 지불할 것을 약속하는 손해보험의 일종이다.

영국해상보험법(Marine Insurance Act : MIA, 1906)[1] 제1조에 의하면 "해상보험계약은 보험자가 피보험자에 대하여 그 계약에 의해 합의된 방법과 범위 내에서 해상손해, 즉 해상사업에 수반하여 발생하는 손해를 보상할 것을 약속하는 계약이다." 라고 규정하고 있다. 해상사업(marine adventure)이란 해상에서 영리를 목적으로 이루어지는 상업적 활동을 말하며 해상보험의 주요 대상물은 선박과 화물이다.

해상보험의 주요 담보범위는 화물이 선박에 선적되어지는 시점부터 양륙항에 양하될 때까지로 이해될 수 있으나 영국해상보험법 제2조에서는 "해상보험계약은 그 명시된 특약 또는 상관습에 의해 해상항해에 수반되는 내륙수로 또는 육상위험의 손해에

1) 1906년에 제정된 영국의 해상보험법은 영국에서 근대 해상보험이 발달하기 시작한 17세기 말부터 영국 해상보험법의 초안이 마련되는 시점인 19세기 말까지 축적되어 온 2,000여개의 해상보험 사건의 판례와 그때까지 확립된 상관습을 정리하여 성문법화 한 것이다. 94개 조문으로 구성된 본문이 있고 여기에 로이즈 보험증권의 표준양식 및 보험증권의 해석에 관한 규칙(Rules for Construction of Policy ; RCP)을 부칙으로 두고 있다.

대하여서도 피보험자를 보호하기 위해서 그 담보범위를 확장할 수 있다."라고 규정하여 해상보험의 담보의 범위를 육상으로까지 확대할 수 있음을 시사해주고 있다[2)]

따라서 해상운송과 연속하여 육상운송이 개시되더라도 별도로 육상운송보험을 체결할 필요 없이 해상보험계약만으로도 전 구간에 대한 보험계약의 체결이 가능하다. 현재 사용되고 있는 협회적하약관(Institute Cargo Clauses : ICC 2009)의 운송약관(transit clause)에서도 보험자의 보상책임이 내륙의 창고에서부터 도착항의 창고까지 연장되도록 규정하고 있다.

이처럼 오늘날의 해상보험은 육상운송위험까지도 확장 담보하도록 되어있으므로 해상 및 육상의 혼합보험의 성격을 갖고 있다.

2. 해상보험의 당사자

(1) 보험자(insurer)

보험자란 보험계약을 인수하고 이에 따라 피보험자에게 손실보상을 약속하는 당사자이다. 보험자는 보험의 내용에 따라 피보험자에게 발생할지도 모를 미래의 손실을 금전적으로 보상한다. 우리나라에서는 보험자는 모두 법인체인 보험회사(insurance company)로 되어있으나 영국의 로이즈(Lloyd's)와 같은 개인보험업자(underwriter)도 있다.

(2) 보험계약자(policy holder)

보험계약자란 자기명의로 보험자와 보험계약을 체결하고 보험료를 지불할 의무가 있는 자를 말한다.

(3) 피보험자(insured)

피보험자란 손실이 발생할 경우 보험계약에 의거하여 보상을 받을 수 있는 당사자이다. 피보험자는 보험목적물에 대해 피보험이익(insurable interest)을 가지고 있는 자로써 보험계약조건에 따라서 보험계약자와 동일인이 될 수도 있고 그렇지 않을 수도 있다.

예를 들어 CIF계약에서는 수출업자는 수입업자를 위해 해상보험계약을 체결해주어야 하는데, 이때 수출업자는 해상보험계약을 체결하고 보험료를 지불하는 보험계약자가 되고 수입업자는 보험사고가 발생하였을 때 보상을 받는 피보험자가 된다.[3)] 반면에

2) 영국해상보험법 상의 "Mixed Sea and Land Risks" 규정이 이에 해당한다.

3) 그러나 실제로는 수출업자는 자기를 피보험자로 하여 보험계약을 체결하여 보험자로부터 보험증

CFR계약인 경우에는 처음부터 수입업자가 자신을 피보험자로 하여 보험계약을 하게 된다. 그러므로 수입업자가 보험계약자인 동시에 피보험자가 된다.

제2절 해상보험의 기본원칙

1. 손실전보의 원칙(principle of indemnity)

해상보험계약은 실제적인 손실(real loss) 발생시 실질적인 손실분(actual loss)만을 보상한다는 손실전보 원칙을 기초로 하고 있다.

보험계약에 있어 손실전보(塡補)라 함은 보험사고로 인해 손해를 입은 경우 보험사고가 없었을 때의 상태로 그대로 복구해준다는 것을 의미하므로 보험보상으로 더 좋은 상태가 되었다든지, 또는 더욱더 악화된 상태가 되었다든지 하는 것이 없는 원상회복의 원칙을 의미한다.

따라서 감상적 손실(sentimental loss)과 같은 비실제적인 손실형태는 해상보험의 대상이 될 수 없다.[4)]

2. 최대선의의 원칙(principle of utmost good faith)

영국해상보험법 제17조에서는 "해상보험계약은 반드시 당사자들의 최대선의에 의해 체결되어야 한다. 만일 그러하지 않을 경우 그 해상보험계약은 무효이다."라고 규정하고 있다.

최대선의의 원칙은 비단 보험계약에서 뿐만 아니라 모든 형태의 계약에서 요구하는 기본원칙이라 할 수 있는데, 특히 보험계약에서 강조되는 이유는 보험계약은 불확실한 사건의 발생과 더불어 우연적 사고를 대상으로 하고 있기 때문이다.

해상보험계약에 있어 최대선의의 원칙은 고지 및 진술 그리고 담보의 형태로 구체화된다.

권을 입수한 후 이를 배서하여 수입업자에게 양도하는 형식을 취한다. 보험사고가 발생할 경우 수입업자는 보험증권의 소지자로서 손해보상을 보험자에게 요구한다.

4) 감상적 손실이란 함께 운송 중이었던 물품들은 보험사고로 인해 손실을 입었으나 실제 손실을 입지 않은 물품이 시장가치가 떨어짐으로써 입는 손실이나 기타 이와 유사한 손실을 말한다.

1) 피보험자의 고지 및 진술(disclosure & representation)

해상보험계약은 다른 보험계약과는 달리 보험의 대상이 되는 적하나 선박에 대한 보험자의 실제조사가 병행되지 않는데다가 무역의 형태로 거래되는 물품이 다양하여 보험자가 그 많은 물품의 위험정도와 속성에 관한 정보를 일일이 모두 취득하기란 불가능하기 때문에 피보험자가 제공하는 상황만을 토대로 보험료가 산정되어 계약이 체결된다.

따라서 피보험자는 해상보험계약체결시에 자기가 알고 있는 모든 중요한 사실(material facts)에 대해 보험자에게 최대선의의 원칙에 입각하여 고지 및 진술하여야 한다. 만일 피보험자가 이러한 고지 및 진술 의무를 소홀히 하게 되면 보험자는 보험계약을 해제할 수 있다.

(1) 고지 및 진술의 내용·시기·방법

영국의 해상보험법 제18조 (1)항에서는 피보험자는 보험계약이 체결되기 전 자신이 알고 있는 모든 중요한 사실을 보험자에게 고지하고 진술할 것을 피보험자의 의무로서 규정하고 있다.

보험계약이 보험중개인이나 피보험자의 대리인에 의해 체결되는 경우에는 피보험자뿐만 아니라 이들도 고지의무를 부담한다.[5] 이때 보험중개인이나 피보험자의 대리인은 피보험자가 알고 있거나 알고 있었어야 할 모든 중요한 사실을 고지해야 할뿐 아니라 자기가 알고 있거나 알고 있어야 하는 모든 중요한 사실도 고지해야 한다.[6]

여기서 말하는 중요한 사실(material facts)이란 보험자가 보험계약을 체결할 당시에 보험료를 산정하거나 보험계약의 인수여부에 영향을 미칠 수 있는 사항을 의미한다. 그러나 위험을 감소시키는 요인이나 보험자가 사실상 알고 있는 것으로 간주되는 사항[7] 또는 보험자가 별도로 고지의무를 면제한 사항 등은 고지할 필요가 없다.[8]

특정 사실이 중요한지 아닌지의 결정은 사실의 문제(question of facts)이다. 우리나라 상법에서는 보험자가 서면으로 질의한 사항을 중요한 사실로 추정한다.[9] 해상적하

5) 영국해상보험법 제19조.

6) 영국해상보험법 제18조.

7) 보험증권에 명시된 항구에서의 선적방법, 목적항에서의 하역방법, 통상적인 갑판적재, 보험증권에 명시된 지역의 무역환경, 새로 태동한 무역관습, 전쟁이 임박하였다는 사실 등이 이에 해당한다.

8) 영국해상보험법 제18조.

9) 상법 제651조 (2)항.

보험에서는 운송 선박명, 화물의 종류, 포장상태, 적부방법, 항로, 환적 여부 등이 중요한 사실에 속하며, 선박보험에서는 선박의 종류, 국적, 건조연수, 톤수, 재질, 선급 등이 중요한 사실에 해당된다.

고지의 시기는 보험계약이 체결되기 전이며, 계약이 체결된 이후[10]에는 피보험자의 고지의무는 종결된다.[11] 이는 고지의무의 내용이 되는 중요한 사실이 보험계약 전 위험의 인수여부(risk acceptance) 및 보험료의 산정(premium rating)을 위해 필요한 정보에만 국한되기 때문이다,

고지의 방법에 대해서는 별다른 제한이 없지만 구두나 서면으로 진실 되게 표시하여야 한다. 보험계약청약서에는 보험자가 알고 싶어 하는 내용이 질문형식으로 인쇄되어 있어 이를 이용하여 피보험자는 중요한 사실을 고지하고 진술한다.

(2) 불고지 및 허위진술의 효과

피보험자가 고의적으로 은폐하거나 또는 실수로 중요한 사실을 알리지 않았을 경우 이를 불고지(non-disclosure) 또는 허위진술(misrepresentation)이라 한다. 피보험자가 신의성실원칙을 어기고 중요한 사실에 대해 불고지 또는 허위진술을 하게 되면 보험자는 당해 보험계약을 취소할 수 있다. 보험계약은 처음부터 무효화 되므로 보험료는 피보험자에게 환불되며, 보험자는 이미 지급한 보험금이 있는 경우 이의 반환청구를 할 수 있다.

2) 담보 준수의 의무

(1) 담보(warranty)의 개념

해상보험에 있어 담보란 피보험자가 반드시 지켜야 할 약속을 의미한다.

영국해상보험법 제35조에 따르면 담보는 첫째, 피보험자가 특정한 행위를 할 것인가 또는 하지 않을 것인가를 약속하는 사항이다. 둘째, 피보험자가 특정조건을 충족시킬 것을 약속하는 사항이다. 셋째, 피보험자가 특정한 사실의 존재를 긍정하거나 부정하는 약속 사항이다.

담보는 그 내용이 중요하든 그렇지 않든 관계없이 엄격하게 지켜져야 하며, 만약 피

10) 보험계약의 체결시점은 보험증권의 발행 여부와는 상관없이 보험자가 피보험자의 청약을 승낙한 때이다. 구체적으로는 보험중개인이 작성한 슬립(slip) 등에 보험자가 서명한 때를 보험계약의 체결시점으로 본다(영국해상보험법 제21조).

11) 영국해상보험법 제18조 (1)항.

보험자가 담보조건을 위반하였을 경우에는 그 시점부터 보험계약은 자동으로 무효가 된다. 나아가 설령 담보조건의 위반 사실과 발생한 손해와의 사이에 아무런 인과관계가 없다 하더라도 담보조건이라는 약속의 위반만으로 보험자는 당해 보험계약을 해지할 수 있다.

이미 살펴본 고지의 경우 고지의무의 태만 또는 불고지는 반드시 불고지 된 사항이 중요한 사실에 해당되어야만 보험계약이 취소·해제될 수 있지만 담보조건위반의 경우는 중요한 사실의 위반여부와는 관련 없이 보험계약이 해지된다.

담보위반에 대한 입증책임과 불고지 및 허위진술에 관한 입증책임은 원칙적으로 그것을 주장하는 실험자 측에 있다. 다만 불고지 및 허위진술의 경우에는 불고지의 내용이 중요한 사실임을 보험자가 입증하여야 한다.

보험계약이 취소·해제 된다는 의미는 보험계약이 완전히 무효화 되는 것을 말하며 해지의 의미는 해지사유발생시점까지는 계약이 유효하며, 그 이후부터 무효가 된다는 의미이다. 따라서 해지시점까지의 보험료는 반환되지 않는다.

(2) 담보의 종류

① 명시담보(express warranty)

명시담보는 보험증권상에 담보조건의 내용이 문언으로서 명시적으로 기재되어 있거나, 또는 담보조건의 내용이 별도로 인쇄된 서류가 보험증권상에 첨부될 경우의 담보를 말한다.

영국해상보험법에서는 "보험증권에 그 내용을 명시하는 명시담보의무는 담보할 의사가 추정되는 한 그 기재형식을 묻지 않으며, 묵시담보와 충돌하지 않는 한 묵시적 담보를 배제하지도 않는다." 라고 규정하고 있다.[12)]

명시담보의 대표적 형태는 다음과 같다.

ⓐ 항해제한담보(Institute Warranty) : 이는 선박이 운항해서는 안 되는 해역을 명시하는 담보이다. 예를 들어 'Bering Sea Warranty', 'Baltic Warranty' 등은 겨울철에 항해를 금지하는 명시담보이다.

ⓑ 안전담보(Warranty of Good Safety) : 이는 보험목적물이 특정한 일자에 정상적인 상태나 안전한 상태에 있을 것을 조건으로 하는 담보이다. 보험계약이 체결될 경우 그 기간 동안 안전하면 담보는 충족된 것으로 본다.

ⓒ 중립담보(Warranty of Neutrality) : 보험목적물이 중립재산이어야 한다는 담보이

---

12) 영국해상보험법 제35조 (1)항.

다. 보험목적물은 보험기간 동안 중립적 성격을 갖고 있어야 한다.

ⓓ 선원수에 관한 담보 : 선박보험에서 선원의 수에 관하여 약속하는 담보이다.

ⓔ 기타 : 출항시기에 대한 담보, 포장의 적정성에 대한 담보, 선적전 검사에 대한 담보 등이 있다,

② 묵시담보(implied warranty)

묵시담보는 비록 보험증권에 명시되어 있지는 않으나 피보험자가 반드시 지켜야할 약속사항을 말한다.

묵시담보의 대표적인 것으로는 내항성담보와 적법담보의 두 가지 형태가 있다.

ⓐ 내항성담보(Warranty of Seaworthiness)

내항성담보란 선박이 맡은 바 특정항해를 감당해 낼 수 있는 능력을 말한다. 다시 말해 선박이 통상적인 해상위험에 대처할 수 있도록 모든 면에서 적합성을 가져야 한다는 의미이다. 따라서 이를 감항능력이라고도 한다.

선박은 선체와 기관뿐만 아니라 자격을 갖춘 선장, 선원과 선용품, 연료 등과 같이 특정 항해에 필요한 모든 것을 구비하고 있어야만 한다. 보험증권상에 '선박은 내항성을 갖추고 있어야한다' 라는 명시규정이 없다 해도 선박은 반드시 내항성을 확보하고 있어야 한다. 감항능력은 그 중요성이 커 아래에서 별도로 설명하기로 한다.

ⓑ 적법담보(Warranty of Legality)

해상사업은 합법적이어야 하며 피보험자가 통제할 수 있는 한 불법적으로 수행되어서는 안 된다는 묵시담보를 의미한다. 해상보험이 커버하는 해상사업은 밀무역이나 적대국가와의 통상이 아니어야 하며, 항해 금지구역을 항해하지 말아야 하며, 출항 전에 반드시 출항허가를 받아야 한다.[13)]

보험계약, 보험목적물 등 모든 보험관련 사실은 합법적이어야 한다는 것이 보험증권상에 명시되지 않았다 해도 이는 당연히 그러해야 한다는 피보험자의 약속이라 할 수 있다.

③ 내항성담보와 감항능력

ⓐ 감항능력의 의의

영국해상보험법은 항해보험에 있어서 선박은 항해를 개시할 때 감항능력[14)]을 갖추

---

13) 영국해상보험법 제41조.

14) 감항능력과 내항성은 동의어이다. 문맥에 따라 상호 호환적으로 사용한다.

고 있어야 한다는 묵시적 담보의무가 있다고 규정하고 있다.[15] 이때 유의할 것은 감항능력에 관한 묵시담보의무는 항해보험[16]에서만 인정될 뿐 기간보험[17]에서는 원칙적으로 필요하지 않다는 점이다.

그 이유는 항해보험의 경우에는 보험이 개시될 당시에 선박소유자가 그 선박의 상태를 통제하거나 지배할 수 있음에 반하여 기간보험에서는 보험이 개시될 당시 선박이 항해 중에 있는 등의 사유로 선박소유자가 그 선박의 상태를 통제하거나 지배할 수 없는 때가 많아 일률적으로 감항능력을 요구하기 어렵기 때문이다.

한편 감항능력은 절대적으로 충족되어야 하는 담보의무이기 때문에 피보험자가 모든 노력을 다했어도 감항능력이 없는 사실을 발견할 수 없었다든지 하는 등의 사유가 있다 할지라도 이의 위반은 면책되지 않는다. 또한 피보험자가 감항능력이 없는 사실을 알지 못했다고 하더라도 역시 담보의무의 위반이 된다.

우리나라 상법도 선박 또는 운임보험의 경우에 선박의 불내항성, 즉 발항 당시 안전하게 항해를 하는 데 필요한 준비를 하지 않거나 필요한 서류를 비치하지 않음으로 인해 생긴 손해에 대해서는 피보험자의 담보의무 위반으로 보험자는 면책됨을 규정하고 있다.[18]

ⓑ 감항능력의 내용

감항능력은 선박이 부보된 해상사업에서 통상 일어날 수 있는 해상위험을 견디어 낼 수 있을 만큼 모든 면에서 합리적으로 적합한 상태에 있는 것을 의미한다.[19]

이러한 감항능력은 선박이 물리적으로 언제나 선체나 기관 등 선박시설이 당해 항해에 있어서 통상의 해상위험을 감내할 수 있는 능력(물적 감항능력)을 구비함과 동시에 그 선박에 승선하고 있는 선원의 기량과 수에 있어서도 그 항해에 있어서 통상의 해상위험을 감내할 수 있을 정도의 상태(인적 감항능력)에 있어야만 완전히 갖추어져 있다

---

15) 영국해상보험법 제39조 1항.

16) 항해보험은 보험기간이 일정한 항해를 기준으로 정하여지는 보험으로써 적하보험에서 많이 이용된다. 항해보험은 원칙적으로 선적항에서 출항하여 양륙항에 도착할 때까지의 기간에 발생하는 위험을 담보하지만, 협회적하약관(Institute Cargo Clause)의 운송약관(transit clause)을 통해서 일반적으로 창고를 포함하여 화물운송의 개시시점부터 목적지에서의 화물인도시점까지를 보험기간으로 한다.

17) 기간보험은 일정한 기간을 기준으로 보험자의 책임이 정하여지는 보험으로써 선박보험에서 많이 이용된다.

18) 상법 제787조.

19) 영국해상보험법 제39조 4항.

고 볼 수 있다.[20]

선박이 감항능력을 갖추었다 함은 당해 해상사업, 즉 항해 전체를 수행해 낼 수 있는 능력을 갖추고 있음을 뜻하지만, 항해가 단계별로 이루어지고 그 단계별로 요구되는 감항능력이 각각 필요하다고 한다면 굳이 항해개시시점에 전체 항해에 대한 감항능력을 갖출 것은 요구되지 않으며, 각 단계의 항해가 개시될 때 그 각 단계의 항해를 수행하기에 충분한 감항능력을 갖추면 이의 담보의무를 다한 것으로 본다.[21]

이미 앞서 설명한 바와 같이 기간보험에 있어서는 원칙적으로 항해개시 시점에 감항능력 담보의무가 요구되지 않지만, 예외적으로 피보험자가 당해 선박이 감항능력이 없음을 알고 있는 상황에서 선박이 항해를 개시하여 그로 인해 손해가 발생한 때에는 보험자는 그 손해에 대해서 보상할 책임을 지지 않는다.[22]

여기서 유의해야 할 것은 적하보험에 있어서는 항해개시시점에 선박이 감항능력을 갖추고 있음과 아울러 화물도 보험증권에 명시된 목적지까지 운송하기에 합리적으로 적합한 상태에 있어야만 한다는 점이다.

즉 적하보험에 있어서는 보험의 목적물인 화물의 감항능력(堪航能力 ; cargo worthiness)에 대한 묵시담보가 존재한다는 것이다.[23] 적하보험에 있어서는 화물 자체가 감항능력을 갖추어야 한다는 묵시담보는 없다.[24]

3. 피보험이익의 원칙(principle of insurable interest)

(1) 피보험이익의 개념

영국해상보험법 제4조에서는 도박이나 사행을 위해 보험의 목적물과 하등의 이해관계 없이 이루어지는 보험계약은 무효라고 하면서 보험계약이 성립되기 위해서는 반드시 피보험자가 보험의 목적물에 대해 재산상의 이해관계를 갖고 있어야만 한다고 규정하고 있다.

피보험이익(insurable interest)이란 피보험자가 보험의 목적물에 관하여 일정한 사고가 발생함으로써 재산상의 손해를 입을 우려가 있는 경우에 그 보험목적물에 대하여 피보험자가 갖는 이해관계라고 할 수 있다.

---

20) 대법원 1995. 9. 29. 93다53078 .

21) 영국해상보험법 제39조 (3)항.

22) 영국해상보험법 제39조 (5)항.

23) 영국해상보험법 제40조 (2)항.

24) 영국해상보험법 제40조 (1)항.

피보험자가 자신의 보험목적물에 대해 보험계약을 체결할 수 있고, 보험계약 체결 후 불확실한 미래의 사고로부터 재산상의 손실을 보상받을 수 있기 위해서는 피보험자와 피보험목적물 간에는 금전적·재산적 관계[25]가 있어야 하는데 이 같은 피보험자와 피보험목적물 간의 경제적 이해관계(economic relationship)를 바로 피보험이익이라 한다.

"no interest, no insurance"(피보험이익이 없으면 보험도 없다)라는 법언에서 볼 수 있듯이 보험계약이 체결되기 위해서는 피보험자는 반드시 피보험이익을 가져야 한다. 만약 피보험자가 피보험이익을 갖고 있지 않거나 또는 이를 취득할 전망이 없음에도 불구하고 보험계약을 체결할 경우 당해 보험계약은 무효가 된다.

(2) 피보험이익의 요건

보험계약이 유효하게 성립하려면 다음과 같은 피보험이익의 요건이 갖추어져 있어야 한다.

① 적법성 : 피보험이익은 법률이나 금지규정 및 공서양속, 기타 사회질서에 위반되지 않는 합법성을 갖추어야 한다. 따라서 밀수행위, 도박, 탈세 등과 관련한 화물의 보험은 유효한 보험이 될 수 없다.

② 경제성 : 피보험이익은 객관적인 재산의 가치를 가지며 금전적으로 계산·평가 될 수 있어야 한다.

③ 확정성 : 피보험이익은 피보험자와 피보험목적물간의 이해관계가 금전적으로 확정되어 있거나 확정될 수 있는 것이어야 한다. 적하보험에서는 피보험이익이 현재 확정되어 있지 않더라도 장래에 확정될 것이 확실하면 보험의 대상으로 인정된다.

(3) 피보험이익의 존재시기

일반적으로 보험계약을 체결할 때 피보험자는 피보험이익을 가지고 있어야 한다. 그러나 해상적하보험의 경우는 그 자체가 원격지간의 거래물품을 대상으로 하고 있어 보험의 대상이 되는 물품의 소유권의 유통성으로 말미암아 사실상 많은 경우 피보험이익이 없는 상태에서 보험계약이 체결된다.[26]

---

25) 반드시 재산상의 이해관계 또는 금전적으로 계산이 가능한 이해관계를 의미하며 정신적·감상적 이해관계를 의미하는 것은 아니다. 우리나라 상법 제668조에서도 "보험계약은 금전적으로 산정할 수 있는 이익에 한하여 보험계약의 목적으로 할 수 있다."라고 규정하고 있다.

26) 국제적으로 거래되는 물품의 소유권은 선하증권을 소지한자, 이를 양도 받은 자에게 있는데 당해 선하증권의 양도성 또는 유통성은 적하보험의 유통성과 피보험이익의 유통성이라는 독특한

이러한 국제무역의 특수성을 고려하여 영국해상보험법과 협회적하약관에서는 보험계약을 체결할 당시에는 반드시 피보험이익을 가질 필요는 없지만 보험사고가 발생한 시점에는 당해 피보험이익은 확정되어 있어야 한다고 규정하고 있다.[27] 따라서 해상보험계약에서 피보험자가 피보험이익의 존재를 증명해야 할 시기는 보험사고가 발생한 때이다.

(4) 피보험이익의 소급적용

FOB, CFR 등과 같이 수출업자가 아닌 수입업자가 해상보험계약을 체결해야 하는 거래조건에서는 보험의 목적물인 화물이 수출항의 창고나 본선상에 있지만 해상보험계약은 수입업자가 수입국에서 체결하게 된다.

이 경우 수입업자는 자신의 보험목적물의 사고 여부를 확인할 수 없는 상태에서 보험계약을 체결하게 되므로 이미 보험계약체결 전에 보험사고가 발생한 경우 수입업자에게는 이미 소멸된 보험목적물에 피보험이익이 없기 때문에 이에 대한 보상을 받을 수 없게 된다.

이 같은 상황에서의 선의의 피보험자를 보호하기 위해 해상보험에서는 적하보험에 한해 소급보상의 원칙을 적용하고 있다. 소급보상원칙은 일반 보험에서는 찾아보기 힘든 해상보험의 독특한 특징으로서 보험계약이 체결되기 전에 발생한 손해일지라도 계약체결시 피보험자와 보험자 모두가 손실발생여부에 대해 알지 못하였다면 보험자는 그 위험을 부담한다는 원칙이다.

영국해상보험법 제6조 (1)항에 따르면 "…… 보험목적물의 멸실여부를 불문한다(lost of not lost)는 조건으로 부보될 경우 피보험자는 손해가 발생할 때까지 피보험이익을 취득하지 않더라도 그 손해에 대한 보상을 보험자로부터 받을 수 있다. 그러나 보험계약 당시에 피보험자가 손해가 발행한 사실을 알고 있으나 보험자는 모르고 있을 경우에는 손해에 대한 보상을 받을 수 없다"라고 규정하고 있다.

협회적하약관 제11조 피보험이익약관에서는 "피보험자는 손해발생시에 피보험이익을 갖고 있어야 하며, 만약 보험계약이 체결되기 전에 손해가 발생하더라도 피보험자가 그 손해의 발생을 알고 보험자가 몰랐을 경우를 제외하고는 피보험자는 담보기간 중에 발생하는 손해에 대해 보상받을 수 있다."라고 규정하여 적하보험에서의 소급보상원칙을 규정해 놓고 있다.

특질을 파생시킨다.

27) 영국해상보험법 제6조 (1)항, 협회적하약관 제11조 피보험이익약관.

해상보험에서의 소급보상원칙은 손해발생의 사실을 알지 못하였음을 전제로 보험계약의 효력을 계약성립 이전까지 소급시키는 계약의 신의칙원칙에 입각한 또 하나의 독특한 보험운영원리라 할 수 있다.

(5) 피보험이익의 대상

일반적으로 선박, 화물, 운임 등과 같은 보험목적물을 소유하거나 앞으로 취득하게 될 자는 당해 보험목적물에 대해 피보험이익을 갖는다. 이를 소유이익이라 하는데 보험목적물의 소유자는 소유이익의 주체가 된다. 그 이유는 통상 소유자는 자신의 보험목적물에 대하여 위험을 부담하고 이를 사용하거나 처분할 수 있는 소유권(ownership)을 갖고 있기 때문이다.

해상보험에서는 소유권이 유치권, 저당권 등에 의하여 제한을 받더라도 소유자가 보험의 목적물에 대하여 전적인 책임을 지고 있는 한, 소유이익을 상실하지 않는다. 또 지금은 소유권이 없지만 장래에 취득할 가능성이 있는 경우에도 소유이익이 존재한다. 보험목적물이 두 사람 이상에 의해 공유되고 있더라도 각자는 자신의 지분에 대해 소유이익을 갖는다.[28)]

① 선주의 피보험이익

선주는 자신이 소유하고 있는 선박에 대하여 소유이익의 주체로서 피보험이익을 갖는다. 여기서 선박이란 단순히 선체(hull)에만 국한된 것이 아니라 선박자재(material), 의장용구(outfit)뿐만 아니라 선박의 부속물인 보일러, 엔진, 석탄, 연료 등도 선박의 의미에 포함된다.

또한 선주는 항해를 준비하고 수행하는 과정에서 소요되는 연료·식량·기타 소모품의 구입비나 통관 제 비용 등 선비(disbursement)에 대해서도 피보험이익을 갖는다.[29)]

나아가 선주는 화물을 목적항에 인도하고 운임을 취득하는 운임착지불(freight collect)의 경우에는 운임에 대해서도 피보험이익을 갖는다. 운임은 운임착지불과 같이 제3자에 의하여 지불되는 경우 이외에도 선주가 자신의 선박을 이용하여 자신의 화물을 운송함으로써 취득할 수 있는 운임[30)]까지도 포함하며 선주는 이러한 운임도 부보할 수 있다.

---

28) 영국해상보험법 제8조.

29) 선박이 운항 중 멸실되면 선주는 이미 지급한 선비까지 상실한다. 따라서 선주는 선비에 대해 당연히 피보험이익을 가지며 선비보험에 가입할 수 있다. 현재 사용되고 있는 선비담보약관에 따라 선박보험가액의 25%까지를 선비 등으로 인정받을 수 있다 (협회기간약관 제21조).

30) 이 같은 형태의 운임을 owner's trading freight라 한다. (영국해상보험법 제1부칙(RCP) 제16조).

② 하주의 피보험이익

하주는 자신의 화물에 대하여 소유이익을 갖는 피보험이익의 대표적 당사자이다. 따라서 하주는 적하보험계약을 체결할 수 있으며 이 경우 대개 CIF 기준으로 환산한 송장가격(invoice amount)의 10%를 기대이익(expected profit)으로 추가하여 함께 부보한다.[31)]

한편 하주는 자신이 선불한 운임에 대해 피보험이익을 갖는다. 일반적으로 해상보험에서 운임선불(freight prepaid)의 경우 화물이 목적지에 도착하든 그렇지 않든 관계없이 선불한 운임은 반환되지 않으므로[32)] 이 경우에는 하주가 운임에 대한 피보험이익을 갖게 된다.

③ 기타 당사자의 피보험이익

보험자가 다시 피보험자의 입장에서 다른 보험자와 재보험(reinsurance)계약을 체결할 경우에는 보험자는 자신이 인수한 금액만큼 피보험이익을 갖는다. 또한 채권자가 채권을 확보하기 위해 선박이나 화물과 같은 보험목적물에 저당권·선취특권 등의 담보권을 행사하면 담보권자는 당해 보험목적물에 대해 피보험이익을 갖는다.[33)]

선장이나 선원의 경우에도 이들은 자신의 급료(wages)에 대해 피보험이익을 갖는다.

끝으로 운송인의 경우 운송인은 화물의 실제 소유자는 아니지만 화물의 수탁자로서 운송도중 화물에 손해가 발생하면 하주에게 배상할 책임이 있기 때문에 당해 배상책임에 대해 피보험이익을 갖고 수탁자배상책임보험에 가입할 수 있다.

4. 근인주의 원칙(principle of proximate cause)

(1) 근인주의 원칙의 정의

해상보험계약에서는 보험자는 손해가 발생한 경우 이를 보상해 주어야 할 책임이 있지만 손실원인과 관계없이 무조건 보상하는 것은 아니다. 해상보험에서 보험자가 보상해주는 손해는 반드시 보험증권상 담보된 위험이거나 이 담보된 위험에 근인하여 발생하여야 한다.

---

31) 기대이익이란 항해가 무사히 끝나 목적지에서 화물을 판매 또는 전매함으로써 얻을 수 있는 희망이익(anticipated profit)을 의미한다. 제6차 개정 신용장통일규칙과 Incoterms 2010에서도 하주가 체결하는 최저의 보험금액을 이 기대이익을 포함하여 CIF금액의 110%로 규정하고 있다(제6차 개정 신용장통일규칙 제28조 (a)항 (iii) 참조).

32) 선박회사의 경우에는 불가항력의 사유로 계약물품을 목적지까지 운송해 주지 못하였을 경우에도 *pro rate itineris peracti* 라는 제도에 의해 운송해 준 부분만큼의 받을 수 있다.

33) 이를 담보이익이라고 한다.

영국의 해상보험법 제55조에서는 "본 법률의 제 조항에 저촉되지 않는 한, 그리고 보험증권에 별도도 규정되지 않는 한, 보험자는 담보위험에 근인하여 발생한 손해에 대해서만 책임을 진다. 그러나 보험자는 상기의 조건에 따라 담보위험에 근인하지 않는 손해에 대해서는 보상책임을 지지 않는다."라고 규정하고 있다.

이 규정에 따르면 보험사고가 발생하면 사고를 야기한 원인이 근인으로써 담보되는 위험(insured perils)에 속하는지 아니면 면책위험(excepted perils)에 속하는지를 판단하여야 한다는 것이며, 당해 근인이 된 손실원인이 담보위험에 속해 있으면 보험자는 이를 보상하여야 한다는 원칙이 근인주의 원칙이다.

(2) 근인의 판단기준

담보위험에 근인하여 발생한 손해만을 보상한다는 근인주의 원칙을 해상보험에서 채택하고 있는 이유는 손해를 발생케 한 손실원인과 그에 따른 결과로써 발생한 손실 사이에 근인이라는 인과관계가 존재해야 한다는 상당인과관계론을 채택하고 있기 때문이다.

일반적으로 근인(proximate cause)이라 함은 반드시 시간적으로 사고발생시점과 가장 가까운 원인만을 뜻하는 것이 아니라 당해 손해를 야기한 가장 직접적(direct)이고, 지배적(dominant)이고 효과적(effective)인 손실원인을 말한다.

손실을 야기한 원인이 여러 가지 복합적인 관계 속에서 일어난 경우라 할지라도 근인은 고려하고 원인(remote cause)은 고려하지 않는다는 절대원칙[34]에 따라 보험자는 실질적으로 사고를 유발시킨 가장 중요한 원인 즉, 상당인과관계가 성립하는 근인만을 고려한다. 그리고 이 근인이 담보위험에 속해 있으면 보상한다. 이때 근인의 판단은 과학적 분석에 따라 판단하기보다는 상식에 따른다.

5. 대위의 원칙(principle of subrogation)

해상보험과 같은 손해보험에서는 보험자가 보험금을 지불하게 되면 보험자는 피보험자를 대신하여 보험목적물에 관련된 일체의 권리를 취득하게 되는데 이렇게 취득한 권리를 대위권(right of subrogation)이라 한다.

대위는 피보험자가 발행한 대위권 양도서에 대해 보험금을 지급함으로써 그 효력이 발생한다. 대위는 보험자가 보험금을 지급한 후 멸실 또는 손상된 피보험목적물에 대해 피보험자가 가지고 있던 소유권리와 손해를 발생케 한 귀책사유가 있는 제3자에 대

---

34) 이러한 원칙을 법언으로 "*cause proxima non remota spectatur*"라고 한다.

한 구상권을 보험자가 승계할 수 있다는 보험원리로 그 행사의 범위는 보험자가 피보험자에게 지불한 보험금액의 한도 내이다.

(1) 잔존물 대위

잔존물 대위란 보험사고의 결과 잔존물이 있는 경우 그 잔존물을 취득할 수 있는 권리를 말한다. 잔존물 대위는 전손보험금을 지급한 경우에 해당되며, 만약 보험자가 분손보험금을 지급했다면 잔존물에 대한 소유권을 취득할 수 없다.[35)]

대위권의 발생시점은 보험사고가 발생한 시점이 아니고 보험금을 지급한 시점이 된다.

(2) 제3자에 대한 구상권 대위

피보험자가 제3자의 과실에 의해 손실을 입은 경우 보험자가 피보험자에게 보험금을 지급하게 되면 보험자는 지급한 보험금의 한도 내에서 피보험자의 제3자에 대한 손해배상권을 취득하는데 이를 제3자에 대한 구상권 대위라 한다.

제3자에 대한 구상권 대위는 전손 또는 분손에 관계없이 보험자가 지급한 보험금의 한도 내에서 행사할 수 있다. 제3자로부터의 배상액이 보험금을 초과할 경우에는 그 차액은 피보험자에게 환불된다. 만일 피보험자가 일부보험만 부보한 경우 부보하지 않은 잔액에 대해서는 자가보험자로 간주되어 피보험자는 그 금액만큼을 귀책사유가 있는 제3자로부터 회수할 수 있다.[36)]

제 3 절 해상손해

1. 해상손해(maritime loss)의 유형

해상손해는 손해의 정도와 성격에 따라 다음과 같이 물적손해와 비용손해, 그리고 손해배상책임으로 구분된다.

물적손해(physical loss)는 직접손해라고도 하며 선박, 화물 등과 같은 보험목적물 자

---

35) 영국해상보험법 제79조 (2)항

36) 영국해상보험법 제81조. 이때 보험자와 피보험자가 각각 귀책사유가 있는 제3자에게 손해배상을 청구하는 것이 아니고 보험자가 일괄하여 손해배상을 청구한 후 대위권을 행사한 금액을 공제하고 나머지는 피보험자인 선주에게 지급한다.(구종순,「해상보험」, 유원북스, 2012, p.324)

체의 손실을 의미한다. 물적손해는 손해의 정도에 따라 전손과 분손으로 구분된다.

비용손해(expense)는 보험목적물의 손해와 관련하여 부수적 또는 간접적으로 비용이 발생하는 손해로써 간접손해라고도 한다. 손해방지비용, 구조비용, 특별비용 등과 같은 비용손해를 포함한다.

손해배상책임은 피보험자의 과실, 태만 등으로 인하여 제3자에게 끼친 배상책임손실을 말한다. 선박의 충돌로 인하여 상대방 선주에게 배상하게 되는 충돌손해배상책임이 이에 해당한다.

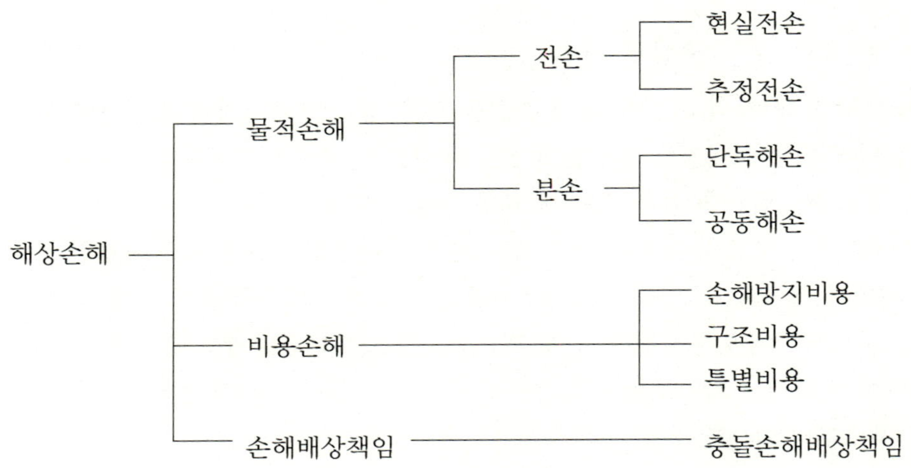

| 그림 6-1 | 해상손해의 유형

2. 전손(total loss)

1) 현실전손(actual total loss : ATL)

현실전손이라 함은 다음의 경우를 말한다.

첫째, 부보된 보험목적물이 완전히 파괴되어 상품으로서의 가치가 없어질 정도로 손상된 경우,

둘째, 보험목적물의 점유권이 박탈되어 이를 회복할 수 없을 경우,

셋째, 보험목적물이 상품으로서의 가치를 잃어버릴 정도로 원래의 성질이 변한 경우,

넷째, 위험에 당면한 선박이 행방불명되어 상당한 기간이 경과하여도 그 행방을 알 수 없을 때[37]를 말한다.

37) 영국의 해상보험법 제58조에서는 선박의 행방불명 기간을 상당한 기간(reasonable time)으로만

2) 추정전손(constructive total loss : CTL)

(1) 추정전손의 정의

추정전손이라 함은 실제적인 현실전손으로 현재 확정할 수는 없지만 추후 시간의 경과나 비용의 발생 등에 비추어 현실전손이 불가피할 수도 있다는 개연적(likely)추정에 의해 전손으로 인정하는 해상보험제도에서만 유일하게 인정하는 손해이다.

영국해상보험법 제60조 (1)항은 "추정전손은 보험목적물의 현실전손이 불가피하다고 간주되거나, 또는 현실전손을 면하기 위해 비용이 발생할 경우 그 소요비용이 보험목적물의 가액을 초과할 것으로 예상하여 이를 합리적으로 위부할 경우 성립된다."라고 규정하고 있다.

나아가 영국해상보험법 제60조 (2)항에서는 특히 다음과 같은 경우 추정전손이 성립한다고 구체적으로 규정하고 있다.

첫째, 피보험자가 선박 또는 화물을 담보위험으로 인해 소유하지 못하게 되었을 경우 피보험자가 선박 또는 화물을 회복할 가망이 없거나 회복하는데 소요되는 제비용이 회복한 후의 선박 또는 화물의 가액을 초과할 때,

둘째, 선박이 담보위험으로 심하게 손상되어 이를 수리하는 비용이 수리한 후의 선박가액을 초과할 때,

셋째, 화물이 손상되었을 경우 화물을 수리하는 비용과 그 화물을 최종 목적지까지 운반하는데 소요되는 비용이 도착시의 화물가치를 초과할 때이다.

결국 추정전손은 보험목적물이 현실적으로 완전히 전손 되지는 않았으나 그 손해의 정도가 심하여 당초의 그 목적물이 가진 용도에 사용할 수 없게 되었을 때, 또는 그 보험목적물이 전부 멸실될 것이 거의 확실하지만 이를 입증하기 곤란할 때, 또는 그 보험목적물을 수선할 경우 그 수리비가 수리 후 그 목적물이 갖는 시가보다 클 때 성립한다고 볼 수 있다.

(2) 추정전손의 구체적 상황

우리나라 상법에서도 다음과 같이 규정하고 있다.

① 선박 또는 화물의 점유상실

피보험자가 보험사고로 인하여 자기의 선박 또는 화물의 점유를 상실하여 이를 회복

명시하고 있지만 대부분의 유렵국가들은 통상적으로 선박의 출항일로부터 1년으로 보고 있다. 우리나라의 경우에는 선박출항 후 2개월이 경과하면 행방불명으로 간주한다. (상법 제711조).

할 가능성이 없거나 또는 회복에 필요한 비용이 회복하였을 때의 선박이나 화물의 가액을 초과할 것으로 예상될 경우이다.

이때 피보험자가 선박이나 화물의 점유를 상실한 원인은 묻지 않으며 포획[38]이나 압수 등의 경우도 포함된다.

선박 또는 화물이 나포된 경우에도 피보험자 위부를 하기 전에 그 목적물이 풀려난 때에는 추정전손은 성립하지 않는다. 나포는 전쟁위험의 일종이기 때문에 보험계약에서 전쟁면책약관 또는 포획·나포 면책약관을 부보한 경우에는 선박 또는 화물이 나포되어도 추정전손은 성립하지 않는다.

또한 화물과는 관계없이 선박만을 목적으로 나포한 것이어서 화물은 다른 방법으로 운송가능한 때에는 그 화물은 추정전손과 관계없다.

그리고 나포의 원인이 선박서류를 비치하지 않거나 항행금지구역을 항행하는 경우 등과 같이 피보험자의 고의 또는 중대한 과실에 기인한 때에는 추정전손에 따른 위부를 할 수 없다.[39]

국가기관이 전시(戰時) 또는 범죄수사, 검역 등의 필요에 따라 선박 또는 화물을 압수함으로써 피보험자가 이를 회복할 수 없거나 회복비용이 그 가액을 초과하리라고 예상되는 경우에는 추정전손이 성립한다. 그러나 압수의 원인이 포획과 마찬가지로 피보험자의 고의 또는 중대한 과실로 말미암은 때에는 추정전손이 성립하지 않는다.[40]

② 선박의 수선비용이 과다할 때

선박이 부보위험 또는 보험사고로 인해 심하게 훼손되어 이를 수선하기 위한 비용이 수리된 선박의 가액을 초과할 것이라고 예상되는 경우에 추정전손이 성립하여 피보험자는 그 선박을 위부할 수 있다.[41]

이때 수선비용은 선박이 보험사고로 훼손된 때에 그 위험한 상태로부터 감항능력을 갖춘 선박으로 회복하는 데 소요되는 합리적인 비용 모두를 포함한다.

---

38) 포획은 나포를 의미한다. 교전국 또는 교전단체가 전쟁의 목적을 위하여 선박 등의 점유를 빼앗은 것을 의미한다. 역시 포획이 적법한지 여부는 추정전손의 성립과 관계없다.

39) 상법 제659조.

40) 이기수·신창섭,「국제거래법」, 세창출판사, 2010, p.326.

41) "선박이 좌초되어 구조되지 못하고 선원이 이선한 경우에 그 좌초의 사실만으로 그 선박이 현실전손이 발생하였다고는 볼 수 없고, 다만 선박이 좌초로 입은 손상으로 말미암아 이를 구조하여 수선하더라도 그 비용이 보험금액 또는 보험가액을 초과하는 등의 사정이 인정될 때에는 그 선박에 대한 위부절차를 취하는 추정전손을 구할 수 있다 할 것이다."(서울고등법원 1976. 1. 12. 74다1939).

수선비용의 계산은 단일사고 또는 동일한 사고에서 생긴 일련의 손해에 관한 비용을 기준으로 한다. 이때 여러 번의 보험사고로 인한 분손에 대한 수선비용은 누적계산할 수는 없다. 다만 동일한 사고를 원인으로 계속 연속해서 일어난 사고는 동일한 사고로 생긴 손해로 간주하고 비용을 계산한다.

선박이 수선불능으로 된 경우에는 원칙적으로 당해 선박에 적재한 화물에 추정전손이 발생한 것으로 보고 피보험자는 위부할 수 있다. 그러나 이 경우 선장이 지체없이 다른 선박으로 화물의 운송을 계속한 때에는 피보험자는 당해 화물을 위부할 수 없음은 당연하다.[42]

③ 화물의 수선비용이나 운송비용이 과다할 때

화물이 보험사고로 인해 심하게 훼손되어서 이를 수선하기 위한 비용과 그 화물을 목적지까지 운송하기 위한 비용과의 합계가 도착 당시 화물의 가액을 초과할 것으로 예상되는 경우에는 피보험자는 그 화물을 위부할 수 있다.

적하보험은 화물을 보험의 목적물로 하고 있지만, 해상보험의 특성상 선박의 항해상의 위험을 담보할 수밖에 없다. 따라서 화물의 운송 중에 발생한 해상사업과 관련된 사고가 발생한 경우, 예컨대 선박의 충돌이나 좌초 등의 사고로 화물이 훼손된 경우에 이를 다른 선박에 환적하여 운송하기 위한 비용이나 당해 화물의 수선비용 등이 들게 된다. 이때 이러한 비용의 합계액이 도착 당시 화물의 가액을 초과할 것으로 예상되는 경우에는 피보험자가 이를 위부할 수 있다.[43]

3) 위부(abandonment)

(1) 위부의 개념

추정전손으로 인정될 수 있는 상황이 발생하였다고 해서 자동적으로 추정전손이 성립하는 것은 아니다. 영국해상보험법 제60조 (1)항에서는 추정전손이 성립하기 위해서는 반드시 피보험자의 위부행위가 있어야 한다고 규정하고 있다.

추정전손으로 인정될 수 있는 사유가 발생하였을 때 피보험자는 당해 손해를 추정전손으로 인정받기 위해 피보험목적물에 대해서 갖는 일체의 권리를 보험자에게 이전하고 대신 전손에 해당하는 보험금을 청구할 수 있는데 이러한 행위를 위부라 한다.

위부를 통해 피보험자는 부보한 보험목적물에 대해 자신이 소유하고 있던 피보험이

42) 상법 제712조.

43) 영국해상보험법 제60조 (1)항 (iii) ; 상법 제710조 (3)호.

익과 그에 수반되는 일체의 소유권리를 보험자에게 포기(abandonment)함으로써 전손 보험금을 취득하게 된다.

피보험자의 이 같은 위부의 의사표시[44]에 대해 보험자가 승낙(acceptance)하게 되면 추정전손이 성립한다. 결국 추정전손이 성립하기 위해서는 피보험자 측면의 위부의 의사표시와 보험자 측면의 위부의 승낙이 상호간에 합치되어야 한다. 만일 보험자가 위부를 승낙하지 않을 때에는 피보험자는 위부의 원인 및 불가피성을 증명할 의무를 지며, 만약 위부가 보험자에 의해서 승낙되지 않으면 그 손해는 분손으로 처리된다.

물론 피보험자 측면에서도 추정전손 상황이 발생한 경우라 할지라도 전손보험금을 수취하는 것보다 분손으로 처리하는 편이 자신에게 유리하다고 판단되는 경우에는 위부를 하지 않고 분손으로 처리할 수도 있다.[45]

(2) 위부의 의의

손해보험은 보험자가 피보험자에게 보험사고로 인해 현실적으로 발생한 재산상의 손해를 보상하는 것을 목적으로 하기 때문에 피보험자가 보험금의 지급을 청구하기 위해서는 보험사고로 인한 손해를 증명하여야 한다.[46] 따라서 피보험자는 피보험목적물의 전부 또는 일부의 멸실이나 훼손을 증명하지 못하는 한 손해의 보상을 받을 수 없다.

해상보험에서는 다른 보험과는 달리 선박이나 화물 등과 같은 보험목적물이 피보험자의 통제범위를 벗어나 광범위한 해역을 이동하므로 손해의 발생여부에 대한 정보가 불분명하거나 그 증명이 용이하지 않고, 손해의 산정에도 상당한 비용과 시간이 소요된다.

이에 비해 체계적인 연락망과 대응능력을 갖추고 사고처리를 본업으로 하는 보험자에게 사고가 발생한 보험목적물에 대한 관리를 가능한 한 신속히 이전하는 것이 더 바람직할 수 있다.[47]

이러한 취지에서 볼 때 실제적인 현실전손으로 현재 확정할 수는 없지만 추후 시간

---

44) 위부의 의사표시는 서면이나 구두로 할 수 있다. 피보험자가 보험자에게 무조건 위부하겠다는 의사를 표시하는 것이면 어떠한 방법을 사용해도 무방하다 (영국해상보험법 제62조 (2)항). 그러나 보통 위부의 통지는 서면으로 이루어진다. 이것을 위부서(notice of abandonment)라고 한다.

45) 영국해상보험법 제61조 ; 피보험자가 추정전손으로 처리하지 않고 분손으로 처리하는 것이 유리한 경우라 함은 예를 들어 선박보험에서 피보험자가 100% PA(particular average) 보상방식으로 부보하게 되면 피보험자인 선주는 보험금액을 한도로 수리비 전액을 보상받고 선체도 보험자에게 인도할 필요가 없으며 보험계약의 효력도 당초의 만기일까지 복원되는 등 여러 가지 유리한 점이 있을 수 있다 (구종순,「전게서」, p.319).

46) 이기수 · 신창섭,「전게서」, p.328.

47) *ibid.*

의 경과나 비용의 발생 등에 비추어 현실전손이 불가피할 수도 있다는 개연적(likely) 가능성이 상당히 높다면 이를 방치해 두고 있기 보다는 어차피 지불해야 할 현실전손 보험금을 감안하여 법률상 전손으로 처리하고 피보험자에게 보험금액의 전액을 지급하여 줌으로써 피보험자가 겪고 있는 손상된 해상사업의 부담을 덜어주고, 보험자 입장에서는 피보험자가 보험목적물에 대해 갖는 일체의 권리를 이전받아 잔존물에 대한 관리 또는 기타의 권리행사를 신속하게 수행하도록 하는 것이 더욱 더 합리적일 수 있다.

이러한 취지에서 해상보험제도에서만 유일하게 인정하는 제도가 바로 위부이다.

(3) 위부의 법적성질

해상보험에서 인정하고 있는 위부는 독특한 제도이기 때문에 이의 법적성질을 두고 여러 학설들이 존립한다. 여기서는 크게 두 가지로 대별하여 살펴보기로 한다.

① 보험위부는 그 법적성질이 단독행위인지 아니면 계약인지의 문제이다.

보험위부는 단독행위라는 입장에 따르면, 우리나라 상법상으로는 추정전손의 발생으로 위부의 원인이 발생하면 피보험자는 보험의 목적물을 보험자에게 위부하고 보험금 전액을 청구할 수 있기 때문에 위부는 피보험자의 일방적 의사표시에 의해서 행해지는 단독행위이고, 법이 정한 요건과 절차를 갖추면 보험자의 승낙을 요하지 않더라도 그 법적효과가 발생하는 형성권이다.[48] 따라서 위부의 행사여부는 피보험자의 재량행위에 속하기 때문에 피보험자는 위부의 사유가 있더라도 위부를 하지 않고, 발생한 손해를 증명하여 분손으로 보상받을 수 있다.

그러나 보험위부를 계약으로 파악하여야 한다는 입장은 위부의 통지에 대해 보험자가 승낙해야만 추정전손이 성립한다는 점에 근거한다. 즉 추정전손이 성립되어 보험자로부터 전손보험금이 지급되기 위해서는 피보험자의 위부에 대한 선언에 대해 반드시 보험자가 승인을 내려야 그 효과가 인정된다는 것이다.[49]

실제로 위부가 성립하는지 여부는 추정전손의 사유가 존재하는지 여부에 달려있

48) 이기수 외 2인, 「보험 · 해상법」, 박영사, 2008, pp.242-243.

49) 보험자가 피보험자의 위부를 승인하지 않는 때에는 피보험자는 소송을 제기할 수 있다. 이는 피보험자 입장에서는 추정전손이라고 판단하여 위부를 선언하고 전손보험금을 청구하지만, 보험자 입장에서는 단순한 분손으로 주장할 때 그러하다.
한편 법정소송에 따른 시간의 낭비와 소송비용을 고려하여 상호간에 추정전손보험금을 합의하여 지급하는 경우가 있는데 이를 타협전손(compromised total loss)이라 한다. 또 상황에 따라 명백하게 추정전손으로 성립되지는 않지만 부수적인 책임이나 기타 이유로 그 손해를 전손으로 처리할 것을 서로 동의하는 경우가 있는데 이를 동의전손(agreed total loss)이라 한다. ; 이기태, 「해상보험」, 박영사, 1992, p.290

다. 따라서 보험자가 위부를 승인한 때 비로소 보험위부는 확정적으로 되는데, 이 때 보험자의 승인을 계약의 승낙의 형태로 보는지, 아니면 단순히 위부의 조건이 충분함을 확인하는 권리의 선언으로 보는지, 그 관점의 차이에 따라 이 두 학설이 대립한다.

보험위부는 그 추정전손 상황이라는 원인이 존재하는 한, 피보험자가 현실전손에 준하여 보험처리를 한다는 선택권의 행사로써 유효하게 성립되기 때문에 위부는 단독행위로 본다는 설이 다수설이다.[50]

이미 앞서 살펴본 바와 같이 위부라 함은 추정전손 상황이라는 원인이 발생했을 때 보험의 목적물에 전손이 있는 것으로 추정하여 피보험자의 전손보험금 청구권을 인정하고, 대신에 보험의 목적물에 대한 권리를 보험자가 취득하는 제도이다.

따라서 피보험자의 위부선언과 보험자의 승인이 있으면 피보험자는 보험금액 전액에 대해 보험금청구권을 행사할 수 있고, 보험자는 보험목적물에 대한 피보험자의 소유권 및 기타 이익을 포함한 모든 권리를 취득한다.[51]

② 이때 위부의 원인인 된 손해가 제3자의 행위에 의하여 생긴 경우 피보험자가 당해 제3자에 대하여 가지는 권리, 즉 선박의 충돌에 의한 경우라면 손해배상청구권이, 또는 공동해손이 발생했던 경우라면 공동해손분담청구권까지도 보험자가 취득하는 권리 중에 포함되느냐에 관하여는 학설이 나뉘고 있다.

즉 위부에는 이 같은 제3자에 대한 채권도 모든 권리 가운데 포함된다는 적극설과 피보험자가 제3자에 대하여 가지는 권리는 '위부'에 의하여 이전하는 것이 아니라 보험자가 보험금을 피보험자에게 지급한 연후에 '보험자 대위에 관한 일반원리'에 의하여 이전하는 것이라고 주장하는 소극설이 있다.

해상보험에서 인정되는 독특한 제도인 위부는 피보험자가 보험의 목적물에 관한 완전한 손해의 전손보상을 손해의 증명과정 없이 수령하는 대신 보험자는 위부된 피보험자의 보험목적물에 관하여 피보험자와 동일한 지위를 이전받기에 피보험자가 제3자에 대하여 가지는 권리도 그대로 취득한다는 적극설이 다수설이다.[52]

---

50) 이기수 · 신창섭, 「전게서」, pp.328-329.

51) 영국해상보험법 제63조 (1)항.

52) 이기수 · 신창섭, 「전게서」, pp.331-332 ; 다만 선박보험에서 피보험자의 운임청구권은 이전되는 권리에 포함되지 않는다. 운임은 운임보험에서와 같이 독립된 보험목적물이지 선박보험에서의 보험목적물이 아니기 때문이다.

(4) 대위와 위부의 비교

대위란 보험자가 보험금을 지급함으로써 피보험자가 가지고 있던 보험목적물에 관련된 일체의 권리를 피보험자로부터 승계하는 것을 의미하고, 위부란 피보험자가 피보험목적물에 대하여 가지고 있는 모든 권리를 보험자에게 이양하고 보험금액의 전액을 청구하는 행위를 말한다. 보다 구체적으로 이 둘의 개념을 비교하면 다음과 같다.

첫째, 대위는 피보험자가 이중으로 보상받는 것을 방지하기 위해 해상보험뿐만 아니라 모든 형태의 손해보험에 적용되는 보험의 기본원칙이지만 위부는 해상보험에만 적용되는 독특한 제도이다.

둘째, 제3자에 대한 구상권 대위는 전손이든 분손이든 상관없이 보험자가 피보험자에게 보험금을 지급하면 보험자가 자동으로 승계하는 권리이다. 그러나 위부는 추정전손이라는 애매한 상황 속에서 전손보험금 청구를 위한 형식적 요건이다.

셋째, 대위는 보험자의 승낙의 여부와는 관계없이 보험자에게 이전되는 권리이다. 그러나 위부는 보험자의 승낙이 필수조건이 된다. 물론 위부가 승낙되면 보험목적물에 관련된 피보험자의 일체의 권리가 보험자에게 이전되기 때문에 대위권도 자동적으로 승계되어 위부와 대위를 구분할 필요는 없다.

(5) 위부의 절차

① 위부의 통지

피보험자가 보험자에게 보험의 목적물을 위부하기 위해서는 위부의 통지를 해야 한다. 만일 위부의 통지를 하지 않으면 피보험자가 위부의 의사를 가졌는지 여부에 상관없이 발생한 손해는 분손으로 처리된다.[53]

위부는 피보험자의 이익을 위한 것이므로 그 행사여부는 피보험자의 재량에 속한다. 따라서 추정전손 상황이 발생한 경우 피보험자는 보험목적물을 보험자에게 위부하고 전손보험금을 청구하거나 또는 발생한 손해를 분손으로 처리하여 손해의 보상을 청구할 수도 있다.

영국해상보험법은 피보험자가 위부의 권한을 행사하기 위해서는 위부의 의사, 즉 보험목적물을 포기하고 보험금 전액을 청구한다는 입장을 보험자에게 통지함으로써 자신의 의사를 확정적으로 표시하도록 요구하고 있다.

피보험자가 보험자에게 위부를 통지하여 위부의 효과가 발생한 때에는 그 위부를 철

---

53) 영국해상보험법 제62조 (1)항.

회할 수 없다.

② 위부의 통지기간

피보험자가 위부를 하고자 할 때는 상당한 기간 내에 보험자에게 그 통지를 발송하여야 한다. 여기서 상당한 기간이란 피보험자가 위부의 원인을 안 때부터 위부의 원인을 증명하고 위부하는 데 소요되는 합리적인 기간을 의미한다.

피보험자는 이 상당한 기간 내에 위부를 통지하지 못하면 위부권을 상실한다. 따라서 발생한 손해는 분손으로 처리되며, 피보험자는 통상의 방법으로 손해를 증명하여 분손보험금을 지급받을 수 있을 뿐이다.

영국해상보험법에서는 위부의 통지는 손실발생에 관한 신뢰할만한 정보를 받은 후 합리적으로 신속하게 이루어져야 하고, 만일 피보험자가 취득한 정보가 의심스러울 때는 보험자는 이를 조사할 합리적인 기간을 갖는다고 규정하고 있다.[54]

③ 위부의 통지방법과 내용

위부의 통지는 서면으로 하는 것이 일반적이지만, 구두로 하는 것도 허용된다.[55] 또한 위부의 통지에 반드시 위부라는 표현이 사용되어야 하는 것은 아니며, 위부의 의사가 명백하게 나타나는 것으로 충분하다.[56]

피보험자가 손해에 관한 정보를 받았을 때 위부의 통지를 한다고 할지라도 보험자에게 이익이 될 가능성이 없을 경우에는 피보험자는 위부의 통지를 할 필요가 없다.[57] 여기서 '보험자에게 이익이 될 가능성'이라 함은 보험자에게 보험목적물이 위부되어 보험자에게 그 통제권한이 이전되었을 때 보험자가 그 통제권한을 행사하여 최선의 조치를 할 수 있으리라는 가능성을 의미하는 것이지, 보험자가 경제적으로 반드시 보다 더 나아지리라는 가능성을 의미하는 것은 아니다.[58]

④ 위부의 범위와 무조건성

위부는 무조건적이어야 하며, 보험목적물 전부에 대하여 해야 한다. 위부는 추정전손 상황에서 인정되므로 전손과 동일시되므로 원칙적으로 불가분이기 때문이다. 그러나 위부의 원인이 보험목적물의 일부에 대해서 생긴 때에는 그 부분에 대해서만 위부

54) 영국해상보험법 제62조 (3)항.
55) 영국해상보험법 제62조 (2)항.
56) 영국해상보험법 제62조 (2)항.
57) 영국해상보험법 제62조 (7)항.
58) 이기수 · 신창섭, 「전게서」, pp.329-330.

할 수 있다.[59]

보험가액의 일부만 부보한 일부보험의 경우에는 위부는 보험금액의 보험가액에 대한 비율 만큼에 제한된다. 이 경우 그 보험목적물에 대해서 보험자와 피보험자는 공유자가 된다.

⑤ 위부의 승인

보험자는 위부를 승인한 후에는 그 위부에 대하여 이의를 제기하지 못한다. 보험자가 위부를 승인하면 피보험자는 위부원인을 구체적으로 증명할 필요 없이 보험금액 전액을 청구할 수 있다.

위부승인 여부는 사실의 문제에 속한다. 따라서 위부의 승인은 보험자의 명시적인 의사표시로 이루어져야 하지만, 경우에 따라 보험자의 행위로 승인여부를 판단할 수도 있다. 예를 들어 보험자가 위부승인에 관한 명시적 의사표시 없이 피보험자에게 보험금을 지급하는 등의 행위는 위부의 승인으로 간주된다.

한편 여기서 유의할 것은 보험자가 위부를 승인하지 아니한 때에는 피보험자는 위부의 원인, 즉 추정전손 상황을 증명하지 못하면 전손보험금의 지급을 청구할 수 없다.[60]는 점이다. 관점의 차이로 보험자와 의견대립이 있는 경우 피보험자는 구체적인 증거를 제시하여 그 위부의 원인을 증명해야만 자신의 위부권을 행사할 수 있다.

⑥ 위부에 의한 권리이전시기

위부를 통해 보험목적물에 대한 피보험자의 권리가 보험자에게 이전하는 시기는 위부의 의사표시가 보험자에게 도달한 때이다. 따라서 위부는 보험자 대위(subrogation)와는 달리 보험금의 지급이 요건으로 되어있지 않기 때문에 보험자는 보험금을 지급하기 이전이라도 피보험자의 보험목적물에 대한 권리를 취득한다.

3. 분손(partial loss)

분손은 담보위험으로 인해 보험목적물의 일부만이 손상을 입는 경우를 말한다. 분손은 전손의 상대적 개념으로 전손이 아닌 손해는 모두 분손으로 간주된다.[61]

분손은 보험목적물의 손해를 피보험자가 단독으로 부담하는가 아니면 이해관계자가

59) 예를 들어 선박과 화물을 함께 부보한 경우 화물이 실제로 선적되지 않아서 위험이 선박에만 일어난 때에는 선박에 대해서만 위부할 수 있다. ; *ibid.* p.331.

60) 상법 제717조 참조.

61) 영국해상보험법 제56조 (1)항.

공동으로 부담하는가에 따라 단독해손과 공동해손으로 구분된다.

1) 단독해손(particular average)

영국해상보험법 제64조에 따라 공동해손이 아닌 모든 형태의 분손은 단독해손이다. 구체적으로는 단독해손이란 보험목적물의 일부 멸실이나 손상으로써 보험목적물에 대하여 재산상의 이해관계를 갖는 자가 단독으로 부담하는 손해를 말한다.

분손의 형태는 주로 선박의 일부 파손, 화물의 일부 손실, 운임의 미취득 등으로 나타난다.

이러한 단독해손은 영국해손정산인협회(Association of Average Adjusters : AAA)에서 규정한 실무규칙에 따라 주로 해손정산인(average adjuster)들에 의해 그 손해액이 사정된다.

2) 공동해손(general average)

공동해손이란 선박, 화물 및 기타 해상사업에서의 피보험목적물에 이해관계자 공동의 위험이 발생했을 경우 선박이나 화물 등의 위험을 구조하기 위하여 선장의 책임으로 선체, 장비, 화물 등의 일부를 희생시키거나 혹은 필요한 경비를 지출했을 때 이러한 손해와 경비를 공동해손이라고 한다. 공동해손이 발생하면 그 손해와 비용은 선박 및 화물의 모든 이해관계인이 공동으로 분담하게 된다.

공동해손은 선체, 장비, 화물 등의 일부가 희생되는 공동해손희생손해(general average sacrifice)와 경비가 발생하는 공동해손비용손해(general average expenditure)로 구분된다.

(1) 요크-앤트워프 공동해손 규칙

선박과 화물 등의 공동안전을 위하여 부득이하게 행해지는 공동해손 행위는 그 취급이 복잡할 뿐 아니라 각국의 법규도 상이하여 많은 문제를 야기하여 왔다. 그리하여 1890년 Antwerp에서 공동해손의 취급과 해석의 통일을 기하기 위해 소위 요크-앤트워프 공동해손 규칙(York-Antwerp Rule of General Average : YAR)을 제정하기에 이르렀다.

현재 이 규칙은 1994년 5차 개정되어 세계 각국의 공동해손정산 및 해결에 적용되고 있다.

(2) 공동해손의 성립요건

요크-앤트워프 공동해손규칙(제A조)에서는 공동해손의 성립요건에 대해 다음과 같이 규정하고 있다.

즉 "공동의 해상사업에 수반되는 재산을 위험에서 보존하기 위한 목적으로 공동의 안전을 위하여 고의로 또는 합리적으로 비상희생을 하거나 또는 비용이 발생한 경우에 한해서만 공동해손 행위가 성립한다."라고 규정하고 있다.

이 규정에 의하면 공동해손이 성립하기 위해서는,

① 위험은 현실적으로 절박해야 한다.

② 위험은 해상사업의 전부 즉, 선박 및 화물, 운임 모두를 위협하는 것이어야 한 다.

③ 공동의 희생손해나 비용손해는 이례적(extraordinary)이어야 한다.

④ 공동해손 행위는 합리적(reasonable)이고, 고의적(intentional)으로 취해져야 한다.

⑤ 손해는 공동해손 행위의 직접결과여야 한다는 것이다.

(3) 공동해손의 적격범위

요크-앤트워프공동해손규칙에서는 공동해손희생손해(general average sacrifice)와 공동해손비용손해(general average expenditure)를 다음과 같이 규정하고 있다.

① 적하의 투하(jettison) : 선박을 가볍게 하기 위하여 선박의 부속물이나 화물을 고의적으로 바다에 버리는 행위를 말한다.

② 공동의 안전을 위한 희생으로 생긴 손해(loss or damage by sacrifice for the common safety) : 공동의 안전을 위해 희생된 선박과 적하가 입은 손해를 말한다.

③ 임의 좌초에 의한 손해(voluntary stranding) : 선박 내 화재를 진압하기 위하여 선박이 고의로 얕은 해안에 올라앉게 된 경우 또는 선박이 불가피한 사정으로 암초에 고의적으로 좌초할 경우 발생한 손실이나 손해를 말한다.

④ 기계 및 기관의 손해(cutting away wreck, damage to machinery and boilers) : 공동의 안전을 위해 임의 좌초한 선박을 다시 뜨게 하려는 과정에서 선박의 기계 및 기관에 입히는 손해를 말한다.

⑤ 구조비(salvage remuneration) : 임의적으로 구조작업을 실시하든 혹은 구조계약에 의하여 구조작업을 하든지 상관없이 구조행위가 공동의 위험으로부터 선박, 화물 등의 재산을 보존할 목적으로 이루어지는 때에는 그때 지출한 비용은 공동해손으로 보상된다.

⑥ 좌초선박을 가볍게 하기 위한 비용과 손해(expenses lightening a ship when ashore, and consequent damage) : 좌초된 선박의 중량을 경감시키기 위하여 투하되는 화물, 연료 및 저장품들의 손실은 공동해손의 일환으로 취해진 경우라면 공동해손 비

용손해로 보상된다.

⑦ 연료로 사용한 화물과 저장품(cargo, ship's materials and stores used for fuel) : 위험에 직면하여 공동의 안전을 위해 연료로 부득이하게 사용된 화물들과 선박의 용품, 저장품은 공동해손으로 보상된다.

⑧ 기타 : 피난항에 있어서의 비용과 선원의 급료, 선박의 수선비 등이 공동의 안전을 위해 희생된 경우 공동해손으로 인정된다.

(4) 공동해손의 분담 및 정산

공동해손에 의해 특정의 손해가 발생하면 공동해손 행위에 의해 이익을 얻은 이익당사자들은 그 손해액을 상호간에 공평하게 분담하여야 한다. 이러한 절차를 공동해손의 분담(contribution)과 정산(adjustment)이라고 한다.

영국해상보험법 제66조에서는 "공동해손이 발생한 경우 이것을 분담한 당사자는 해운법에 의하여 규정된 제 조건에 따라 타 이해당사자로부터 일정비율의 분담액을 취득할 수 있으며, 이 분담액을 공동해손 분담액이라고 한다."라고 공동해손 정산의 근거를 규정하고 있다.

요크-앤트워프 공동해손 규칙(제G조)에서는 "공동해손이 되는 희생 및 비용은 각종 분담이익에 의해 분담되며, 공동해손은 손실 및 분담액에 관하여 항해가 끝날 때와 장소에 있어서의 가격에 따라 정산된다."라고 공동해손 정산의 기준에 대해 규정하고 있다.

공동해손이 발생하면 공동해손 정산인(general average adjuster)에 의해 양륙항에서 정산이 이루어지며 공동해손 정산서(statement of general average)에 의해 공동해손 분담금이 결정된다.[62]

공동해손 손해가 발생한 경우 피보험자는 보험자에게 배상청구권을 양도하고 당해 정산서에 따라 손해액을 보상받으면 된다. 그러나 이 정산서가 작성될 때까지 상당한 시일이 소요되기 때문에 피보험자는 우선 보험자로부터 보험을 통해 손해보상을 받고, 보험자는 피보험자의 공동해손 단체에 대한 배상청구권을 양수받은 후 정산받게 된다.

4. 비용손해(expenses)

일반적으로 보험자는 담보된 위험에 대하여 이미 체결한 보험금액만 보상한다. 그러

---

62) 공동해손을 정산하기 위해서는 먼저 공동해손 배상액과 공동해손 분담가액을 산정한 후 공동해손 배상액의 총액을 공동해손 분담가액의 총액으로 나누어 공동해손 분담률을 정한다. 이 분담률을 각각의 공동해손 분담가액에 곱하면 각 당사자들이 분담해야할 공동해손 분담금이 결정된다.

나 사전에 명시될 수 없는 다음과 같은 손해는 비용손해로써 보상된다. 대표적인 비용손해로는 구조비용, 특별비용, 손해방지비용 등이 있다.

1) 구조비용(salvage charge)

구조(salvage)라 함은 위험에 직면한 선박이나 화물 또는 기타의 재산 등을 구출하는 행위를 말한다. 해상보험에서 의미하는 구조는 구조계약을 체결하지 않은 상태에서 구조자가 자발적으로 위험에 직면한 재산을 구조하는 활동을 말한다.[63]

따라서 구조비(salvage charge)란 구조계약에 의거하지 않고 구조자가 자발적으로 구조활동을 벌인 결과 구조자가 해상법상 회수 할 수 있는 비용을 말한다.

구조자가 구조의 결과 구조물의 일부 또는 전부를 취득하게 되면 해상법에서 정한 구조비를 구조물의 소유자에게 청구할 수 있다.[64] 이때 구조행위의 주체는 반드시 제3자일 때 성립한다. 다시 말해 피보험자 자신이 직접 또는 피보험자가 고용한 대리인 등이 자신의 보험목적물에 닥친 담보위험을 피하기 위해 행한 구조활동비용은 보상되지 않음을 유의할 필요가 있다.

피보험자 또는 그가 고용한 대리인의 행위는 자신의 재산에 닥친 위험으로부터 손해를 방지하거나 경감시키지 위한 차원에서 구조의 성격을 갖는 일종의 노무의 비용(expenses of service in the nature of salvage)이므로 그 성격에 따라 특별비용(손해방지비용) 또는 공동해손 손해로 보상될 수는 있다. 해상보험에서의 구조비는 어디까지나 보험당사자를 제외한 제3자여야 한다.

한편 구조비가 청구되기 위해서는 다음과 같은 세 가지 요건이 구비되어야 한다.[65]

첫째, 구조행위가 성립되기 위해서는 선박, 화물 등 보험목적물이 위험한 상태에 놓여 있어야만 구조비가 보상된다.

둘째, 구조행위는 임의성이 있어야 한다. 구조자는 계약에 의거하거나 법적의무로서 구조를 하는 것이 아니라 자신의 의사에 따라 구조행위를 한 경우에 한한다. 선장과 선원

---

63) 구조는 그 성격에 따라 군사적 구조와 민간구조 그리고 순수구조와 계약구조로 나뉜다. 여기서 순수구조(pure salvage)란 구조계약을 체결하지 않은 상태에서 구조자가 자발적으로 재산을 구조하는 것을 말하고, 계약구조(contract salvage)는 구조계약을 체결한 상태에서 구조하는 것을 말하는데 해상보험에서 구조비가 성립되기 위한 구조행위는 순수구조다. 구종순, 「전게서」, p.348 ; Victor Dover, *A Handbook to Marine Insurance*, 8th ed., Witherby, 1982, p.691.

64) 우리나라 상법(제849조)에서도 순수구조인 경우에 한하여 그 결과에 대한 상당한 보수를 청구할 수 있는 구조비 청구권을 인정하고 있다.

65) Victor Dover, *op.cit.*, pp. 698-700.

이 자기 선박을 구조하는 행위는 손해방지행위라 간주되어 구조비는 지급되지 않는다.

셋째, 구조행위가 성공하여야 한다. 구조행위의 결과 구조물이 존재해야 구조자는 구조비를 청구할 수 있다. 나아가 구조행위의 성공은 인적구조를 포함하는 것은 아니며 보험목적물인 물적구조여야 한다.[66]

2) 특별비용(particular charge)

특별비용이란 담보위험으로부터 자신의 보험목적물의 손실을 방지하기 위해 피보험자 혹은 그 대리인이 지출한 비용을 말한다.

영국해상보험법 제64조 (2)항에 따르면 보험목적물의 안전과 보전을 위하여 발생한 비용 중 공동해손과 구조비 이외의 비용을 특별비용이라 정의하고 있다.

따라서 특별비용은 피보험자가 자신의 보험목적물의 안전과 보전을 위해 지출한 비용이므로 공동의 안전과 이익에 관련되어 발생한 공동해손과는 다르며, 제3자의 구조활동에 소요된 비용인 구조비와도 다른 성격을 갖는다.

특별비용은 손해방지비용과 비슷한 성격을 갖고 있지만 구태여 손해방지비용과 구분하는 것은 양륙항에서 손해를 평가하기 위해 발생하는 제반 비용들이 손해방지비용에 포함되지 않기 때문이다. 이를 순수특별비용(pure particular charge)이라고도 하는데 이에는 적하보험의 경우[67] 손해조사비용(survey fee), 화물판매비용(sales charge), 재포장비용(repacking charge) 및 재조정비용(reconditioning charge) 등이 있다.[68]

3) 손해방지비용(sue & labor charge)

(1) 피보험자의 손해방지의무

일반적으로 피보험자는 보험에 가입하고 난 후에는 보험사고가 발생하더라도 손해를 보상받을 수 있기 때문에 이른바 기회주의(opportunism)에 의해 보험가입 이전과 같이 스스로 손해를 방지하려는 노력을 게을리 하는 경향이 있다. 특히 이 같은 기회주

---

66) 인명을 구조하는 것은 해상보험에서의 영역이 아니다. 그러나 인명을 구조한 경우에는 인명 구조자에 대한 응분의 대가를 지급하는 것이 해상협약법상의 규정이다. 따라서 인명구조자의 경우에는 보상이 다른 법적차원에서 간접적으로 이루어진다.

67) 적하보험에서는 이를 extra charge, 즉 부대비용이라 한다. 선박보험에서는 실무적으로 분손과 관련되는 비용은 모두 수리비에 포함되기 때문에 특별비용이 발생되지 않는다.; R.H Brown, *Marine Insurance*, London, Witherby & Co., 1978, p.192.

68) 손해조사비용이란 손해의 원인과 손해의 범위를 사정하는데 소요되는 비용이며, 판매비용은 화물의 일부가 손상되어 중간항에서 이를 매각처분할 때 발생하는 비용이다. 재포장비용 및 재조정비용은 손상 받은 화물을 재정비하는데 지출되는 비용을 말한다.

의에 의한 재무적 부담의 전가 체계가 보험이라는 제도이기 때문에 피보험자는 도덕적 위험(moral hazard)에 빠질 가능성이 대단히 높다.

따라서 해상보험에서도 여타의 손해보험과 마찬가지로 피보험자로 하여금 보험목적물의 손해방지와 경감을 위해서 최선의 노력을 기울이도록 의무화 하고 있다.

영국해상보험법 제78조 4항은 "모든 경우에 있어 손해를 방지하거나 경감시킬 목적으로 합리적인 조치를 취하는 것은 피보험자 및 그 대리인의 의무라고 규정하고 있다.

(2) 손해방지비용의 개념

손해방지비용이란 피보험자나 그의 대리인이 손해방지 및 경감의무를 이행하다가 지출한 비용을 말한다. 손해방지비용은 피보험자 자신의 재산을 보전하고자 지출한 비용이지만 궁극적으로는 보험자를 위한 의무이행차원에서 지출한 비용이므로 당연히 보험자가 보상한다.

손해방지비용은 보험증권상의 손해방지약관에 따라서 공식적으로 보험자가 보상하는 형태를 취한다. 손해방지약관은 보험계약을 보충하는 것으로 간주되어 보험목적물의 손해를 추가적으로 보상해주는 보충계약(supplementary contract)의 기능을 한다. 따라서 만일 손해방지행위가 실패로 돌아가 전손이 발생하여 화물의 손해와 손해방지비용의 합계가 보험금액을 초과한 경우에도 보험자는 이를 보상하여야 한다.[69]

영국해상보험법에서도 보험조건에 상관없이 피보험자는 정당하게 지출된 손해방지비용에 대해서는 보험자로부터 보상받을 수 있도록 규정하고 있다.[70]

특히 이 같은 손해방지비용은 위부(abandonment)와도 상관없이 지급된다. 나아가 피보험자가 보험자에게 위부를 통지하고 보험자가 아직 이를 승인하기 전에 피보험자가 화물의 손해방지행위를 한 경우에도 당해 지출된 손해방지비용은 보상된다.

(3) 손해방지약관[71]

보험증권에는 피보험자 또는 그의 대리인의 손해방지의무를 규정하고 있는 손해방지약관이 포함되어 있다. 피보험자가 보험계약을 체결하였다는 그 자체는 계약 내 약관의 내용을 준수할 것을 약속하는 것이므로 피보험자의 손해방지의무는 해상보험법상의 의무일 뿐만 아니라 보험약관상의 의무이기도 하다.

---

69) 보험자의 보험목적물에 대한 보상책임과 손해방지비용에 대한 보상책임은 별개의 것이다.

70) 영국해상보험법 제78조 (1)항.

71) 구종순,「전게서」pp.342-343 참조.

① 적하보험의 손해방지약관 : 협회적하약관(Institute Cargo Clause)의 제16조 피보험자의 의무(Duty of Assured)에서는 피보험자, 그 사용인(servants) 및 그 대리인은 손해를 방지하거나 혹은 경감하도록 모든 합리적인 조치를 취해야 하며, 이런 의무를 수행함에 있어 적절하고 합리적으로 발생한 각종 비용은 보험자가 보상한다고 규정하고 있다.

② 선박보험의 손해방지약관 : 협회기간약관(ITC-Hulls)의 제13조 피보험자의무약관에서도 손해방지의무가 규정되어있다. 그 내용은 적하보험과 유사하지만 손해방지비용의 보상금액을 한정하고 있는 점이 다르다. 선박보험에서는 손해방지비용은 역시 추가로 보상되지만 그 한도액은 보험금액으로 되어있다. 보험금액 이상의 비용을 투입하면서까지 손해방지행위를 한다는 것은 합리적이지 못하다는 견해가 반영된 것으로 보인다.

(4) 손해방지비용의 성립요건

손해방지비용으로 성립되기 위해서는 다음과 같은 요건을 갖추어야 한다.

첫째, 해상보험에서 손해방지비용으로 인정되기 위해서는 손해방지행위의 주체가 반드시 피보험자 자신이나 그의 대리인이어야 한다. 따라서 제3자나 보험자가 손해방지행위를 했다면 그 비용은 손해방지비용으로 성립될 수 없다.

둘째, 손해방지약관은 원 보험계약에 대해 추가적인 계약이기 때문에 적절하고 합리적으로(properly and reasonably) 지출된 것이라면 전손이 발생하더라도 이에 추가하여 보상된다.

셋째, 위험이 실제로 발생하여야 한다. 즉 손해방지비용은 보험목적물이 실제로 위험에 처해 있는 상태에서 임박한 손실을 방지하거나 또는 이미 발생한 손실을 경감하기 위해 지출한 비용이어야 한다는 것이다. 만약 보험목적물이 더 이상 위험에 처해있지 않고 피보험자의 보관·통제하에 있게 되면 이 같은 상황에서 발생한 비용은 손해방지비용으로 보상될 수 없다.[72)]

넷째, 손해방지비용은 반드시 담보위험에 근인하여 발생한 것이어야 한다. 보험증권에 의해 담보되지 않은 위험에 의해 발생한 손해방지비용은 손해방지약관에 의해 보상받을 수 없다.

---

72) *Integrated Container Service Inc. v. British Traders Insurance Co. Ltd.* [1984] 1 Lloyd's Law Report, 154, CA.

5. 충돌손해배상책임(collision liability)

해상보험에서는 선박의 충돌로 인한 손해배상책임을 담보해 주고 있다. 영국해상보험법 제3조 (2)항에서는 선박·화물 등을 소유하고 있는 자가 제3자에 대해서 배상책임을 부담하게 될 경우에 대비하여 해상보험계약이 체결될 수 있다고 규정하고 있다.

(1) 충돌손해배상책임약관

선박보험에서는 협회기간약관(ITC-Hulls)의 제8조 충돌손해배상책임약관에 근거하여 부보선박이 선원의 과실이나 부주의로 인하여 다른 선박과 충돌하여 상대방 선주에게 입힌 손실에 대해 피보험자를 대신하여 보험자가 보상한다.

충돌손해배상책임약관은 종래의 'Running Down Clause'에서 1983년 현재의 '3/4ths Collision Liability Clause'로 변경되었다.

(2) 충돌손해배상책임의 보상한도액

협회기간약관(ITC-Hulls)의 제8조 충돌손해배상책임약관에서는 부보된 선박이 다른 선박과 충돌하여 피보험자가 배상책임으로 손해배상금을 지급한 경우 그 금액의 3/4을 보험자가 피보험자에게 보상해 줄 것을 규정하고 있다.

또한 보험자의 총 배상책임액도 매 충돌사고 당 부보된 선박의 보험금액 중 3/4을 초과할 수도 없다. 즉 보험자의 총 배상책임액은 보험증권 상에 명기된 보험금액의 3/4을 초과하지 않는 범위 내에서 피보험자가 상대방 선주에게 지급한 배상책임액의 3/4만큼만 피보험자에게 보상한다.

이같이 충돌손해배상책임액을 보험자가 전액보상하지 않고 그의 3/4으로 제한하고 있는 까닭은 1/4만큼에 대한 책임을 피보험자에게 부담시킴으로써 보험을 부보하였음으로부터 올 수 있는 도덕적 위험(moral hazard)을 다소나마 제거하여 선박의 충돌예방에 좀 더 높은 주의수준을 기울이도록 유도하기 위함이다.

(3) 충돌손해배상책임약관과 P&I 클럽

충돌손해배상책임약관은 비용손해 중 손해방지비용(sue and labor charge)과 마찬가지로 보충계약(supplementary contract)의 성격을 갖는다. 따라서 보험자는 피보험자 선주의 선박의 물적손해와 비용손해뿐만 아니라 당해 피보험선박의 충돌손해배상책임까지 추가적으로 보상할 것을 약정한다.

이에 따라 만일 피보험선박이 충돌하여 침몰하면 보험자는 피보험자에게 선박침몰에 따른 전손보험금을 지급하며 이에 추가하여 상대방 선박에 입힌 충돌손해배상액까지 보상하게 된다.

한편 협회기간약관(ITC-Hulls)에서는 선박의 충돌에 따른 배상책임손해를 전부 보상하지 않고 3/4만 보상하기 때문에 나머지 1/4의 배상책임손해는 손수 피보험자 자신이 부담할 수밖에 없다. 선주들의 이 같은 손실액은 선주들의 자발적 단체인 P&I 클럽(Protection & Indemnity Club)을 통해 보전된다.

P&I 클럽은 선주들이 일정한 기금을 모아 각 구성원들 간에 서로 혜택을 공유하고자 선주들이 자발적으로 결성한 단체로서 상호보험의 원리에 입각한 공제조합이다.[73)]

제 4 절 협회적하약관(Institute Cargo Clauses)

해상보험증권은 단순히 해상보험계약의 성립을 확인해 주는 문서에 불과하고 해상보험계약의 내용과 핵심은 현재 모두 협회약관(Institute Clauses)들에 의해서 결정된다. 따라서 해상보험증권은 반드시 협회약관이 첨부되어야만 그 역할을 할 수 있다.

협회약관은 런던보험자협회(Institute of London Underwriters ; ILU)와 로이즈 보험자협회(Lloyd's Underwriters Association ; LUA)가 합동으로 만든 약관이다. 1912년 협회적하약관이 처음 제정된 이래 수차례의 개정을 거쳐 현재 2009년 개정된 신약관을 사용하고 있다.

협회적하약관의 기본약관은 A약관·B약관·C약관으로 구성되어 있으며 각 약관은 8개의 그룹으로 구성되어 있고 이들은 다시 19개의 개별약관으로 나뉘어져 있다.[74)]

이들 세 가지 기본약관은 제1조의 위험약관, 제4조의 일반면책약관 및 제6조의 전쟁약관만 서로 다르고 나머지는 모두 동일하다.

73) P&I 클럽은 비영리로 운영되며 국제적으로는 영국을 중심으로 20여개가 설립 운영 중이다.

74) 협회적하약관의 세가지 기본약관은 과거의 전위험담보(all risks ; A/R), 분손담보(with average ; W/A) 및 분손부담보(free from particular average ; FPA) 조건이 그 명칭상 불합리한 점이 많아 각각 A약관, B약관 및 C약관으로 변경된 것이다.

표 6-1 협회적하약관의 성질별 분류

구 분	약관명(1982년)	약관명(2009년)
담보위험 (Risks Covered)	1. 위험약관 2. 공동해손약관 3. 쌍방과실충돌약관	1. 위험 2. 공동해손 3. 쌍방과실충돌약관
면책조항 (Exclusions)	4. 일반면책약관 5. 불내항성 및 부적합면책약관 6. 전쟁면책약관 7. 동맹파업면책약관	4. 5. 6. 7.
보험기간 (Duration)	8. 운송약관 9. 운송계약종료약관 10. 항해변경약관	8. 운송약관 9. 운송계약종료 10. 항해변경
보험금 청구 (Claims)	11. 피보험이익약관 12. 계반비용약관 13. 추정전손약관 14. 증액약관	11. 피보험이익 12. 계반비용 13. 추정전손 14. 증액
보험이익 (Benefit of Insurance)	15. 보험이익불공여약관	15.
손해경감 (Minimizing Losses)	16. 피보험자의무약관 17. 포기약관	16. 피보험자의무 17. 포기
지연의 방지 (Avoidance of Delay)	18. 신속조치약관	18.
법률 및 관례 (Law and Practice)	19. 법률 및 관례약관	9.

*1982년 약관에는 각 조별로 약관이름이 있었지만 2009년 약관에서는 약관명칭이 혼란을 초래할 수 있다는 이유로 그 이름을 삭제한 조문이 많고, 특히 면책조항과 관련된 약관에서는 모두 이름을 삭제하였다.

1. 협회적하약관 A Clause

1) 담보위험(risks covered)

담보위험 그룹은 ① 위험약관 ② 공동해손약관 ③ 쌍방과실충돌약관으로 구성되어 있다.

(1) 위험(risks)

위험약관은 보험자가 보상해주는 담보범위를 구체적으로 규정하고 있는 약관이다. 이 약관에서는 다음의 제4조(일반면책위험), 제5조(선박의 불내항성 및 부적합 위험),

제6조(전쟁위험) 및 제7조(동맹파업위험)에서 규정하고 있는 보험자의 면책위험을 제외한 일체의 피보험목적물의 멸실 또는 손상의 위험을 담보한다고 규정하고 있어 보험자의 포괄책임주의를 명백히 하고 있다.

보험사고가 발생할 경우 그 사고의 원인이 무엇인가를 증명할 책임은 보험자에게 있다.

(2) 공동해손(general average)

이 약관은 제4조, 제5조, 제6조 및 제7조 또는 이 보험의 기타 조항에서 제외한 원인 이외의 원인에 의한 손실을 피하기 위하여 또는 그것과 관련하여 발생한 공동해손과 구조비를 보험자가 담보한다는 것을 규정하고 있다.

이 약관에 따라 보험자는 공동해손으로 말미암아 피보험자가 다른 당사자들에게 분담해야 할 공동해손분담금이 있으면 이를 대신 부담한다. 또한 피보험자는 자신의 보험목적물이 공동해손으로 희생되었거나 비용이 지출되었다면 이 손해액 전부를 보험자로부터 보상받을 수 있고 정산이 완료되면 보험자는 추후 공동해손에 책임 있는 당사자들에게 당해 손해액을 청구하게 된다.

구조비의 경우도 마찬가지로 제3자의 구조활동에 따라 피보험자가 부담해야 할 구조비가 있다면 이에 대해서도 보험자가 보상한다. 물론 공동해손과 구조비를 발생시킨 위험은 보험자의 담보위험에 근인하여 발생해야 한다.

공동해손의 정산과 관련해서는 오늘날 통용되는 대부분의 선하증권에서는 공동해손 약관이 삽입되어 있는데 이에 따르면 "공동해손은 운송인의 선택에 의해서 어느 항구 어느 장소에서나 조정될 수 있으며 요크-앤트워프 규칙에 준하여 정산된다."고 되어 있어 공동해손의 처리는 요크-앤트워프 규칙에 따라 처리된다.

(3) 쌍방과실충돌약관(both to blame collision clause)

원래 선박의 충돌로 인한 화물의 손해에 대해서는 하주는 자신의 화물을 실어 운송하는 선박의 선주에게 손해배상청구를 할 수 없게 되어 있다. 왜냐하면 충돌은 항해상의 과실에 속하기 때문에 선주는 그에 따른 자신의 운송물에 대해 그 피해를 배상할 책임이 없기 때문이다.

선하증권에 관한 헤이그 규칙(Hague Rules) 제4조 2(a)항의 규정에서도 선장·선원·도선사 또는 운송인의 고용인이 저지른 항해상의 과실 또는 선박관리상의 과실로 인해 발생하는 손실에 대해 선주는 면책된다고 규정하고 있다. 그럼에도 불구하고 실제로는 충돌클레임을 정산하는 과정에서 하주는 상대방 선박의 선주로부터 자신의 화물피해를 간접적으로 보상받게 된다.

따라서 선박회사는 충돌책임정산시 자신의 선박에 실린 화물의 하주가 상대방 선박으로부터 간접적으로 보상받은 금액을 다시 회수할 수 있도록 하기 위해 자사가 발행하는 선하증권상에 그와 같은 내용을 삽입한 쌍방과실충돌약관을 삽입한다.

협회적하약관에 존재하는 쌍방과실충돌약관은 선하증권에 삽입되어 있는 쌍방과실충돌약관에 따라 선주가 상대방 선박으로부터 간접적으로 보상받은 금액을 반납 청구할 때 그 반납해야할 금액을 하주에게 보상하기 위한 것이다.[75]

2) 면책(exclusions)

이 약관은 기존의 일반면책약관(general exclusion clause), 불내항성(unseaworthiness) 및 부적합성(unfitness) 면책약관, 전쟁면책약관(war exclusion clause), 그리고 동맹파업면책약관(strikes exclusion clause)을 통합하여 구성한 약관이다. 어떠한 경우라도 보험자는 다음의 손해를 보상하지 않는다.

(1) 일반면책사항

① 피보험자의 고의적인 비행에 의한 멸실·손상 및 비용

② 보험목적물의 통상적인 누손, 중량 또는 수량의 자연 감량, 통상적인 자연소모

③ 운송에서 통상 발생하는 사고에 견딜 수 있는 보험목적물의 포장 또는 운송준비의 불충분한 상태로 인하여 발생하는 멸실, 손상 및 비용(이 조항에서 포장은 컨테이너에 적부하는 것을 포함하며, 포장이나 운송준비는 이 보험의 개시 전에 행하여져야 함)

④ 보험목적물 고유의 성질과 하자로 인한 멸실, 손상 및 비용

⑤ 담보위험으로 인하여 발생한 지연(delay)일지라도 지연을 근인으로 하여 발생한 멸실, 손상 및 비용

⑥ 본선의 소유자(owners), 관리자(managers), 용선자(charterers) 또는 운영자 (operators)

---

75) 선주가 상대방 선주로부터 보상받은 하주에게 그 보상금액을 다시 회수할 수 있도록 하는 선하증권상의 쌍방과실충돌약관은 선주에게 일방적으로 유리한 조항이라는 의견에 따라 1952년 미국의 연방대법원은 정기선과 같은 공공운송인(common carrier)은 이 약관을 사용할 수 없도록 하고 있다. 그러나 용선계약이 이루어지는 부정기선 운송에서는 이 약관은 계속 유효하며, 미국 이외의 국가에서는 이 약관을 유효한 것으로 인정할 수도 있기 때문에 협회적하약관에서는 하주인 피보험자를 보호할 목적으로 본 약관을 제정하였다. ; 이시환,「해상적하보험약관론」, 두남, 2009, pp.33-36 ; 구종순,「전게서」, p.409.

의 파산 또는 재정상의 채무불이행으로부터 생긴 멸실, 손상 및 비 용

⑦ 원자력 또는 핵의 분열 및 또는 융합, 기타 이와 유사한 반응 또는 방사능이 나 방사성 물질을 응용한 무기의 사용으로 인한 멸실, 손상 및 비용

(2) 불내항성(unseaworthiness) 및 부적합성(unfitness) 면책사항

① 선박 또는 부선의 불내항성[76] 및 보험목적물의 안전운송을 위한 선박 또는 부 선의 부적합성(다만 보험목적물을 적재할 때 피보험자가 그와 같은 불내항성 및 부적합성을 알고 있을 경우에 한한다.)[77]

② 보험목적물의 안전운송을 위한 컨테이너 또는 운송용구의 부적합성(다만 그 적재가 이 보험이 개시되기 전에 실행되는 경우 또는 피보험자 또는 그 의 사용인에 의해 실행되고 또한 그들이 적재시에 그러한 부적합성을 알고 있을 경우에 한한다.)

(3) 전쟁면책사항

전쟁위험에 대한 보험자의 면책범위를 규정한 사항으로 다음의 사유로 발생한 멸실, 손상 또는 비용에 대하여 보험자는 보상책임이 없다.

① 전쟁(war), 내란(civil war), 혁명(revolution), 모반(revellion), 반란(insurrection), 또는 이로 인하여 발생한 국내투쟁(civil strife), 교전국에 의하여 또는 교전국에 대하여 행해진 적대 행위

② 포획(capture), 나포(seizure), 압류(arrest), 억지(restraint) 또는 억류(detainment, 이때 해적행위는 제외) 및 그러한 행위 또는 그러한 행위의 기도(attempt)

③ 유기된 기뢰(derelict mines), 어뢰(torpedoes), 폭탄(bombs) 또는 기타의 유기된 전쟁무기

(4) 동맹파업면책 사항

동맹파업, 폭동 및 소요 등의 사유로 발생한 손해는 보상되지 않는다.

① 동맹파업자(strikers), 직장폐쇄(lock-out)를 당한 노동자 또는 노동분쟁(labor

---

76) 선박은 맡은 바 항해를 수행하기 위해 선체 및 기관 등이 모두 해상위험에 견딜 수 있도록 관리되어야 할 뿐만 아니라 항해를 위해 적절한 설비·기구·용품 등이 준비되고 선원 및 그들의 일용품까지 완비되어야 감항능력, 즉 내항성이 인정된다. 만일 선박의 불내항성이 입증되면 이로 인한 손해에 대해 보험자는 책임을 지지 않는다.

77) 보험목적물을 적재할 당시 피보험자가 불내항성의 사실을 모르고 있었던 경우에는 묵시담보의 위반으로 보지 않는다. 즉 선박이 내항성을 갖추고 있지 않더라도 피보험자가 선적시 그러한 사실을 알고 있지 않는 한 보험금을 지급받을 수 있다.

disturbances), 소요(riots) 또는 폭동(civil commotions)에 가담한 자에 의해서 발생한 것

② 동맹파업, 직장폐쇄, 노동분쟁, 소요 또는 폭동의 결과로 생긴 것

③ 일체의 테러행위, 즉 합법적 또는 불법적으로 설립됐는지 여부와 관계없이 정 부를 무력으로 또는 폭력으로 전복하려 하거나 그런 영향을 주기 위해 행동하는 조직 또는 그와 연관 있거나 그를 대신하여 행동하는 조직에 있는 자의 행위에 의한 것

④ 정치적, 사상적 또는 종교적 동기에 따라서 행동하는 자에 의하여 발생한 것

3) 보험기간(duration)

(1) 운송약관(transit clause)

종래의 로이즈 보험증권에서는 보험자의 책임은 선적항에서 화물이 본선의 갑판상에 실제로 적재되는 시점에 개시되고 도착항에 양륙될 때 종료되는 것으로 규정하고 있었으나 운송약관의 제정으로 보험의 개시와 종료시점이 보다 더 현실화 되었다.

① 보험자의 책임개시 : 보험자의 책임은 운송개시를 위해 운송차량(carrying vehicle) 또 기타의 운송용구(conveyance)에 보험목적물을 곧바로 적재할 목적으로 보험증권상에 기재된 창고 또는 보관장소에서 최초로 움직인 때 개시된다.

② 보험자의 책임종료 : 보험계약의 효력이 종료되는 시점은 다음의 네 가지 경우 중 먼저 발생한 때이다.

ⓐ 화물이 보험증권상에 기재되어 있는 수하인의 창고 또는 기타의 최종창고 (final warehouse) 혹은 보관장소(place of storage)에 운송차량 또는 기타 운송용구로부터 양하(unloading)가 완료된 시점

ⓑ 보험증권상에 기재된 목적지로 가는 도중이든 또는 목적지에 도착하든 불문하고 피보험자 또는 그의 사용인이 통상적 운송과정(ordinary course of transit)에서의 보관이 아닌 비상보관을 한다거나 할당(allocation) 또는 분배(distribution)를 위해 보관장소에 양하를 완료하는 시점

ⓒ 피보험자 또는 그 사용인이 통상의 운송과정이 아닌 보관을 목적으로 운송 차량 또는 기타 운송용구 또는 컨테이너를 사용하고자 선택한 시점

ⓓ 최종 양륙항에서 본선으로부터 양륙 완료 후 60일이 경과한 때 중 어느 것이든 먼저 발생한 때 종료된다. 또한 본선으로부터 양륙 완료한 후 60일이 경과되기 전이라도 목적지 이외의 변경된 장소로 출발하게 되면 그 시점에 서 보험기간은 종료된다.

한편 화물의 운송과정에서 피보험자가 통제할 수 없는 사정에 의한 지연(delay), 이로(deviation), 강제하역(forced discharge), 재선적(reshipment) 및 환적(transhipment) 그리고 운송계약상 선주나 용선자에게 부여된 자유재량권의 행사로부터 발생하는 운송경로의 변동(variation of adventure) 등의 사태가 발생해도 보험자의 책임은 계속된다.

(2) 운송계약 종료(termination of contract of carriage)

이 약관은 운송계약상의 목적지에 도착하기 전에 피보험자가 통제를 벗어난 사정에 의하여 운송계약이 목적지 이외의 창고 또는 지역에서 종료되거나 또는 기타의 사정으로 위 운송약관의 규정에 따라 화물의 인도가 이루어지기 전에 운송이 종료된 경우에는 보험계약은 종료된다는 약관이다. 단 피보험자는 그러한 사태에 관한 정보를 입수한 즉시 보험자에게 통지하고 필요한 경우 추가보험료(additional premium)를 지급하면 보험은 아래의 시점까지 유효하게 존속한다.

① 보험목적물이 상기의 항구나 지역에서 매각된 후 인도될 때까지 유효하며, 또 는 그러한 항구나 지역에 보험목적물이 도착한 후 60일이 경과할 때 중 어느 쪽이든 먼저 발생할 때

② 만약 보험목적물이 상기 60일의 기간(또는 합의하에 60일의 기간을 연장할 경우 그 기간) 내에 보험증권에 기재된 목적지 또는 기타의 목적지로 계속운반 될(forwarded) 경우 위 운송약관의 규정에 따라 보험이 종료될 때까지 당해 보험은 유효하게 존속한다.

(3) 항해변경(change of voyage)

영국해상보험법 제45조 (1)항에 따르면 항해의 변경이란 선박의 목적지가 보험증권에 기재된 장소 이외의 장소로 임의로 변경될 경우를 의미한다. 또한 그 (2)항에 의하면 항해변경의 의사가 결정된 때부터 보험자의 책임은 소멸된다고 되어있다.

따라서 이 약관은 보험의 개시 후 목적지가 피보험자에 의하여 변경된 경우에는 보험자에게 지체없이 통지할 것을 조건으로 보험료 및 보험조건을 협정하도록 규정하고 있다.

항해의 변경에 관하여 사전에 보험자의 승낙을 구하지 못하면 피보험자의 보험금청구권은 상실되지만 계속담보를 위해서는 새로운 보험조건으로 협의되어야 함을 의미한다.

4) 보험금 청구(claims)

(1) 피보험이익(insurable interest)

이 규정에 따르면 피보험자는 보험을 통해 보상받기 위해서는 손해발생시에 보험목적물에 대해 피보험이익이 있어야 한다.[78] 만일 손해가 보험계약 체결 전에 발생했을지라도 피보험자가 그 손해발생의 사실을 알고 보험자가 몰랐을 경우를 제외하고는 피보험자는 보험의 담보기간 중에 발생한 손해에 대하여 보상받을 권리가 있다.

(2) 계속운반비용(forwarding charges)

담보위험이 발생하여 부보된 운송이 보험목적물의 목적지 이외의 항구 또는 지역에서 종료된 경우에 보험자는 당해 보험목적물을 양하하고, 보관하고, 보험증권에 기재된 목적지로 계속운반 함으로 인해 적절하고 합리적으로 발생한 추가비용(extra charges)을 피보험자에게 보상한다.

이 약관은 담보위험으로 항해가 중단되어 발생하는 계속운반비용만을 보험자가 보상한다는 의미이다. 따라서 전쟁위험·동맹파업위험, 그리고 피보험자 또는 그 사용인의 과실·태만·파산·채무불이행 등으로 인하여 발생한 추가비용은 보상되지 않는다.

(3) 추정전손(constructive total loss)

추정전손에 대한 보험청구는 보험목적물의 현실전손 발생이 불가피하다고 인정되거나 또는 보험목적물의 원상회복, 수리 또는 수송하는 비용이 도착지 가격을 초과하리라는 추정 하에 정당하게 위부(abandonment)된 경우에 한하여 가능하다는 것을 규정하고 있는 약관이다.

(4) 증액(increased value)

보험계약을 체결한 후 보험목적물의 가격이 상승하면 피보험자는 다시 동일한 보험목적물에 대하여 증액보험(increased value insurance)을 체결하는 경우가 있다.

당초의 보험과 별도로 증액보험을 체결하면 동일한 보험목적물에 대해 두 가지 이상의 보험계약이 존재하므로 중복보험(double insurance)에 의한 초과보험(over insurance)이 된다.

따라서 이 약관에서는 증액보험을 체결할 경우 보험목적물의 평가액은 증액된 보험

---

78) 영국의 해상보험법 제6조에서는 보험계약을 체결할 당시에는 반드시 피보험이익을 가질 필요는 없지만 보험사고가 발생한 시점에는 반드시 피보험이익을 갖지 않으면 안된다고 규정하고 있다.

금액만큼만 증가하는 것으로 간주하며, 손해보상도 원보험자와 증액보험자가 각각의 보험금액만큼 비례하여 보상한다.[79)]

5) 보험이익(benefit of insurance)

운송인이나 기타 해상사업에 관련이 있는 수탁자에게 보험계약이 체결되어 있다는 이유로 어떤 이익이나 혜택을 주어서는 안된다는 것을 규정한 약관이다.

6) 손해의 경감(minimizing losses)

(1) 피보험자의 의무(duty of assured)

이 약관은 담보위험이 발생한 경우 피보험자의 손해방지활동과 운송인, 수탁자(bailee) 또는 기타 제3자에 대한 손해배상청구권을 확보할 것[80)]을 피보험자의 의무로써 다음과 같이 규정한 약관이다.

① 손해를 방지하거나 또는 경감시키기 위하여 합리적 조치를 강구하는 것
② 운송인·수탁자 또는 기타 제3자에 대한 일체의 권리가 적절히 보존되고 행사 되도록 확보해 놓을 것
③ 손해방지활동 중에 적절하고 합리적으로 발생된 비용은 당해 보험에서 보상하는 손해에 추가하여 피보험자에게 보상한다는 것을 규정하고 있다.

(2) 포기(waiver)

보험목적물을 구조, 보호 또는 복구하기 위한 피보험자 또는 보험자의 조치는 위부(abandonment)의 포기 또는 승낙으로 간주되지 아니하며 또한 각 당사자의 권리를 침해하지 아니함을 규정한 약관이다.

추정전손 상황이 발생하게 되면 피보험자는 보험자에게 위부의 통지를 하게 된다.

---

79) 예를 들어 수출업자가 자신의 화물에 대해 $10,000의 보험계약을 체결한 후 별도로 $5,000의 증액보험을 체결하였을 경우 담보위험에 의해 $3,000의 손해가 발생하면 원보험자와 증액보험자로부터 각각 $3,000의 보상을 받는 것이 아니라 원보험자는 3,000(손실액) × (10,000(원부보금액)/15,000(총부보금액)) = $2,000, 그리고 증액보험자는 3,000 × (5,000/15,000) = $1,000을 각각 보상한다. ; 박대위, 「전게서」, p.193.

80) 운송인의 귀책사유에 의해 손해가 발생할 경우 하주는 운송인에게 해상운송상의 과실을 이유로 손해배상을 청구할 수 있다. 그러나 손실화물이 보험에 부보되어 있을 경우에는 하주는 피보험자로써 보험자에게 보상금을 받을 수 있다. 이 경우 하주가 갖고 있던 운송인에 대한 손해배상권은 대위(subrogation)의 원리에 의해 보험자에게 양도된다. 보험자는 대위권에 따라 운송인에게 손해배상청구권을 행사하게 되는데, 이때 피보험자는 운송인에 대한 손해배상청구권을 유보 또는 보전해 두어야 추후 보험자가 대위권을 문제없이 행사할 수 있을 것이다.

이때 아직 보험자로부터 위부의 승낙을 받지 않은 상태에서 당해 보험목적물에 손해방지활동을 하게 되면 보험자의 입장에서는 피보험자가 위부를 포기한 것으로 간주할 수도 있을 것이다.

또한 보험자가 위부의 통지를 받은 후 아직 채 승낙을 하지 않은 상태에서 당해 보험목적물에 손해방지활동을 하고 있다면 피보험자 입장에서는 보험자가 위부의 승낙을 하였다고 판단할 수도 있을 것이다.

이와 같은 상황에서는 자칫하면 피보험자나 보험자는 당해 보험목적물에 대한 손해방지활동을 서로 미루게 되어 적절한 손해방지시기를 놓칠 수 있게 된다.

이 약관은 이를 방지하기 위하여 피보험자나 보험자 양 당사자 간에 서로 미루지 말고 손해방지행위를 성실히 수행할 것을 규정한 것이다.[81]

7) 지연의 방지(avoidance of delay)

지연(delay)으로 보험자가 피해 입는 것을 방지하기 위해 피보험자는 자기가 지배할 수 있는 모든 상황하에서 상당히 신속하게 행동하여 조치할 것을 규정한 약관으로 구신속조치약관(reasonable dispatch clause)이다.

8) 법률 및 관례(law and practice)

이 약관은 해상보험으로 제기되는 모든 문제는 영국의 법률과 관례에 따르도록 규정하고 있다.

오늘날 해상보험에 관한 한 영국에서 발전한 상관습이나 영국 법원의 판례가 중심적인 역할을 하고 있다. 이에 따라 영국법을 준거법으로 한다는 본 약관은 거의 모든 해상보험계약에 삽입된다.

이 영국법률 및 관례 준거약관은 전 세계의 해상보험업계가 수용하고 있다.

2. 협회적하약관 B Clause

협회적하약관 B약관은 A약관과 마찬가지로 19개 조항으로 구성되어 있다. 그러나 제1조, 제4조, 제6조만 차이가 있고 나머지는 동일하다. 이하에서는 제1조, 제4조, 제6조를 검토하기로 한다.

---

81) 박대위, 「전게서」, pp.194-195.

(1) 담보위험(risks covered)

협회적하약관 B약관은 보험자가 담보하고자 하는 위험이 열거되어있는 열거책임주의 방식을 택하고 있다.

즉 제4조, 제5조, 제6조 및 제7조의 보험자 면책사유를 제외하고 다음과 같은 원인에 정당하게 기인한 손실에 대해 보상한다.

① 화재[82] 또는 폭발
② 선박 또는 부선의 좌초, 교사, 침몰 또는 전복
③ 육상운송용구의 전복 또는 탈선
④ 선박, 부선 또는 운송용구와 물 이외의 타 물체와의 충돌 또는 접촉
⑤ 조난항에서의 화물의 양하
⑥ 지진, 분화 또는 낙뢰

그리고 다음의 위험으로 인해 발생하는 보험목적물의 멸실 또는 손상도 보상한다.

⑦ 공동해손 희생손해(general average sacrifice)
⑧ 투하 또는 파도에 의한 갑판상의 유실(jettison or washing overboard)
⑨ 선박, 부선, 선창, 운송용구, 컨테이너 또는 보관장소에 해수, 호수 또는 하천 수의 유입
⑩ 선박 또는 부선에 선적 또는 양하 작업 중 바다 또는 갑판에 추락하여 발생된 포장당 전손

(2) 면책(exclusions)

협회적하약관 A약관에서는 제4조(일반면책을 규정한 약관)에 보험자가 면책되는 위험을 7가지로 규정하고 있는데 B약관에서는 여기에 '제3자의 고의적 불법행위에 의한 손실'(deliberate damage to or deliberate destruction of the subject-matter insured or any part thereof by the wrongful act of any person or persons)에 대해 면책됨이 추가된다.[83]

또한 A약관에서는 제6조 전쟁면책약관에 해적행위(piracy)가 전쟁위험에는 제외되

82) 화재의 방지 또는 소화를 위하여 발생하는 파손이나 소실 및 화재의 연기 등에 의한 화물의 손실과 다른 화물에 발생한 화재에 기인하는 손해도 포함된다.

83) 따라서 B약관에서는 제3자의 방화, 선장 및 선원의 악행 등과 같은 불법행위에 대해서는 보험자가 면책된다. 그러나 '악의적 손상약관'(malicious damage clause)을 특약으로 구매하면 담보가 가능해진다.

어 있지만 B약관에서는 해적행위가 포함된다. 따라서 A약관에서는 해적행위가 보험자의 담보위험이 되고, B약관에서는 해적행위가 보험자의 면책사유가 된다.

3. 협회적하약관 C Clause

(1) 담보위험(risks covered)

C약관도 B약관에서처럼 열거책임주의 방식을 택하고 있기 때문에 보험자의 담보위험이 열거되어 있는데 B약관보다 담보위험의 수가 적다. 따라서 C약관은 기본약관 중에서 보험자의 담보범위가 가장 협소하다.

B약관에서 담보되는 위험 중 C약관에서는 담보되지 않는 위험은 다음과 같다.

① 지진, 분화 또는 낙뢰

② 파도에 의한 갑판상의 유실

③ 선박, 부선, 선창, 운송용구, 컨테이너 또는 보관장소에 해수, 호수 또는 하천수의 유입

④ 선박 또는 부선에 선적 또는 양하 작업 중 바다 또는 갑판에 추락하여 발생된 포장당 전손

| 표 6-2 | 담보위험의 비교

담보위험(1조)	각 약관에서의 담보 여부		
	(A)	(B)	(c)
화재·폭발	○	○	○
본선·부선의 좌초·교사·침몰·전복	○	○	○
육상운송용구의 전복·탈선	○	○	○
본선·부선·그 밖의 운송용구와 물 이외 타물체와의 충돌·접촉	○	○	○
피난항에서의 화물의 양하	○	○	○
지진·분화·낙뢰	○	○	×
공동해손희생	○	○	○
투 하	○	○	○
갑판유실	○	○	×
본선·부선·선창·운송용구·컨테이너·리프트밴·보관장소에 해수·호수·하천수의 유입	○	○	×
추락손	○	○	×
그 밖의 모든 위험에 의한 멸실·손상	○	×	×

4. 협회기간약관(ITC – Hulls)

선박보험에서 가장 많이 이용되는 협회기간약관의 담보위험과 면책위험을 살펴보도록 한다.

(1) 담보위험(risks covered)

협회기간약관에서는 보험자 담보책임에 대해 열거책임주의 방식을 택하고 있다.

① 해상, 강, 호수 또는 기타 항해 가능한 수면에서의 해상고유의 위험(perils)

② 화재, 폭발

③ 선박 외부로부터 침입한 자에 의한 폭력을 수반한 도난

④ 투하[84)]

⑤ 해적행위

⑥ 핵장치나 원자로의 고장 또는 사고

⑦ 항공기 등과의 접촉

⑧ 지진, 화산의 분화 또는 낙뢰

⑨ 화물 또는 연료의 선적, 양하 또는 이동 중의 사고

⑩ 기관의 파열, 차축의 파손 또는 기관이나 선체의 잠재 하자

⑪ 선장, 고급선원, 보통선원 또는 도선사의 과실

⑫ 수리자 또는 용선자의 과실

⑬ 선장, 고급선원, 보통선원의 악행

(2) 면책위험(exclusions)

협회기간약관상 상기에 열거된 담보위험을 제외한 모든 위험이 면책위험이다. 여기에 추가적으로 전쟁위험면책, 동맹파업위험면책, 악의행위면책[85)], 원자핵위험면책사항이 별도로 규정되어있다.

5. 적하보험의 부가조건

적하보험의 경우 기본조건은 협회적하약관의 규정에 따라 협회적하약관(A), (B), (C)

84) 대부분의 투하는 공동해손으로 인정되지만 공동해손이 성립하지 않는 투하로 인한 손해도 보상한다.

85) 악의적으로(maliciously) 행동하는 자에 의해 발생하는 일체의 손실이나 정치적 동기(political motive)로 인해 발생하는 일체의 손해에 대해 보험자는 책임지지 않는다.

의 세 가지이다. 그러나 이 세 가지 기본조건만으로는 모든 위험을 다 담보 받을 수 없기 때문에 특정 위험을 담보 받고자 할 경우에는 할증보험료를 지불하고 다음과 같은 부가조건을 이용할 수 있다.

① 전쟁위험(war risk) : 보험자의 보상범위가 가장 넓은 협회적하약관 A Clause에서도 전쟁위험은 보상되지 않기 때문에 할증료를 부담하고 특약을 통해 전쟁위험약관을 구매하여야 한다.[86)]

② 동맹파업위험(strikes risk) : 협회적하약관 A Clause에서도 보상되지 않는다. 동맹파업위험은 동맹파업이나 폭동, 소요 및 노동쟁의에 참가하고 있는 자가 보험목적물에 방화한다든지 강탈함으로써 발생하는 위험을 의미한다. 이러한 위험에 의한 화물의 멸실이나 손상에 대해서는 높은 할증료를 지불하고 동맹파업위험약관을 구매하여야 한다.

③ 투하 및 갑판유실담보약관(jettison, washing over board ; JWOB clause) : 화물을 갑판에 적재하면 갑판상의 화물(on-deck cargo)은 투하의 위험이나 풍랑 등에 유실될 가능성이 높으므로 특약에 의해서만 담보된다.

④ 도난 및 발하, 불착담보약관(theft, pilferage and non-delivery ; TPND clause) : 화물을 포장된 단위로 훔쳐가는 도난(theft)이나 포장된 화물 중의 일부만 훔쳐가는 발하(pilferage) 위험을 담보하고, 화물의 일부가 목적지에 도착하지 않을 불착(non-delivery)의 위험을 포괄 담보한다.[87)]

⑤ 파손의 위험(breakage)약관 : 도자기, 유리, 기와, 스레트 등 부서지기 쉬운 화물은 그 위험이 너무 커서 보통의 기본약관으로는 담보되지 않으므로 할증료를 지불하고 특약을 체결해야 한다.

⑥ 굴곡의 위험(bending)약관 : 화물이 외부의 작용에 의해 굴곡되는 경우에 대비하여 특약을 체결한다.

⑦ 증발의 위험(evaporation)약관 : 화물자체에 있던 수분이 항해 중의 온도상승으로 증발함으로써 발생하는 손실을 담보하기 위함이다. 소금이나 인모 등은 수분이 증발하면 무게에 감량이 생기고, 종이류는 수분의 증발로 찢어지는 경우가 이에 해당한다.

---

86) 해상보험의 초기에는 전쟁위험을 보험자가 담보하여 주었지만 전쟁위험이 빈번해지고 손해의 정도가 커 1912년 영국의 보험업계는 전쟁위험을 보험자의 담보위험에서 제외하였다. 그 후 협회적하약관에서도 이러한 기조는 계속 이어져오고 있다.

87) 미국의 원면을 선적해 올 때 한 배에 여러 회사의 원면이 수백 배일(bale)씩 한꺼번에 선적되어 부산이나 인천에 양륙되면 1~2 배일 정도는 다른 회사 것과 바뀌거나 부족할 경우가 흔히 발생할 수 있다.; 박대위,「전게서」, p.202.

⑧ 빗물 및 담수위험약관(rain and/or fresh water damage ; RFWD clause) : 바닷물 이외의 물에 젖는 위험을 말한다. 대개는 비오는 날에 하역함으로써 발생한다.[88]

⑨ 기름의 위험약관(contract with oil and/or other cargo ; COOC clause) : 연료기름이나 기계의 기름이 다른 화물에 묻게 되면 그 화물은 상품가치를 상실할 수 있다. 이러한 위험에 대비하기 위한 특약이다.

⑩ 땀과 열의 위험(Sweat and Heating ; S&H) : 선창내의 급격한 온도변화에 의해 생기는 수증기의 응결로 발생하는 위험인데, 특히 피혁제품과 어분같은 화물이 이런 위험에 취약하다.

⑪ 냉동기관약관(refrigerating machinery clause) : 육류 및 생선류에 첨부하는 약관으로 선박의 냉동실에 보관되어 있는 동안 냉동기의 고장에 의한 손실을 담보한다.

⑫ 갈고리위험약관(hook&hole ; H/H clause) : 화물을 하역할 때 갈고리에 의해 생기는 위험이다.

⑬ 통관거부위험(rejection clause) : 식품류 등에 해당하는 것으로써 수입국 정부 또는 대행기관의 품질검사에서 수입불합격 판정을 받을 때 피보험자가 입을 수 있는 손실을 보상하기 위한 약관이다.

⑭ 내륙운송확장담보(inland transit extension ; ITE) : 해상운송이 종료된 후 행정구역을 달리하는 육상운송을 할 경우 담보의 구간을 내륙의 목적지까지 확장 담보한다.

⑮ 내륙장치기간연장담보(inland storage sxtension ; ISE) : 통관 등의 지연 등 여러 이유로 화물이 보세창고 등에 60일이 넘는 장기간을 보관할 경우 담보기간을 연장하는 담보조건이다.

6. 손실의 보상(measure of indemnity)

1) 전손의 보상

전손이 있는 경우에 발생한 손해는 보험가액의 전부이므로 보험자가 지급해야 할 보상금액은 보험금액 전액이다.[89]

기평가보험에 있어서는 보험증권에서 정한 보험가액이 보험금이 되며,[90] 미평가보험의 경우에는 손해의 발생시 보험목적물의 보험가액을 한도로 보험금액 전액이 보험

88) 이것은 운송인의 책임이므로 보험자는 피보험자에게 보상한 후 운송인에 대한 손해배상청구권을 대위(subrogation) 받아 손실을 보전한다.

89) 영국해상보험법 제68조.

90) 영국해상보험법 제68조 (1)항.

금이 된다.[91]

일부보험의 경우에는 보험자는 보험금액의 보험가액에 대한 비율에 따라 산정된 금액을 보상한다.

2) 분손의 보상

(1) 선박보험

선박이 훼손되었거나 완전히 멸실되지는 않은 경우로서 선박이 수선된 때에는 수선비를 기초로 하여 손해액을 산정하고, 수선이 되지 않은 때에는 미수선 상태에서의 선박의 감가액을 기초로 손해액을 산정한다.[92]

다만 실제에 있어서 미수선 부분의 손해액을 선박의 감가액 자체로 평가하여 산정하는 것은 사실상 불가능하기 때문에 실무적으로 선박의 훼손에 의한 감가액은 훼손된 부분의 수선에 소요될 것으로 예상되는 비용을 기초로 산정한다.

영국해상보험법은 수선되지 아니한 선박의 감가액이 예상되는 수선비를 초과할 수 없도록 규정하고 있다.[93]

(2) 적하보험

영국해상보험법에 의한 분손 보상한도는 다음과 같다.

첫째, 보험가액이 확정된 기평가보험의 경우에는 합의된 보험가액에 미평가보험의 경우에 사용되는 방법에 의해 확정된 멸실된 부분의 보험가액이 화물 전체의 보험가액에 대해 갖는 비율을 곱한 가액이 손해보상액이 되고,[94]

둘째, 미평가보험에 있어서는 전손의 경우에 사용되는 방법에 의해 확정된 멸실된 부분의 보험가액이 손해보상액이 된다.[95]

셋째, 화물의 일부가 훼손된 상태로 목적지에서 인도된 때에는 도착지에서 훼손되지 아니하였을 때의 화물 전체의 가액과 훼손된 부분의 가액의 차액이 훼손되지 아니하였을 때의 화물 전체의 가액에 대한 비율에 기평가보험에 있어서는 합의보험가액을, 미평가보험에 있어서는 보험가액을 곱한 금액이 손해보상액이 된다.[96]

---

91) 영국해상보험법 제68조 (2)항.

92) 영국해상보험법 제69조.

93) 영국해상보험법 제69조 (2)항 (3)항 참조.

94) 영국해상보험법 제71조 (1)항.

95) 영국해상보험법 제71조 (2)항.

3) 운임보험의 보상

운임의 분손이 있는 경우에 피보험자가 상실한 운임이 운임 전체에 대해서 갖는 비율에 기평가보험에 있어서는 합의보험가액을, 미평가보험에 있어서는 보험가액을 곱한 금액이 손해보상액이 된다.[97)]

96) 영국해상보험법 제71조 (3)항.

97) 영국해상보험법 제70조.

Chapter 07

무역대금결제

국제무역거래는 관세선(customs line)을 사이에 두고 상관습·법률·통화·제도 등을 서로 달리하는 원격지 국가의 수출입업자간에 이루어지는 특성을 갖고 있어 계약체결에서부터 거래의 종료에 이르기까지의 전 과정에서 매매당사자간의 이해의 대립이 국내거래와 비교하여 대단히 크다고 볼 수 있다.

특히 국제무역거래에서 그 중요성이 큰 것은 대금결제와 관련한 부분이라 할 수 있다. 아무리 다른 계약의 조건들에서 자신에게 유리하게 계약을 체결하였다 해도 궁극적으로 대금결제를 받지 못하면 아무런 의미가 없을 것이다. 따라서 영리를 목적으로 무역거래를 하는 상인 간에는 다른 무엇보다도 대금결제조건이 가장 중요하다는 것은 재론의 여지가 없다.

무역대금결제방식은 거래되는 물품과 거래선에 따라 다양하나 이하에서는 일반적으로 국제무역거래에서 가장 많이 사용되는 형태를 중심으로 무신용장결제방식과 신용장결제방식으로 크게 나누어 설명하도록 한다.

제1절 무신용장결제방식

1. 송금결제방식

송금결제(remittance)방식이란 수출업자가 물품을 인도하기 전이나 물품의 인도와 동시에 또는 물품을 인도한 후 수입업자가 수출업자에게 대금을 송금함으로써 결제하는 방식을 말한다. 수출업자가 물품을 인도하기 전에 수입업자가 미리 대금의 전액을 송금할 경우 이를 사전송금방식(또는 단순송금방식)이라 하며, 수출업자가 물품이나 서류를 인도할 때 또는 인도한 후 수입대금을 송금할 경우를 대금상환도방식이라 한다.

송금결제방식은 송금의 수단에 따라 전신송금환(telegraphic transfer ; T/T), 우편송금환(mail transfer ; M/T), 그리고 송금수표(demand draft ; D/D) 방법이 있다.

1) 사전송금방식

(1) 전신송금환과 우편송금환

송금환이란 채무자가 채권자에게 채무를 지급하기 위하여 외국환은행에 지급을 위탁하는 방식으로 순환이라고도 한다.[1] 송금환은 지급지시를 하는 지급지시서(payment order)[2]에 의해 이루어지는데, 지급지시서에 의한 송금은 수입업자가 물품금액을 외국환은행에 입금시키면서 해당금액을 외국에 있는 수출업자에게 외화로 지급하여 줄 것을 외국환은행에 위탁한다. 이때 지급지시서를 전신으로 송부할 경우를 전신송금환 또는 전신환(telegraphic transfer ; T/T)이라고 하며 우편으로 송부하는 경우를 우편송금환 또는 우편환(mail transfer ; M/T)이라고 한다.

따라서 전신송금환이란 수입업자(송금인)로부터 송금의뢰를 받은 수입국 소재의 외국환은행(송금은행)이 수출국에 소재하는 자신의 본·지점 또는 환거래취결은행(지급은행)에게 무역대금을 수출업자(수취인)에게 전신으로 지급지시하는 것을 말한다. 반면 우편송금환이란 무역대금의 지급지시를 우편으로 수출국 소재의 지급은행에게 통지하여 지급지시하는 것을 말한다.

전신송금환은 전신에 의하여 당일 결제되므로 환율변동의 위험이나 분실의 위험이 적고 이자문제가 개입되지 않기 때문에 거액의 송금에 이용된다. 우편송금환은 지급지시서가 우편으로 직접 송달되기 때문에 소액송금의 경우에 많이 이용된다.

전신송금환 및 우편송금환의 대금결제과정을 요약하면 다음과 같다.

---

1) 송금환과는 반대로 채권자가 자신의 채권액을 회수하기 위해 외국에 있는 채무자 앞으로 환어음이나 수표를 발행하여 추심(collection)하는 추심환의 경우에는 송금환의 순환과 대비시켜 역환(negotiation by draft)이라고 한다.

2) 지급지시서는 별도로 공통된 양식은 없으나 상대은행명, 송금액, 수취인, 의뢰인, 결제방법 등이 반드시 기재되어야 하며 지급지시의 문언이 필수적이다.

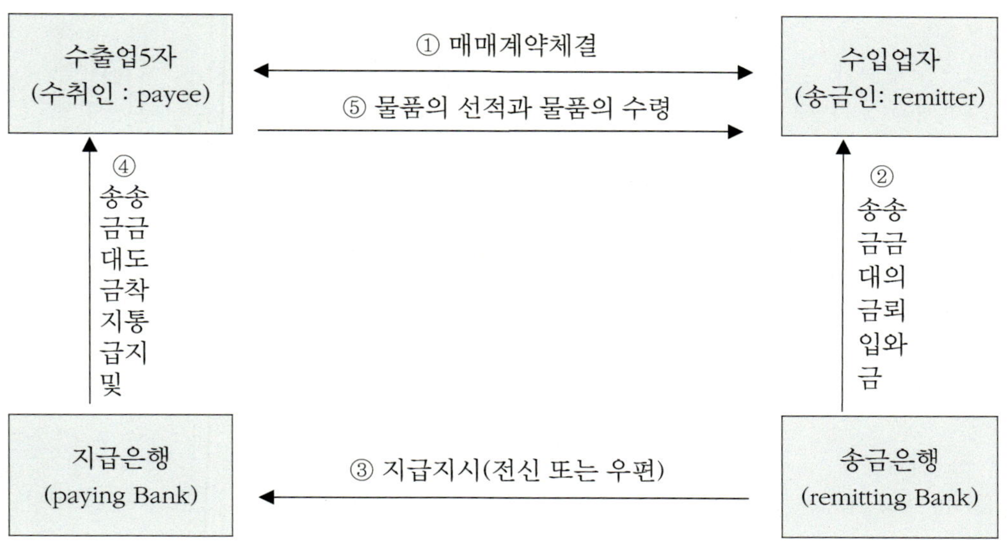

| 그림 7-1 | 전신송금환 및 우편송금환의 대금결제 과정

① 수출업자와 수입업자는 매매계약을 체결하고, 대금결제방법으로 전신송금환 또는 우편송금환 방식으로 결제하기로 합의한다.

② 수입업자(송금인)는 자신이 거래하는 외국환은행(송금은행)에 송금할 대금을 입금하고 송금을 의뢰한다.

③ 송금은행은 수출업자(수취인) 거주지역에 있는 자신의 환거래취결은행(지급은행)에게 수출업자에게 대금을 지급하라는 지급지시서를 전신환 또는 우편환 방식으로 전송 또는 송부한다.

④ 지시받은 수출국 소재의 지급은행은 수출업자(수취인)에게 송금액이 도착하였다는 통지를 하고 이 금액을 수출업자에게 지급한다.

⑤ 수출업자(수취인)는 계약에 약정된 물품을 선적하고 선적서류 일체를 수입업자에게 송부한다. 수입업자는 수출업자로부터 송부된 선적서류일체를 수령하고 이를 근거로 물품을 수령한다.

(2) 송금수표방식

송금수표(demand draft ; D/D) 방식은 수입업자가 무역결제금액을 자신이 거래하는 외국환은행에 지급하고 그 금액만큼 송금수표를 발급받아 이를 직접 수출업자(수취인)에게 우송하고, 수출업자는 수령한 송금수표를 자신의 외국환은행에 제시하여 현금으로 교환받는 방식이다.

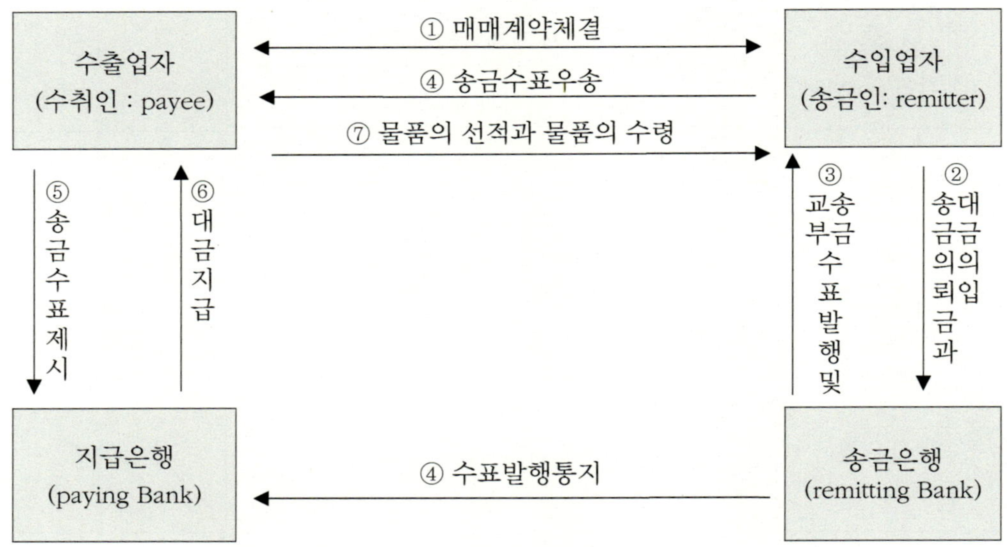

| 그림 7-2 | 송금수표방식의 대금결제과정

이 방법은 수입업자가 직접 수표를 우송하기 때문에 우송도중 도난이나 분실의 우려가 있어 이용 빈도는 그리 높지 않지만 소액의 물품거래에 종종 이용된다.

송금수표방식의 결제과정을 요약하면 다음과 같다.

① 수출업자와 수입업자는 매매계약을 체결하고, 이때 대금결제방법으로 대금의 전액을 송금수표로 결제하기로 합의한다.

② 수입업자(송금인)는 자신이 거래하는 외국환은행(송금은행)에 송금할 대금을 입금하고 외화표시 송금수표의 발행을 의뢰한다.

③ 외국환은행(송금은행)은 수출업자(수취인) 거주지역에 있는 자신의 환거래은행을 지급은행으로 하는 송금수표를 발행하여 이를 수입업자(송금인)에게 교부한다.

④ 수입업자(송금인)는 교부받은 송금수표를 수출업자(수취인) 앞으로 우송하고 송금은행은 수출국의 외국환은행(지급은행) 앞으로 송금수표를 발행하였다는 발행통지서를 발송한다.

⑤ 수출업자(수취인)는 수입업자(송금인)로부터 우송된 송금수표를 지급은행에 제시한다.

⑥ 지급은행은 제시된 송금수표와 송금수표발행통지서를 대조·확인한 후 수출업자(수취인)에게 지급한다.

⑦ 수출업자는 계약에 약정된 물품을 선적하고 수입업자는 그 물품을 수령한다.

2) 대금상환도 방식

대금상환도 방식은 물품 또는 서류가 인도될 때 또는 인도된 후에 그와 상환으로 대금을 지급하는 방식으로 물품의 인도와 동시에 대금을 지급하는 현물상환지급방식(COD)과 서류와 상환으로 대금을 지급하는 서류상환지급방식(CAD)으로 구분된다.

(1) 현물상환지급방식

현물상환지급방식(cash on delivery ; COD)이란 수출업자가 물품을 선적하고 선적서류를 수입국에 있는 수출업자의 해외지점 또는 대리인이나 수입업자의 거래은행에 송부하고 수출물품이 수입국에 도착하면 수입업자가 직접 물품을 검사한 후에 물품과 상환으로 현금을 지급하는 방식을 말한다.

현물상환지급방식(COD)은 주로 도착지에서 직접 물품을 검사하기 전에는 품질 등을 정확히 알기 어려운 고가의 상품 또는 동일 상품이라도 상품의 색상·가공방법·순도 등에 따라 가격차이가 있는 보석류나 귀금속류의 거래에서 활용된다.

이 방식은 수입지에 수출업자의 지점 등과 같은 대리인이 있는 경우 활용될 수 있다.

현물상환지급방식의 대금결제방식을 요약하면 다음과 같다.

① 수출업자와 수입업자는 매매계약을 체결하고 대금결제방법으로 현물상환지급방식(COD)으로 결제하기로 합의한다.

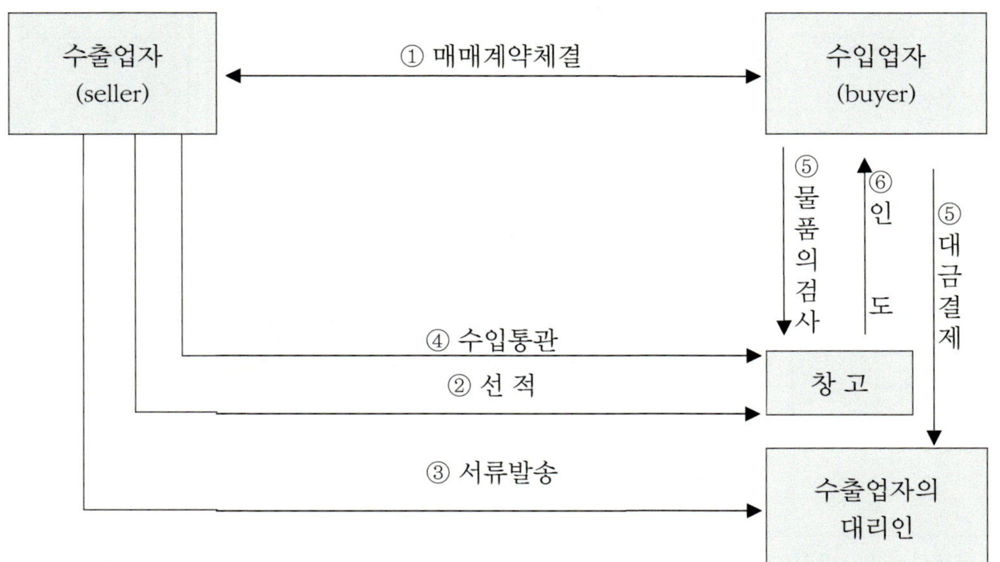

그림 7-3 현물상환지급방식(COD)의 대금결제과정

② 수출업자는 계약물품을 선적한다.

③ 수출업자는 수입국에 있는 자신의 대리인에게 선적서류를 우송한다.

④ 수입국에 있는 수출업자의 대리인은 물품을 수입통관한 후 창고에 입고시킨다.

⑤ 수입업자는 물품의 검사 후 물품을 인도받으면서 수출업자의 대리인에게 대금을 결제한다.

⑥ 수출업자의 대리인은 수입업자로부터 결제 받은 대금을 수출업자에게 송금한다.

(2) 서류상환지급방식

서류상환지급방식(cash against documents ; CAD)이란 수출업자가 상품을 수출하고 선적을 증명할 수 있는 선하증권, 보험증권, 상업송장 등 선적서류를 수출지에 있는 수입업자의 대리점이나 거래은행에 제시하여 이들 서류와 상환으로 대금을 지급받는 방식을 말한다.[3)]

① 수출업자와 수입업자는 매매계약을 체결하고 대금결제방법으로 서류상환지급방식(CAD)으로 결제하기로 합의한다.

② 수출업자는 수출통관한 후 물품을 선적한다.

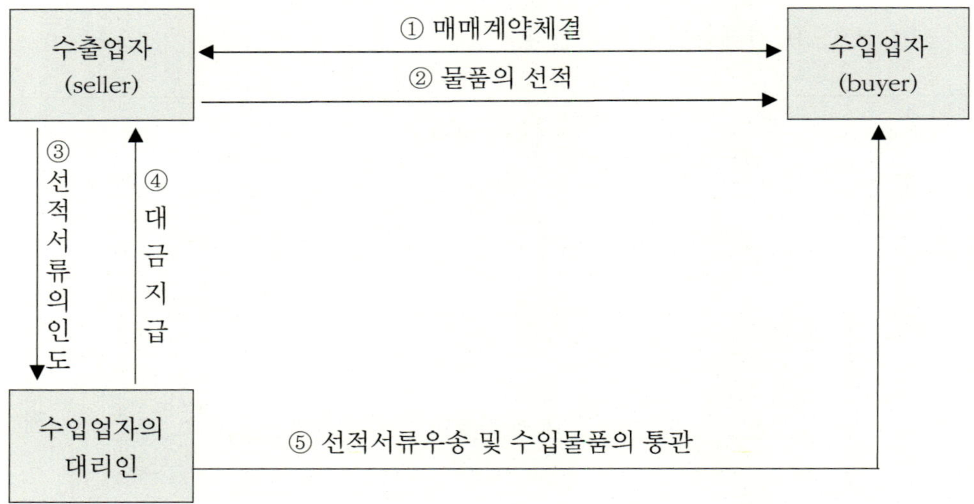

| 그림 7-4 | 서류상환지급방식의 대금결제과정

3) 서류상환지급방식(CAD)은 추심방식의 대표적 형태인 지급인도방식(document against payment ; D/P)과 내용상으로는 유사하지만 지급인도방식은 환어음의 발행이 전제가 되는 환어음결제방식인데 반해 서류상환지급방식은 송금방식으로 분류된다.

③ 수출업자는 수입업자의 대리인에게 선적서류를 인도한다.
④ 수출업자는 물품의 대금을 결제 받는다.
⑤ 수입업자의 대리인은 수입업자에게 선적서류를 발송하고 수입물품을 통관하도록 한다.

3) 장부결제방식

장부결제방식(open account ; O/A)이란 장기적이고 지속적인 거래관계가 있는 수출업자와 수입업자간에 물품매매계약을 체결한 후 수출업자가 물품을 선적한 후 선적서류 일체를 수입업자에게 송부하면 수입업자는 물품매매계약상에 정해진 선적일로부터 일정기간이 경과한 후 수출업자가 지정한 은행의 계좌로 대금을 송금하여 결제하는 선적통지부 결제방식이다.

이 방식은 서로 거래가 많은 회사들 간에 매 선적시마다 대금결제를 하려면 복잡하고 비용이 많이 들게 되므로 수출업자는 계속해서 물품을 선적하고 3개월이나 6개월 단위로 누적된 대금을 결제하게 된다.

이 방식은 경우에 따라 결산시기에 당사자 간의 채권·채무를 상계한 후 차액만 결제할 수도 있는 청산결제방식, 또는 상호계산방식으로도 활용된다.

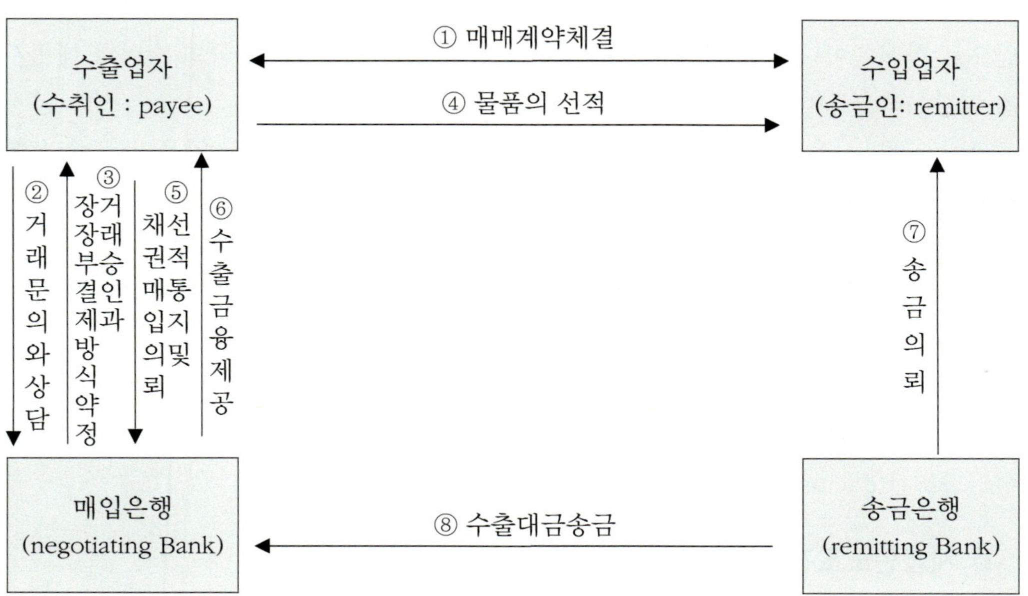

그림 7-5 장부결제방식의 대금결제과정

장부결제방식의 대금결제과정을 요약하면 다음과 같다.

① 수출업자와 수입업자는 매매계약을 체결하고 대금결제방법으로 장부결제방식으로 결제하기로 합의한다.
② 수출업자는 자신의 거래은행을 매입은행으로 하여 거래문의와 상담을 한다.
③ 매입은행은 거래승인과 아울러 장부결제방식의 거래약정을 체결한다.
④ 수출업자는 계약물품을 수출통관하고 선적한다.
⑤ 수출업자는 매입은행에 선적통지와 함께 채권매입의뢰를 한다.
⑥ 매입은행은 수출업자에게 수출금융을 제공한다.
⑦ 수입업자는 매매계약서상에 정해진 기일에 송금은행에 송금의뢰를 한다.
⑧ 송금은행은 매입은행에 수출대금을 송금한다.

2. 추심결제방식

추심결제방식은 신용장과 더불어 국제무역에서 널리 사용되는 방식으로서 채권자인 수출업자가 채무자인 수입업자 앞으로 수출계약대금인 채권액에 상당하는 환어음을 발행하여 이를 외국환은행을 통하여 채무자에게 제시하여 수출대금을 청구하거나 또는 외국환은행에게 환어음 매입을 의뢰함으로써 수출대금을 지급받게 된다.

이 같은 추심(collection)은 채권자가 채권액을 회수하기 위하여 외국에 있는 채무자 앞으로 환어음이나 수표를 발행하여 대금결제 받는다는 점에서 송금의 순환과 대비시켜 역환이라고도 한다.

추심결제방식은 선적서류와 같은 상업서류가 첨부되는지 그렇지 않은지에 따라 화환추심(documentary collection)과 무화환추심(clean collection)으로 구분할 수 있다.

화환추심은 상업송장, 선적서류, 권리증서 등 상업서류(commercial document)가 첨부된 추심을 의미하며, 무화환추심은 상업서류가 첨부되지 않고 단지 환어음만의 추심의 경우로 보험료, 운임 및 수수료 등의 결제에 이용된다.

보통 수출대금의 결제에는 상업서류가 첨부되어야 하므로 화환추심이 이용된다.

화환추심은 결제시기에 따라 지급인도조건(document against payment ; D/P)과 인수인도조건(document against acceptance ; D/A)으로 구분된다.

1) 지급인도조건

선적서류지불인도조건이라고도 불리는 이 지급인도조건(D/P)은 수출업자가 수출물품을 선적한 후 수입업자를 지급인으로 하는 일람출급화환어음(sight bill)을 발행하여 선적서류와 함께 자신의 거래은행(추심의뢰은행)에 추심을 의뢰하고 추심의뢰은행이 수입지의 환거래은행(추심은행)에게 환어음 대금을 추심의뢰하면 추심은행은 수입업자(지급인)에게 환어음을 제시하여 대금결제를 받음과 동시에 선적서류를 수입업자에게 인도하고, 당해 수출대금을 추심의뢰은행을 통해 수출업자에게 결제해주는 방식을 말한다.

지급인도조건은 환어음의 지급인인 수입업자가 선적서류를 수령하는 동시에 대금을 결제하는 일람출급의 지급인도방식이다. 따라서 수입업자는 대금지급을 하지 않고는 선적서류를 받지 못하므로 화물인도를 받을 수 없다.

수출업자는 일람불로 대금결제를 받기 때문에 인수인도조건(D/A)보다 훨씬 안전한 결제방식이라고 할 수 있으나 수입업자로 보면 신용장 결제방식보다 별로 유리한 것이 없다. 다만 수입업자의 경우 선적서류가 송부되어오는 기간 동안 금리의 혜택을 받는 것 정도이지만, 경우에 따라 화물도착시까지 또는 화물도착 후 일정시일까지 그 대금의 결제를 연기해주는 예도 있다.[4)]

2) 인수인도조건

인수인도조건(document against acceptance ; D/A)이란 선적서류인수인도조건이라고도 불리며, 수출업자가 수출물품을 선적한 후 수입업자를 지급인으로 하는 기한부화환어음(usance bill)을 발행하여 선적서류와 함께 자신의 거래은행(추심의뢰은행)에 추심을 의뢰하고 추심의뢰은행이 수입지의 환거래은행(추심은행)에게 환어음 대금을 추심의뢰하면 추심은행은 수입업자(지급인)에게 환어음을 제시하고, 이에 대해 수입업자가 환어음의 지불을 인수하는 약속으로 환어음상에 "Accepted"라고 쓰고 서명날인하면 추심은행이 관계 선적서류를 수입업자에게 인도해 주는 조건이다. 수입업자는 인도받은 선적서류로 화물을 찾아 판매한 후 그 대금으로 환어음의 만기일에 결제하면 추심은행은 이를 수출지의 추심의뢰은행에 송금하여 수출업자가 수출대금을 결제 받는다.[5)]

---

4) 이를 편의상 D/P usance라고 하며, 일반적 형태의 지급인도조건을 D/P at sight라 하기도 한다.

5) 일반적으로 인수인도조건(D/A)으로 보아야할 지시나 환어음조건은 "Deliver document against acceptance", "D/A 90 D/S", "90 days after arrival of the steamer(or cargo)", "D/A 90 D/S B/L", "90 days after B/L date", "at 90 days sight", "90 days after date (of draft)" 등이며, 지급인도조건(D/P)으로 보아야할 지시나 환어음조건은 "deliver documents against payment", "D/P at sight", "90 days D/P", "at sight on arrival or vessel" 등으로 표시된다. 인수인도조건(D/A)이나 지급인도조건(D/P)의 명백한 지시가 없을 경우는 지급인도조건(D/P)으로 간주하여야 한다.(박대위, 「무역실무」, 법문사, 1998, p.392 참조.)

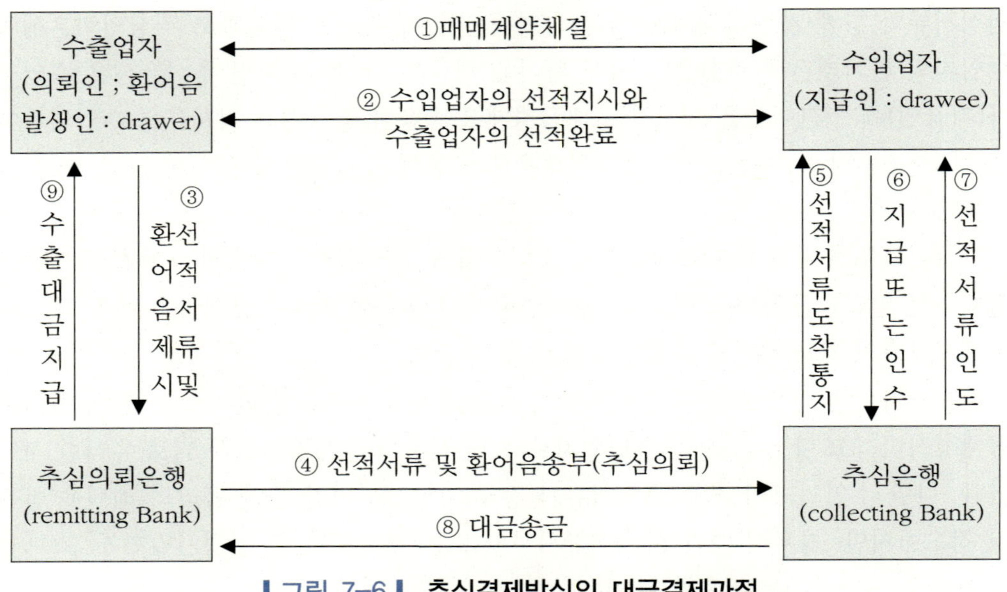

| 그림 7-6 | 추심결제방식의 대금결제과정

3) 추심과정

무신용장 방식인 지급인도조건(D/P)이나 인수인도조건(D/A) 결제방식은 거래당사자간의 매매계약에 의거하여 화환어음을 추심(collection)함으로써 수출대금을 결제하는 형태로서 결제과정을 구체적으로 살펴보면 다음과 같다.

① 수출업자와 수입업자는 매매계약을 체결하고 대금결제방법으로 지급인도(D/P) 또는 인수인도(D/A)조건으로 결제하기로 합의한다.

② 수입업자는 수입에 필요한 모든 허가와 승인을 필한 후 수출업자에게 선적지시를 통지한다. 수출업자는 선적지시를 받는 대로 계약에 약정된 선적기일 내에 선적을 완료하고 선적서류를 구비한다.

③ 선적서류를 구비한 수출업자(추심의뢰인 ; 환어음 발행인)는 수입업자를 지급인으로 하는 화환어음을 발행하여 선적서류와 함께 자신의 거래은행(추심의뢰은 행)에 제시하여 수입업자 앞으로 추심을 의뢰한다.

④ 수출업자로부터 추심의뢰를 받은 추심의뢰은행은 추심의뢰서(collection order)를 작성하여 수출업자가 제시한 선적서류와 함께 수입업자가 소재한 지역의 은행(추심은행) 앞으로 송부하여 추심을 의뢰한다.

⑤ 수입지의 추심은행은 수입업자에게 관계 선적서류와 화환어음이 도착했음을 통지한다.

⑥ 수입업자는 선적서류도착 통지에 따라 만약 지급인도조건(D/P)으로 계약을 체결했으면 일람불로 즉시 대금을 지급하거나, 또는 인수인도조건(D/A)으로 계약을 체결했다면 제시된 환어음에 "Accept"라고 표기하고 서명을 한 후 은행으로부터 선적서류를 인도받는다.
⑦ 대금을 결제하는 수입상은 선적서류를 가지고 운송업자로부터 물품을 수령한다.
⑧ 추심은행은 수입업자로부터 지급받은 결제대금을 추심의뢰은행에게 송금한다.
⑨ 대금을 송금 받은 추심의뢰은행은 최종적으로 수출업자에게 당해 수출대금을 지급한다.

4) 추심당사자

추심과정에 관여하는 당사자는 의뢰인, 추심의뢰은행, 추심은행, 지급인 등이 있다.

(1) 의뢰인(principal)

의뢰인은 계약물품을 선적하고 거래은행에 수출대금의 추심을 의뢰하는 수출업자이다. 수출업자는 추심을 의뢰하면서 화환어음을 발행하기 때문에 발행인(drawer)이며, 또한 수입업자에 대해서 채권을 주장할 수 있는 채권자(creditor)이기도 하다.

(2) 추심의뢰은행(remitting bank)

추심의뢰은행은 고객인 수출업자로부터 추심을 의뢰받은 수출국 소재의 은행을 말한다. 수출업자가 제시한 관계 선적서류와 화환어음을 수입업자가 소재한 수입지의 환거래은행 앞으로 송부하면서 추심을 의뢰한다.

(3) 추심은행(collecting bank)

수출지의 추심의뢰은행으로부터 송부되어 온 선적서류와 추심지시서(collection order)를 수입업자에게 제시하여 수입대금을 징수하는 은행을 추심은행이라고 한다. 추심은행은 추심의뢰은행의 지시에만 따르며 환어음의 지급에 대해서는 하등의 책임을 지지 않는다.

(4) 제시은행(presenting bank)

지급인에게 직접 관계 선적서류를 제시하는 추심은행을 제시은행이라고 한다. 추심은행은 제시은행이 되지만, 만일 추심은행이 수입업자의 거래은행이 아닌 경우에는 수입업자 거래은행으로 서류를 재송부하게 될 때가 많으므로 이 경우 제시은행은 추심은행이 아닌 수입업자 거래은행이 된다.

(5) 지급인(drawee)

지급인은 추심지시서에 따라 환어음의 제시를 받게 되는 당사자, 즉 수입대금을 지급해야 할 채무자인 수입업자를 말한다. 수입업자는 지급인도조건(D/P)일 때에는 수입대금을 반드시 추심은행에 지급해야만 관계 선적서류를 인도받을 수 있지만, 만약 인수인도조건(D/A)일 경우에는 인수행위만으로도 선적서류를 인도받을 수 있다.

5) 추심당사자의 의무와 책임

(1) 추심관련은행의 의무와 책임

① 신의칙준수와 합리적 주의의무

추심관련은행은 추심업무의 수임자로서 신의칙원칙에 따라 합리적 주의를 기울여 성실히 추심업무에 임해야 한다.

② 서류 확인의 의무

추심관련은행은 접수된 서류가 추심지시서(collecting order)상의 기재와 일치하는지 여부를 확인하여야 한다. 만일 누락사항이 있을 경우에는 추심의뢰를 한 당사자에게 즉시 통지하여야 한다. 그러나 추심관련은행은 제출된 선적서류를 심사할 의무는 부담하지 않으며 단지 서류의 종류와 통수만 확인하고 전달한다.

③ 물품의 인수·보관의무의 면책

매매계약상의 물품은 추심관련은행의 사전동의 없이 당해 은행 앞으로 발송되어서는 안 되며, 발송된 경우 은행은 물품인수의 의무가 없으며 물품을 발송하는 당사자가 물품의 위험과 책임을 진다. 추심은행은 추심관련물품의 보관이나 보험가입 등의 지시를 받은 경우에는 이를 따를 의무가 없다.

④ 타 은행 서비스비용에 대한 면책

추심의뢰은행이 추심의뢰인의 지시를 이행하기 위해 타 은행의 서비스를 이용하는 경우 그 위험과 비용은 추심의뢰인이 부담한다.

⑤ 서류에 대한 면책

추심관련은행은 서류의 형식(form), 충분성(sufficiency), 진정성(genuineness), 허위성(falsification) 또는 법적효력(legal effect) 등에 대해 책임을 지지 않는다. 또한 추심관련은행은 모든 통보, 서신이나 서류의 송달 중의 지연이나 훼손, 멸실 등에 대해 책임을 지지 않으며 전문용어 등의 번역상의 오류에 대해서도 면책된다.

⑥ 불가항력 상황에 대한 면책

추심관련은행은 천재지변, 소요, 폭동, 반란, 전쟁, 파업, 직장폐쇄 또는 기타 불가항력적 사태에 기인한 업무중단결과에 대해 책임이 없다.

(2) 추심의뢰인의 의무와 책임

① 수출업자인 추심의뢰인은 추심관련은행이 자신의 지시사항을 이행하기 위해 타은행의 서비스를 이용할 경우 발생하는 비용이나 위험을 부담한다.

② 추심에 관련된 수수료와 비용은 추심지시서(collecting order)에 기재된 대로 부담하면 되나 이에 대한 명시가 없을 경우에는 환어음발행인인 수출업자(의뢰인)가 부담한다.

③ 추심지시서상에 추심수수료 또는 비용이 지급인(수입업자) 부담으로 지시되어 있는 경우 지급인이 그 지시를 따르지 않는 경우에는 추심의뢰은행의 명백한 반대지시가 없는 한 추심은행은 수수료 또는 비용을 추심하지 않고 추심서류를 인도할 수 있다. 이 경우 추심수수료와 비용은 수출업자(의뢰인)가 부담한다.

④ 수출업자는 외국 법률 및 관습에서 오는 모든 의무와 책임을 부담하며, 이로 인해 추심관련은행이 손실을 입었을 경우에는 이를 보상하여야 한다.

6) 추심결제방식의 효용

추심결제방식인 지급인도조건(D/P)과 인수인도조건(D/A)은 매매계약서에 따라 수출입 당사자간의 신용에 따라 이루어지는 거래이다. 따라서 은행의 지급보증이 따르지 않는다는 점에서 수출업자에게는 불리한 결제방법이다.

수출업자는 보다 확실하게 수출대금을 보장받기 위해 은행이 지급을 보증하는 신용장방식을 선호하는 것이 사실이지만, 신용장방식은 신용장의 개설에 따른 담보금의 적립 등 수입업자의 부담이 따르기 때문에 수입업자는 신용장방식보다 추심결제방식을 더 선호하게 된다. 결국 신용장방식이 수출업자에게 유리한 것이라면 추심결제방식은 수입업자에게 유리한 결제방식이라고 할 수 있다.

보다 자세하게 사용 당사자별로 추심결제방식의 효용성을 살펴보면 다음과 같다.[6)]

---

6) 이하 박대위, 「전게서」, pp.315-316 참조.

(1) 수입업자에게 주는 효용

첫째, 신용장방식은 수입업자를 대신하여 개설은행이 지급을 보증하지만 추심결제방식은 수입업자의 신용을 토대로 당사자 간의 계약에 의해 거래가 이루어지기 때문에 수입업자에게는 절대적으로 유리한 조건이다.

둘째, 신용장방식의 경우에는 개설은행은 신용장을 개설하기 전 수입업자로부터 충분한 담보금이나 채권보전조치를 미리 취해놓기 때문에 신용장을 개설하기 위한 담보금은 수입업자에게 상당한 부담이 된다.

그러나 추심결제방식은 수출업자의 신용공여로 거래가 성사되기 때문에 수입업자 입장에서 볼 때 담보금의 적립이나 이자부담이 없다. 따라서 해외에 담보할 만한 동산이 없거나 자금의 조달부담이 큰 해외의 현지 법인이나 해외지사 등이 본사와 거래할 때 그 활용가능성이 높다.

셋째, 추심결제방식의 수입업자는 자기자금 없이 수입을 할 수 있다. 특히 인수인도조건(D/A)으로 수입계약을 체결하면 수입업자는 수입 즉시 수입대금을 지급하는 것이 아니라 수입물품을 입수한 후 이를 판매한 대전으로 대금을 결제하기 때문에 자기자금 없이도 수입이 가능하다.

(2) 수출업자에게 주는 효용

첫째, 추심결제방식은 수출업자에게는 수출대금의 확보가 완전히 보장되지 않기 때문에 신용장방식보다는 불리한 결제방식이다. 다시 말해 신용장방식에서 수출업자가 발행하는 화환어음은 개설은행을 지급인으로 하는 은행어음(bank bill)의 형태이므로 개설은행이 지급을 보증하지만, 추심결제방식에서 수출업자가 발행하는 화환어음은 개인어음(private bill)으로써 지급상의 모든 책임은 수입업자의 신용에 달려있다.

둘째, 추심결제방식은 수입업자가 선호하는 결제형태이기 때문에 수출업자는 이 방식을 수출시장개척을 위한 전략으로 활용할 수 있다. 특히 수출상품이 수입업자 우위의 시장(buyer's market)인 경우 수입업자에게 유리한 조건을 제시함으로써 거래선을 확보할 수 있다.

셋째, 추심결제방식에 의해 수출대금을 회수할 경우에는 원칙적으로 수입업자로부터 결제가 이루어져 추심이 완료된 후에야 그 대금이 수출업자의 계정에 입금된다. 우리나라는 수출업자의 자금부담을 덜어주고 추심결제방식에 의한 수출을 장려하기 위해서 추심 전 매입을 허용하고 있다. 따라서 수출업자는 관계선적서류와 환어음을 추심의뢰은행에 제시할 때 미리 수출대금을 찾을 수 있다.

우리나라에서는 수출업자의 환어음을 미리 매입해 준 추심의뢰은행이 입을 수 있는 손실을 수출보험제도를 통해 보상해주고 있기 때문에 우리나라 외국환은행들은 추심방식 하에서 발행된 환어음에 대해서도 적극적으로 매입하고 있다.

3. 국제팩토링방식에 의한 결제

1) 국제팩토링방식의 대금결제과정

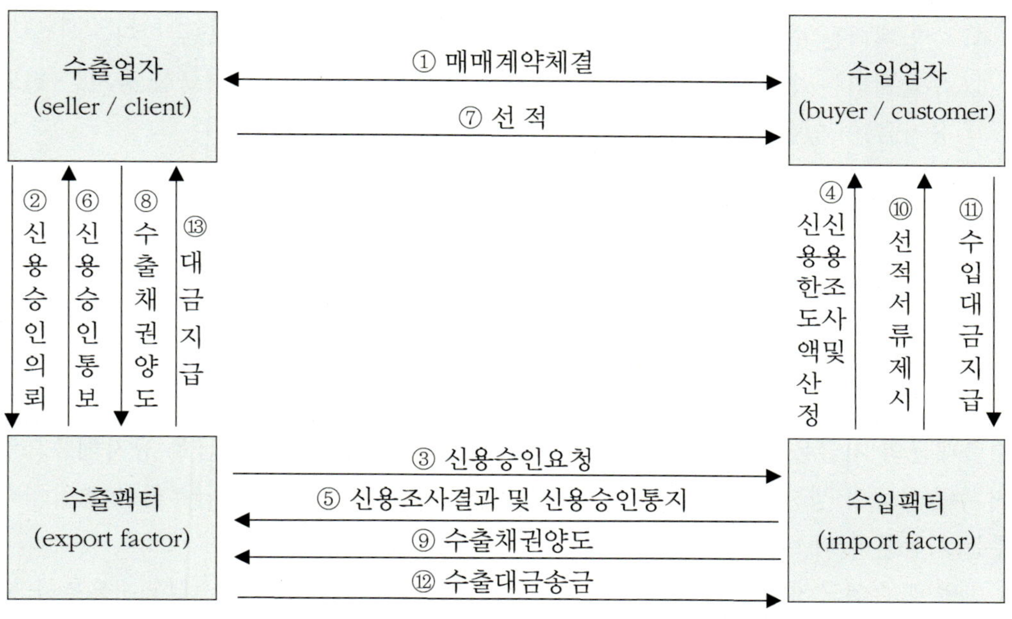

| 그림 7-7 | 국제팩토링방식의 대금결제과정

① 수출업자와 수입업자는 매매계약을 체결하고 대금결제방법으로 국제팩토링방식을 합의한다.

② 수출업자는 수출팩터의 소정양식인 신용승인신청서(credit approval request ; CAR)를 작성하여 수입업자에 대한 신용조사를 수출팩터에게 의뢰한다.

③ 수출팩터는 수입팩터에게 수출업자가 요청한 수입업자에 대한 신용조사를 의뢰한다. 동시에 수입팩터가 지급확약할 수 있는 신용한도를 요청한다.

④ 수입팩터는 수입업자의 신용상태를 조사하고 신용한도액을 산정한다.

⑤ 수입팩터는 수입업자에게 제공할 수 있는 신용한도액 및 신용상태에 관한 조사 자료를 수출팩터에게 통지한다.

⑥ 수출팩터는 수입팩터의 통지에 따라 수출업자에게 신용승인을 통보한다.
⑦ 수출업자는 수입업자에게 매매계약에 약정된 물품을 선적한다.
⑧ 수출업자는 선적서류 일체를 구비하여 수출팩터에게 양도한다.
⑨ 수출팩터는 수출업자로부터 양도받은 선적서류 일체를 수입팩터에게 송부하고 수출물품에 대한 채권을 수입팩터에게 양도한다.
⑩ 수입팩터는 수입업자에게 선적서류 일체를 인도한다.
⑪ 수입업자는 수입물품을 찾아 만기일에 수입대금을 지급한다.
⑫ 수입팩터는 수입업자로부터 회수한 수입대금을 수출팩터에게 송금한다.
⑬ 수출팩터는 수출업자에게 수출대금을 지급하거나 또는 미리 지급한 융자금(전도융자금)이 있을 경우 이 대금을 상계한다.

2) 국제팩토링의 정의와 특징

국제팩토링(international factoring)이란 팩터(factor)[7]가 수출업자와 수입업자 사이에 개입하여 수출업자에게는 수출대금의 지급을 보증하고 수입업자에게는 신용을 공여하는 형태의 결제방식을 말한다.

즉, 국제팩토링방식에서 수출국에 소재하는 수출팩터(export factor)는 수출업자에게 수출대금의 지급을 보증해줌과 아울러 전도금융의 형태로 미리 자금을 융자해줌으로써 수출상품의 생산 확보에 필요한 금융을 제공하여 수출업자의 자금부담을 경감시켜 주는 기능을 한다.[8]

반면에 수입국에 소재하는 수입팩터(import factor)는 수입업자에 대한 신용조사 및 신용승인을 하고 수출채권을 양수받아 대금을 회수하여 송금하는 업무 등을 수행한다.

수입팩터의 신용조결과에 따라 수출팩터는 수출업자에 대한 거래한도를 결정하므로 수입팩터의 신용조사기능은 대단히 중요하다. 수입업자는 팩터의 신용을 활용하여 기한부 조건으로 수입할 수 있으므로 자기자금이 없거나 신용이 낮은 경우에도 수입이 가능하다. 특히 담보력이나 자금력이 부족한 중소기업에게는 팩토링을 통한 금융서비

---

7) 팩터는 중세 이탈리아에서 처음 등장한 무역중개업이다. 팩터는 무역당사자간의 알선뿐만 아니라 제조업자가 구매자에게 상품을 외상으로 판매하면 제조업자의 외상매출채권을 매입하여 제조업자에게 상품대금의 지급을 보증하는 업무를 한다. 팩터는 지급보증대리인(*del credere* agent)라고도 한다. 팩터는 일정액의 판매수수료(sale commission) 외에 지급보증의 대가로써 지급보증수수료(*del credere* commission) 까지 추가로 수취한다.

8) 수출팩터는 신용장 매입은행과 비슷한 역할을 하지만 대금회수를 책임지고 수출업자에게 신용조사, 회계업무 등 보다 적극적인 경영서비스를 제공한다.

스가 유용한 경우가 많다.

3) 국제팩토링방식의 효용

(1) 수출업자에게 주는 효용

첫째, 수출대금의 회수를 수출팩터가 보증하므로 대금회수불능의 위험이 거의 없다고 볼 수 있다.

둘째, 수입업자의 신용상태를 수출팩터를 통해 사전에 파악할 수 있다.

셋째, 수출팩터의 지급보증과 수입업자에 대한 신용조사로 적극적인 신규거래의 시도가 가능하다.

넷째, 신용장이나 추심방식(D/A · D/P)에 비해 실무상의 절차가 간단하다.

다섯째, 수출팩터로부터 수출대금의 한도 내에서 전도금융을 이용할 수 있어 기한부거래에 따른 자금부담을 경감시킬 수 있다.

여섯째, 수출팩터를 통해 다양한 경영서비스와 해외시장정보를 얻을 수 있다.

(2) 수입업자에게 주는 효용

첫째, 수입팩터가 설정한 신용한도 내에서 계속적으로 신용구매가 가능하다.

둘째, 수입팩터의 지급보증으로 유리한 수입조건의 제시가 가능하며, 수입자금이 부족할 경우 수입팩터로부터 금융수혜를 받을 수 있다.

셋째, 수입팩터로부터 채무만기일 등의 회계서비스를 제공받을 수 있다.

넷째, 신용장이나 추심방식(D/A · D/P)에 비해 실무상 절차가 간단하고, 자금부담과 수수료비용의 부담을 경감시킬 수 있다.

4. 포페이팅방식에 의한 결제

1) 포페이팅의 개념과 의의

포페이팅(forfaiting)이란 현금을 대가로 자신이 갖고 있던 채권을 포기 또는 양도한다는 뜻의 프랑스어 'a forfait'에서 유래된 용어로 무역거래에서는 수출업자가 발행한 기한부환어음을 포피터(forfaiter)라는 은행이 소구권 없이 고정금리로 할인 · 매입해주는 금융거래를 말한다.

포페이팅방식에서는 수출업자가 거래은행인 포피터와 수입업자 거래은행인 보증은행(avalizing bank ; guaranteeing bank)이 개입하는데, 포피터는 수출국 소재의 신용장매입은행과 유사한 성격이며 보증은행은 수입국 소재의 신용장개설은행과 유사한 성격을 갖는다.

따라서 포피터는 수출업자가 발행한 연불환어음을 할인·매입하는 은행이 되며, 보증은행은 수입업자를 대신해 당해 연불환어음의 지급을 보증하고 지급보증서를 발급하게 된다.[9] 보증은행의 지급보증은 취소불능한 성격의 무조건적 보증이며 양도가능하다.

① 수출업자와 수입업자는 매매계약을 체결하고 대금결제방법으로 포페이팅방식을 합의한다.

② 수출업자는 포피터와 포페이팅 약정을 한다. 보증은행은 수입업자에게 지급보 증 약정을 한다.

③ 수출업자는 계약의 내용대로 수입업자에게 물품을 선적한다.

④ 보증은행은 별도의 지급보증서를 발급하거나 환어음에 'Aval'을 추가하여 환어 음을 보증한다.

⑤ 보증은행은 보증이 첨부된 환어음을 수출업자에게 보낸다.

⑥ 수출업자는 지급은행이 보증한 환어음을 사전에 약정된 포페이팅 계약에 따라 포피터에게 제시하여 할인·매입을 요청하고, 포피터는 환어음을 할인·매입하 여 대금을 지급한다.

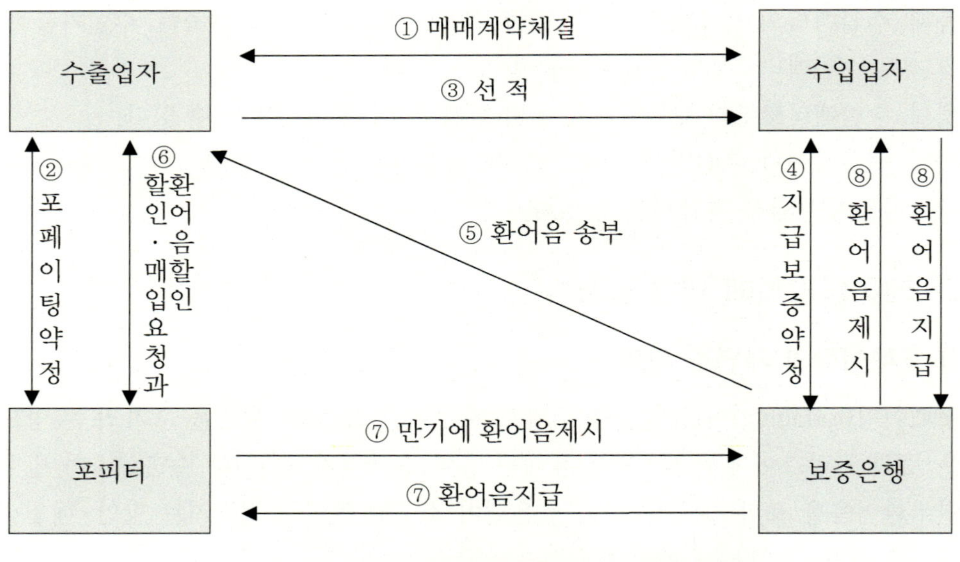

그림 7-8 포페이팅방식의 대금결제과정

9) 보증은행이 연불(기한부) 환어음을 보증할 때 환어음상에 'Aval'이라는 표현을 명기하는데 이는 보증은행이 환어음상의 수입업자의 채무를 보증한다는 것을 의미한다.

⑦ 포피터는 환어음의 만기일에 보증은행에 지급을 요청하고, 보증은행은 지급보증에 따라 대금을 지급한다.

⑧ 보증은행은 포피터가 제시한 환어음을 수입업자에게 제시하여 수입업자로부터 대금을 회수한다.

포페이팅을 이용하면 수입업자는 보증은행의 지급보증으로 규모가 큰 거래를 연불조건으로 체결할 수 있으며, 수출업자는 연불조건의 외상수출이라 하더라도 포피터로부터 일람불 조건의 수출과 마찬가지로 즉시 지급받을 수 있다.

2) 포페이팅의 특징

포페이팅을 활용할 경우 수입업자가 가액이 큰 물품을 중장기 연불조건으로 수입하고자 한다면 수입업자는 자신의 거래은행으로 하여금 보증은행이 되어 수출업자가 발행한 환어음을 지급보증해 줄 것을 요청한다. 보증은행이 당해 환어음의 지급을 보증하면 수출업자 소재국의 포피터는 외상기간에 해당하는 이자를 고정금리로 할인하여 수출업자에게 지급하고 포피터는 만기일에 보증은행을 통해 대금을 지급받는다.

이 같은 포페이팅의 주요 특징을 살펴보면 다음과 같다.

첫째, 포페이팅은 수출업자가 발행하는 환어음을 할인·매입의 대상으로 한다.

둘째, 포페이팅은 규모가 큰 3년~5년 정도의 중장기 연불조건의 거래에 주로 활용된다.[10)]

셋째, 포피터는 수출업자에게 소구권을 행사할 수 없다.[11)]

넷째, 포피터는 주로 고정금리로 환어음을 매입한다. 따라서 수출업자는 환어음의 할인금리를 사전에 알 수 있어 자신의 금융비용을 물품의 원가에 반영할 수 있다.

---

10) 포페이팅과 유사한 환어음 할인금융이나 국제팩토링은 주로 180일 이내의 소액거래에 사용된다.

11) 신용장거래에서 매입은행은 수출업자에게 할인·매입한 금액이 추후 개설은행으로부터 지급되지 않으면 수출업자에게 소구권을 행사하여 그 대금의 상환을 요구할 수 있지만 포페이팅에서는 포피터의 소구권 행사는 불가능하다.

제2절 • 신용장결제방식

1. 신용장의 본질과 의의

신용장은 그 기원이 어떤 법률에 기인하여 발생된 것이 아니고 상인들에 의한 오랜 상관습에 따라 생성되었다는 특수성을 갖고 있다.

전통적으로 신용장은 수출업자와 수입업자, 그리고 이들 사이에서 엄격한 중립성을 견지하는 은행이라는 세 당사자가 상호간의 거래위험을 공평하게 분담한다는 점에서 가장 합리적인 대금결제수단으로 인정되어 오고 있다.

국제무역거래에서 대두되는 다양한 거래위험 중에서 수입업자의 신용상태의 변화에 따른 수출업자 측면의 대금회수불능의 위험(credit risk)과 수출업자의 계약위반에 따른 수입업자 측면의 상품입수불능의 위험(mercantile risk)을 효과적으로 제거하고자하는 수출업자와 수입업자의 합리적 기대는 은행이라는 공공성을 띤 제3자를 국제무역거래에 개입시켜 은행을 결제과정의 중심점으로 구성시키는 신용장이라는 고안물(device)을 탄생시키기에 이르렀다.

오늘날 신용장은 수출업자에게는 대금지급을 보장하고, 수입업자에게는 물품입수의 원활화를 도모하는 주요한 대금결제방식으로 평가되고 있다.

1) 신용장의 정의

신용장이란 국제무역거래에 있어 대금지불 및 상품입수의 원활을 도모하기 위해 수입업자의 거래은행(신용장개설은행)이 수입업자(신용장개설의뢰인)의 지시와 요청으로 개설한 신용장의 조건과 내용에 일치하는 서류들을 수출업자(수익자)가 신용장 개설은행 또는 당해 은행이 지정한 은행에 제시하면 반드시 대금을 지급하겠다는 신용장 개설은행의 약정증서를 말한다.

현행 제6차 개정 신용장통일규칙에 규정된 신용장의 정의에 따르면 신용장이란 그 명칭이나 표현에 관계없이 취소불능적인 약정으로서 신용장의 조건과 내용에 일치하는 서류가 제시되면 대금을 결제하겠다는 개설은행의 확약을 말한다고 규정하고 있다.[12)]

이 같은 신용장의 정의를 보다 구체적으로 살펴보면 다음과 같다.

---

12) 제6차 개정 신용장통일규칙 제2조 : "Credit means any arrangement, however named or described, that is irrevocable and thereby constitutes a definite undertaking of the issuing bank to honor a complying presentation."

첫째, 신용장거래에서는 반드시 적어도 세 당사자가 있어야 한다. 즉 신용장 개설은행, 신용장 개설의뢰인, 수익자이다.

둘째, 신용장은 그 쓰이는 국가나 지역마다 여러가지 다양한 명칭이나 용어가 사용될 수 있지만 신용장은 그 명칭이나 용어에 상관하지 않는다. 즉 중요한 것은 신용장이라는 명칭(name)이 아니고 그 안에 포함된 약정의 내용(content)에 있다는 것이다.

셋째, 신용장에 있어 개설은행의 약정이라 함은 신용장에 명시된 제반 조건과 내용에 일치하는 서류들을 제시하면 개설은행은 수입업자(개설의뢰인)의 신용상태와는 관계없이 반드시 대금지급할 것이라는 확약을 말한다.

넷째, 이러한 지급확약은 취소불능(irrevocable)하다.

다섯째, 개설은행이 직접 대금을 지급해 줄 수도 있으나 다른 은행에게 이 권한을 수권하여 지급하게 할 수 있으며, 타 은행의 대금지급행위에 대해서도 개설은행은 대금충당을 약정한다.

여섯째, 신용장은 신용장상의 특정조건과 내용의 충족을 조건으로 하고 있으므로 조건부 약정이라고 볼 수 있지만 일단 이들 신용장 조건과 내용이 완전히 충족되면 개설은행이 반드시 대금지급의 책임을 지는 절대적 약정이다.

2) 신용장의 효용

신용장 결제방식이 세계적으로 널리 보급되고 이용된 데에는 여러 가지 유익한 기능이 인정되기 때문이다. 이미 언급한 바와 같이 무역거래는 국내거래와는 달리 거래의 당사자들이 서로 먼 거리에 위치해 있는 원격지간의 거래이기 때문에 수출업자의 입장에서는 선불을 받지 않고 자신의 물품을 수입업자에게 선적한다는 것은 극히 불안한 일이 아닐 수 없을 것이며, 수입업자의 입장에서도 물품을 입수하기 전에 대금을 수출업자에게 지불한다는 것 역시 대단히 불안한 일이다. 이러한 점에서 신용장이 이 같은 위험을 효과적으로 제거해 주는 기능을 갖고 있다는 것은 대단히 높은 효용성이 아닐 수 없을 것이다.

나아가 신용장은 매매당사자들의 금융상의 부담을 경감시켜주는 기능도 갖고 있다. 수출업자는 물품을 선적하는 즉시 수출대금을 자신의 거래은행으로부터 지급받을 수 있으며, 수입업자는 자신의 거래은행인 개설은행의 금융으로 물품의 도착과 더불어 대금을 지불해도 된다.

이하에서는 수출업자와 수입업자가 신용장을 통해 누릴 수 있는 여러 효용들에 대해 살펴보도록 한다.

(1) 수출업자의 효용

첫째, 신용장이 일단 개설되어 수출업자에게 내도되면 신용장 개설은행의 파산이나 불가항력의 경우를 제외하고는 반드시 대금결제를 받을 수 있다. 수출업자에게 있어 가장 큰 손실가능성은 수출이행 후 대금회수를 할 수 없게 되는 위험인데 신용장을 이용하면 신용장 개설은행의 지급확약에 따라 수출업자의 대금회수불능의 위험을 제거할 수 있다.

둘째, 신용장은 그것이 취소불능한 것이므로 일단 한번 발행되어 수출업자에게 통지되면 국내 사정이나 계약상품의 국제 시세에 따라 수입업자가 일방적으로 취소할 수 없다. 따라서 수출업자는 안심하고 계약상품의 제조와 가공에 전념할 수 있다.

셋째, 일단 신용장이 발급되면 그 후에 수입국의 외환사정이 악화되어 외환의 사용통제 또는 수입제한조치가 있다 해도 이미 개설된 신용장은 계속 유효하다. 더욱이 수입국 정부에서도 국제적 신용을 추락시켜 가면서까지 은행으로 하여금 지급거절을 시키는 것은 드문 일이다.

넷째, 수표나 어음에 의한 대금결제는 추심(collection)에 의하여 해결되므로 우편일수(mail date)만큼의 일정한 시일이 소요되지만 신용장에 의한 수출대금은 선적 후 제반 서류의 제시와 동시에 즉시 지급받을 수 있다. 신용장하에서 발행되는 환어음이 기한부 환어음이라 할지라도 해당 기간의 이자와 은행수수료만 공제하고 할인(discount)을 받아 즉시 대금회수도 가능하다.

다섯째, 지급도(D/P) 또는 인수도(D/A)와 같은 추심결제방식은 은행이 환어음을 매입 또는 할인을 해준다 해도 금액 전부를 지불하지 않고 수입업자가 어음대금을 완불할 때까지 수출대금의 20~30% 정도를 일종의 담보로 예치케 하는 것이 보통이다. 그러나 신용장에 의한 대금지불방식은 수출대금을 일시에 회수할 수 있다.

여섯째, 신용장이 수출업자에게 접수되면 수출업자는 우리나라의 경우에도 저율의 무역금융혜택을 받을 수 있어 수출에 따른 자금압박을 경감시킬 수 있다.

(2) 수입업자의 효용

첫째, 신용도가 낮은 수입업자 또는 수출국에 잘 알려져 있지 않은 수입업자는 자신이 원하는 상품을 수입하기란 여간해서는 쉬운 일이 아니다. 그러나 신용장방식을 채택하게 되면 자신의 신용을 은행이 대체시켜주어 현저히 신용도가 높아지기 때문에 국제무역거래에 역동적으로 참여할 수 있을 뿐만 아니라 수출업자와의 계약시에도 자신에게 유리한 조건을 내세워 높은 이윤을 얻을 수 있다.

둘째, 수입업자에게 있어 국제무역에서 가장 큰 손실 가능성은 계약상품을 입수하지 못하는 위험이다. 그러나 신용장을 이용하면 수입업자는 계약상품의 입수를 확신시켜 줄 수 있는 제반 조건과 내용의 서류의 제시를 수출업자에게 요구할 수 있고, 수출업자는 그러한 서류의 제시 없이는 수출대금을 회수할 수 없다. 따라서 수입업자는 일단 신용장에 규정된 조건과 내용에 일치하는 서류를 통해 물품입수불능의 위험을 효과적으로 제거할 수 있다.

셋째, 신용장에는 최종 선적일과 유효기일이 명시되어 있으므로 수입업자는 계약상품의 도착일시를 예측하여 당해 상품의 재판매 또는 가공 등의 일정을 조정할 수 있다.

넷째, 수입업자는 신용장개설은행에 소정의 담보만 제공하면 상품대금의 전불 없이도 관계 선적서류를 인도받을 때 대금지급을 하게 되므로 그 기간 동안 은행금융을 받는 것과 동일한 효용을 누릴 수 있다. 더욱이 기한부 신용장으로 대금결제를 하면 수입상품을 판매한 대금으로 특정 기일 후에 은행에 대금을 충당할 수 있으므로 상당기간 대금지급을 유예받는 효과를 볼 수 있다.

2. 신용장의 당사자

신용장거래에는 여러 관계 당사자들이 개입된다. 경우에 따라 이들은 선택적으로 개입하지만 이들 당사자 관계는 신용장거래의 양상에 따라 복잡한 계약의 형태로 얽혀질 수 있다. 이하에서는 신용장거래에 개입할 수 있는 여러 당사자들을 간략하게 살펴보기로 한다.

1) 개설의뢰인

매매계약의 당사자인 수입업자는 신용장거래에서는 신용장의 개설 또는 발행을 의뢰하는 개설의뢰인(applicant)이 된다. 수입업자는 수출업자와 매매계약을 체결할 때 대금결제방식으로 신용장을 합의하면 개설의뢰인으로서 자신의 거래은행에게 수출업자 앞으로 신용장을 발행해 줄 것을 요청한다.

개설의뢰인은 importer, buyer의 명칭 외에도 수출업자가 발행한 환어음을 지급하는 궁극적인 당사자이므로 drawee, accountee 또는 account party 등으로 그 채무의 당사자가 되며, 신용장의 개설은행이 신용을 부여한다는 관점에서 accredited buyer로도 불린다. 또 화물의 수령인이라는 의미에서 consignee, 신용장개설의 책임자로서 opener, 신용장개설은행의 고객이라는 차원에서 customer 등으로 표현되기도 한다.

개설의뢰인은 신용장통일규칙에서는 applicant로, 미국통일상법전에서는 customer

라는 용어로 사용되고 있다.

2) 수익자

수익자(beneficiary)란 매매계약의 당사자인 수출업자를 말한다. 이는 신용장의 개설에 의해 그 혜택을 직접 공여 받는다 해서 명명되는 신용장거래상의 용어이다. 따라서 beneficiary는 곧 exporter, seller가 되며, 신용장하에서 환어음을 발행하여 대금을 받을 권리가 있다 해서 drawer, accountor라고도 한다. 또한 신용을 공여 받았다 해서 accreditee, 화물을 선적하므로 shipper, 하주이므로 consignor, 자신의 앞으로 신용장이 내도되므로 addressee, 그리고 내도된 신용장을 활용하므로 user 등으로 표현된다.

이러한 여러 명칭의 수익자 용어는 신용장통일규칙에서는 beneficiary로 일률적으로 표현된다.

수익자는 개설의뢰인의 요청과 지시로 개설된 개설은행의 신용장을 통지받으면 신용장에 규정되어있는 제반 조건과 내용에 일치하는 관계 선적서류들을 구비해야 하며 환어음을 발행하여 대금을 회수한다.

한편 수익자가 생산시설을 갖추지 못한 무역업자이거나 또는 관계 물품을 하청계약하여 타인에게 신용장의 혜택을 양도해야 하는 당사자일 경우에는 신용장을 양도하게 되므로 transferor라고도 하며 양도받는 자에 대해 first beneficiary가 되고 양도받는 자는 second beneficiary가 된다.

3) 개설은행

자신의 고객인 개설의뢰인으로부터 신용장 개설의 지시와 요청을 받고 수출업자 즉 수익자 앞으로 신용장을 개설하는 은행을 말한다.

개설은행은 신용장을 개설한다 하여 opening bank, 신용장을 발행하므로 issuing bank, 수입업자에게 신용을 부여한다 하여 드물게 credit writing bank 또는 grantor로도 불린다. 신용장통일규칙상의 명칭은 issuing bank로 되어 있으며, 미국의 통일상법전에서는 issuer로 표현되어 있다.

신용장개설은행은 수출업자가 발행하는 환어음을 지불할 것을 확약하는 당사자이며, 그러한 확약이 담긴 신용장을 개설하는 주체이므로 신용장거래의 핵심 당사자이자 신용장의 중심점이 된다.

우리나라에서는 외국환은행들은 신용장을 대외적으로 발급할 수 있으며, 미국과 같은 나라에서는 당국으로부터 신용장 발행의 권한을 수권 받으면 어떠한 금융기관

(financial institution)이라고 신용장을 개설할 수 있다.

4) 통지은행

통지은행(advising bank ; notifying bank ; transmitting bank)이란 개설은행이 발행한 신용장을 수익자에게 통지 또는 전달해 주는 은행을 말한다.

통지은행은 일반적으로 수익자가 위치한 나라 또는 지역에 있는 수입국 개설은행의 본·지점이나 환거래취결은행이 되며, 전달해 주는 신용장에 대해서는 별도의 책임을 지거나 약정을 하지 않는다. 그러나 통지은행은 자신이 통지하는 신용장의 '외관상 진정성'(apparent authenticity)[13]을 확인하기 위해 합리적인 주의를 기울여야 할 의무는 있다.

통지은행이 전달해 주는 신용장의 진위성의 확인은 다음과 같은 두 가지 경우로 대별해 볼 수 있다.

첫째, 신용장이 우편으로 접수된 경우 통지은행은 서명부의 서명만 확인하고 수익자에게 전달한다.

둘째, 신용장이 전신이나 텔렉스, 또는 스위프트 시스템으로 접수된 경우 통지은행은 개설은행과 교환된 비밀번호(test key)나 암호(cipher)로 그 진위성을 확인하고 수익자에게 통지한다.

만일 통지은행이 외관상의 진정성을 확인할 수 없는 경우에는 지체없이 이를 개설은행에 통보하여야 한다. 그럼에도 진정성의 확인 없이 수익자에게 통보하게 되면 이 사실을 수익자에게 인지시켜야 한다.[14]

5) 확인은행

신용장의 중심점은 개설은행이다. 개설은행은 수익자가 신용장상에 명시된 제반 조건과 내용에 일치하는 관계 선적서류 일체를 제시하면 반드시 지급하겠다는 절대적인 약정의 당사자이다.

그러나 경우에 따라 개설은행이 수출지의 수익자에게 알려져 있지 않은 은행이거나 또는 그 명성의 신뢰성이 의심스러운 은행이라면 수익자는 이러한 신용장을 믿고 수출을 이행하기가 여간 불안한 일이 아닐 수 없을 것이다. 이러한 경우 수익자는 수입업자

---

13) '외관상 진정성'이란 통지하려는 신용장이 확실히 개설은행으로부터 개설된 것이지를 그 진위성을 확인하는 것을 말한다. 제6차 개정 신용장통일규칙 제9조 b)항 참조.

14) 제6차 개정 신용장통일규칙 제9조 d)항 참조.

에게 재력있고 명성있는 은행으로 하여금 개설은행의 지급확약을 확인해줄 것을 요구할 수 있다. 이러한 요구에 따라 수입업자의 요청으로 신용장거래에 개입하는 은행을 확인은행(confirming bank)이라 한다.

확인은행이 하는 확인(confirmation)은 개설은행의 수익자에 대한 지급·인수·매입 확약의 재확약의 의미를 가지고 있기 때문에 확인은행의 개입은 또 하나의 개설은행의 존재와 동등한 결과가 된다.

확인은행의 유형에는 여러 가지가 있을 수 있는데 통상 수익자가 소재한 나라의 통지은행이 확인은행을 겸하는 경우가 대부분이며, 경우에 따라 수익자 거주국 내의 은행이 아닌 제3의 은행이 확인은행이 될 수 있다. 어떠한 유형의 은행이든 일단 그 은행이 확인을 하게 되면 개설은행의 지급확약에 대한 추가적인 확약의 형태로 인정되어 개설은행의 재력이나 존폐에 관계없이 확인은행은 수익자가 발행한 환어음의 지급·인수·매입의 책임을 지게 된다.[15)]

6) 지급은행과 인수은행

신용장상에 명시된 제반 조건과 내용에 일치하는 관계 선적서류를 구비한 수익자는 개설은행으로 직접 이들 서류를 송부하여 대금을 지급 받을 수도 있지만 보통 이러한 방식보다는 수익자 자신이 위치한 국가 또는 지역에 소재한 개설은행의 환거래취결은행에 서류와 환어음을 제시하는 것이 더욱 일반적인 관행이다.

수익자가 발행하는 환어음이 일람불환어음(sight drafts)이면 이때 개입하는 수익자 소재지의 은행은 지급(payment)을 행하는 지급은행(paying bank)이 된다.

지급방식이 신용장에서 이루어질 경우 환어음의 발행은 거래관행상 불필요한 것이므로 신용장에 특별히 환어음의 발행을 규정해 놓고 있지 않는 한 지급방식에서는 환어음이 발행되지 않는 것이 일반적이다.

따라서 지급은 수익자가 제시한 신용장상의 관계 선적서류와 상환으로 이루어지며 개입하는 지급은행은 개설은행의 본점 내지 지점, 또는 개설은행의 환거래취결은행이 되고 법률적으로 개설은행의 대리인(agent)역할을 한다. 그러므로 지급행위의 궁극적인 책임은 개설은행으로 귀착된다.

대개 지급은행에게는 개설은행의 환계정이 있으므로 수익자에게 지급함과 동시에 개설은행 구좌에 차기하게 되어 대금상환을 받게 된다.[16)]

---

15) 제6차 개정 신용장통일규칙 제8조 a)항 참조.

16) 박대위,「신용장」, 법문사, 1994, p.45.

한편 지급방식과는 달리 수익자가 은행에 제시하는 환어음이 기한부환어음(usance draft)일 경우 이 기한부환어음을 인수(acceptance)하고 만기에 지급하는 은행을 인수은행(accepting bank)이라고 한다.

경우에 따라 수출대금을 서둘러 현금화 하려는 수익자에 대해서 인수은행은 환어음 기간에 해당하는 만큼의 이자와 수수료를 공제하고 할인(discount)해 줄 수도 있다. 은행의 입장에서 할인이란 환어음을 대상으로 그 액면가치보다 낮은 금액으로 환어음을 매입(negotiation)하는 것을 의미한다. 차액은 주로 이자의 형태로 나타난다. 수익자의 입장에서는 현금을 미리 조달하기 위하여 표시된 금액보다 적은 금액으로 환어음을 매도하는 형태가 된다.[17)]

7) 매입은행

매입(negotiation)이라는 것은 배서(endorsement)에 의해 타인에게 환어음의 금액을 이전시키는 행위를 의미하는데.[18)] 신용장거래에서 대금의 지불방식이 매입으로 되어 있을 때 이때 개입하는 은행을 매입은행(negotiating bank)이라 한다.

매입행위를 하는 은행은 신용장상에 명시된 개설은행의 지급확약을 전적으로 믿고 개설은행으로부터 수익자에게 매입해준 대금의 상환을 받을 것이라는 확신하에 자기자금으로 수익자에게 대금을 매입하여 준다.

따라서 매입은행은 환어음의 정당한 소지인(holder in due course)이 되며, 매입은행은 개설은행의 대리인(agent) 역할을 하는 지급은행과는 달리 매입행위에 대해 전적으로 자신이 책임을 지는 본인(principal)의 위치에 서게 된다. 개설은행은 자신이 발행한 신용장상의 지급확약에 따라 신용장조건과 내용에 일치하는 서류 및 환어음과 상환으로 매입해준 매입은행에게 신용장대금을 상환해 주어야 한다.

매입은행은 자기의 자금으로 수익자에게 먼저 대금을 매입해주고 일정기간 후에 대금상환을 받게 되므로 그 기간 동안의 이자와 수수료를 수익자로부터 공제하게 된다.[19)]

신용장거래에 개입하는 매입은행은 크게 두 가지의 유형이 있다.

하나는, 신용장이 개설될 때 당초부터 신용장개설은행에 의해 매입을 수권받아 지정된 매입은행이고, 다른 하나는, 특별히 신용장개설은행에 의해 지정받지 않고 수익자의 선택에 의해 자유롭게 개입하는 매입은행이다.

---

17) Henry Harfield, *Bank Credit and Acceptaces,* The Ronald Press, 1974, pp. 121-124 참조.

18) John F. Dolan, *The Law of Letter of Credit,* Warren, Gorham & Lamont, 1991, Section 5,03,05-15.

19) 박대위, 「전게서」, p.46.

8) 상환은행

신용장거래에서는 일반적으로 개설은행이 매입은행에 대해서 대금을 상환해 주므로 상환은행(reimbursing bank ; settling bank)이 되지만, 경우에 따라 신용장의 결제통화가 수입국이나 수출국 통화가 아닌 제3국의 통화일 때는 제3국에 위치한 개설은행의 예치환은행(depositary bank)이 신용장대금의 상환은행이 될 수 있다.

3. 신용장에 의한 결제과정

신용장에 의한 대금결제과정은 아래와 같은 절차로 이루어진다.

① 매매계약의 체결 : 수입업자와 수출업자는 매매계약을 체결하면서 대금결제조건을 신용장방식에 의한다고 상호간에 합의한다.

② 신용장의 개설지시 및 요청 : 수입업자(신용장개설의뢰인)는 매매계약의 조건에 따라 자신의 거래은행(신용장개설은행)에게 수출업자를 수익자로 하는 신용장을 개설해 줄 것을 지시 · 요청한다.

③ 신용장의 개설과 통지 의뢰 : 개설은행은 신용장을 개설하고 통상 수익자 소재의 국가 내지 지역에 위치한 은행에 당해 신용장을 통지해줄 것을 요청한다. 경우에 따라 개설은행은 수출업자의 요구가 있을 경우 통지은행에 확인은행의 역할을 추가적으로 요청할 수 있다.

④ 통지은행의 신용장 전달 : 통지은행은 자신의 관례적인 방법에 따라 신용장의 진위 여부를 확인한 후 자신의 책임 없이 신용장을 수익자에게 통지한다.

⑤ 신용장의 내도와 계약물품의 선적 : 수익자 앞으로 신용장이 내도하면 수익자는 신용장상의 제반조건과 내용을 면밀히 검토한 후 상품을 선적할 준비를 갖춘다.
수익자는 신용장의 조건과 내용에 따라 계약상품을 선적하고 관계서류 및/또는 환어음들을 구비하여 신용장에 명시된 대로 지정된 지급 · 인수 · 매입은행에 관계서류를 제시한다.

⑥ 은행의 서류검토와 대금의 지급 · 인수 · 매입 : 수익자의 서류 및/또는 환어음의 제시를 받은 지급 · 인수 · 매입은행은 제출된 서류 및/또는 환어음이 신용장조건과 내용에 일치하는지 여부를 합리적 주의를 기울여 검토한 후 신용장의 조건에 따라 지급 · 인수 · 매입한다.

⑦ 서류의 송부 : 지급 · 인수 · 매입은행은 개설은행으로 관계서류 일체를 송부한다.

⑧ 개설은행의 서류검토와 대금상환 : 개설은행은 송부되어 온 서류를 면밀히 검토한

후 신용장조건과 내용에 일치한다고 판단하면 지급·인수·매입을 해준 은행에 대금을 상환한다.

⑨ 개설은행의 개설의뢰인으로의 서류인도 : 개설은행은 검토를 마친 제반 관계서류를 수입업자인 개설의뢰인에게 인도하고 개설의뢰인으로부터 대금의 충당을 받는다.

⑩ 계약물품의 입수 : 수입업자는 인도받은 운송서류를 운송회사에 제시하고 상품을 인도받는다.

이상과 같은 절차를 간단히 그림으로 표시하면 다음과 같다.

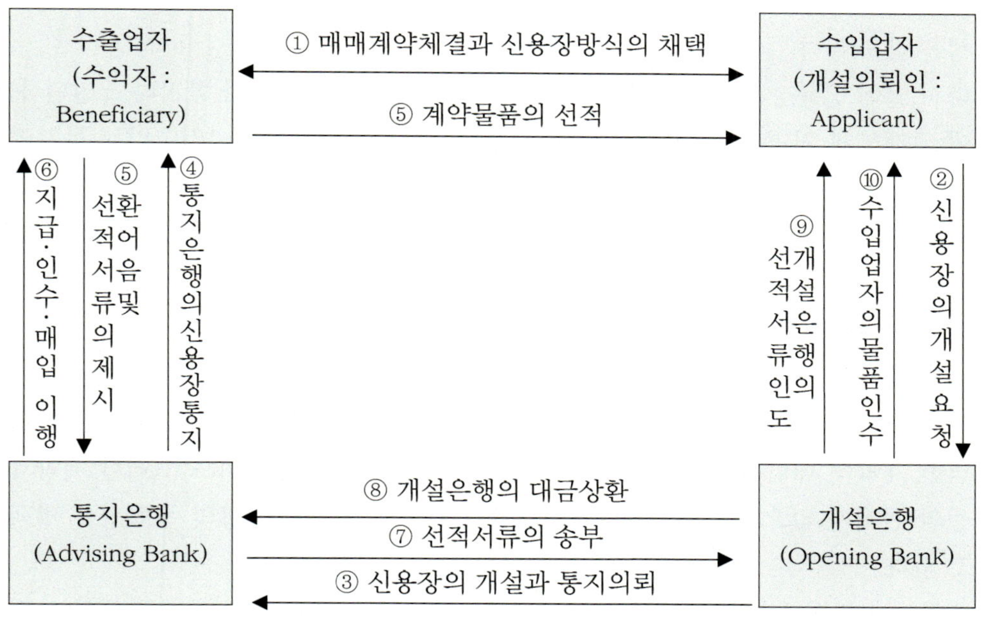

| 그림 7-9 | 신용장 결제방식에 의한 대금결제과정

4. 신용장의 독립·추상성의 원칙

1) 신용장의 독립·추상성의 의의

수출업자와 수입업자 상호간의 대금회수불능의 위험과 상품입수불능의 위험을 효과적으로 제거하기 위해 은행이라는 공공성을 띤 제3자가 개입하게 되는 신용장거래에서 은행이 신용장거래의 중심점으로서의 역할을 하기 위해서는 반드시 은행의 중립성이 전제되어야 한다.

나아가 은행이 수출업자와 수입업자간의 이해관계에 휘말리지 않고 자신에게 주어진 공정한 임무[20]만을 성공적으로 수행하기 위해서는 매매당사자들과는 독립적인 확고한 위치의 확보가 필요하다. 이러한 요구를 충족시키기 위해 상관습의 형태로 발전해 온 신용장거래관습의 주요 원칙이 이른바 신용장의 독립·추상성원칙이다.

신용장은 인위적인 법 이론에 의해서 만들어졌다기보다는 상인들간에 오랫동안 이용되어온 상관습에 의해 고안된 독특한 결제방법이다.

따라서 신용장은 매매계약을 이행하는 과정에서 거래당사자간에 신용장방식을 선택할 때 의미를 갖게 되지만, 일단 매매계약에 따라 신용장이 개설되면 계약의 당사자가 아닌 은행이 개입하여 당해 은행이 거래의 중심점이 되므로 신용장은 그 자체로서 독립성을 갖게 된다.

다시 말해 신용장은 어떤 특정한 매매계약에 의해서 생성되었다 할지라도 일단 신용장이 존재하게 되면 그 전의 매매계약에 대해서는 하등의 구애를 받지 않는 독자적인 법률성을 갖게 된다, 이에 따라 매매계약의 당사자가 아닌 은행이 신용장의 중심적 당사자가 되어 수출업자와 수입업자 사이에서 매매계약과는 별개의 독립적인 관계를 유지하면서 오로지 신용장내에서만 의무와 책임을 진다. 이 같은 신용장거래원칙을 신용장의 독립성원칙이라 한다.[21]

이에 따라 신용장통일규칙에서도 "신용장은 비록 그것이 매매계약이나 기타 다른 계약에 근거를 두고 있다하더라도 본질적으로 이러한 계약들과는 별개의 거래이며, 또한 이러한 계약에 대한 참조사항이 신용장에 포함되어있다고 하더라도 그러한 계약과는 하등의 관계가 없으며 구속당하지도 않는다."고 규정하여 신용장의 독립성을 명백히 하고 있다.[22]

또한 신용장거래에 있어서 모든 관계당사자는 서류만을 근거로 거래를 행하는 것이며, 이들 서류에 관련되어 있는 상품, 용역 및 기타의 계약에 의해 거래하는 것은 아니다. 즉 신용장거래는 서류상의 거래이기 때문에 은행은 서류를 사고파는 것이지 상품

---

20) 은행의 개입목적은 국제무역거래에 수반되는 대금의 지급을 촉진하고 이를 보장하는데 그 핵심이 있다. ; E. Eberth & E. P. Ellinger, "Deferred Payment Credit : A Comparative Analysis of their Special Problems.", *Journal of Maritime Law & Commerce,* vol. 14. 1983, p.387.

21) 신용장의 독립·추상성은 그 기본적 개념이 본래 유통유가증권(negotiable instrument)을 소지하고 있는 선의의 제3자(bona-fide holder)는 당해 유가증권에 관계해 있는 계약(underling contract)으로부터 보호해야 한다는 상거래관습에서 비롯된 것이다. ; Boris Kozolchyk, *Commercial Letter of Credit in the Americas,* Matthew Bender & Co., 1977, pp.454-457.

22) 제6차 개정 신용장통일규칙, 제4조 (a)항.

을 사고파는 것이 아니다. 따라서 수입업자는 신용장방식을 채택하면 상품을 입수한 후 대금결제를 하는 것이 아니고 서류만을 근거로 대금지급을 해야 한다. 수출업자 역시 상품을 대표하는 서류들만을 가지고 대금을 회수해야 한다. 신용장거래의 이러한 특성을 신용장의 추상성이라 한다.

신용장통일규칙에서도 신용장거래에서의 모든 관계당사자는 서류만을 취급하는 것이지, 그 서류와 관련된 물품, 용역 및 기타의 의무이행을 취급하는 것이 아니라는 내용을 규정하고 있다.[23)]

따라서 신용장거래에서는 상품, 용역 또는 계약이행의 여부에 대해 은행은 상관할 필요가 없으며 오로지 서류에만 거래의 목적을 두게 된다. 따라서 상품이 서류보다 먼저 목적지에 도착하여 수입업자가 당해 상품을 검사한 후 상품의 하자를 발견했다 해도 수익자가 제시한 신용장상의 제반 선적서류가 신용장의 조건과 내용에 일치한다면 대금을 지급할 수밖에 없으며, 반대로 수출업자도 올바른 계약물품을 선적하였다 해도 서류가 신용장의 조건과 내용에 일치하지 않는 하자를 담고 있다면 대금지급을 받을 수 없다.

결국 신용장거래에서 가장 핵심이 되는 것은 수익자가 제출하는 서류들이 신용장의 조건과 내용을 충족시키고 있느냐는 것이며, 은행은 서류만을 가지고 모든 판단과 의무이행을 해야 한다는 것이다.

2) 신용장 독립·추상성의 필요성과 한계성

신용장거래는 매매계약과는 별개의 독립적 거래이며 서류상의 거래라는 신용장의 독립·추상성원칙이 필요한 이유는 다음과 같다.

매매계약의 당사자인 수출업자와 수입업자들은 거래의 목적인 매매계약에 대해 잘 알고 있지만 매매계약의 당사자가 아닌 신용장 개설은행이나 신용장거래에 참여하는 지급·인수·매입은행 등은 매매계약에 대해서는 알지 못한다.

따라서 신용장거래에서만 존재의미가 있는 이들 은행이 만일 자신들이 알지도 못하는 매매계약의 내용에 의해 규제를 받는다든지, 그 내용에 따라 책임을 부담할 일이 생긴다면 이는 은행에게 대단히 부당한 일이 아닐 수 없을 것이다. 따라서 은행은 자신이 관련도 없는 매매계약과는 별개의 계약관계를 유지하고 싶어 하는 것은 당연한 일일 것이다. 즉 은행은 어디까지나 자신이 알고 있고, 신용장에 약정되어 명문화된 신용장거래의 테두리 안에서만 책임을 부담하기를 원할 것이다.

또한 은행은 국제적으로 거래가 이루어지는 수없이 다양한 거래상품에 대해서는 전

23) 제6차 개정 신용장통일규칙, 제5조.

문적 지식이 없기 때문에 매매계약서를 본다고 해도 이를 전부 이해할 수 없는 경우가 많다. 그러므로 은행은 신용장에 명시된 서류만을 갖고 서류취급의 전문가로서 계약이행의 여부를 결정하는 것이 보다 더 효율적이라 할 수 있다.

만일 신용장의 독립·추상성이 보장되지 않는다면 신용장에 참여하는 관련 은행들은 신용장에 의한 금융이나 어음매입을 회피하게 될 것이며, 이러한 은행의 위축된 자세는 국제무역거래를 위축시키게 될 것이다.

이와 같이 신용장거래에 독립·추상성이 보장되지 않으면 신용장은 국제무역의 대금결제수단으로서의 기능을 상실하게 되며, 국제물품 매매당사자들은 더 이상 신용장이 주는 효용을 누릴 수 없게 될 것이다. 결국 신용장의 독립·추상성은 신용장이 존재하기 위한 필수요건이라 할 수 있다.

한편 신용장은 독립·추상성을 바탕으로 국제무역거래를 촉진시켜주는 효율적 결제수단이지만 신용장에도 다음과 같은 몇 가지 한계점들이 있다.

첫째, 신용장은 신용장상의 조건과 내용에 일치하는 제반 선적서류가 제시되면 신용장금액을 지불하겠다는 은행의 약정이기 때문에 사실 계약의 성질을 갖고 있는 약속증서이지 이 자체가 어음이나 수표와 같이 유통 가능한 독립적 지급수단이 아니다.

둘째, 신용장 개설은행은 수입업자가 지불불능상태가 되어도 대금지급을 약속하지만, 이를 위해서는 반드시 수출업자는 신용장상의 모든 조건과 내용을 엄격하게 충족시킨 서류를 제시하여야 한다. 수익자가 제시한 서류들이 신용장의 조건과 내용에 엄격하게 부합하는지 여부에 대해 은행과 수출업자 간에 견해 차이가 있을 경우 소송 등과 같은 법률적 다툼이 발생할 소지가 있음을 유의하여야 한다.

셋째, 신용장거래는 어디까지나 서류상의 거래이기 때문에 서류상으로 신용장의 제조건과 내용이 충족되면 은행은 대금을 지불하게 된다. 따라서 경우에 따라 수출업자가 계약과 다른 물품을 선적하고 제출할 서류만을 신용장 조건대로 작성하여 은행에게 제시하고 대금결제를 받아도 은행은 이에 대해 면책된다. 신용장거래는 이 같은 사기적 형태의 수출업자의 기망행위까지 보장해 주는 대금결제수단은 아니라는 것을 유의하여야 한다.

3) 신용장 독립·추성성의 효과

(1) 수익자에게 주는 효과

가장 대표적인 첫 번째 효과로는 우선, 수익자는 매매계약을 이행한다는 차원에서 일단 신용장이 내도되어 신용장상에 명시된 제반 조건과 내용에 일치하는 관계 서류를 은행에 제시하면 반드시 대금지불을 받을 수 있다. 다시 말해 수입업자인 개설의뢰인이 상품이나 계약내용을 빌미로 대금지불을 거절한다든지 또는 지급을 유예시키려 한다하여도 서류만 신용장과 일치하면 대금지급을 받을 수 있다. 그러나 이와 반대로 신용장의 조건과 내용에 일치하지 않는 서류를 제시한다면 수익자는 대금지급을 받을 수 없게 된다.

또 다른 효과 하나는, 신용장의 독립·추상성원칙에 따라 수익자는 어떠한 경우에도 은행 상호간에 또는 개설의뢰인과 개설은행 간에 존재하는 계약관계를 원용해서는 안된다.[24] 왜냐 하면 신용장 자체에는 그 기본이 되어 있는 매매계약을 비롯하여 신용장 개설의 전 단계에 요구되는 신용장개설계약이 있고, 또 신용장거래의 수행 상 필요한 은행 간의 환거래취결계약 등이 있을 수 있으며 이러한 계약관계는 각각의 당사자에게만 구속력이 있고, 나아가 신용장 자체는 이들의 계약과는 독립되어 있는 것이기 때문에 수익자는 자신이 당사자가 아닌 다른 계약을 원용할 수는 없다.

(2) 개설의뢰인에게 주는 효과

일견 신용장의 독립·추상성 때문에 가장 불리한 입장에 놓이는 당사자는 수입업자인 개설의뢰인일 수도 있다. 왜냐하면 수입업자는 상품의 확인 없이 수익자가 제출한 서류가 신용장의 조건과 내용에 일치하기만 하면 대금을 지급할 의무가 있기 때문이다.

이러한 관점에서 개설의뢰인은 자신의 권익을 보호하고, 주문한 계약물품을 제대로 인수받을 수 있도록 보장받기 위해 신용장개설시 신용장상에 과도한 명세 내지 이행의 까다로운 조건을 삽입하려 한다. 그러나 이러한 관행은 신용장거래의 효율성을 저해한다는 차원에서 신용장거래에서 금기시 되어 있기 때문에[25] 바람직한 방법이 아니라 볼 수 있다.

물론 개설의뢰인은 상품을 엉터리로 선적하고 서류만 신용장에 일치시키는 부도덕한 수출업자의 계약위반 내지 사기 행각을 방지하기 위해 여러 자구책을 동원할 수도 있으나 무엇보다도 중요한 것은 엄격한 신용조회를 통해 건실한 수출업자와 거래하는 것이 가장 바람직한 방법이라 할 수 있다.

(3) 지급·인수·매입은행

신용장거래에 개입하는 지급·인수·매입은행 등은 신용장에서 요구하는 제반서류

---

24) 제6차 개정 신용장통일규칙 제3조 (b)항.

25) 제6차 개정 신용장통일규칙 제5조.

가 신용장의 조건과 내용에 일치할 경우 이를 지급·인수·매입하면 개설은행으로부터 반드시 대금상환을 받을 수 있다.

이들 은행들이 신용장에서 요구하는 제반 서류와 상환으로 이들 은행들이 지급·인수·매입을 한다는 것은 당해 은행에 대금상환을 해주겠다는 개설은행의 절대적 약정만 믿고 지급·인수·매입 행위를 한 것이므로 이들 은행은 수출업자가 매매계약을 위반하였다는 것을 이유로 수입업자나 개설은행으로부터 항변을 받지 않는다.[26)]

(4) 개설은행

신용장거래에서는 수입업자는 상품을 입수한 후 대금결제를 하는 것이 아니라 서류만을 근거로 대금지급을 해야 하기 때문에 서류를 취급하는 최후의 보루인 개설은행에 대해 수입업자는 매매계약상의 이유 등을 들어 대금지급을 유예시키려 하는 경향이 많다.

더욱이 수입업자는 당초부터 개설은행에게 신용장개설의 지시를 할 때 이미 앞서 설명한 바와 같이 과다한 명세 내지 모호한 조건들을 신용장에 삽입하여 발행해 주도록 요구하기도 한다. 이러한 개설의뢰인의 모든 요구를 들어주게 되면 개설은행은 필연적으로 매매계약을 참고하여 대금지급을 해야 하는 상황이 발생할 수 있으므로 이는 신용장의 독립·추상성원칙을 개설은행 스스로 위반해버리는 결과가 되어 신용장거래하에서 전혀 보호받을 수 없게 된다.

따라서 개설은행은 신용장하에서 자신의 독립성과 중립성을 실현하기 위해서 오로지 서류만을 근거로 대금지급 해야만 한다는 사실을 잊어서는 안된다.

4) 신용장과 매매계약과의 관계

신용장은 매매계약의 한 조건, 즉 대금결제조건이라는 하나의 부분이고, 신용장의 개설 근거 역시 매매계약으로부터 파생되기 때문에 매매계약은 신용장에 영향을 미칠 수 있고 매매계약과 신용장은 서로 연관된 거래라 볼 수 있다. 그러나 일단 신용장이 개설되어 수익자에게 내도되면 매매계약과 신용장은 전혀 별개의 거래가 된다.

만일 매매계약상의 내용과 다른 내용을 담은 신용장이 개설된 경우 수출업자는 과연 어디에 근거하여 자신의 매매계약상의 의무를 이행하여야 하는가 하는 문제가 있을 수 있다. 이 경우 수출업자인 수익자는 신용장을 통해 대금을 결제받기 위해서는 매매계약의 내용이 아닌 신용장의 조건과 내용에 따라 계약을 이행해야만 한다. 이것이 바로 신용장의 독립·추상성의 전적인 예이다.

---

26) 박대위,「전게서」, p.28

은행은 매매계약의 당사자가 아니며, 신용장은 매매계약과는 별개의 거래이기 때문에 은행은 매매계약에 근거한 이유 내지 항변에 의해서 신용장상의 권리를 침해당하지 않는다.

수출업자인 수익자 역시 일단 신용장이 내도되어 자신에게 접수되면 신용장상에 따른 자신의 의무와 책임, 즉 신용장조건과 내용에 일치하는 서류만 제시하면 개설은행으로부터 반드시 대금을 지급받을 수 있다.

신용장거래에 참여하는 은행들 역시 자신에게 제출된 서류가 매매계약의 내용과 일치하는지 여부를 확인할 의무는 전혀 없으며 오로지 신용장과 서류만을 근거로 행동해야 한다.

경우에 따라 수입업자인 개설의뢰인은 자신이 계약한 상품의 입수를 보장받기 위해 신용장상에 매매계약의 이행을 조건으로 하는 특정 내용을 삽입하는 때가 있다.

예컨대 '수입업자가 수입한 제품을 재수출하여 재수출한 상품의 대금이 수입업자에게 송금되면 대금결제한다.'라는 조건이 포함된 경우 이러한 신용장을 무심코 받아들여 수출을 이행한 수출업자는 추후 재수출 대금이 송금되지 않았음을 이유로 한 수입업자의 대금지급 유예행위에 대해 항변할 수 없게 됨을 주의하여야 한다.[27)]

물론 신용장 개설은행은 개설의뢰인의 상품에 관련한 여러 제한조건이나 매매계약과의 연관성을 강조한 과도한 명세 등의 요구사항을 신용장 개설 전에 미리 제지시킬 필요가 있지만, 수익자 측면에서도 이 같은 신용장이 내도되면 개설의뢰인에게 이러한 과도한 조건들의 시정조치를 적극적으로 요구하여야 할 것이다.

신용장은 어디까지나 일정한 조건을 구비한 서류와 상환으로 대금의 지급이 이루어지는 결제수단이지, 상품이나 기타 매매계약에 따른 의무이행 등을 보증해 주는 직접적이고 절대적인 금융수단은 아닌 것이다.

5) 수익자와 은행과의 관계

수익자와 개설의뢰인에 의해 매매계약은 체결되지만 이로 인해 창출된 신용장은 신용장의 독립성원칙에 따라 매매계약과는 전혀 관련이 없음은 이미 앞서 설명한 바와 같다.

신용장의 수익자인 수출업자는 매매계약에 따라 개설된 신용장을 입수하였으면 당해 신용장에 따라 자신의 책임을 다하면 되는 것이지 그 신용장을 개설한 개설은행과

---

27) ICC, *Opinions of the ICC Banking Commission on queries relating to Uniform Customs and Practice for Documentary Credits (1989-1991),* ICC Publishing S.A., 1992, p.14 참조.

기타의 은행들(통지은행 또는 확인은행 등), 그리고 수입업자인 개설의뢰인과의 계약관계에 대해서는 관여할 수 없으며, 또 이들 계약관계에 대해 굳이 알 필요도 없음도 이미 앞서 설명한 바와 같다.

신용장거래에는 그 기본이 되는 매매계약이 있고, 개설은행과 개설의뢰인 간에는 신용장개설약정, 즉 대금충당약정(reimbursement engagement)이 있으며, 은행 간에는 신용장거래를 수행하기 위해 필요한 은행 간의 계약이 있다.

이러한 계약들은 각각의 관계 당사자에게만 구속력이 있고, 신용장 자체는 이들 계약과는 독립되어 있는 것이기 때문에 수익자는 자신이 당사자가 아닌 다른 여타의 계약을 원용할 수 없다.

제6차 개정 신용장통일규칙에서도 "수익자는 어떠한 경우에도 은행들 간 또는 개설의뢰인과 개설은행 간에 존재하는 계약관계를 원용할 수 없다."라고 수익자와 은행과의 관계를 명확히 하고 있다.[28)]

한편 여기서 유의해야 할 것은 신용장이라는 것은, 특히 당해 신용장을 수익자에게 통지한다는 의미는 신용장상의 제반조건들이 충족되는 경우 신용장거래에 수반되는 서류들을 구입(purchase)하겠다는 개설은행의 수익자에 대한 일종의 오퍼(offer)의 성격도 갖고 있다는 점이다.[29)] 따라서 수익자가 당해 오퍼를 수락(acceptance)하고 그에 따른 조건이행을 수행함에 있어 수익자가 원용할 수 없는 이들 계약에 근거하여 손실을 입을 경우 과연 수익자는 그들 관계에 의해 손해배상의 여지가 없는가 하는 문제가 발생한다.

현행 제6차 개정 신용장통일규칙은 이러한 경우에 대해 수익자의 구제조치 내지는 은행들의 책임한계에 대해 별다른 판단기준을 제시하지 못하고 있는 바, 이에 대해 외국법원에서는 은행에게는 수익자가 신용장상의 조건이행을 위해 필요하다고 판단될 수 있는 정보를 제공할 수 있도록 당해 정보의 제공에 합리적인 주의(reasonable care)를 기울일 의무가 있고 이를 태만히 하였거나 부주의 한 경우에는 그로 인해 피해를 입은 수익자에게 배상책임이 있다는 데에 견해를 같이 하고 있다.[30)]

수익자는 일단 신용장이 통지되어 자신에게 내도되면 자신과는 관련이 없는 계약들

---

28) 제6차 개정 신용장통일규칙 제4조 (a)항 : "…. Beneficiary can in no case avail itself of the contractual relationships existing between banks or between the applicant and the issuing bank."

29) F. M. Ventris, *Bankers' Documentary Credits,* 2nd ed., Lloyd's of London Press Ltd., 1983, p.8.

30) *Donogue v. Stevenson*(1932), A.C.562 ; *Hedley Byrne & Co., Ltd. v. Heller and Partners Ltd.*(1963), 1 Lloyd's Law Report 485 ; *McInerny v. Lloyds Bank Ltd.*(1974) 1 Lloyd's Law Report 246.

에는 관여할 수 없고, 이를 원용할 수도 없음은 신용장의 독립성원칙에 따라 자명하지만 수익자가 신용장상의 약정을 믿고 행동하는데 필요한 정보는 적기에 수익자에게 합리적으로 제공되어야 한다.

5. 신용장의 종류

신용장은 분류 기준에 따라 다양한 종류가 있을 수 있다. 예를 들어 수출을 위한 신용장인지 수입을 위한 신용장인지 당사자 입장에서 구분될 수도 있고, 신용장의 효력에 따라서 취소가능신용장과 취소불능신용장으로 분류될 수도 있다. 또한 지불방식에 따라 지급신용장, 인수신용장, 연지급신용장, 그리고 매입신용장 등으로 구분될 수 있고, 서류가 수반되는지 여부에 따라 화환신용장과 무담보신용장으로 나뉠 수도 있다.

신용장은 상인들의 편의에 따라 만들어진 것이므로 그 형태나 기능이 얼마든지 다양해 질 수 있으며, 심지어 기존에 볼 수 없었던 새로운 형태의 신용장이 생겨날 수도 있다.

이하에서는 무역거래에서 일반적으로 사용되고 있는 신용장을 광의로 분류해 보고, 화환신용장의 종류와 보증신용장, 국내에서 많이 활용되는 내국신용장, 그리고 신용장과 유사한 형태를 가진 유사신용장들을 중심으로 살펴보도록 한다.

1) 광의의 분류

(1) 수출신용장과 수입신용장

신용장은 그 이용자의 입장에서 수출신용장(export credit)과 수입신용장(import credit)으로 구분될 수 있다. 이는 동일한 신용장을 놓고 수입업자 측면에서는 수입신용장이 되고, 수출업자 측면에서는 수출신용장이 되므로 본질적으로는 조금도 다를 바가 없다. 다만 실무적으로 수입용 신용장을 개설해야 하는 수입업자로서는 수입거래약정서, 담보금, 개설수수료 등이 관심의 대상이 되며, 수출용 신용장을 접수한 수출업자로서는 신용장 조건의 해석, 신용장에 요구된 서류의 작성 및 환어음 조건, 그리고 유효기일 등이 관심의 대상이 된다.

(2) 상업신용장과 Clean신용장

상업신용장(commercial letter of credit)은 매매계약의 결과 유형의 상품거래에 대한 결제를 위해 사용되는 신용장을 말하며 반드시 선적서류가 수반된다. 반면 Clean신용장은 선적서류의 제시가 필요하지 않은 상품 이외의 거래, 다시 말해 운임, 보험료, 수수료 등과 같은 용역거래의 결제를 위해 사용되는 신용장을 말하며, 경우에 따라 입찰

보증, 계약이행보증, 여신공여를 위한 보증 등의 형태에도 사용된다.

(3) 개인신용장과 은행신용장

신용장에 의거하여 수출업자가 발행한 환어음이 개설은행 또는 개설은행이 지정한 결제은행을 지급인으로 하고, 이들 개설은행 또는 결제은행이 수출업자가 발행한 환어음의 지급을 확약하고 있는 신용장을 은행신용장(banker's credit)이라 한다.

초기의 신용장은 은행이 아닌 수입업자가 직접 자기명의로 수출업자에게 신용장을 개설한 개인신용장(mercantile credit)의 형태였으나 현재의 신용장은 대부분 은행이 신용장을 개설한다.

한편 수입업자 앞으로 환어음이 발행되도록 하고 있어도 이에 대한 지급의 확약을 은행이 하고 있다면 이는 넓은 의미의 은행신용장에 해당한다. 문제는 누가 신용장을 발행하고, 그 지급을 확약하느냐에 있는 것이지, 신용장하의 환어음이 누구 앞으로 발행되어야 하느냐는 분류의 중요한 결정요인이 아닌 것이다.

따라서 환어음이 누구 앞으로 발행되든 신용장의 개설은행이 신용장을 발행하고, 이에 의한 지급을 명시적으로 확약하고 있다면 신용장의 명칭이 무엇이든 그 표현에 관계없이 이는 은행신용장이며,[31] 은행신용장의 명칭으로 신용장이 개설되어도 이에 대해 개설은행이 지급을 확약하고 있지 않다면 이는 은행신용장이 아닌 것이다. 또한 수입업자가 직접 신용장을 발행하고 은행이 이에 대해 지급을 보증하는 역할만을 한다면 이것 또한 은행신용장이 아닌 것이다.[32]

결국 은행신용장이란 신용장 발행의 주체, 그리고 신용장에서의 지급의 확약의 주체가 은행이어야만 비로소 그 의미가 있다.

(4) Simple Credit과 Reimbursement Credit

이는 신용장 대금의 결제방법에 따른 분류이다. 즉, 신용장에 의하여 발행된 환어음에 대가를 지급한 매입은행 또는 지급은행이 개설은행의 예금계정(deposit account)을 가지고 있어 그 계정에서 매입은행 또는 지급은행이 수익자에게 지불한 금액을 차기(debit)하여 즉시 대금상환을 받을 수 있는 신용장을 Simple Credit이라고 한다.

반면에 매입은행 또는 지급은행에 개설은행의 계정이 없어 별도로 개설은행 또는 개

---

31) 신용장을 정의한 제6차 개정 신용장통일규칙 제2조도 이 개념을 반영하고 있다.

32) ICC, *Case Studies on Documentary Credits,* ICC Publishing S.A., 1989, pp.17-18 ; ICC, *Opinions of the ICC Banking Commission (1989-1991),* ICC Publishing S.A., 1992, pp.11-12.

설은행이 지정한 제3의 결제은행 앞으로 환어음을 발행하여 대금을 추심받아 상환받아야 하는 신용장을 Reimbursement Credit이라 한다. 이때 매입은행 또는 지급은행이 선적서류 일체를 함께 송부해야 하는 경우 이를 documentary reimbursement 방식이라 하고, 선적서류의 송부 없이 환어음만으로 결제가 되는 경우를 clean reimbursement 방식이라고 한다.

2) 상업신용장의 종류

(1) 취소가능신용장과 취소불능신용장

① 취소가능신용장(revocable credit)

일반적으로 신용장에는 반드시 당해 신용장이 취소가능인지 취소불능인지의 여부를 명시하여야 한다. 그러나 만일 이러한 명시가 없으면 그 신용장은 취소불능신용장으로 간주된다[33]고 규정하고 있다.

취소가능신용장이란 그 신용장을 수익자의 동의 없이 개설은행이 수정하거나 취소할 수 있는 신용장을 말하며 이는 곧 개설은행과 수익자 사이에 있어서 법률상 구속력 있는 약정이 없는 신용장을 의미한다.

이러한 취소가능신용장이라는 용어가 주는 의미가 마치 수익자에게 취소를 통보하지 않는 한 유효한 신용장이라고 생각될 수 있으나 은행이나 법원은 그렇게 해석하지 않는다. 즉 은행은 수익자에게 취소를 통지하지 않고도 취소하거나 변경할 수 있으며 은행에게는 취소 또는 변경의 통지를 할 의무가 없다.[34]

미국의 개정통일상법전에도 "취소가능신용장은 고객 또는 수익자의 동의 없이도 변경 또는 취소될 수 있다."[35]고 규정하고 있다. 여기서 유의할 것은 미국의 개정통일상법전에 따르면 신용장상에 취소가능(revocable)이라는 표시가 있을 때에만 당해 신용장은 취소가능신용장으로 본다는 점이다.[36]

취소가능신용장은 수익자측면에서 볼 때 신용장을 개설하는 당사자가 언제라도 일방적으로 취소할 수 있기 때문에 이러한 위험을 줄이기 위해 신용장상에 소위 통지조

---

33) 제6차 개정 신용장통일규칙 제3조.

34) *The Cape Asbestos Co., Ltd. v. Lloyds Bank Ltd.* (1992) Weekly N. 274 판례에서 수익자에 대한 취소의 통지는 개설은행의 의무(duty)라기 보다는 호의의 행위(act of courtesy)라고 판시되었다. 따라서 수익자는 선적 전에 개설은행 앞으로 취소나 변경여부를 조회해 보아야 할 것이다.

35) 미국개정통일상법전 Section 5-106 (b)항.

36) 미국개정통일상법전 Section 5-106 (a)항 : "....A letter of credit is revocable only if it so provides."

항(notice clause)을 두어 신용장이 취소되면 은행이 반드시 통지해주도록 신용장을 개설할 필요가 있다.

그러나 취소가능신용장하에서 수익자가 수출을 이행한다는 것은 극히 불안한 일이며 수익자의 거래은행도 취소가능신용장을 담보로 금융을 해 줄 수는 없을 것이다. 따라서 대부분의 국가에서는 취소가능신용장의 사용을 제한하고 있으며, 우리나라에서는 취소가능신용장으로는 수출승인도 받을 수 없다.

취소가능신용장에는 다음과 같은 문언이 삽입되는 것이 보통이다.

"This credit is revocable and subject to amendment or cancellation at any moment without notice." 또는 "We advise you of this revocable without any engagement on our part."

② 취소불능신용장(irrevocable credit)

취소불능신용장이라 함은 취소가능신용장과는 달리 개설은행과 수익자 또는 경우에 따라 그 신용장에 의거해서 발행된 환어음 또는 제시된 선적서류의 선의의 소지인(bona-fide holder)[37]과의 사이에 법률상 구속력 있는 약정을 수반하는 신용장이다. 즉 개설은행이 관계 당사자의 동의가 없는 한[38] 신용장을 취소하거나 변경할 권리가 없는 신용장을 의미하며 이러한 신용장에는 개설은행의 확약이 따른다.

개설은행의 확약(definite undertaking)이라 함은 신용장에 명시된 서류가 제출되고 제출된 서류가 신용장의 조건과 내용에 일치할 경우 수익자 또는 환어음, 서류의 배서인, 선의의 소지인에 대해 지급하겠다는 약정을 의미한다.

취소불능신용장에는 개설은행의 일방적인 취소나 변경에 대한 언급은 없고 다음과 같은 확약문언이 삽입된다.

"We engage with the drawers, endorsers and bona-fide holders of drafts drawn under and in compliance with the terms of the credit that the same shall be duly honored on due presentation and delivery of documents as specified, if negotiated on or before xx(date)."

---

37) 선의의 소지인이란 실제 유통되고 있는 증권자체에 하자가 있는 것을 모르고 표면상 완전하고 정상적인 증권으로 간주하고 취득한 자를 말한다. 반대는 악의의 소지인(mala-fide holder) 이라 한다.

38) 제6차 개정 신용장통일규칙 제10조에 따르면 취소불능신용장의 취소 및 변경의 당사자는 개설은행, 수익자 그리고 있는 경우 확인은행으로 규정되어 있다.

취소불능신용장이 개설되는 경우 개설은행은 일정한 내용에 대해서 확약하는 것이지만 이러한 확약은 절대적인 확약이 아니라 특정한 서류의 제시와 특정한 조건의 합치를 전제로 하는 조건부 약정이라는 점[39]에서 무조건적 지급의 어음이나 수표와는 다르다.

③ 취소가능/불능의 명시가 없는 신용장

앞에서도 언급하였지만 신용장상에 취소불능인지 취소가능인지의 여부는 반드시 신용장에 명시해야 되나 사무착오 등의 이유로 이러한 명시가 누락된 경우 그 신용장은 취소불능한 것으로 취급한다고 신용장통일규칙은 못 박고 있다.

그러나 이러한 규정은 지난 신용장통일규칙 5차 개정에 이르러서야 결정된 내용이며 당초의 신용장통일규칙(1933년)부터 4차 개정(1983)에 이르기까지는 취소가능한 것으로 규정하였다. 그 이유는 신용장의 취소가능여부가 불확실할 경우 이를 취소불능한 것으로 인정하게 되면 원래 개설의뢰인의 의도가 취소가능한 것이었다면 취소불능신용장을 취소가능한 것으로 정정하기 어렵다는 취지 때문이었다.[40]

그러나 5차 개정에서는 세계적인 관행상 신용장은 거의 대부분 취소불능신용장이며 취소가능신용장은 아주 예외적인 경우에만 개설되므로 신용장에 대한 믿음과 신뢰를 확보하기 위해서라도 그러한 명시가 없는 신용장은 취소불능한 것으로 간주한다는 결정을 보게 된 것이다.[41]

이러한 취지는 이미 미국통일상법전에서 다음과 같이 성문화되어 있었고 판례[42]와 전문가들[43]에 의해 다수의견으로 지지되고 있었던 내용이었다.

"별도의 반대합의가 없는 한, 매매계약상 신용장 또는 은행신용장이란 용어는 평판이 좋은 금융기관 또는 국제거래가 이루어지는 해외운송이 수반되는 경우에는 국제적으로 평판이 좋은 금융기관에 의해 개설된 취소불능신용장을 의미한다."[44]

다시 말해 신용장에 개설은행이 신용장의 조건과 내용에 일치하는 서류 및/또는 환

---

39) *Maitland v. Chartered Mercantile Bank(1869)* 38 L.J. (H.I) (환어음의 소지자는 환어음의 지급은행에게 신용장의 조건에 일치하지 않는 어떤 의무도 강요할 수 없다.) ; Gutteridge & Megrah, *The Law of Banker's Commercial Credits,* Europa Publication Ltd., 1984, p.21.

40) *UCP 1974/1983 Revisions Compared and explained*, ICC, Paris, 1984, p.18

41) ICC Document No. 470-37/4, p.10

42) *Gidden v. Anglo-African Produce Co., Ltd.*(1923) 14 Lld. L. Rep. 230(신용장이 개설되면 이는 취소불능의 의미를 가진다.)

43) A.G. Davis, *The Law Relating to Commercial Letter of Credit,* 3rd ed., London, 1965, p.46 ; E.P. Ellinger, *Documentary Letter of Credit,* Singapore, 1970, p.137 ; Gutteridge & Megrah, *op.cit.*, p.21

44) 미국통일상법전 Section 2-325 (3)항.

어음이 제시되면 이와 상환으로 지급한다는 구속력 있는 확약을 하고 있으면 이는 취소불능한 신용장이라고 간주해야 한다는 취지인 것이다. 따라서 취소가능신용장을 개설하고 싶으면 반드시 신용장상에 "취소가능(revocable)"이라고 명시하여 관계당사자들의 주의를 환기시켜야 할 것이다.[45)]

한편 신용장은 반드시 취소불능 또는 취소가능신용장중 하나여야만 하며 두 가지의 성격이 혼용되어 있는 신용장은 엄밀히 말해 완전한 의미의 취소불능신용장이라고 볼 수 없다.

이러한 신용장은 수입업자가 인도된 상품을 직접 확인한 후 대금을 지급하겠다든지, 또는 재수출 후 재수출 대금이 입금되면 지급하겠다든지 하는 여러 가지 제약조건을 내세워 그러한 조건이 충족된 것을 조건부로 하여, 그것이 충족되지 않을 때 그 신용장을 취소하는 경우이다.

가장 빈번히 사용되는 제약조건은 다음과 같은 것들이 있다.[46)]

ⓐ 견본이 합격되는 조건 : 선적 전에 보내는 견본을 수입업자인 개설의뢰인이 만족한다는 통지가 와야 비로소 유효해지는 신용장이다.

ⓑ 선적지시를 받는 조건 : 선적에 대한 상세한 내용이 추후 개설의뢰인에게 접수되고 검토되어야 유효해지는 신용장이다.

ⓒ 도착지에서의 검사조건 : 계약물품이 수입국에 도착한 후 특정 검사기관에 의해 검사된 후 수입업자가 만족한다는 통지가 와야 대금결제가 이루어지는 신용장이다.

ⓓ 대금상환수권서의 발급조건 : IBRD나 ADB와 같은 국제기구에서 발행하는 신용장에는 대금상환수권서(authorization to reimburse)의 발급을 대금결제의 전제조건으로 하는 신용장이다.

④ 취소불능신용장의 취소/변경의 관계 당사자

일반적으로 신용장의 관계 당사자(parties concerned)라 하면 신용장거래와 관련된 모든 당사자를 지칭하지만 취소불능신용장의 취소 내지 변경과 관련해서는 이들 모두를 포함하지는 않는다.

따라서 신용장상의 지급확약과 직접적으로 당사자관계(privity of contract)가 성립하지 않는 개설의뢰인이나 단순히 지시를 전달하는 통지은행은 제외되며, 개설은행의 수권(authorization)을 받아 개입하는 지급·인수·매입은행도 모두 제외된다.

---

45) ICC, Document No. 470-37/4 p.10

46) 박대위, 「전게서」, pp.197-199

종래에는 신용장통일규칙에 단순히 "without agreement of all parties concerned"라고 규정하여 규정상 불명료한 점이 있었으나 4차 개정부터는 그 범위를 개설은행, 그리고 확인을 한 경우 확인은행, 수익자로 규정[47]함으로써 해석상의 혼란을 배제하였다.

개설은행은 취소불능신용장을 발행함으로써 개설의뢰인과는 별도의 지급확약에 관한 채무가 발생하며, 개설의뢰인은 신용장의 독립성원칙에 따라 신용장 자체의 조건변경 및 취소의 관계당사자에서 제외된다고 해석할 수 있다. 그러나 실무상의 관행으로 볼 때 취소불능신용장의 개설은 개설의뢰인의 결정에 의한 것이고, 실제로 개설은행은 조건의 변경 내지 신용장의 취소는 개설의뢰인과의 합의를 전제한다는 관점에서 묵시적으로나마 개설의뢰인은 취소와 변경에 개입함은 자명하다 하겠다.

또한 전대신용장(advance payment credit)의 경우 전대은행은 전대신용장을 발행한 개설은행의 지시수취인의 자격으로 수익자에게 자금을 전대금융해 준 당사자[48]가 되므로 전대신용장일 때 전대은행도 취소불능신용장의 조건변경 및 취소의 당사자가 된다고 보아야 할 것이다.

(2) 확인신용장과 미확인신용장

확인(confirmation)이라 함은 개설은행의 지급·인수·매입확약에 대해 개설은행 이외의 또 다른 은행이 추가적으로 하는 재확약을 의미한다.[49]

따라서 확인신용장(confirmed credit)이란 개설은행 이외의 은행이 수익자가 발행하는 환어음의 지급·인수·매입을 재확약하고 있는 신용장을 말하며, 미확인신용장(unconfirmed credit)이란 이러한 확인이 없는 신용장을 말한다.

확인은행의 존재는 수익자의 입장에서 볼 때는 또 하나의 개설은행이 대금지급을 보장해준다는 의미이므로 개설은행의 신용상태가 좋지 않다든지, 또는 개설은행이 수익자에게 잘 알려져 있지 않다든지, 또는 경우에 따라 개설은행 소재국의 외환사정이 불안정하여 개설은행의 확약이 이행될 수 없는 불가항력적 위험이 있을 때에 수익자 측면에서 그 유용성이 크다고 볼 수 있다.

확인은행의 개입은 반드시 개설은행의 수권의 결과여야하며 이에 대한 명시적 동의에 의해 비로소 그 의미를 갖는다.

---

47) 제4차 개정 신용장통일규칙 제10조; 제5차 개정 신용장 통일규칙 제9조 (d)항 ; 제6차 개정 신용장통일규칙 제9조 (a)항.

48) 자세한 내용은 이하의 전대신용장에서 다루도록 한다.

49) 제6차 개정 신용장통일규칙 제8조.

따라서 수익자의 요구에 따라 개설의뢰인은 당초에 신용장을 개설의뢰할 때 개설은행으로 하여금 확인은행을 추가하도록 요청하며, 이러한 요청과 지시를 받은 개설은행은 자신의 거래은행 내지 제3의 평판 있는 은행에게 당해 신용장을 확인해 주도록 수권한다. 이러한 수권내용을 수락한 은행이 확인을 해주게 되면 이 은행은 확인은행이 되며 이 확인은행은 수익자 또는 서류 및/또는 환어음의 선의의 소지인에 대해 개설은행과 동등한 신용장상의 책임을 지게 된다.

확인은행의 확인에 대한 명시적 동의는 다음과 같은 문언을 신용장에 삽입함으로써 이루어진다.

"We confirm the credit and thereby undertake that all drafts, drawn and presented as above specified will be duly honored by us." 또는

"At the request of our correspondent, we confirm their credit and engage with the drawers, endorsers, and bona-fide holders of draft drawn in conformity with the conditions of this credit that these drafts will be duly honored."

확인은행은 통상 수익자 소재국의 통지은행이 겸하는 경우가 보통이며, 경우에 따라 지급·인수·매입은행과 동일한 은행이 되기도 한다. 필요에 따라 수익자 거주국 내의 은행이 아닌 제3국에 있는 은행에 의하여 확인되는 경우도 있다.[50)]

영국에서는 확인신용장과 취소불능신용장을 동일시하는 관행이 있으며, 일반적으로 확인신용장은 취소불능신용장이라고 판단한다. 왜냐하면 취소가능한 신용장을 확인해주는 은행의 관행은 찾아 볼 수 없기 때문이다.

(3) 상환청구가능신용장과 상환청구불능신용장

환어음의 소지인으로서 가질 수 있는 대표적 권리는 상환청구권, 즉 소구권이다.

소구권(right of recourse)이란 유통가능한 증권을 소유한 사람이 당해 증권이 지불거절될 경우 자신에게 문제의 증권을 매도한 사람으로부터 보상받을 수 있는 권리를[51)] 말한다. 환어음 거래에 관련된 당사자들에게 소구권이 의미를 갖기 위해서는 최소한 3자 이상의 당사자가 개입되어야 한다.

예를 들어 A가 환어음을 발행하고 이를 B에게 매도한 경우, B는 A에게 환어음의 대가를 지불하고 매입한 후 다시 C에게 환어음을 제시했을 때 C가 당해 환어음을 지불거

---

50) Johannes C.D. Zahn, *Zahlung and Zahlungssicherung in Aussenhandel*, Walter de Gruyter & Co., Berlin · New York, 1976 (강갑선 역,「무역결제론」, 법문사. 1977, p.60).

51) Henry Harfield, *Bank Credits and Acceptances,* Ronald Press Co., 5th ed., 1974, p.217.

절할 때 B는 A에게 자신이 지불한 금액을 되돌려 달라는 권리를 갖는다는 것이다

상환청구가능신용장(with recourse credit)이란 신용장에 수익자가 발행한 환어음의 소지인에게 이러한 소구권을 인정한 신용장을 말하며, 상환청구불능신용장(without recourse credit)이란 소구권을 인정하지 않는 신용장을 말한다.

일반적으로 신용장거래에 개입하는 매입은행은 일단 수익자가 발행한 환어음을 매입하면 수익자에 대해 환어음의 소지인으로서 소구권을 가지게 된다. 따라서 만일 개설은행으로부터 당해 환어음의 지불거절을 받게 되면 당초의 환어음발행자인 수익자에 대해 상환청구를 할 수 있다.

그 결과 신용장 자체가 상환청구불능신용장이거나 또는 어음면에 소구권이 없음을 인정하는 무담보문구(sans recourse ; without recourse)의 기재가 있거나 또는 환어음 발행인인 수익자의 의무를 면제시킬 만큼 매입은행 자신의 해태(laches)[52] 기타 행위 또는 부작위(acts or omissions)로 소구권리가 박탈당한 상태가 아닌 한 매입은행은 수익자로부터 대금을 반환받을 수 있다.

매입은행이 수익자의 환어음 및/서류를 매입할 때 신용장상에서의 자신의 의무를 완벽하게 이행하고 엄격한 서류검토행위를 하였다면 개설은행으로부터 대금을 상환받지 못할 이유는 없다. 그러나 어떤 이유에서든 개설은행으로부터 대금의 지불거절이 있게 되면 매입은행은 환어음 및/서류의 정당한 소지인으로서 수익자에게 소구권을 행사할 수 있다.

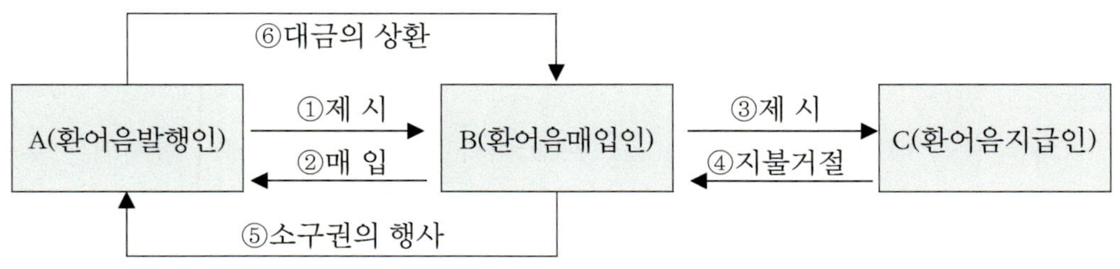

| 그림 7-10 | 상환청구가능신용장과 상환청구불능신용장

---

52) 해태(laches)란 권리의 행사를 태만히 하는 것을 말하며 이는 형평법상 확립된 법리로 형평법은 권리행사에 있어 지연 또는 해태에 대해 보호하지 않는다. 이 법리는 원고에 대하여 피고와의 공정한 거래를 요구하는 것을 목적으로 하며 시일이 너무 경과하거나, 당사자가 사망하거나, 서류가 없어지거나 하는 등의 상황을 포함한다. ; *Black's Law Dictionary*, 6th ed., St. Paul. Minn. West Publishing Co., 1990, p.875.

우리나라의 경우 어음법에서는[53] "어음발행인은 어음을 발행함으로 인하여 그 어음의 인수와 지급을 담보하는 것으로 인수나 지급이 없을 때는 스스로 지급을 할 의무를 부담한다. 그러나 이 의무 중에서 인수담보책임만은 어음면에 면책문구를 기재하여 이것을 면할 수 있다. 이에 반하여 지급의 무담보는 어떠한 경우에도 허용되지 않으며 이러한 개재를 하여도 하지 아니한 것으로 본다."고 규정하고 있어 우리나라에서 발행된 어음에 상환청구불능(without recourse) 또는 이와 유사한 문구가 기재되어 있다 해도 이는 아무런 법적 효력이 없다. 따라서 우리나라에서는 상환청구불능신용장은 인정하지 않는다.

(4) 지급신용장과 매입신용장

지급신용장(straight credit)이라 함은 신용장상의 환어음소지인이나 배서인에 대한 확약은 없고 단지 수익자에게만 지급확약을 하는 신용장을 말한다. 다시 말해 지급신용장은 신용장에 의한 환어음의 매입을 예상하지 않고 있는 상태에서 수익자가 신용장 개설은행 또는 개설은행이 지정하는 은행에 환어음을 제시하면 지급하겠다고 확약하는 신용장을 말한다.

일반적으로 지급신용장에 있어서의 개설은행의 지급확약문언은 아래와 같다.

"We hereby agree with you(beneficiary) that all drafts drawn under and in compliance with the terms and conditions of this credit will be duly honored on delivery of documents, as specified."

위의 확약문언에서 보는 바와 같이 개설은행의 지급확약은 오로지 수익자만을 대상으로 하고 있다.

이와는 달리 매입신용장(negotiation credit)이라 함은 신용장하에서 발행되는 수익자의 환어음이 매입될 것을 예상하고 환어음 발행인인 수익자뿐만 아니라 그 환어음의 배서인(endorsers), 그리고 어음의 선의의 소지인(bona-fide holders)에게도 공히 개설은행이 지급을 확약하고 있는 신용장을 말한다.

매입신용장에 있어서의 개설은행의 지급확약문언은 다음과 같다.

"We hereby agree with the drawers, endorsers, and bona-fide holders of drafts drawn under and in compliance with the terms and conditions of this credit that such drafts will be duly honored on due presentation and on delivery of documents as specified."

---

53) 어음법 제9조.

지급신용장과 매입신용장은 다음과 같은 몇 가지 점에서 특징적인 차이를 보인다.

첫째, 일반적으로 지급신용장에서 개입되는 중간은행은 지급은행(paying bank)이라 하고 매입신용장에서 개입하는 은행은 매입은행(negotiating bank)이라고 한다.

둘째, 개설은행은 자신이 발행하는 신용장이 지급신용장일 때는 반드시 수익자의 환어음에 지급행위를 하여줄 은행을 지정(nomination)해야 한다. 지정된 지급은행은 개설은행의 대리인(agent) 역할을 하며 지급에 대한 궁극적인 책임은 개설은행이 부담하게 된다.

그러나 매입신용장하에서 수익자의 환어음을 매입하는 은행은 어느 은행이라도 가능하며, 일단 매입을 한 은행은 단순한 대리인의 역할을 하는 것이 아니고 수익자와 개설은행에 대해 본인(principal)으로서의 법률적 위치에 선다.

셋째, 매입신용장에서의 매입은행은 자기자금으로 수익자에게 환어음 대가를 지불하고 일정기간 후에 개설은행이나 제3의 결제은행으로부터 대금의 상환을 받으므로 그 기간 동안의 이자와 매입서비스에 따른 수수료를 수익자로부터 징수한다.

그러나 지급신용장의 경우는 지급은행과 개설은행 간에 계정이 서로 교환되어 있어 지급은행의 수익자에 대한 지급 즉시 결제자금이 상환되므로 수수료는 매입에 비해 상대적으로 적다고 볼 수 있다. 지급신용장의 본질은 개설은행의 지급은행에 대한 지급의 위탁이므로 별다른 반대합의가 없는 한 지급수수료는 개설은행이 부담한다.

넷째, 지급신용장에서도 개설은행에 의해 지정된 지급은행 이외의 은행이 매입행위를 할 수 있다. 이 제3의 은행은 주로 할인은행의 형태를 띠는데, 이 은행은 개설은행의 지급확약을 받은 은행이 아니므로 자신의 위험으로 환어음의 매입행위를 하게 된다.

그러나 매입신용장에서의 매입행위는 개설은행으로부터 수권받은 것이고, 매입행위를 한 은행은 개설은행의 확약을 받고 있으므로 지급신용장에서의 매입은행과는 다른 신용장상에서의 법적 권리를 누리게 된다.

다섯째, 지급신용장에서의 지급통화는 지급지, 즉 수익자의 자국통화로 지급이 이루어진다. 반면 매입신용장의 경우는 그 표시통화가 수출지의 통화가 아닌 경우에도 사용할 수 있어 수출업자는 자신에게 유리한 환율을 적용해주는 임의의 은행에서 유리한 조건으로 매입받을 수 있다.

(5) 자유매입가능신용장과 매입제한신용장

매입신용장(negotiation credit)은 크게 두 가지 형태로 구분할 수 있다.

하나는 소위 어느 은행에서나 매입이 자유로운 신용장(freely negotiable credit)과, 다른 하나는 개설은행이 매입이 가능한 은행을 선별하여 그 은행에서만 매입이 가능하도록 지정해 놓은 매입제한신용장(restricted credit)이다.

자유매입가능신용장은 보통신용장(general/open credit)으로, 매입제한신용장은 특정신용장(special credit)으로 명명되기도 한다.

자유매입가능신용장은 환어음의 발행자뿐만 아니라 배서인 및 선의의 소지자 모두에게 지급을 확약하는 매입신용장의 본질을 그대로 반영한 신용장으로써 수익자는 자신에게 가장 유리한 매입조건을 제시하는 은행을 선택적으로 활용할 수 있다.

반면 매입제한신용장은 개설은행으로부터 매입이 수권된 지정은행을 통해서만 매입할 수 있으므로 형식적으로는 지급신용장과 차이가 없다.

매입제한신용장에는 보통 다음과 같은 문언이 사용되며 이러한 문언이 삽입되지 않은 신용장은 자유매입가능신용장으로 간주한다.

"Negotiation under this credit is restricted to ABC Bank."

"This credit is available through ABC Bank."

신용장 개설의뢰인은 신용장을 개설할 때 대금지급이 어떤 방식으로 행해져야 하는가를 개설은행에 지시하여야 한다. 이때 개설의뢰인이 매입방식을 선택하여 이를 개설은행에 지시할 때에는 어느 은행에서나 매입이 허용되는 자유매입신용장이 아닌 한 매입은행을 지정하여야 한다.[54] 따라서 개설의뢰인의 지시 없이 개설은행이 일방적으로 매입은행을 제한시킬 수는 없으며, 통지은행이 독단적으로 자신을 매입은행으로 제한하여 수익자에게 통지할 수도 없다.[55]

환어음의 매입을 특정은행에 제한시키는 데에는 여러 가지 이유가 있겠으나 주로 개설은행의 지점 내지 본점을 매입은행으로 한정하는 경우, 또는 개설은행이 수출지 내의 바로 그 특정은행과 유일하게 환거래취결계약을 체결한 경우, 또는 그 특정은행이 개설의뢰인과 특별한 관계가 있는 은행일 경우, 또는 개설은행이 수출지 내의 능력 있는 특정은행을 선택하고 싶을 경우 이같이 매입을 제한하게 된다.

수익자 입장에서는 매입은행이 특정은행으로 제한되어 있지 않아야 유리하다. 왜냐하면 매입이 자유롭게 개방되어 있어야 수익자는 자기의 거래은행을 매입은행으로 선택할 수 있으며, 자기지역에서 가장 매입률이 높은 은행을 골라 환어음을 매입 받을 수

---

54) 신용장통일규칙 제5차 개정에서는 제9조에 이 규정이 있었으나 제6차 개정에서는 따로 이 규정이 없고 단지 제6조의 a)항에 함축되어 있다.

55) 매입이 수권되지 않은 통지은행이 매입을 하는 행위는 신용장상의 개설은행의 수권의 범주를 벗어난 것이 된다.(ICC, *Opinions of the ICC Banking Commission (1984-1986)*, p.14).

있기 때문이다.

(6) 일람불신용장과 기한부신용장

모든 신용장은 대금지불이 일람지급(payment), 인수(acceptance), 매입(negotiation), 연지급(deferred payment) 중 어느 방식에 의할 것인지를 명시하여야 한다.[56)]

일람불신용장(sight credit)이란 신용장에 의해서 발행되는 수익자의 환어음이 일람불어음(sight draft)이어서 은행이 일람지급하는 방식의 신용장을 말한다.

기한부신용장(usance credit)이란 환어음이 기한부어음(time draft)이어서 은행이 인수 후 만기일에 지급하는 방식의 신용장을 말한다.

신용장상에 지급(payment) 방식을 명시하게 되면 당해 신용장대금은 일람불(at sight)로 지급이 된다. 이때 개입하는 중간은행은 지급은행(paying bank)의 역할을 하게 된다.

지급은행의 성격은 두 가지 형태로 구분되어 질 수 있다.

하나는 개설은행의 본·지점 또는 개설은행과 환거래취결계약이 체결되어 있는 은행이며, 다른 하나는 개설은행과 환거래취결계약이 체결되지 않은 은행이다.

전자의 은행이 개입되는 경우 지급은행은 수익자에 대해 대금지급을 함과 동시에 개설은행의 구좌에서 차기(debit)된다. 따라서 대금지급과 그에 상응하는 대금충당이 동시에 일어나게 된다.

후자의 은행이 개입되는 경우 그 신용장은 대금상환신용장(reimbursement credit)[57)]의 성격을 갖게 되며 지급은행은 수익자에게 대급지급을 한 후 개설은행 앞으로 환어음을 발행하고 신용장상에 명시된 관련 서류를 송부한 후 대금충당을 받게 된다.[58)]

신용장이 일람불신용장일 때 수익자는 환어음을 반드시 발행할 필요는 없다. 즉 일람불로 지급이 이루어지는 신용장하에서는 환어음이 첨부될 수도 있으나 환어음발행에 따른 높은 인지세(stamp duty) 때문에 오히려 일람불일 때는 환어음을 발행하지 않는 것이 일반적 관행이기 때문이다.[59)] 그러나 영국계 관행의 나라에서는 환어음이 일

---

56) 제6차 개정 신용장통일규칙 제6조 b)항.

57) Burton V. McCullough, *Letter of Credit,* Matthew Bender, 1992, 1-48 : 이 둘의 궁극적 차이는 개설은행과 지급은행 간에 환거래코드가 있는지 여부와 그 대금충당의 의사표시를 환어음으로 하는지 여부에 달려있다. ; Henry Harfield, *Bank Credit and Acceptances*, pp.49-50.

58) ICC, *Guide to Documentary Credit Operations*, ICC Publishing S.A., 1985, p.29 ; M. A. Davis, *The Documentary Credit Handbook*, Woodhead · Faulkner, 1990, pp.40-42.

59) ICC, *Case Studies on Documentary Credits,* ICC Publishing S.A., 1989, p.26.

람불일 때도 반드시 제반 선적서류에 첨부되어 은행에 제시되어야 함[60]을 유의할 필요가 있다.

인수(acceptance)라 함은 수익자가 발행한 환어음이 만기가 될 때 환어음 금액을 지급하겠다는 환어음지급인(drawee)의 서명된 약속을 말한다. 인수신용장은 이러한 인수의 약정이 대금의 지급방식으로 규정되어 있는 신용장을 말한다.

인수는 반드시 환어음지불인이 정식으로 당해 환어음상에 인수의 의사표시를 해야만 비로소 무조건적 지급이 이루어지게 된다. 인수의 정식의사표시는 환어음의 지불인이 환어음의 뒷면에 "Accepted"라는 용어와 함께 만기일과 지불인의 이름, 서명으로 구체화 된다.

인수신용장은 수출업자입장에서는 환어음의 만기 시에 전액을 지불받든지 아니면 사전에 이를 할인(discount) 받을 수 있어 큰 불편이 없으며[61] 수입업자로서는 화물을 인도받은 후 환어음의 유예기간 동안에 수입품을 매각하여 환어음의 기한이 도래하면 대금상환을 할 수 있다는 편리함 때문에 많이 사용된다.[62]

인수신용장은 수입업자가 자금능력이 여의치 않아 화물의 도착과 동시에 대금을 지불할 수 없을 때 미리 사전에 수출업자의 양해를 구하여 발행되는 때가 많다. 이와 같이 수출업자의 양해로 신용장 개설의뢰인 자금의 유동성을 촉진시킨다는 점에서 인수신용장은 usance credit, acceptance credit이라는 명칭 외에도 facility letter of credit[63]라고도 한다.

한편 인수신용장은 만기일까지의 이자를 누가 부담하느냐에 따라 크게 다음의 두 가지 형태로 구분된다.

① shipper's usance credit

수출자 신용방식인 이 기한부 인수신용장은 수출자인 수익자가 이자를 부담한다. 따라서 수익자는 환어음의 만기일에 환어음 금액 전액을 지급받는 대신 만기일 전에 이를 미리 인수은행으로부터 매입받기 위해서는 만기일까지의 이자를 공제한 금액을 할인받게 된다.

---

60) A.G. Guest, *Benjamin's Sale of Goods*, vol.2, 3rded., Sweet & Maxwell, London, 1987, p.1348

61) 할인은 이자의 형태로 나타나며 그 나라의 통화가 강화냐 약화냐에 따라 이자율이 달라지므로 이자를 통한 이익도 획득할 수 있다.

62) 박대위,「신용장」, 법문사, p.106.

63) E. P. Ellinger, "Letter of Credit," *The Transnational Law of International Commercial Transaction,* ed., by Norbert Horn & Clive M. Schmitthoff, vol. 2, Kluwer, 1982, p.246.

수익자는 개설은행 앞으로 발행한 기한부 환어음을 첨부하여 수출지의 인수은행에 제시하면 인수은행은 수익자의 환어음을 할인하여 매입하고[64], 개설은행에 당해 환어음의 인수를 요청f한다. 개설은행은 당해 환어음을 인수하고 만기일에[65] 개설의뢰인으로부터 대금이 입금되면 이 금액을 매입은행에 지급한다.

② banker's usance credit

이 은행인수 기한부 신용장은 수출지에 소재한 인수은행이 만기일까지의 이자를 부담하는 주체가 된다. 따라서 수익자가 환어음의 만기일 전에 대금을 지급받기 위해 자기 지역에 소재한 인수은행 앞으로 발행한 환어음을 첨부하여 매입을 요청하면 인수은행은 당해 환어음이 기한부라 할지라 도 일람출급방식으로 환어음 금액 전액[66]을 수익자에게 지급한다.[67]

인수은행은 수익자에게 대금을 매입하고 개설은행에 선적서류와 함께 환어음의 만기일과 인수수수료 및 할인료(acceptance commission & discount charge ; AC/DC charge)가 명시된 인수통지서(acceptance advice)를 첨부하여 송부하면[68] 개설은행은 환어음의 만기일[69]에 개설의뢰인으로부터 입금된 대금을 인수은행에 지급한다.

(7) London Acceptance credit / New York Acceptance credit

우리나라로 개설되는 대개의 신용장은 미국의 달러(dollar)나 영국의 파운드(sterling pound)로 개설되어 온다. 즉 미국이나 영국에 있는 수입업자가 아닌 제3국, 예를 들어 아프리카 내지 남미 등과 같은 나라의 수입업자들도 달러나 파운드화로 신용장을 개설

---

64) 이러한 매입과정을 위해 신용장상의 환어음 관련문언은 다음과 같이 기재된다. "We hereby issue in your favor this documentary credit which is available by negotiation of your draft at 60 days after sight drawn on us."

65) 환어음의 만기일은 개설은행이 환어음을 인수한 날로부터 기산하여 정한다. 실무상으로는 선적서류를 개설의뢰인에게 제시하여 개설의뢰인이 이를 인수한 날부터 기산하여 만기일을 정하기도 한다.

66) 수익자는 일람출급과 동일한 환가료(9일~10일간)만 지급한다.

67) 이러한 매입과정을 위해 신용장상의 환어음 관련문언은 다음과 같이 기재된다. "We hereby issue in your favor this documentary credit which is available by acceptance of your draft at 60 days after sight drawn on (accepting bank). You must negotiate the draft on at sight basis since discount charges are for account of buyer."

68) 인수은행이 인수수수료와 할인료를 개설은행에 청구하지만, 이 비용은 개설의뢰인에 의해 개설은행으로 선지급 또는 만기에 후지급된다.

69) 환어음이 인수은행을 지급인으로 하여 발행되므로 인수은행이 인수행위를 한 때부터 기일이 기산되어 만기일이 정해진다.

한다. 이 경우 신용장 개설은행이 일급은행(prime bank)이면 그 은행에 달러나 파운드화 계정이 있을 수 있어 그 계정에서 결제가 이루어지지만, 그렇지 못한 개설은행은 뉴욕이나 런던에 있는 자신의 환예치거래은행(depositary correspondent bank) 앞으로 기한부환어음을 발행하게 하여 결제되도록 하고 있다.[70)]

따라서 수출업자는 수출을 이행한 후 환어음을 발행하여 자신의 거래은행에 제시하면 그 은행은 이 환어음을 할인 매입하여 개설은행으로 서류를 송부하고 수입업자는 기한부 환어음의 유예기간 동안 수입물품을 매각한 후 그 대금을 어음의 만기일까지 런던이나 뉴욕의 일급은행으로 송금하고 이 환어음은 마지막으로 이들 은행에서 취결된다.

이와 같이 수출지의 매입은행이 할인·매입하는 기한부어음의 인수인이 런던에서 최종적으로 인수될 때 London Acceptance Credit이라 하고, 뉴욕을 최종 인수·지급지로 할 때 New York Acceptance Credit이라 한다.

이러한 기한부 신용장하의 환어음은 수출지의 매입은행(또는 할인은행)이 안심하고 당해 환어음을 할인해 줄 수 있으며 비교적 유리한 할인율로 할인을 받을 수 있게 된다.

(8) 화환신용장과 무담보신용장

화환신용장(documentary credit)이란 신용장개설은행이 수익자가 발행한 환어음과 함께 계약화물의 선적을 증명하는 제반 선적서류의 제시를 조건으로 지급·인수·매입하는 것을 확약하고 있는 신용장을 말하며 가장 일반적인 형태의 신용장이다.

이에 반해 무담보신용장(documentary clean credit)이란 관계 선적서류의 첨부 없이 수익자가 발행한 환어음만의 제시로써 지급·인수·매입을 약정한 신용장을 말한다.

무담보신용장은 선적서류 일체를 수익자가 개설의뢰인 앞으로 직접 송부하게 되므로 신용장 개설은행의 입장에서는 아주 신용있는 개설의뢰인이 아니면 이러한 신용장을 개설해 주기가 어려울 것이며, 수입업자인 개설의뢰인 측면에서도 자신의 본점 내지 지점, 또는 오랜 기간 거래를 하여 서로 믿을 만한 거래선이 아니면 무담보신용장을 제공할 수 없다.

그 이유는 신용도가 확실하지 않은 수출업자가 계약과 일치하지 않는 상품을 선적하고도 신용장 조건대로 환어음을 발행하여 은행에 제시하면 은행은 무조건적으로 지급하지 않으면 안 되고, 수입업자 역시 무조건적으로 개설은행에 대금을 충당시켜주지 않으면 안 되기 때문이다. 따라서 무담보신용장을 개설하는 개설은행은 신용도가 높은 수입업자를 대상으로도 상당한 담보를 요구하게 되고 그 신용장의 유효기간도 비교적

70) 박대위, 「전게서」, p.106 ; Gutteridge & Megrah, *op. cit.*, p.12.

짧게 하여 개설하는 것이 보통이다.

한편 무담보신용장과 clean신용장은 구별될 필요가 있다. 이 들은 모두 대금결제 시에 선적서류의 첨부가 필요 없는 신용장이긴 하나, 무담보신용장은 documentary clean, 즉 선적서류가 수반되어야 할 유형의 상품의 거래이지만 그 선적서류의 제시를 면제시킨 경우이며 clean신용장은 아예 선적서류가 발급조차 되지 않는 무형의 거래, 즉 운임·보험료·수수료 등과 같은 무역외 결제에 사용되는 신용장이다.

(9) 양도가능신용장과 양도불능신용장

신용장상에 구현되어 있는 수익자의 제반 혜택을 수익자 이외의 제3자에게 양도할 수 있느냐 없느냐에 따라 양도가능신용장(transferable credit)과 양도불능신용장(non-transferable credit)으로 구분된다.

신용장은 어느 특정인에게 일정 한도의 신용장상의 혜택을 공여하는 은행의 확약이므로 통상 수출업자인 수익자를 한정시켜 제3자가 임의로 사용할 수 없는 것이 원칙이다.[71] 즉 수입업자는 자신이 선택한 수출업자를 수익자로 하는 신용장을 개설할 때 자신이 선택한 수출업자와 거래할 권리가 있으며, 이에 따라 제3자의 개입을 배제시킬 권리도 있다. 따라서 특정 수출업자 앞으로 개설된 신용장은 별다른 합의가 없는 한 모두 양도불능[72]이라고 보는 것이 일반적이다.

신용장은 그 자체가 유통가능한 증권이 아니기 때문에 환어음이나 선하증권과 같이 배서 또는 인도의 방식으로 양도될 수 없으며, 지정된 수익자 이외의 제3자가 관계 선적서류를 제시하면 은행은 이에 대해 지급·인수·매입을 거절할 수 있다.

그러나 신용장 본래의 기능을 확대하여 신용장에 의한 결제수단을 수입업자와 수출업자만의 일차적인 거래로 끝내지 않고 이것을 제3자에게까지 2차적으로 확대 이용할 필요성도 있다.

다시 말해 신용장상에 지정된 수익자는 그가 신용장하에서 이용할 수 있는 이득을 그의 공급자나 대리인들에게도 보장해 주기를 원할 때 수입업자의 사전양해를 받게 되면, 은행 입장에서는 신용장의 개설을 요청하는 수입업자의 신용이 높고, 상품에 대한 담보의 제공이 확실하다면 신용장의 양도를 통해 신용장의 효용을 확대시키지 않을 이

---

71) A.G. Davis, *op.cit.*, p.1.

72) Henry Harfield, Bank Credits and Acceptances, pp.180-181 ; Gutteridge & Megrah, *The Law of Bankers' Commercial Credits,* pp.106-107 ; Tolhurst vs. Associated Portland Cement Manufacturers Ltd., (1920) 2.K.B. 660.

유는 없을 것이다.

따라서 신용장의 양도는 반드시 신용장 개설의뢰인의 요청에 의해서 가능해지며 개설은행의 명시적인 수권(authorization)이 전제가 된다. 신용장의 양도는 수익자가 지급·인수·매입이 지정된 중간은행에 양도를 요청하고 이 중간은행이 명백히 동의해야 비로소 효력이 발생한다.[73)]

양도가능신용장이란 신용장상에 명시적으로 "양도가능(transferable)"이란 표시[74)]가 되어있는 신용장으로서 수익자가 신용장금액의 일부 또는 전부를 제3자 즉 제2의 수익자에게 양도할 수 있는 권한을 부여한 신용장을 말한다.

신용장의 양도는 다음과 같은 특징을 가진다.

첫째, 신용장의 양도는 1회에 한하여 할 수 있으며, 별도로 신용장상에 분할선적(partial shipment)에 대한 금지조항이 없으면 여러 개의 분할양도도 가능하나 이런 경우 각 분할양도의 총액은 원 신용장의 금액을 초과하지 않는 범위 내에서 1회의 양도로 간주된다.

신용장의 양도를 1회로 한정하여 그 연속성을 단절시키는 이유는 수입업자인 개설의뢰인을 보호하기 위함이다. 다시 말해 수입업자가 양도가능신용장을 허용하여 자기가 알지도 못하는 제3자에게 물품을 공급하게 하는 이유는 어디까지나 제1수익자의 성실성과 도덕성을 믿기 때문이다. 만일 양도가 1회에 한정되지 않고 계속적으로 가능하다면 경우에 따라 불성실한 업자가 개입될 수 있는 가능성이 커지기 때문이다.

둘째, 양도되는 신용장은 원신용장에 명시된 조건과 내용대로만 양도되어야 한다. 그러나 예외적으로 ① 신용장의 금액 ② 신용장의 단가 ③ 선적기일 ④ 유효기일에 대해서는 감액 또는 감축이 가능하고 ⑤ 보험금액의 부보비율의 증액이 허용된다.

셋째, 원수익자는 제2수익자가 발급한 상업송장을 자신의 것으로 대체하여 발행할 수 있다. 따라서 원수익자는 자신과 매매계약을 체결하였던 수입업자가 제2수익자를 알지 못하게 할 수 있으며, 상업송장대체에 따른 차액((원신용장의 금액이나 단가를 감액하여 양도하였을 경우)에 대해서만큼 자신의 환어음을 발행하여 그 양도차액을 취할 수 있다.

신용장을 양도하는 데는 여러 가지 이유가 있겠으나 주로 다음과 같은 경우에 양도

---

73) 제6차 개정 신용장통일규칙 제38조 a)항.

74) 이 용어의 표기가 없는 신용장은 모두 양도불능한 것으로 취급한다. 특히 제6차 개정 신용장통일규칙부터는 transferable과 유사한 용어들, 예컨대 assignable, fractional, divisible 등과 같은 용어는 허용되지 않음을 유의하여야 한다.

가 필요하다.

첫째, 제1수익자가 생산시설을 갖추지 않은 무역의 알선을 주목적으로 하는 중간상일 때,

둘째, 제1수익자가 직접 생산하여 공급하는 것보다 유리한 조건으로 하청생산계약을 체결할 수 있을 때,

셋째, 실제로 물품을 공급하는 생산업자가 직접 해외의 수입업자와 매매계약을 체결하기에는 지명도가 낮고 신용도가 높지 않을 경우, 또 특정품목의 수출창구가 일원화되어 있어 자신의 명의로는 수출이 어려울 때 제2의수익자 명의를 빌려 대행식으로 양도받을 때 등이다.

(10) 전대신용장

수출업자가 수출을 이행하기 위해 소요되는 자금을 자기자금으로 충당할 수 없는 경우가 있을 것이다. 이러할 때 수출업자의 자금조달을 용이하게 하기 위하여 신용장 개설은행이 개설의뢰인의 요청에 따라 수출지에 소재하고 있는 거래은행에게 수출업자에 대한 전불금의 금융을 의뢰하게 된다.

이처럼 자금력이 부족한 수출업자에게 수출품의 제조, 가공, 집하 등에 소요되는 수출자금의 전불을 허용하는 신용장을 전대신용장(red clause credit ; packing credit ; advance payment credit)이라 한다.

원래 전대신용장은 미국상인들이 중국 등으로부터 모피(furs)를 구입하기 위하여 고안해 낸 수단으로 알려져 있다. 즉 자신의 구매대리인인 모피 상인이 모피를 수집하여 한 꾸러미씩 만들어 선적하는 데에는 모피수집 자금이 필요하였으므로 사전에 수입업자는 이 자금을 미리 주어야만 됐다.[75] 지금도 이러한 관행은 계속되어 전대신용장은 주로 호주, 뉴질랜드, 남아프리카 등지의 모피, 양모거래에 활용되고 있다.[76]

전대신용장은 수입업자의 구매대리인이 여러 군데에서 상품을 구입하여 이를 합쳐 포장한 상태로 수입업자에게 선적하므로 packing credit이라고도 한다. 또한 전대신용장은 전불을 허용함으로 advance payment credit이기도 하고, 개설은행이 거래은행에 대해 전불금의 전대를 수권하는 문언[77]을 적색으로 표기하므로 red clause credit이라

75) 박대위, 「무역사례」, 법문사, 1983, p.257.

76) Gutteridge & Megrah, *op. cit.*, p.12.

77) 신용장에 전불금을 허용하는 문언은 보통 다음과 같은 형태로 표기된다.
"To enable the beneficiary to pay for the merchandise for the purchase and shipment which this credit is opened, xxx bank may make clean advances to him at any time or times not exceeding

고도 한다.

이러한 전대신용장은 수입업자가 전적으로 신뢰할 수 있는 수출업자 또는 자신의 구매대리인이 아니면 개설해주지 않는다.

수출업자는 선적을 마치고 수출대금을 회수할 때에는 이미 지불받은 전불금과 이를 활용한 기간만큼의 이자를 공제한 나머지 잔액에 대해서만 환어음을 발행하여 자금을 전대해준 매입은행에 제시하면 된다.

전대신용장하에서 수익자에게 전대를 해준 매입은행은 신용장 개설은행이 보증하고 있기 때문에 그 대금의 상환에 대해서는 위험성이 거의 없으며 매입수수료 이외에 상당한 이자소득을 누릴 수 있다.

한 판례[78]에서는 전대신용장상의 수익자는 전대은행에 자신의 개인구좌를 갖고 있었는데 이 수익자는 자신의 개인구좌에 자금이 부족하여 전대신용장하에서 전대받은 자금으로 자신의 개인구좌를 계속 메꿔나갔다. 그러던 중 수익자는 수출을 이행하지 못하자 문제가 발생하였는데 이에 대해 법원은 전대해준 매입은행은 수익자의 그러한 행위를 유인한 것도 아니고, 실제로 자금의 유용(defalcation)에 대해서는 인지하지 못한 상태였으며, 전불금의 전대는 순전히 수입업자와 수출업자간의 문제이지 이를 의뢰받은 전대은행까지 구속하는 것은 아니라는 취지를 설시한 바 있다.

그러나 수익자의 전불금 유용을 전대은행이 고의로 유도한다든지 또는 그러한 유용행위가 여러 번 되풀이 되어 사전에 이를 인지하고 있었다면 전대은행은 면책이 될 수 없음[79]을 주의해야 한다.

우리나라의 경우 수출신용장을 받으면 특별한 결격사유가 없는 한 수출금융을 받을 수 있기 때문에 매입은행의 전대금융은 별 큰 도움이 되지 않는다.

오스트레일리아의 양모거래에서는 선적 전 수출대금의 전대뿐만 아니라 창고료까지 은행이 책임져주는 전대신용장의 확대된 형태[80]가 활용되고 있다.

---

in all either (a) the aggregate amount of xxx or (b) the remaining unused balance of this credit (whichever is less) repayable with interest out of the proceeds of drafts which may thereafter be drawn hereunder by the beneficiary upon presentation of required documents, but of not so repaid during the currency of this credit to be changeable as withdrawals hereunder. The amount of each draft drawn under this credit and/or of each advance made under the red clause is to be endorsed on the reverse side hereof."

78) *Oelbermann v. National City Bank of New York*, 79F.2d 534(2d Cir. 1935).

79) *Grace v. Corn Exchange Bank & Trust Co.*, 287 N.Y. 94, 38 N.E. 2d 449(1941).

80) 이를 허용하는 문구를 Green Clause라 한다. 따라서 이를 green cluase L/C라고도 한다. ; Gutteridge & Megrah, *op.cit.*, p.13 ; 박대위,「전게서」, p.118.

(11) 회전신용장

일반적인 형태의 신용장은 신용장상에 금액과 유효기일이 정해져 있어 유효기일 내에 수익자가 신용장조건과 내용을 충족한 서류들을 은행에 제출하고 당해 신용장금액에 해당하는 환어음을 발행하면 그 신용장의 유효성은 종결된다.

그러나 동일한 수출업자와 수입업자가 동일물품을 계속적으로 거래할 경우 매 거래 시마다 신용장을 개설한다는 것은 비효율적일 때가 많다.

회전신용장(revolving credit)이란 이처럼 일정한 기간 동안 일정한 금액의 범위 내에서 신용장금액이 자동적으로 갱신되도록 하여 매 거래 시마다 신용장을 개설하는 불편함을 해소시켜주는 신용장을 말한다.

회전신용장의 형태는 크게 다음과 같은 두 가지로 나누어 볼 수 있다.

첫째, 정해진 일정기간 동안 일정한 신용장금액을 수익자가 활용하게 되면 개설은행으로부터 반대의 의사표시가 없는 한, 그 금액만큼 다시 자동적으로 갱신되는 형태로 특정한 신용장금액의 범위 내라면 환어음의 발행횟수는 제한이 없다.

둘째, 특정한 신용장금액이 일정한 기간마다 자동적으로 복구되어 갱신되는 형태이다. 이 경우에는 그 금액이 누적식(cumulative basis)이 될 수도 있고 비누적식(non-cumulative basis)이 될 수도 있다.

누적식은 신용장금액이 갱신될 때 미사용금액이 차 회의 갱신 때 이월가산 되는 방식이며 비누적식은 미사용금액이 누적되지 않는 방식을 말한다. 누적식이 실무적으로는 더 일반적인 형태이다.

회전신용장이 타 은행에 의해 확인되도록 요구될 때 확인은행은 주로 두 번째 형태의 회전신용장일 때 확인한다. 첫 번째 형태는 신용장의 유효기간 중 확인은행이 부담해야 하는 신용장의 총 금액의 확정이 어렵기 때문에 확인이라는 보증행위는 잘 이뤄지지 않기 때문이다.

구태여 회전신용장을 개설하지 않더라도 적기에 신용장금액의 자동갱신 내지 신용장 유효기일의 연장을 할 수 있다면 기능과 효과 면에서 회전신용장과 크게 다를 바가 없을 것이다. 이는 주로 신용장의 조건변경(amendment)의 형태로 이루어진다.[81)]

회전신용장은 아니지만 개설은행으로부터 반대의사의 서면통지가 수익자에게 전달되지 않는 한, 개설된 신용장의 유효기일이 특정한 기간만큼 1회에 한하여 자동 연장되는 신용장이 있을 수 있다. 주로 미국계 은행을 중심으로 활용되고 있는 이러한 신용장

---

81) M. A. Davis, *op. cit.*, p.48.

은 그 문면에 신용장의 유효기일을 자동 연장한다는 조항, 즉 이른바 evergreen claus e[82]가 삽입되는 것이 보통이다.

(12) 연지급신용장

연지급이라는 용어는 신용장통일규칙이 4차 개정된 후에 소개가 되었으나 실무계에서는 이미 이러한 지급방식에 의한 신용장을 사용하고 있었다.

즉 연지급신용장(deferred payment credit)이란 수익자가 신용장의 조건과 내용에 일치하는 서류를 개설은행이 지정한 연지급은행에 제시하면 신용장에 합의된 특정 만기일에 지급한다고 약정한 신용장[83]을 말한다.

연지급신용장은 플란트수출 등 거액의 자본재 수출이나 외환사정이 좋지 않은 개발도상국에서 선박 등의 대금결제에 주로 이용되는 신용장으로 1974년 3차 개정 시에는 이에 대한 논란이 많아 포함시키지 않았으나 연지급 조건이 1970년대 이후 계속적으로 증가됨에 따라 새로이 규정한 것이다.[84]

기한부거래를 하는 경우 인수신용장을 사용하면 되지만 독일, 프랑스, 볼리비아 등과 같이 환어음의 발행에 따른 인지세(stamp duty)가 높은 나라의 경우에는 환어음을 발행하지 않는 기한부신용장, 즉 연지급신용장이 활발히 사용되어 왔다.

따라서 연지급은 환어음이 발행되지 않는 기한부 지급방식이며, 연지급의 만기일은 신용장상에 기재하며 만기일은 주로 선하증권 발행일 후 일정 기간으로 표시된다.

연지급신용장은 수익자가 신용장상에 약정된 서류를 제출하였을 때 서류와 상환으로 즉시 지급받는 것이 아니라 신용장에서 약정한 기간이 경과한 후에 지급을 받게 되므로 통상적으로 선적이 이루어진 후 일정한 기간이 경과한 날 또는 서류가 제시된 후 특정한 일자에 지급된다.[85]

연지급신용장에 있어서 연지급 표시 문언, 유효기일 문언, 은행확약 문언은 각각 다음과 같이 기재되는 것이 보통이다.

"We herby establish this documentary credit in your favor available by payment at 60 days after bill of lading date ……."

---

82) Clive M. Schmitthoff, *Export Trade : The Law and Practice of International Trade*, Stevens & Sons, 9th ed., 1990, p.419.

83) ICC, Document No. 470/391, 5조 a)항.

84) ICC, *UCP 1974/1983 Revisions Compared and Explained,* ICC Publishing S.A., 1984, p.23.

85) R. Eberth & E.P. Ellinger "Deferred Payment Credit : A Comparative Analysis of their Special Problems", *Journal of Maritime Law & Commerce,* vol. 14. No. 3, July, 1983, p.390.

"Credit available with xxx bank by deferred payment at xx date against the documents detailed herein."

"We hereby engage that payment will be duly undertaken against documents presented in conformity with the terms of this credit and payment will be duly make at maturity."

(13) 연장신용장

연장신용장(extended credit)이란 수출업자가 선적 전에 서류가 첨부되지 않는 무담보어음(documentary credit bill of exchange)을 개설은행 앞으로 발행하여 자신이 거주하고 있는 지역의 은행(주로 통지은행)으로부터 대금을 미리 선지급 받고 일정기간 후에 해당 상품에 관련된 선적서류를 어음매입은행에 제공할 것을 조건으로 하는 신용장을 말한다.

연장신용장은 선적서류의 매입과 동시에 신용장금액이 갱신될 수 있도록 되어 있어 회전신용장의 성격을 가지고 있으며, 또한 수출대금을 선적 전에 지급받을 수 있어 전대신용장의 성격도 가진다.

연장신용장은 순전히 수출업자에게 자금조달의 편의를 제공하기 위해 수입업자의 양해로 개설되며 실질적으로 회전신용장과 전대신용장의 유용성을 결합한 형태라 하겠다.

(14) 현금신용장

현금신용장(cash credit)이란 수입업자의 요청에 따라 수입업자의 거래은행이 수출업자 소재지에 있는 자신의 본·지점 또는 환거래취결은행 앞으로 일정한 자금을 송금하고 수출업자 소재지 은행이 수출업자를 수익자로 하는 신용장을 개설한 후 수익자가 선적서류와 환어음을 제시하면 수입업자 소재지 은행으로부터 송금 받아 예치하고 있는 자금에서 현금으로 지급하도록 의뢰한 신용장을 말한다.

현금신용장하에서 발행되는 환어음은 일람불환어음이지만 경우에 따라 수익자가 환어음을 발행하지 않고 일종의 영수증(receipt)을 제시할 수도 있다. 수익자가 서명한 영수증과 상환으로 대금이 지급되도록 규정한 신용장을 Payment on Receipt Credit 이라고 한다.[86]

---

86) Payment on Receipt Credit은 현금신용장과 유사하나 환어음이 사용되지 않으므로 수익자는 어음법상의 상환의무를 부담하지 않는다.

(15) 할부선적신용장

신용장에 일정기간을 두어 매 기간별로 일정량을 선적하는 할부선적을 허용할 때 이를 할부선적신용장(instalment shipment credit)이라 한다. 할부선적신용장하에서 수출업자는 물품을 일괄하여 전량을 선적할 수 없고, 또 몇 회분을 모아서 선적하는 것도 허용되지 않으며 반드시 명시된 기간에 해당 일정량의 화물이 선적되어야 한다. 만일 어느 한 할부선적분에 대하여 선적을 이행하지 못하면 당해 선적분은 물론 그 이후에 있을 모든 선적분에 대해서 신용장은 그 효력을 상실한다.87)

(16) 통과신용장

수입업자의 요청과 지시로 신용장을 발행하는 개설은행이 수익자 앞으로 신용장을 개설해 주려 하여도 수익자 소재지 국가에 환거래취결은행이 없다든지 또는 수출지 국가의 통화가 국제적인 결제통화가 아니어서 수입국통화와 직접적인 태환성(convertibility)이 없을 경우, 수입지은행과 수출지은행이 공통적으로 환거래계약을 맺고 있는 제3국의 은행이 있다면 그 제3국의 은행이 신용장을 개설하고 결제통화도 제3국의 통화로 하여 그 곳에서 대금지급이 이루어지도록 하면 대단히 편리할 때가 있다.

통과신용장(transit credit)이란 이와 같이 서로 거래가 많지 않은 이질적인 국가 간의 대금결제에 활용되는 제3국의 통화표시로 된 제3국 발행의 신용장을 말한다. 통과신용장하에서 계약물품은 신용장을 개설한 제3국을 거칠 필요 없이 직접 수입국으로 운송되어 오지만 관련서류는 제3국을 경유하여 입수되어진다.88)

실제적으로 주요한 영국의 은행들은 전 세계적으로 광범위한 환거래취결계약을 체결하고 있고 신용장거래에서의 신뢰도도 높아 통과신용장하에서의 개설은행 역할을 담당하고 있다.89)

(17) 연계신용장 · 기탁신용장 · 토마스신용장

국가 간에 무역불균형을 해소할 목적으로 수출과 수입을 연계한 무역거래, 즉 물물교환(barter trade), 구상무역(compensation trade), 대응구매(counter purchase) 등의 연계무역 시에는 외화의 흐름을 불필요하게 하는 특수한 목적의 신용장이 사용되는 것이

---

87) 제6차 개정 신용장통일규칙 제32조.

88) 우리나라가 과거에 중국에 환거래계약이 없었을 때 신용장은 홍콩에서 달러화로 개설한 후, 물품을 수출한 경우가 이에 해당한다. 양영환 외,「신용장론」, 삼영사, 1994, p.162.

89) M.A. Davis, *op.cit.*, p.47.

보통이다.

연계무역에 따른 대금결제 시에는 일반적으로 다음과 같은 종류의 신용장이 사용된다.

① 연계신용장

연계신용장(back to back credit)은 어느 한 나라에서 일정액의 수입신용장을 개설할 경우 수출국에서 동액의 수출신용장을 개설해야만 그 수입신용장이 유효해 지는 신용장을 말한다. 즉 두 나라의 무역업자가 서로 수출한 금액만큼 수입하는, 또는 수입한 금액만큼 수출하는 형태의 신용장이다.

연계신용장에는 다음과 같은 문언이 삽입되는 것이 보통이다.

"This letter of credit shall not be available unless and until standard prime banker's irrevocable Letter of Credit in favor of XYZ Company, Seoul for account of ABC Company, Hong Kong for on aggregate amount of US$ 500,000 have been established pursuant to contract No. 123 for the export of the contracted goods .... This Letter of Credit shall not be available, if beneficiary's Letter of Credit (for export) are established through banks other than those opening and advising this credit."

한편 이 연계신용장은 광의로 해석할 때에는 비단 연계무역뿐만 아니라 현지에 담보가 없는 모회사의 해외자회사 내지 지점에 대한 보증신용장(standby credit), 수출신용장을 견질담보로 하여 국내의 원료공급업자에게 개설해주는 내국신용장(local credit) 등을 포함하는 개념이다.

결국 연계신용장은 협의로 해석하나, 광의로 해석하나 그 핵심은 최초로 개설된 신용장을 근간으로 이를 견질로 하여 제2의 신용장이 수반되느냐의 여부에 있다.

② 기탁신용장

기탁신용장(escrow credit)이란 수출업자가 계약상품을 수출한 후 수입업자로부터 즉시 수출대금을 지급받는 것이 아니라 수출업자 자신의 명의로 된 기탁계정(escrow account)에 기탁하여둔 채 추후에 수출업자가 수입업자로부터 대응하여 특정물품을 수입할 때 그 수입대금으로 상쇄시켜 나가도록 규정한 신용장을 말한다.

기탁신용장은 연계신용장과 마찬가지로 수출·수입에 따른 외화의 흐름을 차단시킨 채 양 국가 간의 수출입균형을 이루려 하는데 그 목적이 있으며, 연계신용장과의 차이점은 같은 금액의 신용장이 대응적으로 발행될 필요가 없고, 물품의 선택과 기일이 자유롭다는 데 있다.[90]

기탁신용장은 수출과 수입에 있어 다소간의 차액이 발생할 경우 미결제잔액이 총액의 1% 또는 1,000달러 미만의 소액일 때에는 이의 지급이 허용될 수 있다. 수익자 명의의 기탁계정은 당사자 간의 약정에 따라 매입은행이나 개설은행 또는 제3국에 있는 환거래은행 중 어느 곳이나 설치할 수 있다.

기탁신용장은 다음과 같은 문언이 삽입된다.

"It is a further condition of this credit that the proceeds of same remain blocked at your bank in a special account in the name of the beneficiary for account of Messrs. ABC until fulfilment of irrevocable undertaking of the beneficiary to use the funds of this credit exclusively for the goods mentioned above."

③ 토마스신용장

토마스신용장(TOMAS credit)은 연계신용장의 일종이지만 수출업자와 수입업자 양 당사가가 동시에 동액의 신용장을 개설하는 형태가 아니라 어느 한 쪽이 먼저 신용장을 개설하고 상대방이 일정기간 후에 동액의 신용장을 개설하겠다는 보증서를 발행하는 것을 조건으로 개설된 신용장을 말한다.[91]

본디 TOMAS란 용어는 최초로 이러한 방식을 사용하여 중국과 거래를 성사시킨 일본 수출업자의 전신약호에서 유래되었다.

TOMAS신용장은 수출입국가간의 수출입 대금결제 시 선수출 또는 선수입에 상응하는 물품대금을 외화로 수취 또는 지급하고 후수입 또는 후수출에 따른 물품대금을 외화로 지급 또는 수취하는 거래방식인 유환구상무역에 활용되며, 신용장을 내도 받은 자가 일정 기간 내에 신용장을 개설하겠다는 보증서를 발행하여야 그 신용장하에서의 수출대전이 결제된다.

(18) 특혜신용장

일반적 형태의 신용장은 수익자가 계약물품을 선적하고 관계선적서류와 환어음을 첨부하여 이를 은행에 제시하여 대금지급을 받게 되지만 이 특혜신용장(omnibus credit)은 계약상품을 선적하기 전에 창고에 입고시킨 후 이를 증명하는 창하증권(warehouse warrant)을 담보로 환어음을 발행하여 수출대금을 지급받을 수 있도록 한 것으로 수익자에게 일종의 특혜를 부여한 신용장이다.

---

90) 박대위, 「전게서」, p.124.

91) 어느 한 당사자를 중심으로 수출신용장을 먼저 받으면 이를 TOMAS Credit이라 하고, 수입신용장을 먼저 개설하게 되면 이를 Reverse TOMAS Credit이라 한다.

창하증권은 원칙적으로 선하증권과 마찬가지로 양도가능한 것이 일반적이며, 물품에 대한 유치권적 기능을 갖고 있어 신용장거래에서는 선하증권의 보조서류로 요구되기도 하지만 이 자체가 관련물품을 대표하는 권리증권인 선하증권의 법률적 기능을 갖지 못하므로 특별히 신용도가 높은 거래선이나 수입업자의 본·지점간의 거래에만 주로 사용된다.

(19) Marginal Credit

이 신용장은 위조어음의 발행을 막기 위하여 신용장의 여백(margin)에 당해 신용장에 사용될 환어음용지가 인쇄되어 있거나 환어음양식이 첨부되어 있어 수익자가 수출을 이행한 후 환어음을 발행할 때 당해 신용장상에 첨부 내지 인쇄된 이 환어음만을 사용하도록 하고 있는 신용장을 말한다.

(20) Blank Credit

Blank Credit이란 신용장상에 수입되는 물품의 명세를 사전에 구체적으로 명시하지 않고 단지 일반적인 용어, 예컨대 산업설비용 기자재 등으로 표시하여 개설된 신용장을 말한다.

이 신용장은 플란트 수출입 등과 같이 거래물품의 명세를 구체적으로 명시하기 어려운 경우에 쓰인다.

(21) Collection Credit

Collection Credit이란 일반적인 형태의 신용장형식으로 발행되지만 매입은행에 대한 대금상환의 약정이 없어서 대금지급이 개설은행을 통해서만 이루어지는 신용장을 말한다. 따라서 수출지의 거래은행은 수익자 발행의 환어음을 매입해주어도 개설은행으로부터 하등의 확약을 받지 못한 상태이므로 수익자 발행의 환어음매입을 꺼리게 되어 수익자는 수출이행 후 즉각적인 대금의 회수가 곤란하다.

Collection Credit은 일견 추심결제방식과 유사하지만 차이점은 추심방식과는 달리 개설은행은 수익자에게 대금지급확약을 한다는 데 있다.

이러한 형태의 신용장은 주로 중국과의 교역에서 사용된다.

5) 유사신용장

(1) 어음매입수권서

어음매입수권서 (authority to purchase ; A/P)란 수입업자의 요청으로 수입지의 은행이 수출지에 있는 자신의 본·지점 또는 환거래취결은행에게 수출업자가 구비한 선적서류와 수입업자 앞으로 발행된 환어음이 제시되면 이를 매입해 줄 것을 지시하는 통지서(advice)를 말한다.

신용장은 이를 발행하는 개설은행이 수익자에게 대금의 지급을 확약하고 있으나 어음매입수권서는 수입업자가 수출업자에게 확약을 한다. 따라서 수입지의 은행, 수출지에 소재한 수입지 은행의 본·지점 또는 환거래취결은행은 수출업자에게 어떠한 책임을 부담하지 않게 된다.

수입업자의 요청을 받은 거래은행은 수입업자에 의해 환어음이 지급될 것이라는 믿음을 가지고 수출업자의 환어음을 매입해줄 뿐이며 이러한 매입도 은행자신의 계정으로 하는 것이 아니고 수입업자의 계정으로 이루어진다.

이와 같이 어음매입수권서는 은행이 수출업자가 발행한 환어음에 대해 지급보증을 하지 않고, 환어음도 수입업자 앞으로 발행되는 개인어음(private bill)의 형태이다. 만일 수입업자가 수출업자 발행의 환어음을 인수하지 않으면 수출업자는 자신에게 대금을 매입해준 은행의 상환청구를 받게 되어 대금을 반환하여야 한다.[92] 결국 수출업자는 수입업자가 환어음에 대해 지급할 때까지 은행으로부터의 상환청구 가능성을 배제하지 못하므로 대금을 수취하였다 해도 거래가 종료된 것이라 간주할 수 없다.

어음매입수권서를 이용하는 수출업자는 주로 소규모 수출업자인데 반해 수입업자는 자신의 거래은행으로부터 상당히 높은 여신한도를 갖고 있는 것이 보통이다.

어음매입수권서는 본질적으로 은행이 인정한 수입업자의 여신을 수출업자가 활용할 수 있도록 하는데 있으므로 수출업자로서는 자신이 발행한 환어음이 자신의 여신으로는 은행에서 할인을 받을 수 없으나 수입업자의 여신으로 자신의 환어음을 유리하게 할인받을 수 있게 된다.

따라서 수출업자 입장에서 보면 어음매입수권서는 비록 신용장방식보다는 그 효용성이 적다해도 수입업자의 여신과 재력을 믿고 자신의 선적서류를 담보로 하여 환어음을 매입할 수 있고, 지급도(D/P) 방식과 같이 서류와 상환으로 대금지급을 받을 수 있어 특히 미국과 극동지역의 국가 간에 많이 이용되고 있다.[93]

---

92) 이와 관련하여 어음매입수권서에는 다음과 같은 문언이 삽입된다. ; "In the event of dishonor by the drawee and/or acceptor of any such draft(s) purchased by us hereunder, you shall remain liable thereon as drawer for the payment of the principal and interest owing on such honored draft(s). ..... ."

93) 따라서 어음매입수권서는 Far Eastern A/P 라는 표현이 사용되기도 한다. 실제로 미국과 싱가포르, 필리핀 간에는 어음매입수권서의 활용이 빈번하다.

어음매입수권서는 신용장방식과는 달리 취소가능하고 상환청구가능 한 것이 일반적이나 취소불능하거나 상환청구권도 인정하지 않는 변형된 형태의 어음매입수권서도 발행될 수 있다.

(2) 어음지급수권서

어음지급수권서(authority to pay)란 수입업자의 요청으로 수입지의 은행이 수출지에 있는 자신의 본·지점 또는 환거래취결은행에게 수출업자가 구비한 선적서류와 수익자가 발행한 환어음이 제시되면 이를 지급해 줄 것을 지시하는 통지서를 말한다.

어음지급수권서와 어음매입수권서는 대동소이해 보이지만 이들의 차이점은 어음매입수권서는 환어음이 수입업자 앞으로 발행되나, 어음지급수권서는 수출지에 소재한 수입지 은행의 본·지점 또는 환거래취결은행 앞으로 발행된다는 것이며, 일단 이 은행이 지급하면 수출업자는 어음매입수권서와는 달리 지급받은 대금의 상환청구를 받지 않는다는 점이다.

어음지급수권서는 은행의 지급확약도 없지만 어음의 지급인이 은행이기 때문에 어음매입수권서보다는 안정성이 있다. 어음지급수권서는 어음매입수권서와 마찬가지로 은행의 신용과 보증 하에 발행되는 것이 아니고 수업업자의 신용에 입각하여 발행되는 것이어서 개입되는 은행은 수출업자에 대해 아무런 확약을 하고 있지 않으므로 하등의 책임을 부담하지 않는다.[94)]

어음지급수권서 역시 어음매입수권서와 마찬가지로 취소가능한 형태가 일반적이기 때문에 수출업자에게 사전에 통지 없이 취소 또는 변경될 수 있다.

(3) 어음매입지시서

어음매입지시서(letter of instruction)는 어음매입수권서와 기능면에서 동일하지만 어음매입수권서와 다른 점은 동일은행의 본점과 지점 간에만 사용된다는 것이다.

즉 어음매입지시서의 발행은행이 자신의 본점 내지 지점에 대하여 일정한 조건 아래 발행된 수출업자의 환어음을 매입하도록 지시하는 형태로 은행의 지급확약 내지 약정은 없는 단순한 매입지시서이다. 이 지시서는 취소가능한 성격을 가지며 매입한 은행은 환어음의 발행자인 수출업자에 대해 상환청구권을 행사할 수 있다.

---

94) 어음지급수권서에는 다음과 같은 문언이 삽입된다. ; "This advice conveys no engagement on our part or on the part of the above mentioned correspondent···."

(4) 지급보증서

지급보증서(letter of payment guarantee)란 수입업자의 거래은행이 수출업자에 대한 대금지급을 보증할 목적으로 수출업자 앞으로 발행하는 일종의 보증서를 말한다.

신용장은 수출업자가 신용장상에 규정된 제반 조건과 내용에 일치하는 서류가 제시되면 수입업자의 파산이나 채무불이행 여부에 관계없이 반드시 지급하겠다는 개설은행의 독립적이고 일차적인 확약을 의미하는데 반해, 지급보증서는 주채무자(principal debtor)인 수입업자가 채권자(creditor)인 수출업자에 대해 대금지급을 하지 못하는 상황이 발생할 때 은행이 보증인(guarantor)이 되어 이를 지급하겠다는 부차적이고 2차적인 약정을 의미한다.

일반적으로 보증의 채무는 채권자와 주채무자간의 주계약이 무효가 되면 자동적으로 소멸한다. 즉 은행의 보증채무는 수출업자와 수입업자의 매매계약이 취소되거나 무효가 되면 더 이상 의미를 갖지 않는다. 그러나 신용장은 일단 개설되면 매매계약과는 독립적인 성격을 갖기 때문에 매매계약의 존폐와 관련 없이 유효하다. 따라서 은행의 지급보증서는 신용장과 근본적으로 다른 성격을 가진다고 볼 수 있다.

수출업자의 입장에서는 단순히 수입업자의 신용만 믿고 수출하는 인수도조건(documentary against acceptance ; D/A)이나 지급도조건(documentary against payment ; D/P) 보다는 안정적이나 은행의 일차적이고 독립적인 지급약정을 받고 있지 못하기 때문에 실질적으로는 신용장방식에 비해 나을 바는 없다고 볼 수 있다.

6) 내국신용장

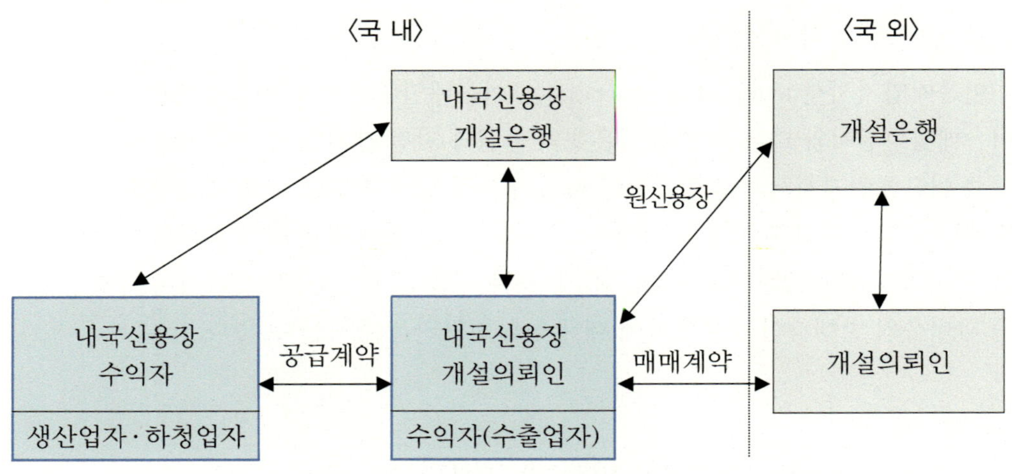

그림 7-11 내국신용장의 개념

(1) 내국신용장의 개념

내국신용장(local credit)이란 외국의 수입업자로부터 수출신용장을 받은 국내의 수출업자가 완제품을 다른 제조업자 또는 공급업자로부터 물품을 공급받거나 또는 해당 수출품을 생산·가공·조립하는데 소요되는 원자재 또는 부분품을 국내의 업자로부터 조달하고자 할 때 자신의 거래은행에게 원신용장(original credit ; prime credit ; master credit)을 견질로 하여 국내의 납품업자 또는 하청업자를 수익자로 하는 제2의 새로운 신용장을 개설해 주도록 요청하여 개설된 신용장을 말한다.

내국신용장은 Local Credit이라는 용어 외에 국내에서 개설된다하여 Domestic Credit, 원신용장에 부수하여 개설되므로 Secondary Credit, Subsidiary Credit, 원신용장을 견질로 하기 때문에 Back-to-Back Credit이라고도 부른다.

내국신용장의 개설의뢰인은 원신용장 하에서의 수익자, 즉 수출업자가 되며 개설은행은 그 수출업자의 국내거래은행이 된다. 내국신용장에서의 수익자는 원신용장의 수익자에게 물품을 공급 내지 조달해주는 국내의 납품업자 또는 생산업자가 된다.

내국신용장은 수출용원자재의 국내구입을 촉진시켜 외화를 절약하고 국내원자재의 공급을 확대시키기 위한 정부제도의 일환이며, 우리나라에서는 내국신용장에 의한 공급실적은 원수출의 경우와 같이 동등하게 인정하고 있으며 금융·세제 면에서도 원신용장과 똑같은 혜택을 주고 있기 때문에 국내의 원료공급업자도 내국신용장에 의한 원료공급은 상당히 유리하다 할 수 있다.[95)]

(2) 내국신용장의 효용

내국신용장은 수출신용장뿐만 아니라 선수출계약서(D/A와 D/P 계약서 포함), 외화표시 물품공급계약서, 외화표시 건설·용역공급계약서 및 과거 수출실적을 근거로 해서도 개설이 가능하며 원자재를 구매하기 위해서는 원내국신용장(1차 내국신용장)을 근거로 하여 2차 내국신용장의 개설도 가능하다.

이 같은 내국신용장제도는 국내물품공급업자나 납품업자에 대한 대금결제를 은행이 지급보증하기 때문에 원신용장하에서의 수출업자의 신용도를 믿지 못하는 국내물품공급업자나 납품업자의 불안요소를 제거해 줄 수 있다.

---

95) 내국신용장과 비슷한 성격을 가지는 것으로써 구매확인서가 있다. 구매확인서라 함은 외화획득용 원료를 국내생산업자 또는 공급업자로부터 구매하고자하는 경우 내국신용장 취급규정에 준하여 외국환은행의 장이 발급하는 것으로써 내국신용장발급규정상의 제한으로 인해 원자재의 공급을 받기 어려운 수출업자를 지원하기 위한 것이다. 구매확인서는 내국신용장과는 달리 무역금융의 융자대상증빙서류로 인정되지 않는다.

또한 내국신용장은 수출업자에 대해서는 수출물품 또는 수출용 원자재를 사전에 대금지급하지 않고도 간편하고 원활하게 조달할 수 있도록 하는 동시에 물품공급업자나 납품업자에 대해서는 물품공급대금의 회수에 대하여 은행이 보증하고, 무역금융의 혜택도 부여한다.

앞서 언급한 바와 같이 내국신용장에 의한 국내물품공급자의 공급실적은 원수출실적으로 인정해 주기 때문에 세제상 수출과 동등하게 부가가치세의 면세혜택을 주고 있다. 결국 내국신용장제도는 이러한 여러 효용을 공여함으로써 국산원자재의 사용을 촉진하고 수출물자의 생산 공급을 원활히 함으로써 외화의 축적 및 절약을 실현할 수 있게 된다.

(3) 내국신용장과 양도가능신용장의 비교

내국신용장은 수출업자가 국내의 또 다른 물품공급업자를 활용한다는 차원에서 양도가능신용장과 유사하지만 근본적으로 다음과 같은 본질적 차이점이 있다.

첫째, 양도가능신용장은 개설될 당시부터 제3자를 개입시킬 목적으로 신용장상에 "양도가능(transferable)"이라는 문구를 삽입하여 신용장의 조건대로 이 원신용장 자체를 제3자에게 그대로 양도하지만, 내국신용장은 수출업자가 받은 원신용장을 견질로 다시 또 하나의 신용장이 개설되기 때문에 원신용장과는 별개의 독립된 신용장이다.

둘째, 양도가능신용장의 경우 제2수익자는 수입국의 원신용장 개설은행으로부터 직접 지급확약을 받지만, 내국신용장의 경우 국내물품공급업자는 내국신용장을 개설한 국내의 개설은행으로부터 지급확약을 받는다. 따라서 내국신용장하에서의 수익자인 국내물품공급업자는 원신용장의 개설은행이나 개설의뢰인과는 아무런 계약관계가 성립하지 않는다.

셋째, 양도가능신용장은 수출업자인 제1수익자가 제2수익자에게 신용장을 양도할 때 신용장의 금액, 단가, 유효기일, 선적기일 등의 감액 내지 감축, 그리고 부보금액의 증액 등을 제외하고는 원신용장의 모든 조건과 내용을 변경 없이 양도하여야 하나, 내국신용장의 경우 원신용장하에서의 수익자인 수출업자는 원신용장을 견질로 하여 모든 조건과 내용을 임의로 변경하여 내국신용장을 개설할 수 있다.

넷째, 양도가능신용장의 경우에는 양도가능신용장을 개설한 수익자의 개설은행과 양도를 취급해주는 수출지의 양도취급은행이라는 국적을 달리하는 2개국의 은행이 반드시 개입해야하는 국제적인 거래인데 반해, 내국신용장은 적격성을 갖춘 원신용장이라면 이를 견질로 원신용장의 개설은행과는 아무런 관련 없이 국내에서 발급될 수 있다.

(4) 내국신용장의 결제

① 매입의 의뢰

내국신용장의 수익자인 공급업자는 원자재 또는 완제품을 내국신용장의 개설의뢰인인 수출업자에게 내국신용장상에 명시된 기일 내에 공급하고 물품수령증을 교부받아 내국신용장에서 요구한 제반서류를 구비하여 자기가 거래하는 외국환은행에 어음의 매입의뢰를 한다.

내국신용장에 의한 어음 매입시 필요한 서류들은 다음과 같은 것들이 있다.

ⓐ 환어음

ⓑ 물품수령증명서(물품수령증명서는 세금계산서 건별로 대응하여 발급되어야 한다. 단, 내국신용장에 명시된 조건에 따라 수출용 원자재를 분할공급 받는 경우에는 그 기간 중 분할공급시마다 교부된 세금계산서상의 공급가격을 일괄하여 하나의 물품수령증명서를 발급할 수 있다.)

ⓒ 공급자 발행 세금계산서 사본(세금계산서의 교부대상과 내국신용장의 개설의뢰인은 일치하여야 하며, 내국신용장의 수혜자가 부가가치세법에 의한 세금계산서 발급대상이 아닌 경우에는 물품명세가 기재된 송장으로 대체할 수 있다.)

ⓓ 기타 필요하다고 인정되는 서류

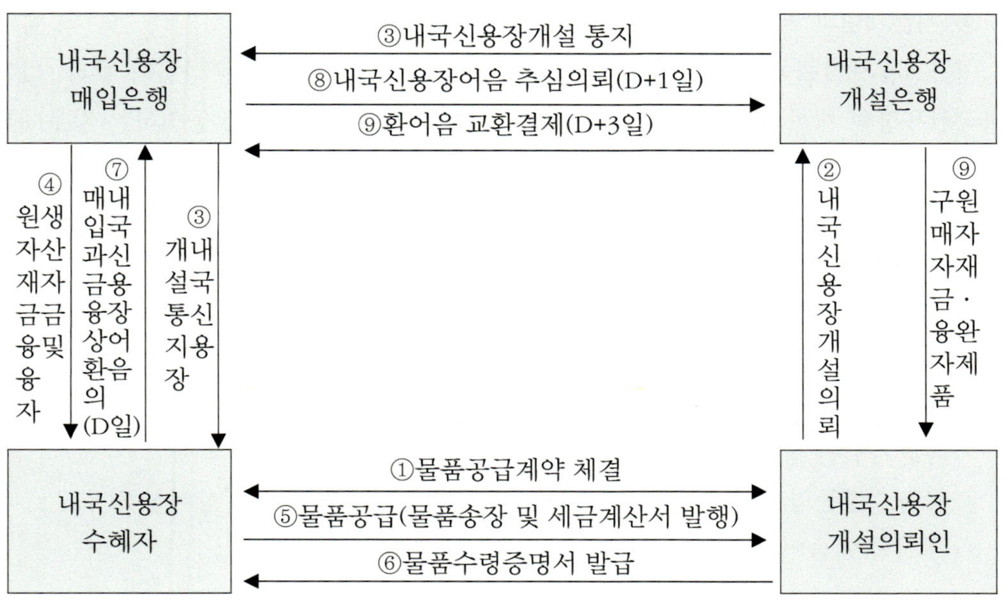

| 그림 7-12 | 내국신용장거래 절차

② 매입의 제한

국내의 외국환은행은 모두 내국신용장하의 어음을 매입할 수 있으나 내국신용장에 의하여 각종금융이 이루어졌을 경우에는 해당융자를 해준 은행만이 내국신용장에 의한 어음을 매입할 수 있다. 이 경우 어음의 매입 시 융자금액을 차감하고 지급된다.

한편 외화표시 내국신용장에 의하여 발행된 어음은 매입할 수 없으며, 당해 내국신용장의 개설은행 앞으로 추심의뢰 하여야 한다.

③ 대금의 결제

내국신용장하에서 환어음매입을 의뢰받은 외국환은행은 원화액면금액으로 매입하지만, 환어음 매입 시 환율이 개설 시와 다른 경우에는 당해 내국신용장개설 시 부기된 외화(미달러)금액을 매입당일의 대고객 전신환매입율로 환산한 금액으로 매입한다.

매입은행은 매입금액과 매입일을 내국신용장 이면에 기입하고 내국신용장 개설은행 앞으로 추심의뢰를 하게 된다. 내국신용장의 개설은행은 지급거절의 사유가 있지 않는 한 지급제시를 받은 날로부터 3영업일 이내에 어음을 결제해야 한다.

개설은행이 이와 같이 어음을 결제하게 되면 수출신용장, 수출계약서, 외화표시 공급계약서 또는 원내국신용장 뒷면에 그 내용을 기재하고 내국신용장개설의뢰인에게 그 지급을 청구하게 된다.

④ 지급거절의 사유

내국신용장거래에 있어서 지급거절의 사유로 볼 수 있는 경우는 다음과 같다. 다만 내국신용장의 개설의뢰인이 지급거절사유가 있는 경우에도 지급에 동의하는 경우에는 환어음을 결제할 수 있다.

ⓐ 어음의 형식 불일치 또는 지급지가 상이한 경우
ⓑ 어음의 위조·변조 또는 사고신고가 접수된 경우
ⓒ 물품수령증명서상의 수령인의 서명인감이 개설시 신고한 서명인감과 불일치한 경우
ⓓ 어음의 지급제시일(내국신용장어음의 매입일 또는 추심의뢰일)이 내국신용장의 유효기일을 경과한 경우
ⓔ 물품수령증명서상의 물품명세가 내국신용장상의 물품명세와 상이한 경우
ⓕ 제시된 어음이 내국신용장상의 조건과 내용에 불일치한 경우

7) 보증신용장

(1) 보증신용장의 개념

보증신용장(standby credit)이란 보증신용장의 개설은행이 외국의 은행으로 하여금 특정인에게 자금을 대여하도록 하고 일정기간이 도래한 후 그 특정인이 채무의 상환을 이행하지 않았을 경우 채권자인 외국의 은행에게 주채무자인 특정인(개설의뢰인)을 대신하여 대금을 지급하겠다는 약속증서를 말한다.

보증신용장은 수출입상품의 대금결제를 목적으로 하는 외환신용장이 아니고 금융조달을 위한 담보 또는 지급보증을 위해 사용되는 특수 목적의 채무보증신용장이다.

예를 들어 해외에 나가있는 우리나라 특정기업의 지사 내지 자회사는 담보가 적어 현지국에서 융자 혹은 신용공여를 받으려 할 때, 현지국 은행은 담보력이 미약한 이 지사 내지 자회사에게 자금을 대여해 주지 않으려 할 것이다.

이러한 경우 해외의 지사 내지 자회사는 본사에 요청하여 본사의 거래은행이 개설은행이 되어서 현지국의 은행을 수익자로 하는 보증신용장을 개설해 주면 현지국 은행은 이 보증신용장을 담보로 하여 그 지사 내지 자회사에 융자 혹은 신용공여를 해주게 된다.

만일 이 지점 내지 자회사가 지정된 일정기간 내에 채무를 이행하지 않거나 부도를 내면 보증신장하의 수익자인 현지국 융자은행은 보증신용장 개설은행 앞으로 발행한 무담보환어음(clean draft)과 지사 내지 자회사(즉 채무자)의 채무불이행진술서를 첨부하여 이를 보증신용장 개설은행에게 제시함으로써 대금의 지급을 받을 수 있다.

이와 같은 보증신용장은 원래 미국을 중심으로 크게 발달되어 왔는데 이는 미국에서는 은행이 보증업무를 하는 것은 명백한 실정법상의 월권행위(ultra vires act)로 간주되어 불법의 영업활동으로 취급되었기 때문에 이를 우회하기 위해 은행이 신용장이라는 수단을 빌어 실질적인 보증행위를 하였음에 연유한다. 물론 보증신용장은 미국에만 국한되어 활용된 것은 아니며, 실제로 용어와 정도의 차이는 있겠지만 보증의 행위는 여러 나라의 은행실무상 보편화되어 있었던 영업행위였다.

이러한 용도의 보증신용장은 1960년대를 기점으로 국제적 상품교역의 지급보증뿐만 아니라 국제적인 입찰보증, 이행보증 등의 계약 의무보증 및 기타 채무보증 등 국제경영활동에까지 확대되었다.

우리나라는 은행의 영업과 관련된 행위능력의 범위를 넓게 해석하고 있기 때문에 미국과 같이 은행의 보증행위를 법으로 금하고 있지 않으며 외환관리법상 특별히 보증신용장과 전통적인 개념의 은행보증(back guarantee)을 구분하지 않고 포괄적으로 대외

외화표시지급보증으로 정의하고 있다.

(2) 보증신용장의 용도

국제상거래의 거래 당사자들에 의해 국제상거래를 활성화시키고 촉진시키기 위해 발전되어온 보증신용장은 점차 계약당사자의 신용을 은행의 신용으로 대체시키는 결과를 가져왔다.

초기단계에서 보증신용장은 수출업자가 수입업자로부터 상품대금을 직접 수취하기로 한 경우 수입업자의 지급불이행에 대비하여 은행이 대금지급을 보증해 주는 보증수단으로 사용되었으나 오늘날 보증신용장은 거의 모든 거래에서 계약의 이행을 보증하기 위한 수단으로 활용되어지고 있다.

보증신용장을 활용한 가장 대표적인 적용 예를 살펴보면 아래와 같다.[96]

① 해외에 진출해 있는 현지 자회사 내지 관계회사의 현지국에서의 금융의 담보를 위한 은행의 지급보증용으로 활용된다. 이는 이미 언급한 바와 같이 보증신용장의 가장 전형적인 형태로 담보력이 부족한 해외의 자회사 등이 현지국에서 자금을 조달받는다든지 신용공여를 받을 수 있도록 자국내 은행의 채무보증능력을 빌어 보증신용장을 활용하는 형태이다.

② 상품의 매매와 관련하여 수입업자의 채무불이행을 담보받기 위해 수출업자를 수익자로 하여 보증신용장을 개설하는 형태이다. 이 용도는 일반적인 화환신용장(documentary credit)의 기능과 유사한 것으로 화환신용장거래에 있어서 수반되는 서류의 구비와 서류의 검토 등 까다로운 절차를 회피할 목적으로 활용된다. 즉 수입업자가 수출업자에게 적기에 상품대금을 지불해준다면 이 보증신용장하에서의 은행의 채무상환의무는 발생하지 않으며, 단지 수입업자의 지급불능 내지 지급불이행 때에만 은행이 책임을 지게 된다.

따라서 이 형태의 보증신용장은 무담보신용장(clean credit)의 형식을 갖게 되며, 수출업자는 상품의 선적에 따른 관계선적서류의 구비없이 매매계약상의 상업송장과 수입업자가 대금을 지급하지 않았음을 증명하는 채무불이행증명서를 환어음과 함께 첨부하여 제출하면 은행으로부터 대금의 지급을 받을 수 있게 된다.[97]

③ 임대차계약(lease contract)하에서 장비 및 부동산 등의 임대 시 임대기간 만료시점

---

96) Burton V. McCullough, *op.cit.*, 1-61 이하 참조 ; John F. Dolan, *op.cit.*, 1-17 이하 참조.

97) 이러한 형태의 보증신용장을 미국에서는 Invoice Credit이라고 한다. 이 보증신용장은 고가치의 대량화물일 경우 상당한 액수의 화환신용장의 은행수수료를 회피할 목적으로 활용된다. : *Ibid.*

에서의 시설물의 반환과 임대료의 확보를 위해 임대인(lessor)을 수익자로 하는 보증신용장을 활용한다. 이와 유사한 형태인 선박의 용선계약(charter party contract)에서도 용선에 따른 용선자의 제반 용선비용의 확보를 위해 용선주를 수익자로 한 보증신용장이 이용된다.[98)]

④ 플란트 수출이나 해외건설수출 등과 같은 대규모 경영사업에 이용되는 채무증서(bond)를[99)] 대체하여 보증신용장이 사용된다. 즉 주채무자인 수주자가 계약서에서 정한 채무를 이행하지 않으면 은행이 보증인으로서 해외발주자의 청구에 따라 보증금을 지불하게 되는 입찰보증(bid bond)[100)], 계약이행보증(performance bond),[101)] 선수금환급보증(advance payment bond)[102)]의 기능을 보증신용장이 대신한다.

⑤ 이외에도 보증신용장은 채권확보를 위해 상업어음 및 약속어음 발행의 담보증서로도 활용된다.

(3) 화환신용장과의 비교

보증신용장은 개설은행이 거래처의 의뢰에 따라 그 거래처가 제3자에게 부담하고 있는 채무의 지급을 약정하거나, 보증채무 등 장래에 부담하게 될 가능성이 있는 채무를 인수하는 기능을 갖기 때문에 일반 물품의 매매계약의 대금지급수단으로 활용되는 화환신용장과는 본질적으로 다음과 같은 차이를 보인다.

첫째, 일반 화환신용장에 내재되어있는 계약(underlying contract)은 물품의 매매계약(contract of sale)이지만 보증신용장하의 내재된 계약은 주로 용역계약(service contract)일 때가 많다.[103)] 따라서 화환신용장은 물품의 거래에 따른 대금지급수단임에 반해 보증신용장은 금융거래시의 담보나 지급보증용으로 활용된다.

---

98) Daniel E. Murray, "Letter of Credit in Non-Sale of Goods Transaction", *The Business Lawyer*, vol. 30, 1975, p.1104 참조.

99) 채무증서(bond)라 함은 일정금액의 지급을 약속하는 날인증서에 의한 계약 또는 그 증서를 의미하는 것으로 보통 단순한 상품거래이외의 대규모 거래 또는 장기간의 시일이 소요되는 계약시 수입업자 내지 발주자에 대해 공신력 있는 은행이나 보험회사 등이 발행하는 보증서를 말한다.

100) 입찰보증이란 낙찰이 되었음에도 불구하고 계약을 하지 않는 경우를 대비하여 이를 담보받기 위해 활용되는 보증서를 말한다.

101) 계약이행보증이란 계약체결 후 매도인 또는 하청업자 등이 계약을 이행하지 않을 경우에 이를 담보 받기 위해 활용되는 보증서를 말한다.

102) 선수금 환급보증이란 해외발주자가 수주자에게 일정한 금액을 미리 지급한 경우 수주자가 계약을 불이행할 경우 이미 지급한 선수금을 보장받고자 할 때 이용되는 보증서를 말한다.

103) Burton V. McCullough, *op.cit.*, 1-57.

둘째, 신용장하에서 제출되는 서류의 종류가 다르다. 즉 화환신용장은 신용장개설은행이 수익자에 대하여 신용장 조건과 내용에 일치하는 선적서류 일체와 환어음이 제시되면 이를 지급·인수·매입하겠다는 약정을 의미하지만, 보증신용장은 선적서류 대신 환어음과 수익자 자신이 작성한 채무불이행증명서를 수익자가 제시하면 이를 지급하겠다는 보증을 의미한다.

셋째, 화환신용장하에서 발행되는 환어음은 선적서류의 구비를 전제로 하고 있는 화환어음(documentary bill of exchange)이지만, 보증신용장하에서 발행되는 환어음은 선적서류가 수반되지 않는 무담보어음(clean bill of exchange)이라 할 수 있다.

넷째, 신용장개설은행의 지급확약과 관련하여 화환신용장거래는 수익자인 매도인이 신용장하에 내재된 기본계약을 이행하여야 대금을 지급받는 적극조건(positive condition)을 전제로 하고 있는 반면, 보증신용장거래는 개설의뢰인인 주채무자가 신용장하에 내재된 기본계약을 불이행하였을 때 채권자인 수익자가 대금을 지급받는 소극조건(negative condition)을 전제로 하고 있다.

다섯째, 화환신용장거래에서 지급을 위해 제시되어야 하는 선적서류에는 선하증권 등과 같이 계약상품을 대표하는 권리증권(document of title)이 포함되어 있어 유통성(negotiability) 내지 상업성(merchantability)을 가지지만, 보증신용장거래에서 지급을 위해 필요한 서류인 불이행증명서 내지 진술서는 단순히 개설의뢰인의 계약적 의무불이행을 입증하는 진술서에 불과하기 때문에 유통성뿐만 아니라 상업적 목적도 가지지 못한다.

또한 화환신용장거래하의 관계선적서류들은 제시되어야 할 형태가 상당히 정형화되어 있지만 보증신용장하의 제시서류는 산업 및 거래의 유형 별로 다양한 서류들이 활용됨에 따라 전형적인 서류의 양식이 결여되어 있다.[104]

여섯째, 화환신용장거래에서 개설은행은 신용장에 의한 환어음을 지급한 후에 개설의뢰인에게 담보권을 행사할 수 있는 선적서류를 인도함으로써 당해 환어음금액을 충당 받을 수 있다. 즉 화환신용장거래는 개설은행이 개설의뢰인을 위해 선지급한 대금이 상대적으로 비교적 짧은 기간에 합리적으로 충당될 것이라는 것을 기대할 수 있으며, 혹시 대금충당이 이루어지지 않을 경우를 대비하여 신용장거래에 수반되는 서류에

---

104) 경우에 따라서 보증신용장거래에서는 수익자가 작성한 불이행증명서 대신 개설의뢰인 앞으로 발행한 어음에 대한 공증인에 의해 작성된 거절증서(notarial protest)가 요구될 때가 있다 이 증서의 발행목적은 수익자가 지급거절을 당했음에 대한 완전한 증거를 제공받는데 있기 때문이다. ; A.G. Guest, *Benjamin's Sale of Goods,* Sweet & Maxwell, 1987, p.1461.

대해 담보권을 행사한다든지 또는 미리 개설의뢰인으로부터 담보를 확보해 놓는 자기 정산거래(current self-liquidating transaction)가 가능하지만 보증신용장거래에서의 개설은행은 환어음을 지급하고 나면 당해 은행은 대개가 지급불능상태의 개설의뢰인의 채권자가 될 때가 많으며, 보증신용장거래의 목적상 개설의뢰인의 계약불이행시 개설은행의 지급의 의무는 절대적인 것이 되므로 특별히 개설의뢰인으로부터 별도의 담보를 확보해 놓지 못하면 차후 담보권행사에 따른 합리적 대금충당의 기회를 상실할 가능성이 크다.[105)]

(4) 보증과의 비교

보증(guarantee)이란 타인의 금전채무, 채무불이행 또는 불법행위에 대하여 2차적으로 책임을 진다는 뜻의 계약을 의미한다.[106)] 즉 보증이란 채무자의 계약조건의 불이행 또는 위반에 대해 일정한 금액을 지급하겠다는 보증인의 약속이다.

보증이라는 행위가 성립되기 위해서는 채권자(creditor), 주채무자(principal debtor), 보증인(guarantor)이라는 세 당사자가 개입되는 것이 전제가 되며, 보증인은 주채무자가 채권자에게 지급의무 등은 이행하지 못했을 때 채권자에게 주채무자의 채무를 지급하게 된다.[107)]

보증신용장이란 개설의뢰인이 계약적 의무를 불이행할 경우 수익자에게 그 이행을 개설은행이 보증하겠다는 약정이므로 일견 보증계약과 기능적으로 상당히 유사하다고 판단할 수 있다. 그러나 보증신용장은 이미 언급한 바와 같이 미국 등과 같은 나라에서 은행의 제3자에 대한 보증을 정관목적외의 월권행위로 간주하는 독특한 법리를 우회하기 위한 방책으로 신용장의 본질적 특징을 이용하여 창출된 고안(device)이기 때문에 근본적으로 보증과는 다음과 같은 면에서 주요한 차이점을 보인다.

첫째, 보증계약(contract of guarantee)이란 채권자와 주채무자간의 기본계약(underlying contract)에 부종하여 채권자와 보증인 간에 체결된 약정을 의미한다. 따라서 보증계약은 채권자와 주채무자간의 기본계약에 부차적으로 형성되는 것이기 때문에 기본계약

---

105) Richard J. Driscoll, "The Role of Standby Letter of Credit in International Commerce : Reflection After Iran", *Virginia Journal of International Law,* vol. 20 ;2, 1980, p.469 ; Henry Harfield, *op.cit.*,, pp.177-178.

106) *Black's Law Dictionary*, 6th ed., West Publishing Co., 1990, p.705.

107) *Border National Bank v. American National Bank,* 282 F. 73. 77(5th Cir. 1922) ; *Cargill Inc. v. Buis,* 543 F. 2d 584, 587(7th Cir. 1976) ; *O'Grady v. First Union National Bank*, 250 S.E. 2d 587, 593(N.C. 1978).

이 무효가 된다든지 소멸이 되면 보증인의 지급의무는 당연히 소멸되는 2차적 또는 부종적 채무계약(secondary or ancillary obligation)이라는 본질적 특징을 가진다.

반면 보증신용장은 소위 신용장의 독립·추상성 원칙에 따라[108] 일단 개설은행이 보증신용장을 발행하게 되면 개설의뢰인과 수익자간의 기본계약의 존폐여부에 관계없이, 그리고 그들 간의 기본계약상의 채무·채권관계와는 상관없이 독립적인 1차적 책임(primary obligation)을 지게 되며, 보증신용장상의 조건과 내용에 일치하는 서류가 제시되면 개설은행은 수익자에게 약정된 대금을 지급한다.[109]

둘째, 보증신용장은 화환신용장의 경우와 같이 신용장거래의 기본 원리인 엄격일치의 원칙이 준용된다. 물론 보증신용장의 경우에도 이러한 서류의 엄격일치원칙이 적용되어야하는가 하는 문제는 이론(異論)의 여지가 있을 수 있다. 왜냐하면 보증신용장거래에서 요구되는 서류는 신용장의 개설의뢰인이 수익자에 대한 채무를 불이행하였다는 것을 증명하는 단순한 진술서가 고작이기 때문이다.

그러나 보증신용장에서 제시되는 이와 같은 불이행증명서는 보증신용장거래에서의 지급청구의 가장 중요하면서도 유일한 서류이기 때문에 제출된 불이행증명서가 보증신용장의 문면상 일치하지 않는다면 은행은 지급을 거절하는 것이 일반적인 관행이다.[110]

반면 채무불이행보증서(performance bond) 등과 같은 일반적 보증계약에서는 당사자 간의 반대 합의가 없는 한 제시되는 서류가 어떠한 특정의 형태를 충족시키도록 규정화된 것은 아니며, 보증신용장에서 요구되는 서류와는 본질적으로 다른 것이기 때문에 특별히 서류의 엄격일치가 적용되지 않는다.[111]

셋째, 보증신용장은 화환신용장의 경우와 마찬가지로 신용장통일규칙의 적용대상이 된다. 반면 보증계약은 각국의 법률에 따라 적용을 받으며, 경우에 따라 당사자 간의 합의에 따라 보증에 관한 통일규칙(Uniform Rules for Contract Guarantees)의 적용을 받을 수 있다.

---

108) 바로 이와 같은 특징 때문에 보증신용장은 다양한 국내외거래에서 주요한 보증수단으로 각광을 받고 있다. ; John F. Dolan, "Letter of Credit, Article 5, Warranties, Fraud, and the Beneficiary's Certificate," *The Business Lawyer*, vol. 41, 1986, p.355.

109) *Bank of North Carolina N.A. v. Rock island Bank,* 570 F. 2d 202(7th Cir, 1978) ; *Utica Mutual Insurance Co. v. Walker* 725 S.W. 2d 24(Ky. Ct. App. 1987) ; *Howe Richardson Scale Co. Ltd. v. Polimex - Cekap*(1978) 1 Lld. Law Rep. 161.

110) *Chase Manhattan Bank v. Equibank*, 394 F. Supp. 352, 256(1975), 550 F. 2d. 882(3rd Cir. (1977) ; *Insurance Co. of North America v. Heritage Bank,* 595 F. 2d 171(3rd Cir. 1979).

111) *Siporex v. Banque Indosuez* (1986) 2 Lld. L. Rep. 146 ; *I.E. Contractors Ltd.(GKN) v. Lloyds Bank Plc. & Rafidain Bank* (1990) 2 Lld. L. Rep. ; A.G. Guest, *op. cit.*, p.1476.

제3절 신용장의 주요내용

1. 신용장통일규칙 준거문언

전 세계의 신용장거래관습을 통일화하기 위한 노력의 일환으로 1933년 국제상업회의소(international Chamber of Commerce ; ICC)에 의해 제정된 신용장통일규칙(Uniform Customs and Practice for Documentary Credit)은 1951년 Lisbon에서 개최된 제13차 국제상공회의에서 신용장통일규칙이 1차 개정되면서 신용장의 '표준양식(Standard Form)'도 채택되어 현재의 신용장의 형태를 갖추게 되었다.

국제무역거래에 사용되는 모든 신용장에는 반드시 다음과 같은 신용장통일규칙 준거문언을 삽입하여야 한다.

"Unless otherwise expressly stated herein, this credit is subject to the Uniform Customs and Practice for Documentary Credit (2007 Revision), International Chamber of Commerce, Publication No. 600."

신용장통일규칙 준거문언을 신용장상에 삽입하게 되면 신용장거래를 하는 모든 당사자들은 신용장통일규칙에 의하여 구속을 받게 되며, 신용장통일규칙은 신용장거래의 준거법으로서의 기능을 하게 된다.

2. 개설은행(issuing bank)

신용장개설은행에 의해 개설되는 대부분의 신용장은 다음과 같은 문언으로 시작된다.

「We hereby open our irrevocable letter of credit ....」

「We hereby establish our irrevocable letter of credit ....」

「We hereby issue our irrevocable letter of credit ....」

여기서 We 와 Our 는 신용장개설은행을 말하며 취소불능신용장을 개설함을 명백히 하고 있다.

「We hereby authorize you to value on ....」

「You are hereby authorized to draw on ....」

여기서 You는 신용장을 받게 되는 당사자이자 신용장거래에서 환어음을 발행하는 권한을 부여받은 수익자(수출업자)를 지칭한다.

3. 신용장 금액(L/C amount)

신용장 금액은 「for an amount of ....」, 「up to an aggregate amount of ....」, 「for a sum or sums not exceeding a total of ....」와 같이 표기된다.

이 신용장금액은 당해 신용장에 의해 발행되는 환어음의 최대한도를 뜻하는 금액이다. 여기서 "aggregate amount", "sum or sums"라는 표현은 분할선적(partial shipment)이 되어 환어음이 여러 번 나뉘어져 발행(partial drawing)될 때 신용장에 의하여 발행되는 모든 환어음의 총액이 일정액을 초과할 수 없다는 뜻이다.

4. 수익자(beneficiary)

수익자란 수출을 이행하고 그 대전을 받기 위해서 환어음을 발행하는 자(drawer)이다. 신용장은 수익자 앞으로 발행되므로 신용장의 addressee이며, 수익자의 성명(상호)과 주소가 병기된다. 수익자 란을 별도로 두어 수익자명만 적어 넣게 된 양식도 있지만 신용장 본문 중에 기재될 경우에는 아래의 문장으로 표현된다.

「We hereby open our irrevocable letter of credit in our favor(또는 in favor of xxx) ....」

5. 개설의뢰인(applicant)

신용장의 개설을 의뢰하는 수입업자는 대금결제의 궁극적 당사자이다. 신용장 대금은 수입업자의 계정에서 결제되므로 accountee로 표기되기도 한다.

신용장 본문에는 다음과 같이 표현된다.

「.... in your favor for account of xxx Co., 」, 「By order of xxx Co. 」, 「We hereby authorize you to value on ABC Bank for account of xxx Co. 」

6. 지급인(drawee)

신용장하에서 발행되는 환어음의 지급인 표시는 다음과 같다.

「Draw on xxx」

「To value on xxx」

신용장거래에서 환어음은 개설은행 앞으로 발행되고 지급인은 개설은행이 되므로 on 다음에 개설은행을 기입하거나 또는 그냥 on us라고 표시할 수도 있다.

7. 환어음 만기일(tenor)

Tenor는 환어음의 만기일을 표시하는 일람불일 경우 「at sight」, 기한부일 경우 「xx days sight」로 표시한다.

8. 선적기일(shipment date)

선적기일은 다음과 같이 표시된다.

「Shipment must be effected on or before xxx」

「Shipment must be effected not later than xxx at the latest」

선적기일은 수출업자가 계약물품을 선박 등과 같은 운송수단에 적재해야 하는 최종 일자를 의미한다. 선적기일의 기준은 선적선하증권의 경우 발급일자로 또는 수취선하증권의 경우 본선적재필 란의 실제 설적일자로 한다.

선적기일의 표시에 사용되는 "to", "until", "till", "from" 및 기타 이와 유사한 용어는 그 기재된 일자를 포함하며, "before" 및 "after" 란 용어가 사용되면 기재된 일자는 제외한다. 그리고 최종 선적기일이 공휴일이라도 선적기일은 연장되지 않는다. 만약 선적기일의 표시가 없으면 신용장의 유효기일이 최종 선적기일로 간주된다.

선적기일과 관련하여 "prompt", "immediately", "as soon as possible" 등과 같은 표현은 사용해서는 안 되며 "on or about"라는 표현이 사용된 때에는 양끝의 일자를 포함하여 명시된 일자 이전의 5일부터 그 이후의 5일까지의 기간 동안에 선적이 이행되어야 하는 것으로 해석한다.

9. 유효기일(validity)

유효기일이란 수익자가 지급·인수·연지급 또는 매입을 받기 위해 지급은행·인수은행·연지급은행 또는 매입은행에 환어음 및/또는 서류를 제시하여야 할 최종 기일을 말한다. 모든 신용장에는 유효기일과 지급·인수·연지급 또는 매입이 이루어지는 장소[112]가 명시되어야 한다.

신용장의 유효기일[113] 표시는 다음과 같은 형태들이 있다.

---

112) 매입이 지정된 은행에 국한되지 않고 자유롭게 수익자가 선택할 수 있는 자유매입신용장(freely negotiable credit)은 매입장소를 특정할 수 없으므로 예외이다.

113) 유효기일은 validity date 또는 expiry date 라고도 한다.

「Drafts must be presented for payment/negotiation on or before xxx」

「Drafts must be presented for negotiation not later than xxx」

「This credit expires on xxx」

「Drafts drawn under this credit must be negotiated by a bank not later than xxx」

「This credit expires on xxx for negotiation in ooo」

「This credit is valid until xxx with ooo」

유효기일은 환어음의 매입이나 지급을 위하여 지급·인수·연지급 또는 매입은행에 서류를 제시하는 최종기일을 뜻하는 것이지 당해 은행에서 환어음의 매입이나 지급을 완료하여야 하는 최종기일을 뜻하는 것이 아니다. 따라서 수익자는 유효기일이 만료되는 날 은행영업 마감시간 전에만 환어음 및/또는 제반서류를 제시하면 유효기일을 준수한 것으로 본다.

한편 신용장의 유효기일이 공휴일에 만료되면 그 다음 정상 영업일까지 연장된다.[114] 그리고 "to", "until", "till", 또는 "from" 등의 표현이 유효기일을 지정할 때 사용되면 그 지정된 날짜까지 포함하는 것으로 간주한다.

은행은 특별히 권한이 부여되어 있지 않는 한, 동맹파업·직장폐쇄·반란·소요·내란·천재지변 또는 기타 불가항력으로 인한 업무중단으로 유효기간이 경과한 신용장에 대해서는 지급·인수·연지급 또는 매입을 하지 않는다.

10. 분할선적, 할부선적 및 환적

1) 분할선적(partial shipment)

신용장상에 분할선적에 대하여 아무런 명시가 없는 경우에는 분할선적은 허용되는 것으로 간주한다. 따라서 분할선적을 금지하기 위해서는 신용장상에 「Partial shipments are not allowed(permitted)」 또는 「Partial shipments are prohibited」 등의 문언을 기재해야 한다.

분할선적의 여부에 대해 중요한 것 중의 하나는 운송서류가 비록 각각 다른 일자에 서로 다른 선적지에서 선적되었다고 표시하고 있다 할지라도 동일한 항로를 따라 동일한 운송수단에 의해 동일한 목적지를 향해 운송된다고 명시하고 있다면 이는 분할선적

114) 그러나 이런 사유로 연장된 날에 대금이 지급·인수·연지급 또는 매입이 된 경우에는 "제6차 개정 신용장통일규칙 제29조 (b)항 규정에 의하여 연장된 기한 내에 제시되었음" 이라는 문언을 Covering Letter상에 부기하여야 한다.

으로 간주되지 않는다는 점이다.[115] 반면 같은 운송방식이지만 여러 운송수단에 의해 선적된 경우 비록 여러 운송수단이 동일한 목적지를 향해 동일한 날짜에 출발하였다 하여도 이는 분할선적으로 간주됨[116]을 유의할 필요가 있다.

2) 할부선적(instalment shipment)

주어진 기간 동안 특정기일 내에 계약에서 정한 일정량을 계속 선적해 나가는 것을 할부선적이라 한다. 이와 같은 일정기간의 할부선적이 규정된 신용장의 경우 정해진 여러 차례의 선적 중 어느 한 선적분이 허용된 기간 내에 선적되지 않았을 경우에는 신용장에 별도의 명시가 없는 한 당해 할부선적분을 포함하여 그 이후의 모든 선적분에 대해 신용장의 효력은 정지된다.[117]

3) 환적(transhipment)

신용장거래에서 환적이라 함은 신용장상에 명시된 선적항(또는 물품의 인수지)으로부터 목적항(또는 최종 목적지)까지 운송과정 중 한 운송수단으로부터 물품을 양하 하여 다른 운송수단으로 재적재하는 것을 말한다.

선박만을 운송수단으로 이용하는 해상운송의 경우 신용장에 별도의 환적허용 문구가 없는 한 환적은 일반적으로 허용되지 않으며, 만일 신용장에 환적을 허용하는 경우라 할지라도 반드시 하나의 동일한 선하증권(one and the same Bill of Lading)에 의해 전체 해상운송구간이 커버되어야 한다.

둘이상의 운송수단을 이용하는 복합운송의 경우에는 복합운송의 본질상 신용장에 별도의 명시가 없는 한 환적은 일반적으로 허용된다. 물론 이 경우에도 전체 복합운송구간은 하나의 동일한 운송증권(one and the same transport document)에 의해 커버되어야 한다.

한편 해상운송의 경우 환적과 관련하여 다음의 두 가지 사항을 유의할 필요가 있다.

하나는 신용장이 환적을 금지하는 조건일지라도 운송인이 환적 할 권리를 유보한다는 뜻의 조항이 선하증권의 이면약관으로 인쇄되어 있는 경우[118]에는 환적으로 간주하

---

115) 예를 들어 인천을 떠나 부산을 거쳐 뉴욕으로 가는 선박에 인천에서 화물을 선적하고 또 부산에서 같은 선박에 선적을 하여 각각 다른 선하증권을 발급받았다 하여도 동일한 항해 동일한 목적지를 향하는 동일한 선박에 선적한 경우라면 분할선적으로 간주되지 않는다. 이때 가장 늦게 선적한 날이 선적일이 된다. : 제6차 개정 신용장통일규칙 제31조 (B)항 참조.

116) 제6차 개정 신용장통일규칙 제31조 (b)항.

117) 제6차 개정 신용장통일규칙 제32조.

지 않는다는[119] 점이며, 다른 하나는 신용장이 환적을 명시적으로 금지하고 있는 경우라 할지라도 당해 물품이 컨테이너, 트레일러 또는 래쉬바지(LASH barge)로 선적되었다고 명백히 증명된다면 실제로 환적이 운송과정 중 일어났다 하더라도 환적으로 간주하지 않는다는[120] 점이다.

11. 제시되어야할 선적서류

제시되어야할 선적서류는 일반적으로 다음과 같이 표기된다.

「Accompanied by the following documents.」

신용장거래에서 개설의뢰인이 요구하는 모든 서류는 상기의 문구 다음에 나열하여 명시하면 된다.

신용장에 의해 가장 많이 요구되는 서류들은 다음과 같다.

1) 운송서류(transport document)

운송서류는 운송하는 화물에 관한 운송계약의 증거이자 선적된 화물의 권리를 나타내는 증권으로써 현행 제6차 신용장통일규칙에서는 복합운송증권, 선하증권, 비유통성 행상운송장, 용선계약 선하증권, 항공운송서류, 도로·철도·내수로 운송서류, 그리고 택배영수증·우편수취증·운송증명서 등을 대표적인 운송서류 항목으로 분류하여 각각의 수리 적격사항들을 규정해 놓고 있다.[121]

이하에서는 사용빈도와 중요성이 높은 선하증권, 복합운송증권, 용선계약 선하증권, 항공운송서류에 대해 그 주요 내용들에 대해 살펴보도록 한다.

(1) 선하증권(Bill of Lading)

선하증권의 명칭과 관련 없이 아래의 요건이 구비되어야 한다.

① 서명요건 : 선하증권은 반드시 운송인의 명의가 표시되어야 하며 운송인이나 그의

118) 이를 환적유보조항이라고 한다.

119) 제6차 개정 신용장통일규칙 제20조 (d)항.

120) 제6차 개정 신용장통일규칙 제20조 (c)항 ii)참조.

121) 이는 수익자로부터 제출된 운송서류의 검토 시 은행의 수리적격사항들에 대한 운송서류 심사기준들 을 말한다. 일반적인 경우 선하증권에 관한 신용장조건은 "Full Set of clean on board ocean Bills of Lading made out to the order of (issuing bank) marked 'freight collect(prepaid)' and notify accountee." 또는 이와 유사한 형태로 표시된다. 이 조건에 대한 자세한 해설은 선하증권 편을 참조.

대리인, 또는 선장이나 그의 대리인에 의해 서명되어야 한다.

② 선적요건 : 선하증권상에는 물품이 신용장에 명시된 선적항에서 지정된 선박에 선적되었음을 표시하고 있어야 한다. 이는 이미 인쇄된 문언으로 지정된 선박과 지정된 선적일에 선적되었음이 확인될 수 있고(선적선하증권의 경우), 본선적재필상의 실제 선적일과 선박명으로 확인될 수도 있다(수취선하증권의 경우).

③ 선적항 및 양륙항 요건 : 선하증권상에는 신용장에 명시된 선적항과 양륙항이 명시되어 있어야 한다.
만일 신용장상에 규정된 선적항이 선하증권의 문면상에 표시되어있지 않다면 본선적재필상에 선적일, 선박명과 더불어 표시되어야 한다.

④ 전통(full set) 요건 : 선하증권은 3부가 세트의 형태로 원본으로 발행되므로 그 원본 전통, 즉 3부의 원본이 모두 제시되어야 한다.

⑤ 운송약관 요건 : 선하증권은 운송조건과 내용에 관한 약관이 포함되어있어야 한다.
약식선하증권(short form B/L 또는 blank back B/L)의 경우에는 당해 선하증권의 이면에 운송증권의 출처에 관한 참조문언(reference)이 포함되어있어야 한다.

⑥ 개품운송계약의 증거로서의 요건 : 선하증권은 정기선(liner)운송을 위한 개품운송계약의 증거서류여야 하며 부정기선(tramper)의 운송을 위한 용선계약의 증거서류여서는 안 된다.

(2) 복합운송증권(Multimodal Transport Document)

복합운송증권의 명칭에 관계없이 아래의 요건이 구비되어야 한다.

① 서명요건 : 복합운송증권상에는 반드시 운송인의 명의가 표시되어야 하며 운송인이나 그의 대리인, 또는 선장이나 그의 대리인에 의한 서명이 있어야 한다.

② 발송 · 인수 · 선적요건 : 복합운송증권상에는 물품이 신용장에 명시된 장소에서 발송, 수탁 또는 선적되었음을 표시하고 있어야 한다. 이는 이미 인쇄된 문언으로 확인될 수 있고, 경우에 따라 물품이 발송 · 수탁 · 선적된 일자를 표시하는 스탬프 또는 부기에 의해 확인될 수 있다.

③ 발송 · 인수 · 선적지 및 최종목적지 요건 : 복합운송증권상에는 신용장에 명시된 발송 · 인수 · 선적지 및 최종목적지가 명시되어 있어야 한다. 만일 복합운송서류상에 추가로 다른 발송 · 인수 · 선적지 또는 최종목적지가 표시되어 있다든지, 또는 선박, 선적항, 양륙항과 관령하여 미정(intended) 등의 의미를 표시하고 있을지라도 이미 상술한 바와 같이 당해 복합운송증권상에 명시된 발송 · 인수 · 선적지 및 최종

목적지가 신용장에 명시된 발송·인수·선적지 및 최종목적지와 일치하면 요건이 충족된 것으로 본다.

④ 전통(full set) 요건 : 복합운송증권은 3부가 세트의 형태로 원본으로 발행되므로 그 원본 전통, 즉 3부의 원본이 모두 제시되어야 한다.

⑤ 운송약관 요건 : 복합운송증권은 운송조건과 내용에 관한 약관이 포함되어있어야 한다. 약식복합운송증권의 경우에는 당해 선하증권의 이면에 운송증권의 출처에 관한 참조문언(reference)이 포함되어있어야 한다.

⑥ 개품운송계약의 증거로서의 요건 : 복합운송증권은 용선계약의 증거서류여서는 안 된다.

(3) 용선계약 선하증권(Charterparty Bill of Lading)

용선계약 선하증권의 명칭에 관계없이 아래의 요건이 구비되어야 한다.

① 서명요건 : 선하증권은 반드시 운송인의 명의가 표시되어야 하며 운송인이나 그의 대리인, 또는 선장이나 그의 대리인에 의해 서명되어야 한다.

② 선적요건 : 용선계약 선하증권상에는 물품이 신용장에 명시된 선적항에서 지정된 선박에 선적되었음을 표시하고 있어야 한다. 이는 이미 인쇄된 문언으로 확인될 수 있고, 경우에 따라 본선적재필상의 실제 선적일과 선박명으로 확인될 수도 있다.

③ 선적항 및 양륙항 요건 : 용선계약 선하증권상에는 신용장에 명시된 선적항과 양륙항이 명시되어있어야 한다. 이 때 양륙항은 신용장에 기재된 대로 일련의 다양한 항구 순, 또는 지리적 영역별로 표시될 수도 있다.

④ 전통(full set) 요건 : 용선계약 선하증권 역시 1부이상의 원본이 발행되므로 발행된 원본 전통이 모두 제시되어야 한다.

⑤ 운송약관 요건 : 용선계약 선하증권은 다양한 운송조건의 용선계약에 의한 것이므로 선하증권과 같은 통일된 양식의 운송약관요건은 불필요하다.

(4) 항공운송서류(air transport document)

항공운송서류의 명칭에 관계없이 아래의 요건이 구비되어야 한다.

① 서명요건 : 항공운송서류는 반드시 운송인의 명의가 표시되어야 하며, 운송인이나 그의 대리인에 의한 서명되어야 한다.

② 물품인수요건 : 항공운송서류상에는 물품이 운송을 위하여 인수되었음을 표시하고 있어야 한다.

③ 선적일요건 : 항공운송서류의 발행일은 물품의 선적일로 간주된다. 그러나 항공운송서류상에 실제 선적일자에 관한 특별 부기가 표기되어있는 경우에는 이 특별 부기된 일자가 선적일이 된다.

④ 출발공항과 목적공항 요건 : 항공운송서류상에는 신용장에 명시된 출발공항과 목적공항이 명시되어 있어야 한다.

⑤ 전통(full set) 요건 : 신용장에서 원본 전통을 요구하고 있어도 송하인(consignor)용 또는 하주(shipper)용 원본 1통의 제시로 충분하다.

⑥ 운송약관 요건 : 항공운송서류는 운송조건과 내용에 관한 약관이 포함되어 있어야 한다. 또는 당해 운송조건이 생략되어 있다면 운송조건의 존재에 대한 또 다른 출처에 대한 참조문언이 포함되어 있어야 한다.

2) 보험서류(Insurance Document)[122]

보험서류는 신용장에서 요구된 대로 정규보험증권(insurance policy) 또는 보험증명서(insurance certificate)를 은행에 제시하여야 한다.[123] 이들 보험서류는 보험회사나 그의 대리인 또는 보험인수업자(underwriter)나 그의 대리인에 의해 발행되고 서명된 것이어야 하며 보험중개업자가 발행한 부보각서(cover note)는 수리되지 않는다.

보험서류는 선적일 이후에 부보 된 때에는 수리되지 않으나 선적일 이후에 보험서류가 발행되었다 해도 이미 보험이 선적일 이전부터 효력이 발생하고 있다는 약관이 있는 경우에는 유효하다.[124]

모든 보험서류는 신용장에 명시된 통화와 동일한 통화 단위로 표시되어야 하며, 최저 부보금액은 부보된 물품의 CIF(또는 CIP) 가격의 110% 이상이어야 하지만 만일 이러한 가격이 결정될 수 없는 때에는 신용장에 의하여 발행되는 환어음 금액 또는 상업송장금액 중 어느 것이든 큰 금액을 최저금액으로 간주한다.

무엇보다 중요한 것은 신용장에는 요구되는 보험조건이 명확히 표시되어 있어야 한

---

122) 이하 제6차 신용장통일규칙 제28조 (a) ~ (j)항 참조.

123) 신용장에서 보험증명서의 제시를 요구한 경우 정규보험증권을 제시해도 무방하지만, 신용장이 정규보험증권을 요구한 경우 보험증명서를 제시하는 것은 허용되지 않는다. 보험증명서는 일정기간 동안 특정물품을 동일한 거래선 간에 계속적으로 선적할 경우 체결하는 예정포괄보험(open cover)에서 발행되는 보험서류로써 당해 선적분에 보험이 발효됨을 인정해 주는 증명서를 말한다.

124) 협회적하약관(Institute Cargo Clause)상의 운송약관(transit clause)이 이에 해당한다. 운송약관에 대한 보다 자세한 내용은 해상보험편 참조.

다는 것이다. 예를 들어 '통상의 위험'(usual risks), '관습적 위험'(customary risks) 등과 같은 불명확한 용어를 사용해서는 안 되며 특히 전위험(all risks) 담보와 같은 조건으로 보험서류요건을 정해 놓은 경우 은행은 하등의 책임을 지지 않고 당해 보험서류를 수리하므로 유의할 필요가 있다.

3) 상업송장(Commercial Invoice)

신용장에 별도의 명시가 없는 한 상업송장은 수익자가 개설의뢰인 앞으로 작성하여야 한다.

무엇보다도 중요한 것은 상업송장상의 상품의 명세(description)인데 상업송장상의 상품의 명세는 반드시 신용장의 상품의 명세와 완전히 일치하여야 한다는 점이다.[125] 다시 말해 선적서류 중 상업송장 이외의 서류들은 신용장의 상품명세와 완전히 일치하지는 않더라도 상충되지 않는 일반적 용어(general term)로 기재될 수 있지만,[126] 수익자가 발행한 이 상업송장은 이 같은 여지는 인정되지 않으며 신용장과 완전히 일치해야 한다.

또한 신용장상에 별도의 지시가 없는 한 신용장금액을 초과한 금액으로 발행된 상업송장은 수리되지 않는다.[127]

12. 통지은행의 표시

통지은행의 표시는 일반적으로 다음과 같다.

「This credit being advised by air mail through xxx bank.」

「Via air mail through xxx Bank.」

대개의 신용장에는 통지은행 란이 지정되어 그 란에 통지은행명을 기입하면 된다.

경우에 따라 취소불능 신용장이라 하더라도 신용장 관계당사자들의 합의에 따라 신용장의 조건 변경이 있을 경우 원신용장의 통지은행을 통해 조건변경서를 통지하여야 한다.[128]

---

125) 제6차 개정 신용장통일규칙 제18조.

126) 제6차 개정 신용장통일규칙 제14조 (e)항.

127) 그러나 상업송장의 금액이 신용장금액을 초과하더라도 신용장금액을 초과하지 않는 금액만큼만 지정된 은행이 지급·인수·매입한다면 이는 수리가 가능하다. 이 경우 모든 신용장 당사자들은 지정은행 의 이 같은 결정에 따라야 한다.

128) 제6차 개정 신용장통일규칙 제9조 (d)항.

13. 매입은행에 대한 지시

신용장에 의해 발행된 환어음을 매입은행 또는 지급은행 등이 매입하였을 때에는 사무착오의 방지와 선의의 제3자를 보호하기 위해 매입은행 또는 지급은행에 대해 다음과 같은 지시사항을 신용장에 명시한다.

「The amount and date of negotiation of each draft(s) must be endorsed on the reverse hereof by the negotiating bank.」

「All draft(s) under this credit should be endorsed on the back hereof.」

한편 신용장을 개설하는 우리나라 외국환은행들은 대부분 뉴욕 등에 본점을 둔 외국의 일급은행들에 상당한 외화를 예치해 두고 있어 경우에 따라 우리나라 외국환은행이 제3국의 수출업자에게 달러($)화로 신용장을 개설해주었을 경우에는 결제은행(reimbursement bank)을 뉴욕 등에 있는 예치은행으로 지정하는 경우가 있다. 이럴 경우 매입은행 또는 지급은행은 신용장하의 모든 서류들을 개설은행인 우리나라 외국환은행 앞으로 송부하지만 상환어음(reimbursement draft)은 개설은행이 구좌를 갖고 있는 뉴욕의 예치은행 앞으로 발행하여 상환 받게 된다. 이러한 과정이 이루어질 경우[129] 환어음과 선적서류의 처리에 대해 다음과 같은 지시사항이 신용장에 명시된 다.

「Please forward all documents and draft(s) negotiated directed to xxx(opening) bank and reimburse yourselves in the amount of your negotiation by drawing at sight on our account with xxx bank.」

14. 개설은행의 지급확약문언

개설은행은 신용장조건과 내용에 일치하는 서류가 제시되면 반드시 대금결제 해주어야 하는 확약의 당사자이므로 개설은행이 발행하는 신용장에는 이 같은 취지의 문언이 명시된다. 이를 개설은행의 지급확약문언이라 하는데 매입신용장(negotiation credit)과 지급신용장(straight credit) 간에 다소의 문구상의 차이가 있다.

매입신용장의 경우에는 신용장의 수익자가 발행하는 환어음을 자유롭게 매입하는 선의의 제3자(bona-fide holder)가 개입되고 또 이들에 의한 배서(endorsement)에 의해 유통되므로 환어음 발행자인 수익자뿐만 아니라 자유롭게 당해 환어음의 매입에 개입

129) 이같이 결제은행을 달리 두어 신용장 거래를 할 경우에는 신용장 문면에 「ICC Rules for bank-to-bank reimbursement」 규정에 따라 결제가 이루어짐을 명시하여야 한다. ; 제6차 개정 신용장통일규칙 제13조 참조.

하는 이들에 대한 지급확약이 폭넓게 명시되는 반면 매입할 수 있는 선의의 제3자의 개입이 제한되는 지급신용장의 경우에는 신용장의 수익자에 대한 지급확약만으로 개설은행의 지급확약문언이 이루어진다.

즉 매입신용장의 경우 개설은행의 지급확약문언은 다음과 같은 형태이다.

「We hereby engage with the drawers, endorsers, and bona-fide holders of draft(s) drawn under and in compliance with the terms of the credit that such draft(s) shall be duly honored on due presentation and delivery of documents as specified.」

반면 지급신용장상의 개설은행의 지급확약문언은 다음과 같은 형태이다.

「We hereby agree with you that the draft(s) drawn under and in compliance with the terms of this credit shall be duly honored on due presentation and on delivery of the documents as specified.」

Chapter 08

수출절차와 수입절차

제1절 수출절차

1. 수출계약의 체결

수출절차를 광의로 해석하면 수출업자가 수입업자에게 처음 거래를 제의(inquiry)하는 단계로부터 청약(offer)과 승낙(acceptance) 단계를 거쳐 계약물품을 선적하고 은행에서 수출대금을 받은 후 수입업자에게 선적서류를 보내주는 단계까지를 포함한다. 이하에서는 수출계약이 이루어지고 수입업자가 개설한 신용장이 내도된 후에 거쳐야 하는 수출승인, 수출통관, 선적 및 수출대금결제에 이르는 일련의 절차를 설명하기로 한다.

2. 신용장의 내도와 확인 / 선수출계약서 등의 확인

1) 신용장의 내도와 확인

상대국의 거래선인 수입업자는 계약이 체결되면 계약내용에 따라 자신이 거래하는 은행을 통해 수출업자에게 신용장을 개설한다. 개설된 신용장은 대개 수출업자 소재지에 사업장을 둔 통지은행을 통해 전달된다.

수입업자가 항공우편으로 신용장을 개설하면 나라에 따라 다르겠지만 대개 10일 ~ 15일 후면 통지은행으로부터 수출업자로 신용장이 내도된다. 지금은 SWIFT시스템을 통해 대부분 신용장이 개설되고 있어 항공우편으로 개설된 신용장에 비해 상당히 빠른 시간에 신용장이 내도된다.

수출업자는 신용장 원본을 접수하면 다음과 같은 사항을 자세히 검토하여야 한다.

(1) 신용장과 매매계약서와의 대조

신용장은 수출입 당사자 간의 매매계약서에 입각하여 외국환 은행을 통해 개설되는 것이므로 경우에 따라 매매계약서 상의 조건과 다르게 신용장이 개설될 수도 있다. 따라서 규격·단가·보험조건·포장방법·선적기일·분할선적·환적조건 등에 상이한 점이 있는지 면밀히 검토하여야 한다. 만일 상이한 점이 있는 경우에는 지체 없이 신용장 내용을 변경하도록 신용장개설의뢰인인 수입업자에게 요구해야 한다.

(2) 신용장 조건과 내용의 확인

신용장거래에서 수출업자가 수출대금을 결제받기 위해서는 반드시 신용장에서 요구하는 조건을 충족시킨 서류를 제시해야만 한다. 따라서 수출업자는 신용장의 제반 조건들 속에 신용장의 효력에 대한 특별한 유보조건들이 있는지, 각 조건들이 이행 가능한 것인지 등을 확인하여야 한다.[1)]

(3) 개설은행의 신용도 등의 확인

수출업자가 대금결제방식으로 신용장을 선택한 이유는 신용장개설은행의 신용을 믿고 있기 때문이다. 그러나 만일 신용장개설은행의 신용도가 낮다면 추후 대금지급에 문제가 생길 수 있다. 수출업자는 개설은행의 신용을 믿을 수 없는 경우에는 보다 공신력 있는 은행을 확인은행(confirming bank)으로 할 수 있도록 조처해 놓을 필요가 있다. 또 대금을 상환해 줄 결제은행(reimbursing bank)이 제3국에 있을 경우에는 결제은행과 자신의 매입은행 간에 업무협약관계도 확인해 둘 필요가 있다. 나아가 내도된 신용장상에 개설은행의 지급확약문언이 있는지, 은행의 서명은 틀림없는지, 당해 신용장거래에 신용장통일규칙에 따른다는 준거문언이 포함되어 있는지 확인하여야 한다.

2) 선수출계약서 등의 확인

수출대금을 무신용장 방식으로 결제하기로 계약을 체결하면 위에서 설명한 과정은

---

1) 신용장에 특수한 조건을 붙여 그 조건이 이행되어야만 신용장이 유효해지는 신용장을 조건부 신용장(conditional L/C)이라 한다. 조건부 신용장의 대표적인 조건들의 예를 들면 다음과 같다. ① 수출국에 주재하고 있는 수입국 공관장의 확인을 요구하는 경우 ② 개설의뢰인이 지정하고 있는 자의 확인서명을 받은 물품검사증명서를 제출서류에 첨부하도록 요구하는 경우 ③ FOB거래조건인데도 수출업자에게 해상보험계약의 체결을 요구한다든지, 또는 CIF계약인데도 도착항에서의 물품검사증을 요구하는 경우 등이 이에 해당한다.

필요 없이 곧바로 수출용 원자재를 확보하여 수출물품을 생산하면 된다. 그러나 다음과 같은 점을 확인할 필요가 있다.

(1) 화환추심어음 방식의 경우

결제방식이 인수도방식(D/A), 지급도방식(D/P) 등과 같이 화환추심어음 방식일 경우 수출업자는 수입업자와 선수출계약서를 작성한 후 계약에서 합의·약정된 기일 내에 물품을 선적하고 관련 선적서류 일체를 수입업자에게 인도하여야 한다. D/A, D/P 계약서에 따른 수출계약서에서 합의된 기간 내의 선적은 수출업자의 절대적 의무이자 후추 권리주장의 근거가 된다.

(2) 송금방식의 경우

송금방식의 경우일 때 수출업자는 수출에 필요한 준비를 완료한 후 이를 수입업자에게 통보하면 수입업자는 수출대금을 송금하게 된다. 이 경우에도 매매계약에 합의된 선적기일은 수출업자 의무의 핵심이 되므로 반드시 합의된 선적기일을 확인한 후 수출물품의 생산계획을 수립해두어야 한다.

3. 수출승인

물품의 수출은 원칙적으로 자유롭게 할 수 있지만 국민의 보건이나 안보, 무역정책상 특별한 관리가 요구되는 물품에 대해서는 개개의 수출거래별로 산업통상자원부장관의 승인을 얻어야 한다. 그러나 수출절차의 간소화와 무역업무의 효율화를 위해 전략물자의 수출과 특정 거래형태의 수출, 산업설비수출과 같이 특수성을 갖는 물품을 제외하고는 승인권한을 해당 물품의 관련기관 및 단체의 장에게 위탁하고 있다.

우리나라에서는 수출대상 물품이 대외무역법에 의한 수출입공고상으로 수출금지품목이나 수출제한품목일 경우에는 해당기관이나 단체로부터 수출승인을 받아야 수출할 수 있으며, 통합공고상으로 수출이 규제되고 있는 품목인 경우에는 해당기관으로부터 수출요건 확인을 받는다. 해당물품이 2개 이상의 법령에 관련되어 요건기관이 2개 이상이면 요건기관마다 확인을 다 받아야 수출할 수 있다. 수출입공고나 통합공고에 의한 제한이나 규제대상품목이 아닌 대부분의 품목들은 수출승인이나 수출요건 확인이 필요 없다.

4. 수출용 원자재의 조달

수출용 원자재를 조달하는 방법은 해외의 원자재 공급자와 계약을 체결하여 수입하는 경우와 국내에서 구매하는 경우의 두 가지로 구분할 수 있다. 해외에서 원자재를 수입하는 경우에는 수입통관절자를 거쳐야 하고 국내에서 원자재를 조달할 경우에는 내국신용장에 의한 구매와 구매확인서에 의한 조달방법이 있다.

1) 내국신용장에 의한 구매

내국신용장(local L/C)이란 외국의 수입업자로부터 수출신용장[2]을 받은 국내 수출업자가 국내원자재 공급업자에게 대금지급을 보증하기 위해 수출신용장에 의한 신용장대금을 담보로 하여 원수출신용장의 통지은행 또는 자기의 거래은행에 의뢰하여 별도로 원자재공급자를 수익자로 하여 발행하는 국내신용장을 말한다.[3] 따라서 내국신용장의 개설의뢰인은 수출신용장 상의 수출업자가 되고 내국신용장의 개설은행은 통상 수출신용장의 통지은행이나 수출업자의 거래은행이 된다.

내국신용장을 받은 원자재 공급업자는 내국신용장에 명시된 기일 내에 개설의뢰인(원수출신용장의 수출업자)에게 계약된 원자재를 공급하고 수령증을 교부받아 자기 거래은행에 가서 매입을 하면 그 서류가 내국신용장 개설은행으로 추심되어 재매입되어 대금지급이 이루어진다.

내국신용장하의 수혜자(원자재 공급업자)는 원자재를 수출업자에게 인도해 주고 나면 그 이후에 해당 원자재를 인수한 수출업자가 수출이행을 제대로 했는지 여부나 원수출신용장하에서 수출업자가 제대로 대금을 지급받았는지 여부에 관계없이 원자재 공급업자는 대금의 지불을 받게 된다.

내국신용장의 개설의뢰인인 수출업자는 원자재 구매시 필요한 자금을 무역금융제도를 통해 융자받을 수 있으며, 은행이 공급대금의 지급을 보증하고 있으므로 별다른 어려움 없이 원자재를 확보할 수 있다.[4] 그리고 내국신용장의 수혜자(원자재 공급업자)도 비록 국내에서 원자재를 판매하지만 수출실적으로 인정되어 무역금융을 활용할 수

---

2) 이를 local L/C에 대응하는 용어로 Master L/C라 한다.

3) 내국신용장을 받은 제1수익자는 자기가 공급해 주어야 하는 자재를 생산하는데 필요한 원료 공급자에게 제2, 제3의 내국신용장도 거래은행을 통해 발급해 줄 수 있다.

4) 내국신용장에 의하여 조달한 원자재의 결제자금을 무역금융으로 지원한 경우에는 당해 원자재의 수출이행 여부를 관리할 필요가 있어 내국신용장 개설의뢰인(수출업자)에게 일정한 대응수출의무를 부여하고 있다.

있고 관세환급의 대상이 된다. 또한 수출품에 해당하는 부가가치세 영세율이 적용되어 조세부담이 없다.

2) 구매확인서에 의한 원자재 조달

구매확인서라 함은 외화획득용 원료를 국내 생산업자 또는 공급업자로부터 구매하고자 하는 경우 내국신용장 취급규정에 준하여 외국환 은행장이 발급하는 증서를 말한다. 구매확인서는 내국신용장 발급규정상의 제한 즉, 무역금융한도 부족, 비금융대상 수출신용장 등으로 내국신용장을 개설 받을 수 없어 원자재의 공급을 받기 어려운 수출업자를 지원하기 위해 마련된 제도이다.

구매확인서는 구매자(수출업자)의 의뢰에 따라 거래 외국환은행장이 수출업자와 공급업자 앞으로 발급하며, 이를 기초로 하여 2차 구매확인서(부구매확인서)가 발급될 수 있다. 특히 외화획득용 원료 또는 물품의 제조·가공 과정이 여러 단계인 경우에는 각 단계별로 순차적으로 발급될 수 있다.

수출업자는 구매확인서를 발급받더라도 내국신용장의 경우와 마찬가지로 수출실적으로 인정받을 수 있고, 부가가치세의 영세율 적용 및 관세환급 등의 혜택을 동등하게 받을 수 있다.[5)]

5. 생산 공장과 생산계약 체결

자가생산시설이 있는 무역업자는 이 단계가 필요 없으나 생산시설이 없이 수출거래를 하는 순수한 의미의 무역업자라면 하청공장들과의 생산계약은 중요한 의미가 있다. 왜냐하면 대개의 하청공장들은 직접 외국의 수입업자와 거래를 할 정도만큼 여건을 갖추지 못한 무역업자들이 많으므로 무역업자 측면에서 볼 때 여러 가지 면에서 관리와 감독을 할 필요가 있기 때문이다. 특히 상품제조의 기술과 재정적 능력에 대한 검토는 필수적이다.

6. 운송계약 체결

신용장상에 명시된 선적기일에 맞춰 수풀물품의 제조 또는 조달이 완성 단계에 다다르면 수출업자는 선적기일 내에 당해 수출물품을 선적할 수 있도록 운송계약을 체결하

5) 그러나 내국신용장은 원신용장거래와 마찬가지로 신용장의 독립성원칙에 따라 개설은행이 대금지급에 대해 모든 책임을 지지만, 구매확인서 발급은행은 공급물품의 대금결제에 대해서는 공급업자에게 책임을 지지 않는다.

여야 한다.

운송계약에는 화물의 성질 및 수량에 따라 선박의 일부 또는 전부를 용선하는 계약을 체결하는 부정기선에 의한 운송계약과 완제품형태의 포장단위화물을 정기선에 싣는 개품운송계약이 있다.

운송계약은 수출업자가 직접 체결할 수도 있고 운송주선인(freight forwarder)에게 운송 및 선적일체를 의뢰할 수도 있다. 수출업자가 직접 개품운송계약을 체결할 경우에는 먼저 선박회사 소정의 양식인 선적신청서(shipping request ; S/R)에 수출품목, 중량, 수량 등 선적사항을 기재하여 이를 선박회사에 송부하여 서명을 받는다.

선적신청서는 수출업자인 송하인(하주)이 선박회사에 선박의 예약을 요청하는 일정의 청약서(offer)이고 이에 대한 승낙(acceptance)으로 선박회사는 선적예약서(booking note)를 발급하게 된다.

7. 해상보험계약 체결

가격조건을 본선인도조건(FOB) 또는 운임포함인도조건(CFR)으로 매매계약을 체결하였다면 수출업자는 부보의 의무가 없지만 운임·보험료포함인도조건(CIF)으로 매매계약을 체결했으면 수출업자는 보험자와 적절한 해상보험계약을 체결하여야 한다.

수출업자는 보험자를 물색하고 물품의 성질과 담보조건 등을 고려하여 보험회사 소정의 보험청약서(application form)양식에 해당사항을 기재하고[6] 소요되는 보험료를 지불하여야 한다. 특히 선박명과 출항 예정일은 선하증권의 기재사항과 일치하도록 주의하여야 한다. 추후 기재사항에 변경사항이 생기면 이를 즉시 보험회사에 통고하고 보험회사는 변경사항을 접수하는 즉시 배서(endorsement)로써 기재사항을 수정하고 필요한 때에는 보험료를 반환하거나 또는 추징한다.

보험조건의 선택은 반드시 매매당사자간에 계약시 합의한 조건으로 해야 한다. 만일 계약서의 내용이나 신용장의 조건과 실제 부보한 보험조건이 상이할 경우에는 추후 수출대금을 지급받을 수 없게 된다.

부보할 때 또 한 가지 유의할 것은 보험계약자의 고지의무이다. 보험자는 보험계약자의 성실한 정보제공에 따라 위험을 평가하여 보험을 인수하고 보험료를 결정하기 때문에 보험계약자는 신의칙에 의거하여 보험자에게 중요한 사실(material fact)에 대해

---

6) 보험청약서에 기재하는 사항은 ① 피보험자명 ② 선박명 및 출항 예정일 ③ 출발항명 및 도착항명 ④ 환적이 있을 경우 환적항명 ⑤ 피보험목적물(화물)의 수량·품명 및 명세 ⑥ 적하표시 및 번호 ⑦송장금액 및 보험금액 ⑧ 보험조건 ⑨ 신용장 번호 등이다.

성실하게 고지해 주어야 한다.7)

8. 검사 및 검역

생산공장에서 수출품의 생산이 완료되어 선적되기 전에 대개의 물품은 일련의 검사를 받아야 하는데, 대부분의 수출물품에 대하여는 검사생략을 원칙으로 하고 있다.

우리나라는 종전에는 우리나라 수출물품의 대외 신인도를 높이기 위해「수출검사법」과 그 이후「수출품 품질향상에 관한 법률」에 의해 정부의 강제적인 수출검사를 통과해야만 수출이 가능하였지만, 현재는 이 법률이 폐지되어 수출 전 이루어지는 정부의 강제적 수출검사는 하지 않는다.

그러나 만일 매매당사자간에 특별히 합의하여 수출국에서 검사를 하고자 한다면 검사는 선적 전에 이루어지게 된다. 특히 현 Incoterms에서도 규정되어 있듯이 PSI(pre-shipment inspection ; 선적 전 검사)를 매매당사자간에 합의한 경우에는 매수인의 검사비용 부담으로 매수인이 지정한 검사기관에 의해 반드시 선적 전에 검사가 이루어져야 한다.

한편 물품의 검사도 중요하지만 산 동물이나 돈모·모피 등의 수출에는 선적하기 전 일정한 기간 동안의 검역기간을 거쳐야 한다. 특히 선진국들은 비관세장벽으로 여겨질 만큼 자국민의 생명과 안전을 위해 이 검역규칙이 까다로워 상당히 엄격하기 때문에 주의가 필요하다.

9. 수출통관

우리나라 물품을 외국에 수출하기 위해서는 국내의 법령이 정하는 바에 따라 소정의 절차를 이행하여야 하는데, 이 절차 중 최종적으로 거쳐야 할 단계가 관세법상의 규정에 의한 수출통관절차이다.

수출통관절차라 함은 광의로는 수출하려는 상품을 제조공장 또는 제품창고에 장치하고 세관에 수출신고를 한 후, 필요한 경우 검사를 거쳐 수출신고수리를 받아 물품을 선박 또는 항공기에 적재하는 것까지의 절차를 말하며, 협의로는 수출신고에서부터 수출신고가 수리되기까지의 세관절차를 의미한다.

1) 수출신고

종래에는 수출신고를 하기 위해서는 물품의 제조를 완료한 후에 보세구역에 반입 및

7) 이에 대한 보다 자세한 내용은 *supra,*「해상보험」참조.

장치하고 세관에 수출신고를 하도록 하였으나 현재는 수출업자가 원하는 임의의 장소에 장치한 상태에서 수출신고를 할 수 있으며, 경우에 따라 물품전부를 제조·가공하기 전에도 수출신고가 가능하다.

수출신고는 수출물품의 하주 또는 하주에게 물품을 제조하여 공급한 자(완제품 공급자)가 할 수 있으나 대부분 관세사, 관세사(합동)법인, 통관취급법인에 위탁하여 처리하고 있다.

수출신고는 EDI방식 또는 인터넷에 의한 무서류신고를 원칙으로 하고 있다.[8)] 따라서 수출신고인은 전자사서함을 이용하여 수출통관 EDI시스템과 접속하거나 수출신고 홈페이지에 인터넷으로 접속하여 신고를 한다. 만일 EDI방식 수출신고에 필요한 전송설비를 갖추지 못한 영세한 중소무역업체는 무역협회 또는 주요 세관에서 운영하는 수출신고지원센터를 통하여 수출신고를 할 수 있다.

수출신고의 효력발생 시점은 관세청 통관시스템에서 신고번호가 부여된 시점으로 한다. 만일 통관시스템에 기록된 내용과 종이 신고서에 기록된 내용이 상이할 때에는 통관시스템에 기록된 것을 원본으로 한다.

2) 수출신고검사

수출신고가 세관에 접수되면 세관공무원은 ① 대외무역법령 및 기타 법령에 의한 조건의 구비여부 ② 수출물품에 대한 품목분류번호의 정확성 ③ 기타 수출물품통관을 위하여 필요한 사항을 심사한다.

한편 세관에서는 경우에 따라 실제 수출되는 물품이 수출신고 된 물품과 동일품인가의 여부를 확인할 수 있는데 이를 물품검사(검정)과정이라고 한다. 이는 위장수출의 방지, 불법수출의 방지 및 관세 등 환급의 정확성을 기하려는데 목적을 두고 수출품의 규격, 수량 등에 대해 확인하는 과정을 말한다. 그러나 물품검사는 늘어나는 수출물동량에 대비한 신속한 통관 등을 감안하여 우범물품선별기준에 의하여 선별된 물품 등 현품확인검사를 할 필요가 있는 물품에 대해서만 물품검사를 하고 대부분의 물품에 대해서는 원칙적으로 생략하도록 하고 있다.

3) 수출신고수리

수출신고의 심사 결과 관세법령 등에서 규정한 제반 요건을 구비한 경우 당해 수출신고를 수리하고 수출신고필증을 교부하게 된다.

---

8) 이를 서류 없는(paperless) 수출신고라 하여 P/L신고라고 한다.

관세사 등 신고인은 무서류신고(P/L)를 한 경우에는 세관장으로부터 수출신고수리된 사실을 전산으로 통보받아 통보된 내용과 일치하는 수출신고필증을 발행하여 수출신고를 의뢰한 하주에게 교부한다. 그러나 직접 서류를 제출하여 수출신고 된 건에 대해서는 수출신고수리인과 신고서처리담당자의 인장을 날인한 후 수출신고필증을 신고인에게 교부한다.

수출신고가 수리된 물품은 신고수리일로부터 30일 이내에 선박 또는 항공기에 적재하여야 한다.

10. 화물의 선적

수출신고필증을 교부받은 물품은 선적지로 직송되어 선적이 시작된다. 선적은 수출항의 오랜 관습이나 선박회사의 편의상 혹은 화물의 종류, 성질, 포장 등에 의해서 화물의 수하방법의 차이가 있지만 송하인이 직접 본선에 인도하는 일은 거의 없고 선박회사의 지정 선적업자로 하여금 미리 수하장소를 지정하여 여러 하주로부터 다양한 화물을 적부에 편리하도록 분류해가면서 받아들인다.

1) 화물의 척량검사

화물이 선적업자의 집하장소에서 세관의 보세구역에 반입되면 등록검량업자에 의해서 화물의 용적과 중량에 대한 검사를 받아 용적중량증명서(certificate of measurement/weight)를 발급받는다.

2) 화물의 검수

화물의 용적중량증명서가 발급되고 수출신고가 수리되면 본선에 화물을 적재하기 전에 부두에서 하주와 선주 대리인들의 입회하에 검수인(tallyman)에 의하여 화물의 수량을 검수 받게 된다.

3) 본선적재와 본선수취증

선적될 화물과 함께 선박회사가 선장 앞으로 선적을 지시하는 선적시시서(shipping order ; S/O)를 제출하면 선박운항책임자인 일등항해사(chief mate)는 선적지시서(S/O)와 대조해가면서 화물을 수취하여 선창 내에 적부시킨다. 이 때 화물을 수취한 증거서류로 본선이 수취서를 발행하는데 이를 본선수취증(Mate's Receipt ; M/R)이라 한다. 선적시 선적화물에 누손·손상 및 개수 등에 이상이 없으면 무사고 본선수취증(clean

M/R)을 발급하고, 만일 이상이 있으면 비고란에 이 사실을 기재하여 사고부 본선수취증(foul M/R 또는 dirty M/R)을 발급한다.

4) 선하증권의 발급

본선수취증이 발급되면 하주는 배서된 수출신고필증과 본선수취증을 선박회사에 제출하여 본선수취증과 상환으로 선하증권(Bill of Lading)을 발급받는다. 그러나 하주의 요청이 없는 한 본선수취증은 하주에게는 발급되지 않고 선박회사 내부적으로 처리되어 이에 근거하여 선하증권이 발급된다. 따라서 사고부 본선수취증이 발급된 경우에는 선하증권 역시 사고부 선하증권(foul B/L 또는 dirty B/L)이 발급된다. 사고부 선하증권은 대금결제를 해주는 은행에서 절대로 수리하지 않으므로 하주는 문제가 된 화물에 대한 책임은 모두 본인이 부담하겠다는 각서인 파손화물보상장(letter of indemnity ; L/I)을 선박회사에 제공하고 무사고 선하증권(clean B/L)을 발급받아야 한다.

한편 본선 선적이 끝나면 선박회사는 당해 선박의 출항 후 다음날까지 선하증권상의 수출물품 목록을 기재한 적하목록(manifest ; MF)을 출항지 세관장에게 전자문서로 전송하여 선적완료사실을 신고해야 한다. 또한 선적항의 선박회사는 선박의 출항과 함께 당해 적하목록(MF)을 작성하여 목적항의 선박대리점에게 알려준다. 이 적하목록에는 운송기관의 명칭, 선하증권기호, 도착지, 출항지, 하인, 포장의 개수 및 종류, 화물의 품명 및 수량, 송하인의 성명(상호) 등이 기재되어 있어 이 적하목록에 의하여 추후 수입항에서 화물인도지시서(delivery order ; D/O)가 발급된다.

11. 수출대금의 회수

수출통관과 선적을 필하게 되면 수출업자의 의무는 거의 모두 종결되었다고 볼 수 있으며 남은 것은 매입은행 또는 자신의 거래은행으로부터 수출대금을 회수하고 선적서류를 수입업자에게 송부해 주는 절차만 남는다.

여기서 선적서류라 함은 수출화물의 선적을 증명하는 제반서류들로써 수출지에서는 이들 서류의 제시로 수출대금을 받을 수 있고, 수입지에서는 이들 서류와 상환으로 화물을 인수받을 수 있는 중요한 서류들을 말한다.

선적서류는 선하증권이나 상업송장 또는 경우에 따라 보험서류와 같은 반드시 필요한 필수서류와 그 외 원산지증명서, 검사증명서 등과 같은 부속서류로 구분된다.[9)]

---

9) 보험서류는 CIF조건 또는 CIP조건의 계약에서는 필수서류로 분류되나, 그 외의 조건에서는 수출업자가 준비할 필요가 없는 서류이다.

1) 선하증권(Bill of Lading ; B/L)

선하증권은 화물을 선적했다는 가장 중요한 증거서류인 동시에 유통될 수 있는 유가증권이며 화물의 소유권증서(document of title)이기 때문에 이 증거서류가 없으면 다른 서류가 아무리 많고 잘 갖추어져 있어도 수출업자는 대금을 받을 수 없을 뿐만 아니라 화물 도착지에서 화물을 찾을 수도 없다.

선하증권과 같은 성격을 지닌 것으로써 복합운송에서 사용되는 복합운송증권(multimodal transport document ; MTD), 항공운송으로 보내는 경우의 항공화물운송장(air waybill ; AWB), 또 우편소포로 보냈을 경우의 우편수취증(post receipt) 등이 있다. 한편 항공화물운송장(AWB)은 선하증권과 같은 국제협약이 없어 법적 한계가 불분명하고 사본 한 장으로 화물을 찾을 수 있는 수취증에 불과하여 이의 사용에는 상당한 주의가 필요하다.

2) 상업송장(Commercial Invoice)

상업송장은 수출업자가 외국의 수입업자 앞으로 작성해 보내는 선적화물의 상세한 명세서이며, 가격조건이나 대금산정의 기초가 되는 계산서이다. 상업송장은 수출업자가 화물을 선적하고 외국환은행에 화환어음을 제시할 때에 청구서의 역할도 하게 된다.

수입업자의 입장에서 보면 상업송장은 선적화물의 명세를 자세히 기재하였기 때문에 화물이 수입업자에게 도착하기 이전에 상업송장의 명세에 의해서 물품을 판매할 수 있으며, 물품이 도착하면 상업송장과 도착화물을 대조해 봄으로써 실제로 계약한 물품이 수입되었는지 일치여부를 조사하는 근거도 된다. 나아가 상업송장은 수입신고서와 함께 상업송장을 매입서로서 제출하여 관세를 산정하는 근거서류가 된다.

상업송장은 무역거래에서 대단히 중요한 기능을 하므로 좀 더 구체적으로 살펴보도록 한다.[10)]

첫째, 상업송장은 구매서의 역할을 하므로 매매당사자의 이름과 주소, 발행일자와 매수인의 주문참조번호, 계약상품의 정확한 규격 및 개수, 포장상태 및 하인 등이 표시되어야 한다.

둘째, 상업송장은 운임·보험료포함인도(CIF)조건이나 운임·포함인도(CFR)조건의 경우에는 선하증권이나 보험증권이 계약과 일치되었음을 증명하는 서류이자 매매계약의 존재 및 이행의 사실을 입증하는 유력한 증거자료가 된다.

셋째, 상업송장은 계약물품의 순단가, 부대비용, 할인료, 지불방식, 지불시기 등을

10) 이하 박대위, 「전게서」, pp.393-394 참조.

정확히 표기한 매매계산서 및 대금청구서의 역할을 한다.[11] 따라서 상업송장상의 금액은 환어음의 발행금액과 일치하여야 한다. 또한 신용장이나 인수도(D/A)조건, 지급도(D/P)조건에 의해 환어음이 발행되지 않는 경우에는 상업송장 자체가 대금지불청구서의 기능을 한다.

넷째, 상업송장은 모든 무역금융의 필수서류이다. 오늘날 무역결제는 대부분이 환어음에 의하여 이루어지며 수출지 은행에서 환어음을 매입할 때나 수입지 은행에서 대도(trust receipt; T/R)로 수입화물을 인도할 때 화환어음의 담보물권이 되는 선적서류에는 반드시 이들 담보물의 명세서 및 계산서의 역할을 하는 상업송장이 포함되어야 한다. 만일 무역금융을 이용하려할 때 상업송장이 없으면 담보물의 명세를 알 수 없어 환어음의 매입이나 대도(T/R)의 활용이 불가능하다.

다섯째, 상업송장은 수입시에 수입상품의 정확성 및 진실성을 입증하기 위한 세관신고의 증명자료가 된다. 수입국에서의 관세가 종가세 기준인 경우 상업송장상의 가격이 정확히 기재되어 있지 않다든지, 또는 관세부과가 종량세 기준인 경우 중량이나 수량이 정확히 기재되어있지 않으면 탈세의 혐의 또는 필요 이상의 관세를 물게 된다.[12] 따라서 상업송장은 수입통관시 과세표준액산정에 가장 중요한 자료가 되므로 정확히 작성되어져야 한다.

끝으로 상업송장[13]을 작성하는데 주의할 점은 다음과 같다.

① 상업송장금액이 신용장 총액을 초과하지 말아야 한다.

② 계약된 선적조건에 인정되지 않은 비용은 포함하지 말아야 한다.

---

11) FOB계약에서는 본선적재시까지의 비용을, CFR계약에서는 상품가격과 운임선불의 비용을, 그리고 CIF계약에서는 보험료까지 포함하여 수입업자에게 받아야 할 총금액을 표시한다.

12) 실제 계약가격보다 높게 송장에 기재할 때는 외화도피가 되며, 낮게 기재할 때는 관세포탈이 된다.

13) 상업송장은 그 작성시기와 용도에 따라서 견적송장(proforma invoice)과 선적송장(shipping invoice)으로 구분된다. 견적송장은 수입업자가 자기 나라의 수입허가를 얻기 위해서 수출업자에게 요구하는 서류로써 당해 상품의 가격을 견적해주게 되는 송장이다. 견적송장상에 표시된 가격은 수입업자가 신용장을 개설할 수 있도록 편의상 형식을 갖추는 것에 불과하며 어떤 법적 구속력을 갖는 것은 아니다. 이에 비해 선적송장은 실제로 선적된 화물의 내용과 가격을 명시한 것으로써 진정한 의미의 상업송장이라 할 수 있다.
선적송장은 그 목적에 따라 수출송장(export invoice), 위탁판매송장(consignment invoice), 매입위탁송장(indent invoice), 견본송장(sample invoice) 등으로 구분된다. 여기서 수출송장이란 수출하는 경우 사용하는 송장이며, 위탁판매송장이란 위탁자(수출업자)가 수탁자(수입업자)에게 위탁판매하는 경우 작성하는 송장이며, 매입위탁송장은 수입업자로부터 매입위탁을 받은 수출업자가 수입업자의 매입대리인으로서 물품을 선적할 때 작성하는 송장이다. 견본송장은 수출업자가 견본을 송부하는 경우 견본의 명세와 가격을 작성하는 송장이다.

③ 해상운임을 표시할 때는 선하증권상의 전 항로를 포함해야 한다.
④ 상품내용에 대한 명세는 신용장상의 명세와 완전히 일치하여야 한다.
⑤ 선적상품에 대한 하인(shipping marks)은 선하증권상의 그것과 똑같아야 하며, case, carton, box, bag 등의 포장단위의 용어 표시도 일치해야 한다.

3) 보험증권(insurance policy)

무역거래가 CIF 또는 CIP로 계약된 경우 보험증권은 필수 서류의 하나가 된다.

간혹 보험증권 대신에 보험증명서(insurance certificate)나 부보각서(cover note)가 사용되는 경우가 있는데 이는 구별될 필요가 있다.

보험증명서란 동일한 거래선 간에 동일한 물품을 일정 기간동안 계속해서 선적하는 포괄적 매매계약(master contract)을 체결한 경우, 수출업자는 매 선적시마다 개별적인 보험을 들지 않고 사전에 포괄예정보험(open cover)을 부보하여 개별적인 선적이 있을 때마다 그 때의 개별 선적품에 보험의 효력이 있음을 증명하는 증명서를 말한다.

제4차 개정 신용장통일규칙까지는 보험증권 대신으로 보험증명서가 수리될 수 없었으나 제5차 개정 신용장통일규칙부터 특별히 신용장에서 금지하고 있지 않는 한 보험증명서도 적격 보험서류로 간주하여 이를 수리하도록 개정되었다.

반면 부보각서란 보험중개업자(insurance broker)가 보험료와 상환으로 자기 명의로 발행하는 보험계약승낙서로써 매매당사자간에는 보험증권의 대체 서류로써 인정될 수는 있을지언정 은행이나 그 외 제3자에 대해서는 그 효력을 강요할 수는 없는 단순한 보험료 납부영수증에 불과하다. 따라서 부보각서는 특별히 신용장에서 허용하고 있지 않는 한 유효한 보험서류로 인정되지 않음을 유의하여야 한다.

4) 포장명세서(packing list)

일반적인 무역거래에서 상업송장 · 선하증권 다음으로 많이 요구되는 서류가 이 포장명세서이다. 포장명세서는 상업송장의 부속서류로서 여기에는 선적화물의 포장 단위별 명세와 단위별 총중량(gross weight) · 순중량(net weight)이 기재된다. 그리고 화물을 타 화물과 외관상 식별하기 위해 하인(shipping mark)을 표시하고 각 하인 밑에 총 포장품의 개수를 표시한다. 포장명세서에는 각 상자의 용적도 표시하여 선박회사와 운송계약을 체결할 때 일차적인 기준이 된다.[14)]

---

14) 이 포장명세서를 작성할 때는 일반적으로 공장에서 포장하면서 작성되지만 더 정확하고 편리하게 하려면 포장명세서부터 먼저 작성하고 포장명세서에 따라서 공장에서 포장하게 한다.

5) 원산지증명서(certificate of origin)

원산지증명서는 수출물품이 수출국가에서 생산, 가공, 재배, 사육된 것임을 증명하는 서류이다. 오늘날 대개의 국가들은 관세부과나 수입통계, 그리고 무역관리상의 이유 등으로 수입통관시에 원산지증명서를 요구하고 있다.

그 용도에 따라 다음과 같은 원산지증명서가 주로 발급된다.

(1) Certificate of Origin(CO)

가장 많이 쓰이는 양식으로써 인쇄된 양식에 해당되는 내용만 기재·서명하여 상공회의소에 제출하면 곧 발급된다. 일반관세 적용 대상국에 수출할 때에 쓰이며 가장 보편화된 양식이다.

(2) Gereralized System of Preference Certificate of Origin(GSPCO)

이 원산지증명서는 UNCTAD의 일반특혜제도에 위한 특혜관세의 적용을 받기 위해 발급된다. 현재 일반특혜관세(GSP)를 공여하는 국가는 EU 15개국, 미국, 일본, 캐나다, 노르웨이, 스위스, 호주, 뉴질랜드, 불가리아, 체코, 헝가리, 폴란드, 러시아 그리고 1996년에 OECD에 가입한 한국 등이다.

(3) GSTD 원산지증명서

GSTD(global system of trade preference among developing countries)는 남남협력의 일환으로 비동맹 77그룹 개도국간에 상호 무역장벽완화 및 철폐를 통한 무역·생산 및 고용증대를 목적으로 한 UNCTAD 주관하의 무역협정을 말한다. 이 개도국간 특혜관세제도의 적용을 받기 위해서 발급되는 원산지증명서가 GSTP 원산지증명서이다.

(4) FTA 원산지증명서

이 원산지증명서는 FTA 체결국가간 관세의 부과, 징수 및 감면, 그리고 수출입물품의 통관 등을 할 때 협정에서 정하는 기준에 따라 물품의 생산, 가공, 제조 등이 이루어진 것을 증명하는 원산지증명서이다.

6) 검사증명서(certificate of inspection)

검사증명서는 수출물품이 매매계약에서 정하고 있는 품질조건이나 규격에 합치하고 있는지 여부를 수출국의 공적검사기관이 검사하고 발행하는 것으로써 수입업자의 요구에 의해 발행된다.

7) 용적중량증명서(certificate of measurement and/or weight)

용적중량증명서는 공인된 전문검량업자(public weigher)가 개개의 물품 및 물품 전체의 총중량과 용적을 계량하고 발급해 주는 서류이다. 이 서류는 선내적부, 하역료, 보관료 계산, 운임 계산의 기초가 된다.

수입국 세관의 요청에 의하든지 또는 물품매매의 기준이 선적시의 기준이 되는 경우에는 선적지에서 공인검량업자에 의해 발행된다.

8) 검역증(certificate of quarantine) 및 위생증명서(certificate of health or sanitary certificate)

검역증은 주로 동식물의 수출에 전염성 균이 묻어 들어가는 것을 막기 위하여 당해 물품을 고립된 일정한 장소에 일정기간 동안 장치하여 두어 검역을 한 후 발급해 주는 서류이다.

위생증명서란 주로 식료품·화장품·약품 등을 미국 같은 나라에 수출할 경우 FDA (Food and Drug Administration)가 정한 기준에 합치된다는 증명서이다.

12. 관세 환급 및 기타

환어음 등을 발행하여 수출업자가 수출대금을 회수하게 되면 이상과 같은 일련의 절차를 거쳐 사실상 수출절차는 완료가 된 것이며, 남은 것은 수출용원재료를 수입할 때 납부한 세금의 환급, 수출물품의 확보를 위해 은행으로부터 융자받은 무역금융의 상환, 기타 대외무역법상의 사후관리를 받아야 하는 경우 필요한 제반 의무의 이행 등 부수적인 절차뿐이다.

제2절 수입절차

수입이란 외국에서 생산 및 가공된 물품을 우리나라 세관을 통과하여 들여오는 과정을 말한다. 이는 크게 나누어 일반 수입과 수출용원자재 수입으로 분류할 수 있다.

같은 물품의 수입일지라도 외화획득을 위하여 사용되는 원자재를 수입할 때는 일반자재 수입보다 우선적으로 허가되며 무역·금융·행정 및 세제 면에서 여러 가지 혜택이 주어진다. 특히 원자재 수입은 일반 수입에 비해서 다음과 같은 특혜를 받는다.

첫째, 원자재는 관세와 특별소비세를 포함한 내국세를 물지 않는다. 즉 수출용원자재에 대해서는 관세환급특례법에 의거하여 환급제도 또는 사후 정산제도를 통해 수입시에 부과하는 관세 등 제반 세금의 부담을 면제시켜 주고 있다.

둘째, 일반수입의 경우에는 수출입공고, 수출입별도공고 등에 의거하여 수입승인대상품목으로 지정되어 수입이 제한될 수 있으나, 해당 수입승인대상품목으로 지정된 물품을 외화획득용 원료·기재로 수입하고자 하는 경우에는 예외적으로 별도의 제한 없이 산업통상자원부장관이 위탁한 관계행정기관 또는 단체의 장의 승인을 받아 수입이 가능하다.

셋째, 수출물품의 제조·가공에 소용되는 자금부담을 완화시켜주기 위하여 수출용원자재의 수입 및 국내 구매시에는 금융혜택이 주어진다.

이러한 세 가지 경우를 제외하고는 원자재 수입은 일반자재의 수입의 경우와 거의 같다고 볼 수 있으므로 이하에서는 일반 수입을 위해 거쳐야 하는 단계들에 대해서만 설명하도록 한다.

1. 수입승인

물품의 수입 역시 수출과 마찬가지로 원칙적으로 자유롭게 할 수 있지만 수출입공고 등에서 고시하는 소수의 특정 물품에 대해서는 산업통상자원부장관이 위탁한 해당 물품관련기관 또는 단체의 장의 승인을 받아야 한다. 수입승인절차도 수출승인절차와 같은데, 중요한 수입승인 및 허가요령을 요약하면 다음과 같다.

① 수입하고자 하는 자가 승인을 얻을 수 있는 자격이 있어야 하며, 수입하고자 하는 물품이 수출입공고 등과 대외무역관리규정에 의한 제한요건을 충족하는 물품이어야 한다.

② 수입대상지역이 관계 법령에 의하여 금지 또는 제한된 지역이 아니어야 한다.

③ 수입하는 물품의 품목분류번호의 적용이 합당하여야 한다. 즉 품목분류에 있어 세계 공통의 6단위는 HS기준에 의하되, 그 세분류는 관세율표상의 품목분류에 따라 10단위로 분류되어야 한다.

④ 기타 대외무역법 및 동 시행령, 대외무역관리규정에서 정하는 요건에 합당하여야 한다.

⑤ 수입승인의 유효기간은 승인한 날로부터 1년이다. 다만 산업통상자원부장관은 국내의 물가안정, 수급조정, 물품의 인도조건 기타 거래상 특성에 따라 필요하다고

인정하는 경우에는 1년 이내 또는 20년 범위 내에서 유효기간을 단축 또는 초과하여 설정할 수 있다.

2. 수입신용장의 개설

1) 수입보증금의 적립

수입업자는 수입승인을 받으면 유효기간 내에 외국환은행을 통해서 수입신용장을 개설하여야 한다.

외국환은행 입장에서 보면 신용장을 개설해준다는 것은 수입업자에 대한 일종의 여신이며 위험부담이 따르게 되므로 외국환은행은 신용장을 개설하기 전에 수입업자 및 수출업자의 신용상태와 해당 수입상품의 시장성 등을 고려하고 충분한 담보를 확보하고 나서 신용장을 개설한다.

외국환은행이 수입대금의 결제를 위해서 담보금의 형태로 수입업자로부터 징수하는 수입보증금은 수입에 관한 신용장개설의뢰시 내국지급수단으로 적립하도록 되어 있으며 구체적인 적립금액은 각 외국환은행마다 거래기업의 신용상태 및 규모, 그리고 당해 수입거래의 특성에 따라 달리 적용하고 있다. 만일 신용장방식에 의하지 않고 수입할 경우에는 수입에 관한 수입승인신청시에 적립한다.

2) 수입신용장의 개설

신용장은 신용장개설의뢰서에 기재된 내용대로 발행되므로 개설의뢰서(또는 개설신청서 ; application form)의 모든 사항은 간단하고도 명료하여야 하며, 정확한 상품의 입수를 보장받기 위해서는 수입업자가 원하는 모든 조건을 완벽하고 빠짐없이 기재하여야 한다.

한편 신용장개설의뢰서에 모든 필요사항을 기재하고 수입승인서와 Firm Offer(확정청약서)[15] 또는 수입계약서를 첨부하여 외국환은행에 제출하면 외국환은행은 소정의 신용장개설수수료와 전신료 등을 징수하고 신용장을 수출업자(수익자) 앞으로 개설한다. 수입업자는 신용장이 개설되는 즉시 수출업자(수익자)에게 신용장 번호, 금액, 선적기일 및 유효기일을 알려줄 필요가 있다.

---

15) 대외무역법상의 용어로는 물품매도확약서이다. Firm Offer는 유효기간 내에 승낙되면 그 자체가 계약서의 역할을 하므로 따로 수입계약서를 첨부할 필요가 없다. 그러나 Free Offer(불확정청약)로 거래가 성사된 때에는 별도로 매매계약서를 따로 체결하게 되므로 이때에는 수입계약서를 첨부해야 한다.

3. 수입품의 입수

1) 선적서류의 인수

수출국에서 선적이 완료되면 해외의 수출업자(수익자)는 선적에 관한 중요사항(선박명, 출항일, 도착 예정일 등)을 통지해 옴과 아울러 선적서류의 사본을 송부해 온다. 수입업자는 선박의 도착 예정일이 판명되면 사전에 미리 하역업자를 지명하여 하역계약을 해두는 것이 바람직하다.

선적서류의 원본은 수출국의 외국환은행(Nego은행)으로부터 수입국의 개설은행 앞으로 오며 개설은행은 당해 선적서류 원본을 신용장조건과 대조하여 적격성 여부를 심사한 후[16] 수입업자에게 통고해 준다.

수입업자는 선적서류인수증과 상환으로 선적서류를 입수하는데, 만일 내도된 선적서류의 내용이 신용장의 조건과 상이할 때에는 개설은행이 인수동의 여부를 문의해 오므로 내용을 잘 알아보고 동의하여야 한다.

수입업자의 선적서류 인수방법에는 크게 ① 수입업자가 은행으로부터 화환어음이 제시된 때에 그 화환어음을 인수하고 만기일에 지급한 후 선적서류를 수취하는 방법 ② 인수한 화환어음의 만기일 또는 기일 전에 화환어음 대금을 할인받아 지급하고 선적서류를 수취하는 방법 ③ 일람불화환어음이면서도 지급일에 앞서 선적서류를 받는 서류대여 인도방법(T/R 필요) ④ 은행보증에 의한 화환어음을 선취하는 방법(L/G의 발급신청 필요)이 있다.

2) 대도(trust receipt ; T/R)에 의한 선적서류 인수

수입업자가 일람출급조건이나 지급도조건(D/P)으로 화물을 수입하였으나 은행으로부터 그 수입화물에 대한 선적서류를 인수할 자금이 없을 경우, 수입업자가 수입대금을 지급하지 않고 개설은행으로부터 선적서류를 인도받으면서 추후 수입화물을 찾아 현금화 한 후 개설은행에 대금을 갚겠다고 서약하는 증서를 대도(T/R)라 한다.

기한부 환어음조건의 신용장거래 또는 인수도조건(D/A)의 추심거래의 경우에는 수입업자는 환어음을 인수하고 선적서류를 인도받아 수입화물을 찾은 후 이를 처분하여 그 판매대금으로 환어음의 만기일에 수입대금을 결제할 수 있다.

그러나 일람출급조건의 거래일 경우에는 수입업자가 환어음 대금을 결제하지 않으

---

16) 선적서류 등의 검토기간은 개설은행에 서류가 접수된 다음날부터 5일간의 은행영업일 만큼이다. 제6차 신용장통일규칙 제14조 (b)항.

면 선적서류를 인도받을 수 없기 때문에 수입업자 측면에서 볼 때 기한부환어음인 경우와 같은 이익을 누릴 수 없다. 이러한 문제를 해결하기 위해 대도(T/R)가 이용된다.

대도(T/R)의 활용으로 수입업자는 환어음대금의 결제 이전이라도 화물을 처분할 수 있고, 개설은행은 자기 소유하에 있는 수입화물을 수입업자에게 대도하여 그 화물을 적기에 처분케 함으로써 그 판매대금을 수입대금으로 결제할 수 있도록 유도할 수 있다. 개설은행 측면에서 보면 중요한 것은 수입결제자금이지 화물 그 자체가 아니므로 은행은 그 화물에 대한 담보권을 상실하지 않으면서 수입업자에게 화물을 인수할 수 있도록 해주는 것이 대금회수에 보다 더 효과적이다.[17)]

우리나라의 경우 수출용원자재의 수입시 이 제도를 많이 활용하고 있다. 즉 외화획득용 원료를 수입할 때는 신용장개설담보금의 적립 없이도 신용장이 개설될 수 있다. 이 경우는 완전히 개설은행의 자금으로 수입되는 것이지만 이 원료가 가공되면 반드시 수출될 수 있기 때문에 신용장개설담보금 없이도 개설은행이 수입신용장을 개설해주는 것이다. 이러한 경우 외화획득용 원료 수입업자(완제품 수출업자)는 대도를 개설은행에 제출하고 수입대금의 입금 없이 선적서류를 인수하고 원료를 입수한 후 이를 가공하여 수출하고 그 수출대금으로 외화획득용 원료 수입신용장개설은행에 수입대금을 결제한다.

3) 화물선취보증서(letter of guarantee ; L/G)에 의한 화물 인수

경우에 따라서는 수입화물은 이미 도착했으나 선적서류의 원본이 아직 수입지에 도착하지 않은 상황이 있을 수 있다. 예컨대 일본과 같이 가까운 곳에서 선적되는 화물은 항해 기일이 짧아 하루 만에 부산에 도착하지만 선적서류는 일본의 외국환은행(Nego 은행)을 거쳐 우체국을 통해서 우리나라 개설은행에 도착, 다시 수입업자에게 인도되려면 상당한 시일이 걸린다. 이럴 경우에는 선박회사로부터 화물도착통지서(arrival notice ; A/N)를 입수하여 선적서류의 사본과 함께 개설은행에 제출함과 동시에 화물선취보증서(L/G)의 발급을 신청하여 화물선취보증서가 발행되면 이 보증서를 선박회사에 제출하고 화물인도지시서(delivery order ; D/O)를 발급받아 화물을 인수받게 된다.[18)]

화물선취보증서(L/G)는 형식상으로는 수하인인 수입업자가 선박회사 앞으로 발행

17) 수입업자는 대도물품을 제3자에게 담보로 제공할 수 없다. 수입업자는 대도물품을 매도할 경우에는 금액, 물품의 인도, 대금의 영수방법 등에 관하여 미리 은행의 동의를 받아야 한다.

18) 이미 「수출절차」의 선하증권 발급 편에서 설명한 바와 같이 선적항의 선박회사의 적하목록(MF)이 목적항의 선박대리점에 송부되면 이 적하목록(MF)에 따라 수입항에서 화물인도지시서(D/O)가 발급된다.

하는 것으로써 인도받을 화물의 명세를 기재하고, 화물선취에 관한 약정을 하고 여기에 은행은 단지 보증인의 자격으로 서명하는데 불과하지만, 여타의 다른 약정증서상의 보증인과는 달리 화물선취보증서(L/G)상의 보증인인 은행의 존재가 본질적인 효력발생의 핵심 당사자가 되기 때문에 실질적으로는 은행이 발행하는 증서로 간주하고 있다.

화물선취보증서(L/G) 발행의 목적은 수입화물이 국내 항구에 도착하였으나 관계 선적서류가 아직 도착하지 않아 화물의 인도가 불가능할 경우 수입업자에게 당해 화물선취보증서(L/G)를 발행해 주어 화물을 인도받을 수 있도록 해주는데 있다.[19]

4) 수입대금의 결제

수입업자는 선적서류를 인도받음과 함께 이와 상환으로 개설은행에 수입대금을 지급해야 한다. 만일 기한부조건으로 수입한 경우에는 수입대금을 당장 지급할 필요는 없으므로 선적서류인수증만 제출하고 선적서류를 인수할 수 있다. 수입업자는 추후 환어음 만기일에 이자를 추가하여 수입대금을 결제하면 된다.

수입업자가 선적서류를 인수하기 위해 수입대금을 지급할 때는 수입환어음 결제율이 적용된다. 수입환어음 결제율은 전신환매도율에 우편일수만큼의 금리를 가산한 것이다.[20]

전신환매도율은 외국환은행이 고객에게 전신환을 매도할 때 적용하는 율이다. 개설은행이 달러 표시의 수입환어음을 수입업자에게 제시하는 것은 곧 외국환(수입환어음)을 수입업자에게 매도하는 것과 마찬가지이므로 수입시에는 전신환매도율이 적용된다. 따라서 우리나라의 수입업자는 원화를 개설은행에 지급하고 달러표시의 환어음을 사가는 셈이 된다.

이미 수출국의 수출업자는 선적을 이행한 후 자신의 외국환은행(Nego은행)으로부터 수출대금을 받았으며, 이 Nego은행은 수출국 또는 제3국에 있는 개설은행의 예치환거래은행(reimbursing bank)에 예치되어 있는 개설은행의 구좌에서 이 Nego금액을 즉시 인출하여 충당 받는다. 이후 개설은행은 수출국의 Nego은행으로부터 선적서류가 송부되어와야만 수입업자로부터 당해 선적서류와 상환으로 대금을 받을 수 있으므로 선적서류 우송기간의 우편일수이자(mailday's interest)에 해당하는 환가료를 수입업자에게 받게 된다.

---

19) 박대위,「전게서」, p.431 참조.

20) 이하 박대위·구종순,「무역실무」, 법문사, 2012, p.363 참조.

4. 수입통관

외국물품이 선박 또는 항공기에 의하여 국내에 반입되면 그때부터 그 물품은 관세법의 구속을 받게 된다. 그 물품이 내국물품화 되기 위해서는 일련의 절차를 거쳐야 하는데 이 절차를 통관절차(customs clearance formality)라 한다.

우리나라는 1996년부터 전자문서교환(EDI) 수입통관자동화시스템을 운영하여 수입통관절차가 매우 간소화되었다. 즉 수입물품을 적재한 선박이 입항하면 부두를 배정받아 물품을 하역하고, 수입업자는 해당 세관에 수입신고를 해야 한다. 수입물품을 확인하거나 검사할 필요가 있으면 보세구역 등에 물품을 장치하고 수입신고 서류심사와 물품검사를 통과하면 수입신고가 수리된다. 수입신고가 수리되면 수입물품에 대한 관세 및 내국세를 납부한 후 물품을 국내로 반입할 수 있다. 우리나라의 통관제도는 수출입신고제이므로 납세의무자인 수입업자는 수입신고 수리 후 15일 이내에 관세 및 내국세를 납부하도록 되어 있어 통관절차와 과세절차가 분리되어 있다.

1) 적하목록의 제출

수출국의 선박회사 또는 항공사는 선박 또는 항공기에 화물을 선적하면 수입국의 선박회사 또는 항공사의 대리점에 선적한 물품의 적하목록(manifest ; MF)을 송부한다. 이들 운송회사 또는 그 대리점들은 해상운송의 경우 화물이 목적항에 도착하기 24시간 전까지, 항공운송의 경우는 항공기가 착륙하기 2시간 전까지 입항 예정지 세관장에게 수입화물의 적하목록을 제출해야 한다. 이 적하목록에는 운송기관의 명칭, 선하증권 기호, 도착지, 출항지, 하인, 포장의 개수 및 종류, 화물의 품명 및 수량, 수하인 및 송하인의 성명과 상호 등이 기재되어 있다. 중국, 일본 등 근거리에서 입항하는 경우 적하목록의 제출 시기는 선박 또는 항공기가 입항 할 때까지 이다. 그리고 혼재화물의 경우는 운송주선업자(freight forwarder)가 적하목록을 작성한다.

적하목록은 운송수단(선박, 항공기 등)에 적재된 화물의 총괄목록으로 하선·운송·보관·통관의 각 단계별로 화물의 총량관리를 위하여 최초로 작성된 화물정보이며, 화물관리에 있어서 없어서는 안 될 중요한 문서이다.

2) 수입화물의 하역

선박 또는 항공기가 입항하면 운항선사는 각 선하증권(Master B/L) 단위별로 작성된 적하목록을 기준으로 부두 등 하선장소를 배정하여 세관장에게 하선신고서를 제출하여야 한다.

하선장소는 컨테이너 화물인 경우는 부두 내 혹은 부두 밖의 CY이며, 거대화물(bulky cargo) 또는 기타 화물들은 부두 내이다. 수입물품이 하역되면 물품의 검수가 이루어지는데, 하선신고를 한 자는 화물이 적하목록과 상이할 때에는 하선작업 후 다음날까지 전자문서로 작성된 하선결과보고서를 작성하여 세관장에게 제출하여야 한다. 만일 운항선사와의 계약에 따라 검수(검정)업자가 화물을 검수한 경우에는 검수(검정)업자가 전자문서로 작성된 하선결과보고서를 세관장에게 제출한다.

5. 보세구역 장치 및 보세운송

수입화물이 본선으로부터 하역되면 보세구역에 반입되어 장치되어야 한다. 이 시점으로 부터 당해 수입화물은 우리나라 보세제도에 실질적으로 적용을 받게 된다.

보세제도란 관세징수권을 확보하여 통괄질서를 확립하고, 통관업무를 효율적으로 수행하기 위해 수입신고가 수리되기 전의 외국물품을 세관장의 관리하에 두는 제도를 말한다. 우리나라의 보세제도는 보세구역제도와 보세운송제도 두 가지로 구분된다.

1) 보세구역제도

보세구역은 수입신고가 수리되기 전의 상태인 외국물품, 즉 보세화물을 반입, 장치, 가공, 건설, 전시 또는 판매하는 구역을 말하는데, 이는 지정보세구역, 특허보세구역, 종합보세구역으로 구분된다.

(1) 지정보세구역

국가, 지방자치단체, 공항시설 또는 항만시설을 관리하는 법인이 소유하거나 관리하는 토지·건물·시설 중에서 세관장이 지정한 구역으로써 다음의 두 가지 형태가 있다.

① 지정장치장 : 통관을 하려는 물품을 일시장치하기 위한 장소로써 세관장이 지정하는 구역이다.

② 세관검사장 : 통관을 하려는 물품을 검사하기 위한 장소로써 세관장이 지정하는 지역으로 한다.

(2) 특허보세구역[21)]

개인이 소유 또는 관리하는 토지·건물·시설 등에 대해서 세관장의 특허를 받아 개

21) 특허보세구역은 설치 운영의 형태에 따라 영업용 보세구역과 자가용 보세구역으로 나뉜다. 전자는 타인의 화물을 장치하기 위한 보세구역이고, 후자는 운영자 자신의 화물을 장치하기 위한 보세구역이다.

인이 설치·운영하는 보세구역을 말한다. 이에는 보세창고, 보세공장, 보세전시장, 보세건설장, 보세판매장이 있다.

① 보세창고(bonded warehouse) : 외국으로부터 보세상태로 반입된 화물이 통관을 위해 장치하는 구역인데 이 화물을 개장, 분할, 구역 등 보수작업을 거친 후 제3국으로 다시 수출하거나 상거래시기에 맞추어 반출하려는 경우에 주로 이용된다.

② 보세공장(bonded factory) : 외국물품을 원료 또는 재료로 하거나 또는 외국물품과 내국물품을 원료 또는 재료로 하여 제조·가공하기 위한 구역이다. 보세공장은 가공무역을 진흥시키기 위해 외국으로부터 원재료를 들여와 이를 보세상태로 공장에 반입하여 제조·가공한 후 다시 외국에 수출하거나 또는 내수용으로 국내 수입하기 위해 운영한다.

③ 보세전시장(bonded exhibition) : 박람회·전람회·전시회 등의 운영을 위하여 외국물품을 장치하거나 전시할 수 있는 구역을 말한다.

④ 보세건설장(bonded construction work site) : 산업시설의 건설에 사용되는 외국물품 상태의 기계류, 설비품이나 공사용 장비를 장치·사용하여 해당 건설공사를 할 수 있는 구역이다.

⑤ 보세판매장(bonded store) : 외국으로 반출하거나 「외교관용 물품 등의 면세」규정에 따라 관세의 면제를 받을 수 있는 자가 사용하는 것을 조건으로 외국물품을 판매할 수 있는 구역이다.

(3) 종합보세구역

보세창고, 보세공장, 보세전시장, 보세건설장 또는 보세판매장의 기능 중 둘 이상의 기능을 종합적으로 수행할 수 있는 보세구역을 말한다. 종합보세구역은 주로 외국인투자지역, 산업단지, 외국인투자기업전용 산업단지, 집배송센터 및 공동집배송단지, 유통단지 중에서 무역진흥에의 기여정도, 외국물품의 반입·반출물량 등을 고려하여 관세청장의 직권으로(또는 관계 중앙행정기관의 장이나 지방자치단체의 장, 그 밖에 종합보세구역을 운영하려는 자의 요청으로) 지정한다.

2) 보세운송제도

보세운송이란 외국물품을 국내 보세구역 간에 이동하는 것을 말하는데 세관장에게 이를 신고하여야 한다. 보세운송구간은 개항, 보세구역, 타소장치[22)]의 허가를 받은 장

---

22) 수입하고자 하는 외국 수입화물은 원칙적으로 보세구역에 반입하여야 하지만 거대 중량화물,

소, 세관관서, 통관역[23], 통관장[24] 및 통관우체국이다.

만약 수입업자가 내륙에 위치해 있는 자신의 공장에 수입화물을 장치한 후 관할 세관에서 통관하고자 한다면 수입항만에서 내륙공장까지 수입화물의 보세운송을 활용할 수 있다. 예를 들어 인천항으로 도착한 수입물품을 서울에 공장을 가진 수입업자가 당해 수입물품을 반출하려면 인천세관에서 통관하여 서울로 운송해 와야 하는데 이 경우 인천 보세장치장에서의 반입·반출비용, 창고료 등이 소요되고, 통관서류를 인천 세관에 갖고 가서 수입통관절차를 거쳐야 한다. 그러나 당해 수입물품을 인천항에서 직접 서울의 자가용 보세구역(자가용 보세장치장)인 자신의 공장까지 보세운송하고 서울세관에서 통관하면 위의 비용을 줄일 수 있을 뿐 아니라 신속한 통관이 가능하다.

보세운송을 하려면 하주, 보세운송업자, 관세사 등 보세운송신고인이 세관에 적하목록을 제출하고 물품이 하역된 이후 보세운송신고서에 적하목록 사본을 첨부하여 보세운송신고를 해야 한다. 재보세운송물품, 검역물품, 불법 수출입 방지를 위하여 세관장이 지정한 물품 등은 세관장으로부터 승인을 받아야 한다.

한편 수입화물의 입항 전 또는 하선 전에 수입신고가 되거나 보세운송신고가 된 화물은 보세구역에 반입함이 없이 부두 또는 공항 내에서 보세운송 또는 통관절차와 검사절차를 수행한다.

6. 수입신고

외국물품을 수입하기 위해서는 해당 물품의 품명, 규격, 수량, 가격 등을 세관장에게 EDI 방식 또는 인터넷 방식으로 국가관세종합정보망의 전산처리설비를 이용하여 무서류신고(P/L신고)함을 원칙으로 한다. 수입신고를 하는 시점에 수입과 관련된 적용법령, 과세물건, 납세의무자 등이 확정된다. 수입신고는 하주가 직접 하거나 관세사, 관세사 법인 또는 통관취급 법인의 명의로 해야 한다. 수입신고시에는 수입신고서에 선하증권 또는 항공화물운송장 사본, 원산지증명서(해당물품에 한함), 기타 필요한 승인서류 등을 세관에 제출하여야 한다. 수입신고의 효력발생 시점은 전송된 신고 자료가 통관시스템에 접수된 시점을 원칙으로 한다.

검역화물, 압수화물, 우편화물 등 특수한 수입화물인 경우에는 세관장의 허가를 받아서 보세구역이 아닌 다른 장소에 타소장치 할 수 있다.

23) 통관역은 국외와 연결하며 국경에서 근접한 일반 수송용 철도역 중에서 관세청장이 지정하는 곳이다.

24) 통관장은 관세통로에 근접한 장소 중에서 세관장이 지정한 곳이다.

1) 수입신고의 시기

현행 수입신고는 수입신고시기에 따라 다음과 같은 네 가지 유형으로 구분된다.

① 출항 전 수입신고 : 항공기로 수입되는 물품이나 또는 일본, 중국, 대만, 홍콩 등에서 선박으로 수입되는 물품은 출항한 후 입항하기까지 운송시간이 짧아 출항 후 수입신고하는 것이 곤란하다. 이런 경우 선박 또는 항공기가 물품을 적재한 항구 또는 공항에서 출항하기 전에 수입신고를 할 수 있다. 컨테이너화물은 한 컨테이너에 1인하주의 화물만 적재한 FCL화물인 경우만 적용된다.

② 입항 전 수입신고 : 수입하려는 물품의 신속한 통관을 위해서 수입물품을 선적한 선박 또는 항공기가 물품을 적재한 항구 또는 공항에서 출항한 후 입항하기 전에 수입신고하는 것을 말한다. 여기서 입항하기 전이라 함은 수입화물의 하선신고 시점을 기준으로 한다. 컨테이너화물은 FCL화물인 경우에 한하여 입항 전 수입신고가 가능하다. 수입물품을 적재한 선박이 우리나라에 입항기기 5일전, 항공기의 경우는 1일전부터 수입신고를 할 수 있다.[25]

③ 입항 후 보세구역 도착 전 수입신고 : 수입물품을 적재한 선박 또는 항공기가 입항하여 하선신고한 후 당해 수입물품이 반입될 보세구역(부두 밖 컨테이너 보세창고 및 컨테이너 내륙통관기지를 포함)에 도착하기 전에 수입신고하는 것을 말한다.

④ 보세구역 장치 후 수입신고 : 수입물품을 보세구역에 장치한 후 관할 세관에 수입신고를 하는 것을 말한다.

2) 수입신고서 심사

수입신고서를 접수한 세관은 통관시스템에 조회하여 수입화물의 선별검사시스템(cargo selectivity system ; C/S)[26] 결과, 그리고 통관검사 및 검사에 특별한 주의를 요하

25) 다음과 같은 물품은 출항 전 수입신고 및 입항 전 수입신고가 불가능하다.
① 세율이 인상되거나 새로운 수입요건을 갖추도록 요구하는 법령이 적용되거나 적용될 예정인 물품
② 농·수·축산물이나 그 가공품으로서 수입신고하는 때와 입항하는 때의 물품의 관세율표 번호 10단 위가 변경되는 물품
③ 농·축·수산물이나 그 가공품으로서 수입신고하는 때와 입항하는 때의 과세단위(수량이나 중량)가 변경되는 물품.

26) C/S란 우범화물 자동선별시스템이라고도 하는데 수출입 되는 물품 중에서 전산에 미리 등록된 기준에 따라 우범 가능성이 높다고 예상되는 물품을 골라 집중적으로 검사함으로써 검사의 효율을 높이는 검사관리기법을 말한다. 교역량의 증가로 수입통관물량은 지속적으로 증가하고 있으나 세관인력을 증원하는 데에는 한계가 있을 뿐만 아니라, 전체 수입화물을 모두 다 검사하는 것은 매우 불합리하고 비효율적이어서 이에 대한 대안으로 도입되었다.

는 사항이 있는지 여부를 확인하여 수입신고서를 처리한다. 수입신고서를 처리하는 방법은 ① 물품검사 및 심사, ② 심사, ③ 전자통관심사 중 하나의 방법으로 처리된다.

전자통관심사란 일정한 기준에 해당하는 성실업체가 수입신고하는 특정물품에 대하여 통관시스템에서 전자적 방식으로 심사하는 것을 말한다. 전자통관심사는 종합인증우수업체(authorized economic operator ; AEO)로 공인받은 수입업체가 수입하는 물품으로써 해당 수입물품과 관련된 ① 신고인(관세사), ② 물류업체(화물운송주선업자, 선박회사·항공사, 하역업자, 보세운송업자), ③ 보세구역 운영인·화물관리인, ④ 해외공급자(우리나라가 상호 인정한 상대국가의 종합인증우수업체)가 모두 종합인증우수업체로 공인받은 경우에 적용하는 것을 원칙으로 한다.

3) 물품검사

수입신고가 완료되면 세관에서는 수입신고서의 형식적 요건과 법률적 수입요건, 신고시 제출서류완비 여부 등만 확인하고 수입신고를 수리하는 것이 원칙이다. 그러나 다음과 같은 경우, 즉

① 수입신고 된 물품이외에 은닉된 물품이 있는지 여부,

② 수입신고사항과 현품이 일치하는지 여부,

③ 수입신고자료 접수시 통관시스템에 의하여 물품검사로 선별된 경우(C/S 선별물 품),

④ 수입신고서 처리방법 결정시 세관공무원에 의하여 물품검사로 선별된 경우,

⑤ 수입신고 전 물품반출신고 물품일 경우,

위와 같은 경우일 때에는 수입물품을 직접 확인하는데 이를 물품검사라 한다.

수입신고를 한 물품이 검사대상으로 선정되면 수입업자는 수입물품을 세관에서 검사할 수 있는 장소로 반입하여야 하는데, 검사장소는 선박 내, 부두 내 검사장소, 입항지 보세창고, 일반 보세창고 등인데 수입물품 및 수입신고시기에 따라 달라진다. 검사방법에는 전량검사, 발췌검사, 분석검사, 과학장비에 의한 검사가 있다.

한편 출항 전 신고 및 입항 전 신고 물품으로서 곡물, 원유, 광물 등 선상에서 검사가 가능하다고 세관장이 인정한 물품은 선상에 적재한 상태로 검사가 가능하고, 정부에서 직접 수입하는 군수품과 물자수급계획상 긴급도급물품 역시 선상검사가 가능하다. 또한 출항 전 또는 입항 전 신고한 컨테이너물품으로서 부두직통관 지역으로 반입된 물품의 검사장소는 부두 내이다. 출항 전 또는 입항 전 신고물품 중 검사대상으로 선정된 물품의 검사장소는 입항지 보세창고이며 수입물품이 장치된 일반보세창고도 검사장소

로 인정된다.

물품검사와 현품확인은 구별되어 이해할 필요가 있다. 현품확인은 심사과정 중 수입신고시 및 제출서류만으로는 각종 표시, 용도, 기능 또는 성분 등을 확인할 수 없어 견품을 채취하여 현품을 관찰·시험·분석하는 것을 말하는데 반해, 물품검사란 수입신고된 물품이외에 은닉된 물품이 있는지 등 위의 다섯 가지 요건에 해당하여 정밀조사하는 것을 말한다. 물품검사는 2인 이상 복수검사를 실시하여 정밀조사하는 심리측면의 조사라고 할 수 있으며, 현품확인은 수입신고 수리 후에 하는 것이 원칙이다.

7. 수입신고 수리

관세법의 규정에 따라 수입신고가 적법하고 정당하게 이루어지면 세관장은 수입신고를 지체 없이 수리하고 수입신고인에게 수입신고필증을 교부해야 한다.

1) 신고 수리

세관장은 수입신고한 내용을 심사한 후 다음과 같이 신고 수리하는 것을 원칙으로 한다.

① 출항 전 신고 또는 입항 전 신고물품은 적하목록 심사가 완료된 때 (다만 수입 신고 전에 적하목록 심사가 완료된 때에는 수입신고 심사가 완료된 때)

② 보세구역 도착 전 신고물품은 보세운송 도착이 보고된 때(하역 절차에 따라 하역장소로 반입된 때에는 반입보고 된 때)

③ 세관장이 검사대상으로 선별하거나 관리 대상 화물로 선별한 경우에는 해당 물품 검사가 종료된 때 신고 수리한다.

2) 담보제공

세관장은 관세법 제 248조 제2항과 「관세 등에 대한 담보제공과 정산제도 운영에 관한 고시」에 따라 관세 등에 상당하는 담보를 제공하여야 하는 물품에 대하여는 담보가 제공된 경우에 수입신고를 수리한다.

수입신고가 수리되기 위해 관세를 납부해야 할 물품에 대해서는 관세를 이미 납부하였거나 관련 법령에 의해 담보제공을 면제받은 경우 외에는 관세에 상당하는 담보가 제공되어야 한다.

3) 신고필증 교부

세관장이 수입신고를 수리한 때에는「세관특수청인에 관한 규정」에 따른 세관특수청인을 전자적으로 날인한 신고필증을 교부한다. 그러나 다음과 같은 경우, 즉 ① 부득이한 사정으로 신고필증을 전자적으로 교부할 수 없는 경우에는 수입신고서에 세관특수청인을 직접 찍어서 교부하고, ② 신고물품의 규격수가 50개를 초과하여 전산으로 입력하지 않고 신고서와 신고필증에 상세내용을 별도의 붙임서류로 첨부하여 신고하는 경우에는 세관특수청인을 전자적으로 날인한 신고필증과 붙임서류의 경계면에 신고서 처리 담당자 인장을 찍어서 교부한다.

세관장에 의하여 교부된 신고필증이 통관시스템에 보관된 전자문서의 내용과 상이한 경우에는 통관시스템에 보관된 전자문서의 내용을 원본으로 한다.

신고수리의 효력발생 시점은 통관시스템을 통하여 신고인에게 신고수리가 되었음을 통보한 시점으로 하지만, 수작업으로 신고수리한 때에는 신고인에게 신고필증을 교부한 시점으로 한다.

4) 수입신고의 취하와 각하

수입신고의 취하란 신고인의 요청에 따라 수입신고사항을 취소하는 것을 말한다. 수입신고는 정당한 사유가 있는 경우 세관장의 승인을 얻어 취하할 수 있다. 그러나 운수기관, 관세통로 또는 관세법에서 규정된 장치장소에서 물품을 반출한 후에는 취하하지 못한다.

이에 반해 수입신고의 각하란 세관장이 직권으로 해당 수입신고를 거절하거나 취소하는 것을 말하는데, 예컨대 수입신고 시 요건을 갖추지 못하였거나 사위 또는 기타 부정한 방법으로 수입신고 된 경우 세관장은 수입신고를 각하할 수 있다.

8. 관세의 납부

1) 관세의 부과

수입신고한 물품의 하주는 그 물품에 대한 관세의 납세의무자가 된다.

관세납부는 신고수리 전 납부(사전납부)와 신고수리 후 납부(사후납부)로 나뉜다.

사후납부는 신용담보 및 포괄담보 업체로서 담보면제 된 경우와 각 신고건별로 개별담보를 제공한 경우에 수입신고 수리 후에 관세를 납부케 하는 제도이다. 납세의무자는 납세신고 수리일로부터 15일 이내에 세관장에게 납부하여야 한다. 이 경우 세관장은 관세에 상당하는 담보의 제공을 요구할 수 있다.

사전납부란 수입신고가 수리되기 전에 납세의무자가 해당 세액을 납부하는 것을 말한다.

수입물품에 대한 관세 등의 징수는 신고납부를 원칙으로 하며, 관세의 납세의무자는 수입신고를 할 때 과세표준, 세율 및 납부세액을 세관장에게 신고하여야 하며 세관장은 납세신고에 대한 확인·심사를 한 후 신고납부서를 교부하여 납세의무자로 하여금 납부토록 하고 있다.

① 과세물건 : 수입물품에는 관세를 부과하므로 과세물건은 수입물품이 된다. 관세는 수입신고를 할 때에 당해 물품의 성질과 그 수량에 의하여 부과된다.

② 납세의무자 : 국가에 대하여 관세를 납부할 법률상의 의무를 부담하는 자로서 수입신고한 물품에 대하여는 원칙적으로 그 물품을 수입한 하주가 납세의무자가 된다.

2) 과세표준

과세표준이란 세액결정의 기준이 되는 과세물건의 가격 또는 수량을 말한다. 종가세가 적용되는 물품의 경우에는 그 가격이 과세표준이 되며, 종량세의 경우에는 그 수량이 과세표준이 된다.

과세표준과 관련하여 수입물품의 수량은 세관검사시에 쉽게 확인할 수 있으나 그 가격은 시장여건에 따라 수시로 변동하고 있고, 게다가 수많은 종류의 상품들의 실제가격을 정확히 알아낸다는 것은 대단히 어려운 일이다. 이러한 점을 감안하여 현행 관세법에서는 과세가격에 대해 그 30조에서 과세가격 결정의 원칙을 규정하고 있다.

① 수입물품의 과세가격은 우리나라에 수출하기 위하여 판매되는 물품에 대하여 구매자가 실제로 지급하였거나 지급하여야 할 가격에 다음 각 호의 금액을 더하여 결정한 거래가격으로 한다.

ⓐ 구매자가 부담하는 수수료와 중개료(다만 구매 수수료는 제외)

ⓑ 해당 수입물품과 동일체로 취급되는 용기의 비용과 해당 수입물품의 포장에 드는 노무비와 자재비로서 구매자가 부담하는 비용

ⓒ 구매자가 해당 수입물품의 생산 및 수출거래를 위하여 대통령령으로 정하는 물품 및 용역을 무료 또는 인하된 가격으로 직·간접적으로 공급한 경우에는 그 물품 및 용역의 가격 또는 인하 차액을 해당 수입물품의 총생산량 등 대통령령으로 정하는 요소를 고려하여 적절히 배분한 금액

ⓓ 특허권, 실용신안권, 디자인권, 상표권 및 이와 유사한 권리를 사용하는 대가로

지급하는 것으로서 대통령령으로 정하는 바에 따라 산출된 금액
ⓔ 해당 수입물품을 수입한 후 전매·처분 또는 사용하여 생긴 수익금액 중 판매자에게 직접 또는 간접으로 귀속되는 금액
ⓕ 수입항까지의 운임·보험료와 그 밖의 운송과 관련되는 비용으로서 대통령령으로 정하는 바에 따라 결정된 금액, 다만 기획재정부령으로 정하는 수입 물품의 경우에는 이의 전부 또는 일부를 제외할 수 있다.

② 제①항 각호 외의 부분 본문에서 '구매자가 실제로 지급하였거나 지급하여야 할 가격'이란 해당 수입물품의 대가로서 구매자가 지급하였거나 지급하여야 할 총 금액을 말하며, 구매자가 해당 수입물품의 대가와 판매자의 채무를 상계하는 금액, 구매자자가 판매자의 채무를 변제하는 금액, 그 밖의 간접적인 지급액을 포함한다. 다만 구매자가 지급하였거나 지급하여야 할 총금액에서 다음 각 호의 어느 하나에 해당하는 금액을 명백히 구분할 수 있을 때에는 그 금액을 뺀 금액을 말한다.
ⓐ 수입 후에 하는 해당 수입물품의 건설, 설치, 조립, 정비, 유지 또는 해당 수입물품에 관한 기술지원에 필요한 비용
ⓑ 수입항에 도착한 후 해당 수입물품을 운송하는 데에 필요한 운임·보험료와 그 밖에 운송과 관련되는 비용
ⓒ 우리나라에서 해당 수입물품에 부과된 관세 등의 세금과 그 밖의 공과금
ⓓ 연불조건의 수입인 경우에는 해당 수입물품에 대한 연불이자

한편 위의 금액을 가감함에 있어서는 객관적이고 수량화 할 수 있는 자료에 근거해야 하는데 이러한 자료가 없는 경우에는 차선책으로써 동종·동질물품[27]의 거래가격, 유사물품[28]의 거래가격, 국내 판매가격, 산정 가격을 순차적으로 적용하여 과세가격을 결정하고 이마저 불가능하면 상기의 원칙과 부합되는 합리적 기준에 따라 대통령령이 정하는 바에 의하여 과세가격을 결정한다. 따라서 납세의무자는 수입신고를 할 때에 해당 물품의 송장 등 가격결정에 관계되는 자료를 첨부하여 세관장에게 수입물품의 가격에 관한 신고를 해야 한다.

---

27) 동종·동질물품이라 함은 당해 수입물품의 생산국에서 생산된 것으로서 물리적 특성, 품질 및 소비자의 평판 등을 포함한 모든 면에서 동일하되, 단지 외양에 경미한 차이가 있는 물품을 말한다.

28) 유사물품이라 함은 당해 수입물품의 생산국에서 생산된 것으로서 모든 면에서 동일하지는 않더라도 동일한 기능을 수행하고 대체 사용이 가능할 수 있을 만큼 비슷한 특성과 비슷한 구성요소를 가지고 있는 물품을 말한다.

종가세의 경우 이상과 같이 수입물품의 실제거래가격이 결정되면 여기에 과세환율을 곱하여 감정가격을 구하고, 다시 감정가격에 관세율[29]을 곱한 금액을 산출하여 최종 관세액을 결정한다.

3) 관세의 납부

관세의 징수 행위는 납부와 영수로써 완료되는데, 관세를 거두어들이는 국가 측면에서 보면 수납이 되고, 납세의무자가 측에서 보면 납부가 된다.

납세신고 또는 납세의 고지에 의하여 납세의무자가 자진하여 관세를 납부하고 이를 수납기관이 영수하는 것을 임의징수라고 하며, 국가가 재정권력에 의하여 강제적으로 수납하는 것을 강제징수라고 한다.

세관은 과세물건인 수입물품을 관세채권의 담보물로써 보세구역에 장치하고 있으며, 또 관세는 다른 공과금 및 채권에 우선하기 때문에 강제징수되는 경우는 드물다고 볼 수 있다. 그러나 담보제공이 없거나 징수한 금액이 부족한 때에는 강제징수가 이루어진다.

관세는 신고납부인 경우 신고수리일로부터 15일 이내에 통관시스템에서 부여한 납부서 번호와 세액을 기재한 납부서와 함께 국고수납은행이나 우체국에 납부하여야 한다.

부과고지인 경우 고지를 받은 날로부터 15일 이내에 해당 세액을 역시 국고수납은행이나 우체국에 납부하여야 한다. 납세의무자가 즉시 관세를 납부하지 않더라도 이를 강제징수하지 않는 것은 이미 위에 언급한 바와 같이 관세납부 없이는 물품을 반출하여 사용할 수 없기 때문이며, 또 충분한 관세담보가 되어있기 때문이다. 그러나 조건부 감면세, 관세분할납부, 보세운송, 수입신고서 수리 전 반출 등 관세채권의 확보가 어려운 경우에는 관세 상당액의 금전, 국가나 지방자치단체가 발행한 채권 및 증권, 은행지급보증, 납세보증보험증권 등의 담보물을 별도로 받아두었다가 납부기한 내에 관세를 납부하지 않을 때는 관세에 충당할 수 있도록 되어있다. 또한 신속한 통관을 위하여 필요하다고 인정되는 경우로써 관세청장이 정하는 기준에 따라 납세담보제공 후 사후에 관세를 납부할 수 있다.

29) 관세율을 결정함에 있어서 과세표준에 적용되는 비율이 관세율이다. 현행 관세율표에는 수입물품의 품목별로 종가세인 경우에는 백분율(%)로, 종량세의 경우에는 단위당 금액으로 관세율이 표시되어 있다.

9. 물품의 반출

1) 반출신고와 물품 반출

외국물품이 선박 또는 항공기에 의해 우리나라에 반입되어 관세법의 구속을 받던 것이 수입신고필증이 교부됨으로써 내국물품화 되고, 관세의 납부와 함께 세관장에게 반출신고를 하면 당해 물품은 언제든지 보세구역에서 반출될 수 있다.

수입신고인은 수입신고필증(fax 또는 copy)을 보세구역에 송부하면 보세구역에서는 신고수리여부를 전산조회한 후 물품을 반출시킨다. 보세구역에 반입된 물품이 수입신고가 수리된 때에는 원칙적으로 그 수리일로부터 15일 이내에 해당 보세구역에서 반출하여야 한다.

특허보세구역운영인, 지정보세구역 화물관리인, 보세구역 외 장치의 허가를 받은 자 또는 검역물품의 관리인 등의 운영인은 수입신고 수리된 물품의 반출요청을 받은 때에는 세관화물정보시스템의 반출승인정보를 확인한 후 반출 전에 반출신고서를 전자문서로 제출하여야 한다. 다만 자가용보세창고에 반입되어 수입신고수리 된 화물은 반출신고를 생략한다.

2) 수입신고수리 전 반출

경우에 따라서는 수입신고인의 책임 밖의 사유에 의하여 수입신고필증이 적기에 교부되지 못하게 될 수 있어서 이로 인해 시장기회를 잃거나 물품의 적기사용을 못할 수 있으며, 부당하게 창고료를 지불해야 할 상황이 있을 수 있다. 이 같은 상황에서는 수입신고수리 전이라도 관세 상당액을 담보로 제공하고 세관장의 승인을 얻으면 물품을 보세구역으로부터 반출할 수 있으며, 이 때 반출된 물품은 내국물품으로 본다. 신고수리 전 반출승인을 얻은 경우에는 그 승인일을 수입신고수리일로 본다.

일반적으로 수입신고수리 전 반출이 허용될 수 있는 요건은 다음과 같다.

① 완성품의 세번으로 수입신고수리 받고자 하는 물품이 미조립 상태로 분할선적 수입된 경우(다만, 2개 이상의 세관에 수입신고 된 경우에는 신고세관별로 당해 세관에 신고 된 물품에 대해 품목분류 한다.)

② 조달사업에 관한 법률에 의한 비축물자로 신고 된 물품으로서 실수요자가 결정 되지 아니한 경우

③ 사전 세액심사 대상물품[30](부과고지 물품을 포함한다)으로서 세액결정에 오랜 시

30) 세액심사는 원칙적으로 사후에 하나 관세채권의 확보가 곤란하거나 수입신고를 수리한 후에 심

간이 걸리는 경우

④ 품목분류 또는 세율결정에 오랜 시간이 걸리는 경우

⑤ 수입신고시 관세법 시행령 제236호 제1항 제1호에 따라 원산지증명서를 세관장 에게 제출하지 못한 경우

3) 수입신고 전 즉시 반출 제도

반복 수입되는 원자재 등에 대해서 기업 생산활동의 원활화를 지원할 필요가 있는 경우 수입통관 전에 간단한 반출신고만으로 물품을 반출하여 사용하고 나중에 수입신고를 하는 특별통관절차를 말한다.

현재 수입통관절차는 신고서, 가격자료, 선하증권 등 첨부서류를 갖추어 수입신고를 한 후 신고수리가 되어야 물품을 반출할 수 있어 긴급히 사용해야 할 원자재 등의 경우에 관련서류가 준비되어 있지 않으면 통관이 되지 않으므로 품명, 규격, 수량 등 간단한 사항만 기재하여 반출신고를 하고 그날로부터 10일 이내에 수입신고를 하는 제도이다.

적용대상물품 및 사유는 다음과 같다.

① 최근 2년간 관세 등의 체납이 없고 최근 3년 동안 수출입실적이 있는 제조업자 또는 외국인 투자자가 수입하는 시설재 또는 원부자재

② 담보제공이 생략되는 물품

③ 기타 관세 등의 체납우려가 없는 경우로써 관세청장이 정하는 물품.

사하는 것이 부적당하다고 인정되는 경우에는 수입신고를 수리하기 전에 세액심사 한다. 다음과 같은 경우가 이에 해당한다.

① 물품의 가격변동이 큰 물품, 기타 수입신고수리 후에 세액을 심사하는 것이 적합하지 아니하다고 인정하여 관세청장이 정하는 물품

② 법률 또는 조약에 의하여 관세 또는 내국세를 감면 받고자 하는 물품

③ 관세를 분할 납부하고자 하는 물품

④ 관세를 체납하고 있는 자가 신고하는 물품

⑤ 불성실 신고인이 신고하는 물품.

찾아보기 Index

ㄷ

ㄹ

ㅁ

ㅂ

ㅎ

A

B

C

D

E

F

P

R

S

저자 약력

▪ 김 기 선

- 서강대학교 경영학과 졸업(경영학학사)
- 서강대학교 대학원 무역학과 졸업(경영학석사)
- 서강대학교 대학원 무역학과 졸업(경영학박사)
- 행정고시(국제통상직) 출제 및 선정위원
- 7급 국가고시(관세직) 출제 및 선정위원
- 관세사 출제 및 선정위원
- 대한상사중재원 중재인
- 한국지역발전학회 회장
- 한국무역상무학회 이사
- Southeast Missouri State University, Visiting Scholar
- IBC 선정 2013, 2016 World Top 100 Educator

현) 군산대학교 무역학과 교수

무역실무

초 판 1쇄 인쇄 —— 2024년 2월 25일
초 판 1쇄 발행 —— 2024년 2월 29일
지은이 —— 김 기 선
펴낸이 —— 전 두 표
펴낸곳 —— 도서출판 **두남**
서울시 강동구 성내로 6길 34-16 두남빌딩
신 고 : 제25100-1988-9호
TEL : 02) 478-2066, 2077
FAX : 02) 478-2068
E-mail : dnbooks@dunam.co.kr
http://www.dunam.co.kr

정가 32,000원

ISBN 978-89-6414-988-1 93320